Spekulative Optionsgeschäfte aus vertragsrechtlicher, handelsbilanzrechtlicher und steuerrechtlicher Sicht

Forum Unternehmens-, Steuer- und Bilanzrecht

Deutsche, europäische und internationale Rechtsfragen

Herausgegeben von Oliver Fehrenbacher / Michael Stöber

Band 4

PETER LANG

Suzanne Wagner

Spekulative Optionsgeschäfte aus vertragsrechtlicher, handelsbilanzrechtlicher und steuerrechtlicher Sicht

PETER LANG

Bibliografische Information der Deutschen Nationalbibliothek
Die Deutsche Nationalbibliothek verzeichnet diese Publikation in der Deutschen Nationalbibliografie; detaillierte bibliografische Daten sind im Internet über http://dnb.d-nb.de abrufbar.

Zugl.: Konstanz, Univ., Diss., 2017

D 352
ISSN 2366-293X
ISBN 978-3-631-73982-2 (Print)
E-ISBN 978-3-631-74101-6 (E-PDF)
E-ISBN 978-3-631-74102-3 (EPUB)
E-ISBN 978-3-631-74103-0 (MOBI)
DOI 10.3726/b12952

Peter Lang – Berlin · Bern · Bruxelles · New York · Oxford · Warszawa · Wien

Diese Publikation wurde begutachtet.

www.peterlang.com

Meiner Familie

Vorwort

Die vorliegende Arbeit wurde vom Fachbereich Rechtswissenschaften der Universität Konstanz im Wintersemester 2016/2017 als Dissertation angenommen.

Mein besonderer Dank gilt an dieser Stelle Herrn Professor Dr. Oliver Fehrenbacher, ohne dessen Förderung und Engagement diese Arbeit nicht entstanden wäre. Ferner danke ich Frau Dr. Birgit Elsa Bippus für die Übernahme des Zweitgutachtens sowie Herrn Professor Dr. Rudolf Rengier und Herrn Professor Dr. Rüdiger Wilhelmi für die mündliche Prüfung.

Darüber hinaus danke ich meiner Studienkollegin Steffy Lüer für ihre ständige Diskussionsbereitschaft und ihre Motivation, die die Entstehung der finalen Arbeit maßgeblich mit beeinflusst hat.

Meinem Ehemann Enrico gebührt besonderer Dank, für sein Verständnis, seine Geduld und dafür, dass er mich maßgeblich unterstützt hat. Ich widme diese Arbeit meiner Familie, die immer an mich geglaubt hat und die diese Arbeit mit ganz besonderem Stolz erfüllt.

Suzanne Wagner

Inhaltsübersicht

Inhaltsverzeichnis

Abkürzungsverzeichnis

a.A.	andere Ansicht
a.E.	am Ende
a.F.	alte Fassung
Abs.	Absatz
AcP	Archiv für die civilistische Praxis
AG	Aktiengesellschaft(en)
AGB	Allgemeine Geschäftsbedingungen
allg.	allgemein/en
Anm.	Anmerkung
AO	Abgabenordnung
Art.	Artikel
Az.	Aktenzeichen
BB	Betriebs-Berater (Zeitschrift)
BeckOK	Beck ,scher Onlinekommentar
Begr.	Begründer
BewG	Bewertungsgesetz
BFA	Bankenfachausschuss
BFH	Bundesfinanzhof
BFH/NV	Sammlungen amtlich nicht veröffentlichter Entscheidungen des Bundesfinanzhofs
BFHE	Sammlung der Entscheidungen des Bundesfinanzhofs
BFuP	Betriebswirtschaftliche Forschung und Praxis (Zeitschrift)
BGB	Bürgerliches Gesetzbuch
BGBl.	Bundesgesetzblatt
BGH	Bundesgerichtshof
BGHZ	Entscheidungen des Bundesgerichtshofs in Zivilsachen
BilMoG	Gesetz zur Modernisierung des Bilanzrechts
BMF	Bundesministerium der Finanzen
BörsG	Börsengesetz
BörsO	Börsenordnung
BR-Drucks.	Bundesrat Drucksachen
BRK	Bank- und Kapitalmarktrecht (Zeitschrift)
bspw.	Beispielsweise
BStBl.	Bundessteuerblatt
BT-Drucks.	Bundestag Drucksachen

Buchst.	Buchstabe
BuW	Betrieb und Wirtschaft (Zeitschrift)
BVerfGE	Sammlung der Entscheidungen des Bundesverfassungsgerichts
bzw.	Beziehungsweise
d. h.	dass heißt
DB	Der Betrieb (Zeitschrift)
ders.	Derselbe
dies.	Dieselben
DNotz	Deutsche Notarzeitschrift (Zeitschrift)
DRV	Deutscher Rahmenvertrag für Finanztermingeschäfte
DStR	Deutsches Steuerrecht (Zeitschrift)
DStZ	Deutsche Steuerzeitung (Zeitschrift)
ebd.	Ebenda
EFG	Entscheidungen der Finanzgerichte
ehem.	Ehemals
Einf.	Einführung
EMA	European Master Agreement
EStG	Einkommensteuergesetz
etc.	et cetera
EU	Europäische Union
f.	Folgende
FB	Finanz Betrieb (Zeitschrift)
ff.	Fortfolgend
FG	Finanzgericht
Fn.	Fußnote
FR	Finanzrundschau (Zeitschrift)
FS	Festschrift
gem.	Gemäß
GG	Grundgesetz
ggf.	Gegebenenfalls
GoB	Grundsätze ordnungsmäßiger Buchführung
GrS	Großer Senat
h.L.	herrschende Lehre
h.M.	herrschende Meinung
Hdb.	Handbuch
HdJ	Handbuch des Jahresabschlusses
HFR	Höchstrichterliche Finanzrechtsprechung (Zeitschrift)

HGB	Handelsgesetzbuch
Hrsg.	Herausgeber
Hs	Halbsatz
i.d.F.	in der Form
i. d. R.	in der Regel
i.d.S.	in diesem Sinne
i.E.	im Ergebnis
i.H.d.	in Höhe der/des
i.R.	im Rahmen
i.R.d.	im Rahmen des/der
i.R.v.	im Rahmen von
i.S.	im Sinne
i.S.d.	im Sinne des/der
i.S.v.	im Sinne von
i.V.m.	in Verbindung mit
IDW	Institut der Wirtschaftsprüfer in Deutschland e. V.
INF	Information über Steuer und Wirtschaft (Zeitschrift)
inkl.	Inklusive
insb.	Insbesondere
InsO	Insolvenzordnung
IStR	Internationales Steuerrecht (Zeitschrift)
JbFfSt	Jahrbuch der Fachanwälte für Steuerrecht
JuS	Juristische Schulung (Zeitschrift)
KapitalanlageR	Kapitalanlagerecht
Kennz.	Kennziffer
KK	Kölner Kommentar
KMRK	Kapitalmarktrechtskommentar
KStG	Körperschaftsteuergesetz
KWG	Kreditwesengesetz
lit.	littera
m.w.N.	mit weiteren Nachweisen
MDR	Monatsschrift für Deutsches Recht (Zeitschrift)
Mio.	Million/en
MünchKomm	Münchner Kommentar
NK	Nomos-Kommentar
Nr.	Nummer

OLG	Oberlandesgericht
OTC	over the counter
RdF	Recht der Finanzinstrumente (Zeitschrift)
RechVersV	Versicherungsunternehmens-Rechnungslegungsverordnung
RGBl.	Reichsgesetzblatt
Rn.	Randnummer
S.	Seite
sog.	sogenannt/en/er/es
StBJb	Steuerberater-Jahrbuch
StBp	Die steuerliche Betriebsprüfung (Zeitschrift)
StEntlG	Steuerentlastungsgesetz
StGB	Strafgesetzbuch
Tz.	Textziffer
u. a.	unter anderem; und andere(s)
Überbl.	Überblick
Ubg	Die Unternehmensbesteuerung (Zeitschrift)
v.	vom
vgl.	vergleiche
VO	Verordnung
Vorb.	Vorbemerkung
WM	Zeitschrift für Wirtschafts- und Bankrecht (Zeitschrift)
Wpg	Wirtschaftsprüfung (Zeitschrift)
WpHG	Wertpapierhandelsgesetz
z. B.	zum Beispiel
ZBB	Zeitschrift für Bankrecht und Bankwirtschaft (Zeitschrift)
ZfbF	Zeitschrift für betriebswirtschaftliche Forschung (Zeitschrift)
ZfgK	Zeitschrift für das gesamte Kreditwesen (Zeitschrift)
ZGR	Zeitschrift für Unternehmens- und Gesellschaftsrecht (Zeitschrift)
Ziff.	Ziffer
ZIP	Zeitschrift für Wirtschaftsrecht (Zeitschrift)
ZPO	Zivilprozessordnung

Einleitung

Schon fast zeitlos ist die Redewendung: „Zeit ist Geld“ von Benjamin Franklin. Auf Optionsgeschäfte lässt sich diese in mehrfacher Hinsicht übertragen: Zum einen werden Rechtsgeschäfte über Erzeugnisse oder Werte abgeschlossen, deren Erfüllung in der Zukunft liegt und über deren Wertentwicklung man lediglich mutmaßen kann, zum anderen liegt es allein in der Hand des Berechtigten am Ende der Laufzeit darüber zu entscheiden, ob er von seinem Recht, die Erfüllung des Vertrags zu verlangen, Gebrauch macht. „Mit Optionsgeschäften hohe Renditen in kürzester Zeit ohne Vorwissen erzielen“[1] – damit versucht der Anbieter BDSwiss derzeit in Deutschland Kunden für den Optionsmarkt zu werben. Was jedoch als einfach beworben wird, stellt sich bei genauerer Betrachtung als sehr komplex heraus. Befasst man sich näher mit der Ausgestaltung von Optionsgeschäften am Finanzterminmarkt, stößt man meist auf den Begriff der Finanzinnovationen. Dieser Begriff erweckt zunächst den Eindruck, dass es sich um neuartige Finanzgeschäfte handele. Tatsächlich aber können Termingeschäfte auf eine lange Geschichte zurückblicken.

Bereits im antiken Griechenland wurden Termingeschäfte geschlossen, indem Landwirte Oliven noch vor deren Ernte verkauften. Hierdurch sicherten sie sich nicht nur einen guten Preis, sie erhielten auch Planungssicherheit hinsichtlich des wirtschaftlichen Ertrags.[2] In Zentraleuropa – genauer gesagt in den Niederlanden – begannen um 1630 Spekulationen auf Tulpenzwiebeln, bis im Februar 1637 der Kollaps einer Spekulationsblase zum ersten großen Crash führte.[3] Der erste Terminmarkt, der mit denen unserer Zeit vergleichbar ist, entwickelte sich Ende des 17. Jahrhunderts im japanischen Osaka. Dort wurden Termingeschäfte auf Reis geschlossen, die keine physische Lieferung mehr vorsahen, sondern den Gewinn- bzw. Verlustsaldo ausbezahlten. Im Jahr 1728 gab die *Königliche Dänisch Westindische und Guineische Kompanie* erstmals Aktienoptionen aus.[4]

In den 20er Jahren des 19. Jahrhunderts erlebte der Terminmarkt in Deutschland ebenfalls eine Blütezeit, deren Weiterentwicklung jedoch durch die Weltwirtschaftskrise 1929 und den zweiten Weltkrieg von 1939–1945 unterbrochen wurde, so dass erst ab dem 1. Juli 1970 Optionsgeschäfte nach amerikanischem

---

1 Siehe Informationsvideo auf https://www.bdswiss.com/de/, abgerufen am 01.05.2015.

2 Vgl. zum Ganzen *Michalky/Schittler*, S. 565.

3 Vgl. *Schüwer*, in: Zerey, Hdb. Finanzderivate, § 1 Rn. 2.

Vgl. *Michalky/Schittler*, S. 566.

Vorbild in Deutschland eingeführt wurden.[5] Der Handel wurde aufgrund der Verordnung über die Zulassung von Wertpapieren zu Börsentermingeschäften wieder aufgenommen.[6]

Begünstigt durch die weltweite wirtschaftliche Entwicklung, frei konvertierbarer Wechselkurse und die schnell anwachsende Staatsverschuldung der Vereinigten Staaten, wuchs die Nachfrage nach Absicherung der wirtschaftlichen Risiken durch Finanzterminkontrakte.[7] Jedoch machten die Optionsgeschäfte von 1970 bis 1981 gerade einmal 1,35 Prozent der Aktienumsätze aus, was auch darauf zurückzuführen war, dass es an der Standardisierung und einem etablierten Sekundärmarkt fehlte.[8] Die erste Terminbörse wurde 1972 in Chicago eröffnet, während es in Europa noch weitere 6 Jahre dauern sollte, bis die European Options Exchange in Amsterdam eröffnete.[9] Die deutsche Terminbörse (DTB) hingegen begann ihren Handel erst am 26. Januar 1990.[10] Dies war im Verhältnis zu anderen Handelsplätzen recht spät, wurde jedoch durch technologische Fortschrittlichkeit des Börsenhandels kompensiert, da die DTB eine reine Computerbörse war. Börsenteilnehmer konnten nunmehr standortunabhängig agieren, wenn sie die technischen Voraussetzungen erfüllten.[11] Sie wurde nach dem Vorbild der 1988 eröffneten *Swiss Options and Financial Futures Exchange*

5 *Rudolph*, in: Pohl, Deutsche Börsengeschichte, S. 315 f. Zum Hintergrund der späten Aufnahme, obwohl der Abschluss von Termingeschäften bereits ab Mai 1956 wieder erlaubt war, siehe vertiefend *ebd.* Vertiefend zur Entwicklung des Terminhandels in Deutschland siehe auch *Roth* in KK-WpHG § 37d, f a. F. Rn. 57.

6 Siehe Verordnung über die Zulassung von Wertpapieren zu Börsentermingeschäften vom 26. Juni 1970, BGBl. I 1970, 993. Ursprünglich waren danach Abschlüsse von Optionsgeschäften auf 28 Aktien möglich.

7 Siehe *Geyer/Uttner*, Tz. 1.1.1.; *Breuer*, ZBB 1990, 101, 102.

8 Vgl. *Rudolph*, in: Pohl, Deutsche Börsengeschichte, S. 316.

9 *Kümpel*, Bank- und Kapitalmarktrecht, 3. Auflage, Rn. 14.130; *Breuer*, ZBB 1990, 101, 102.

10 *Rudolph/Schäfer*, Tz. 3.1.

11 *Breuer*, ZBB 1990, 101, 103; *Kümpel*, Bank- und Kapitalmarktrecht, 3. Auflage, Rn. 17.657. Weitere Folgen der Computerbörse ergeben sich daraus, dass alle Marktteilnehmer immer gleich schnell über die aktuellsten Zahlen informiert sind und über Ordereingabe am Bildschirm viel schneller handeln können. Außerdem erfolgt eine automatische Zusammenführung der Aufträge, *Geyer/Uttner*, Tz. 1.2.4. Das Erfüllen der technischen Voraussetzungen ist zudem Zulassungsvoraussetzung für die Zulassung von Unternehmen an der EUREX, § 26 Nr. 4 i.V.m. § 31 BörsO EUREX (Stand 16.11.2015) abrufbar unter http://www.eurexchange.com/blob/294246/85007e8f714cb33[illegible]dc43e04c8537a1a/data/exchange_de.pdf_ab_2015_11_16.pdf, abgerufen am [illegible]7.03.2016.

(SOFFEX) errichtet, mit welcher sie im September 1998 zur *EURopean EXchange Deutschland AG* (EUREX) fusionierte.[12] Laut Geschäftsbericht der *Gruppe deutsche Börse* aus dem Jahr 1999 war das Berichtsjahr das wachstumsstärkste unter den großen Terminbörsen weltweit.[13] Selbst im Krisenjahr 2008 stieg die Anzahl der an der EUREX geschlossenen Kontrakte um 17 Prozent im Verhältnis zum Vorjahr.[14] In Deutschland existieren zurzeit zwei Terminbörsen, die *European Energy Exchange AG* (EEX) in Leipzig, welche sich auf Strom, Erdgas, Emissionsrechte und Kohle spezialisiert hat,[15] und die EUREX in Frankfurt am Main, die seit März 2011 Mehrheitsaktionär der EEX ist.

Zweifelhafte Berühmtheit erlangten Options- bzw. Derivategeschäfte allerdings durch die wirtschaftlichen Katastrophen, die sie (mit-)verursachten. So haben sich nicht nur Finanzinstitute verspekuliert, sondern auch andere Unternehmen, die durch massive Verluste entweder insolvent gingen oder kurz davorstanden. Bekannteste Beispiele hierfür sind der Zusammenbruch der 200 Jahre alten britischen Barings Bank im Jahre 1995 oder auch die Milliardenverluste der kalifornischen Gemeinde Orange County im Jahr 1994 sowie von Procter & Gamble, die im selben Jahr 90 Millionen Dollar verloren.[16]

In Deutschland ist aus jüngerer Zeit vor allem die gescheiterte Übernahme von VW durch Porsche in Erinnerung geblieben. Dabei hatten Vorstandschef Wendelin Wiedeking und sein Finanzchef Holger Härter mit riskanten Optionsgeschäften derart hohe Gewinne erwirtschaftet, dass diese den Umsatz des Unter-

---

12 *Kümpel*, Bank- und Kapitalmarktrecht, 3. Auflage, Rn. 14.130, 17.657 f. Dabei handelte es sich um einen strategischen Zusammenschluss um größere Marktbeteiligung zu unterhalten. Rechtlich gesehen, handelt es sich aus aufsichtsrechtlichen Gründen noch immer um zwei Börsen, die allerdings einen gemeineinsamen Handel, ein gemeinsames Clearing und einheitliche Börsenregelungen haben, *Rudolph/Schäfer*, Tz. 3.4.1.

13 Gruppe deutsche Börse, Geschäftsbericht 1999, S. 42, 45.

14 Gruppe deutsche Börse, Geschäftsbericht 2008, S. 1 und 27.

15 Die RMX *Risk Management Exchange AG* mit Sitz in Hannover hat Anfang August 2009 ihren Handel eingestellt (http://www.wtb-hannover.de/ abgerufen am 05.05.2014). Zum kurzen Überblick über die Entwicklung börsenmäßig organisierter Terminmärkte siehe *Kümpel*, Bank- und Kapitalmarktrecht, 3. Auflage, Rn. 14.129 f. und 17.652 ff. Zur Entstehung und Organisationsstruktur der EUREX siehe *Rudolph/Schäfer*, Tz. 3.4.

16 Zu diesen und weiteren Beispielen siehe *Hull*, S. 980 ff. oder auch *Schüwer*, in: Zerey, Hdb. Finanzderivate, § 1 Rn. 47 ff.

nehmens überstiegen.[17] Laut Spiegel online hat Porsche im Geschäftsjahr 2008/09 die beachtliche Summe von 56,1 Milliarden Euro für Aktienoptionen ausgegeben und damit mehr, als in zehn Jahren insgesamt durch den Verkauf seiner Sportwagen eingenommen worden ist.[18] Die Verpflichtungen aus diesen Geschäften hätten Porsche fast in die Illiquidität getrieben. Nicht nur die Gebühren für die laufenden Optionsgeschäfte, auch die hinterlegten Sicherheiten waren so hoch, dass das Emirat Katar i.R. eines Übernahmedeals Optionsgeschäfte im Wert von 7 Milliarden Euro übernahm und dennoch geschätzt 1 Milliarde Euro Verlust bei Porsche verblieb.[19]

A. Ziel der Untersuchung

Trotz der nicht unbedeutenden praktischen Relevanz von Optionsgeschäften, sowohl an der Börse als auch außerbörslich, führen Optionen häufig ein Schattendasein und sind nur Experten wirklich zugänglich. Die rechtliche Behandlung von Optionsverträgen wird seit jeher kontrovers diskutiert. Bis heute ist umstritten, wie die Einräumung des Optionsrechts zivilrechtlich einzuordnen ist. Losgelöst von der bürgerlich-rechtlichen Diskussion, herrscht auch hinsichtlich der Bilanzierung in Handels- und Steuerbilanz keine Einigkeit zwischen Literatur, der Finanzverwaltung und der Rechtsprechung. Immer wieder stehen daher die Urteile der Finanzgerichte in der Kritik. Auch der Rechtsprechung fehlt eine klare Linie, denn obwohl sie seit Jahren gefestigt eine Theorie der Trennung zwischen den einzelnen Phasen des Optionsgeschäfts vertritt, wird diese nicht stringent durchgehalten und bietet so immer wieder neuen Diskussionsstoff.

Der Fokus dieser Arbeit liegt in der kritischen Auseinandersetzung mit den gesetzlichen Grundlagen und der finanzgerichtlichen Rechtsprechung zur Besteuerung von Optionsgeschäften. Vor allem wird die von der Rechtsprechung vertretene Trennungstheorie, d.h. die Trennung zwischen Options- und Hauptvertrag (Basisgeschäft) untersucht. Dabei sollen ihre Schwächen aufgedeckt werden. Abweichend von der ständigen höchstrichterlichen Rechtsprechung sowie

---

17 *Deckstein/Fromm*, SZ vom 26.11.2009, 22. Dabei schaffte es Härter nach SZ-Angaben als erster Manager, dass der Gewinn eines Unternehmens höher als sein Umsatz war. Dadurch erhielt Porsche das SZ Prädikat: „Zockerbude mit angeschlossener Autoproduktion", *Kuntz*, SZ vom 30.04/01.05.2009, 18.

18 http://www.spiegel.de/wirtschaft/unternehmen/geplante-vw-uebernahme-porsche-spekulationen-hatten-gigantische-ausmasse-a-730192.html, abgerufen am 27.03.2016.

19 *Freitag*, Manager Magazin 09/2009, 22, 26.

den in der Literatur diskutierten Theorien wird ein eigener Lösungsansatz vorgestellt, der der vertraglichen Absprache der Parteien und dem wirtschaftlichen Gehalt des Geschäfts tatsächlich Rechnung trägt.

Um dieses Ziel zu erreichen, greift die Untersuchung nicht allein auf die steuerrechtlichen Vorschriften zurück. Vielmehr wird mit der Prüfung der vertraglichen Ausgestaltung von Optionsgeschäften begonnen und anschließend über die Vorschriften des Handelsbilanzrechts in die steuerlichen Vorschriften übergeleitet, um so ein vollständiges Bild zu erhalten. In diesem Zusammenhang werden die bereits existierenden unterschiedlichen vertragsrechtlichen Ansätze herausgearbeitet, kritisch gewürdigt und anschließend ein klarer Blick auf alte Problemfelder gewagt.

Der vertragstypische Inhalt des Optionsvertrags ist gesetzlich nicht geregelt. Vielmehr entwickelte sich diese Art des Rechtsgeschäfts aus dem Bedürfnis des Rechtsverkehrs, eine Vertragspartei bereits einseitig zu binden, während die andere die Möglichkeit erhält, den Vertragspartner hieraus zu einem späteren Zeitpunkt in Anspruch zu nehmen. Die rechtliche Diskussion über die Einordnung dieser Abrede wird dominiert von zwei Thesen: So wird vertreten, dass hierin lediglich der Abschluss eines bedingten Vertrags gesehen werden müsse, während die wohl überwiegende Meinung vom Abschluss zweier Verträge ausgeht. Ersterer begründe das Optionsrecht, während der anschließende Hauptvertrag einzig dann zustande komme, wenn das Optionsrecht positiv ausgeübt worden sei. Die Untersuchung des Vertragsrechts ist geprägt durch *Casper*, der die bisher diskutierten Ansätze zusammengeführt und auf an Terminmärkten geschlossene Optionsgeschäfte übertragen hat. Seine Untersuchung resultiert in der Feststellung, dass der Optionsvertrag ein Vertrag sui generis sei und keine rechtliche Einheit mit dem zukünftigen Hauptvertrag bilde.[20] Wie im Laufe der Arbeit zu zeigen sein wird, vermag diese Ansicht nicht zu überzeugen. Der Zusammenhang zwischen beiden Teilen des Optionsgeschäfts – den auch *Casper* freilich anerkennt – sollte sich bereits im Vertragsschluss widerspiegeln. So kritisiert *Reiner*, der sich ausschließlich mit derivativen Finanzinstrumenten beschäftigt, die lediglich darauf gerichtet sind, den hieraus erwachsenen Vorteil in bar zu erhalten, dass gerade für diesen Fall der Beendigung kein zweiter Vertrag vorliege.[21] Die vertragsrechtliche Untersuchung mündet in der Entwicklung eines eigenen Ansatzes, wonach es sich um einen zusammengesetzten Vertrag handelt, bei welchem der Optionsvertrag zusammen mit dem bedingten Hauptvertrag stehen und fallen soll. Beide Ver-

20 So *Casper*, S. 73.
21 So *Reiner*, S. 15.

träge bilden damit eine rechtliche und wirtschaftliche Einheit (sog. Theorie des zusammengesetzten Vertrags).

Grundlage für die Erfassung des Optionsvertrags in der Steuerbilanz ist die handelsbilanzielle Darstellung, die – unter Berücksichtigung der wirtschaftlichen Betrachtungsweise – daraufhin untersucht wird, wie sich das Konzept des zusammengesetzten Vertrags einfügt bzw. ob die bisherige Bilanzierungspraxis unter diesem Aspekt anders betrachtet werden sollte. Bestehenden Unstimmigkeiten der bilanziellen Darstellung von Optionsgeschäften im Betriebsvermögen werden erläutert und deren Ursachen erforscht. Geprägt ist diese Aufarbeitung vor allem durch *Breker*, der sich ausführlich mit der Darstellung des Optionsvertrags in der Handelsbilanz beschäftigt und der Ansicht des *IDW*[22] sowie des *BFH*[23], deren Auffassung die Basis der überwiegenden Literaturmeinung bildet. Die Untersuchung folgt dem zeitlichen Ablauf der zwei Phasen des Optionsgeschäfts und unterteilt sich in die bilanzielle Darstellung bei Stillhalter und beim Optionsnehmer. Im Mittelpunkt der ersten Phase steht dabei die Passivierung der Stillhalterleistung sowie die Aktivierung des Optionsrechts unter besonderer Berücksichtigung des Grundsatzes ordnungsmäßiger Buchführung der Nichtbilanzierung schwebender Geschäfte. Nach der wohl herrschenden Meinung passiviert der Stillhalter eine sonstige Verbindlichkeit ohne Vorleistungscharakter i.H.d. Optionsprämie, während der Optionsnehmer diese als immateriellen Vermögensgegenstand in seiner Bilanz aktiviert. Sowohl unter wirtschaftlichen Gesichtspunkten als auch unter Berücksichtigung der Theorie des zusammengesetzten Vertrags überzeugt indes die Erfassung der Optionsprämie als Anzahlung, sowohl beim Stillhalter als auch beim Optionsnehmer. Die Anzahlung ist dabei weder der ersten noch der zweiten Phase des Optionsgeschäfts zuzuordnen, da diese nicht unabhängig voneinander betrachtet werden können. Sie erfolgt vielmehr auf das Optionsgeschäft im Ganzen. Die Leistung des Stillhalters wird folglich niemals isoliert, d. h. ohne den Hauptvertrag dargestellt und bewertet. Im weiteren Verlauf der Untersuchung wird gezeigt, dass der Aktivierung des Optionsrechts als Vermögensgegenstand in der Bilanz des Optionsnehmers der Grundsatz der Nichtbilanzierung schwebender Geschäfte entgegensteht, so dass auch der Optionsnehmer lediglich eine Anzahlung aktiviert. Schwerpunkt der nachfolgenden Untersuchung der zweiten Phase des Optionsgeschäfts ist der Umgang mit der Optionsprämie bei Ausübung des Optionsrechts. Während die herrschende Meinung die Optionsprämie i.R.d. Anschaffungsvorgangs nach Ausübung einer Kauf- bzw. Verkaufsoption berück-

22 Stellungnahme *IDW* RS BFA 6.

23 BFHE 201, 234 ff.

sichtigt, in allen anderen Fällen aber verneint, vertritt *Breker* die Auffassung, der Ertrag aus dem Optionsvertrag sei sofort zu realisieren. Demgegenüber ist die Prämie immer auch eine Gegenleistung des Hauptvertrags, wenn man der Theorie des zusammengesetzten Vertrags folgt.

In der nachfolgenden steuerrechtlichen Untersuchung sind die Ansichten der *Finanzrechtsprechung*[24] sowie der *Finanzverwaltung*[25] Mittelpunkt der Erörterung. Die für die Handelsbilanz erarbeiteten Ergebnisse zur einheitlichen Behandlung, lassen sich aufgrund des Maßgeblichkeitsprinzips in die Steuerbilanz übertragen und führen so zu einer gleichmäßigen Besteuerung. Aufgezeigt werden in der anschließenden Aufarbeitung die unbilligen Ergebnisse, zu denen die Anwendung der Trennungstheorie im Bereich der privaten Vermögensverwaltung führt. Zugleich wird dargestellt, wie sich durch die steuerliche Erfassung der Prämie im Zeitpunkt der Beendigung des Optionsrechts, gerade die vorher genannten Unstimmigkeiten lösen lassen. Wie sich ferner im Rahmen der Untersuchung ergeben wird, geht auch die Grundkonzeption der Verlustabzugsbeschränkung nach § 15 Abs. 4 S. 3–5 EStG von einer Einheitlichkeit des Optionsgeschäfts aus. Auch die Besonderheiten im Falle der Besteuerung von Wertpapieren, die aufgrund der Ausübung eines Optionsrechts ge- oder verkauft wurden, werden im Lichte der hierzu ergangenen Rechtsprechung genauer untersucht. Die hier entstandenen Möglichkeiten der Steuergestaltung, lassen sich indes nicht auf die Anwendung der Trennungstheorie zurückführen, sondern folgen aus der Gesetzessystematik. Auch unter dem Gesichtspunkt der wirtschaftlichen Betrachtungsweise ist – wie zum Schluss der Untersuchung gezeigt werden wird – der Trennungstheorie nicht zu folgen.

Grundlage der Untersuchung sind finanzmarktbezogene Termingeschäfte. Besonderheiten von Optionsrechten auf andere Verträge wie Grundstückskauf, Mietverlängerung, Buchveröffentlichung oder ähnliche Vertragsgegenstände werden nicht behandelt. Ausgeklammert bleiben ferner von der Untersuchung weiterhin sog. Mitarbeiterbeteiligungen, deren Zweck in der Vergütung von Mitarbeitern besteht, sowie Optionsanleihen, die hauptsächlich der Finanzierung von Unternehmen dienen[26]. Diese Abhandlung widmet sich grundlegenden Fragestellungen, deren Basis abstrakt definierte Optionsgeschäfte sind. Lediglich soweit es zur Lösung vorgenannter Probleme beiträgt oder es der Untersuchungsgegenstand erfordert, wird auf konkrete Optionsgeschäftsarten eingegangen.

---

24 U.a. BFHE 201, ebd.; BFHE 220, 249 ff.; BFHE 240, 357 ff.; *FG Niedersachsen*, EFG 2014, 541 ff.; *FG München*, EFG 2001, 274 ff. und des *FG Hamburg*, EFG 2002, 559 ff.

25 BMF-Schreiben v. 18.01.2016, IV C 1 – S 2252/08/10004, BStBl. I 2016, 85 ff.

26 *Kümpel*, Bank- und Kapitalmarktrecht, 3. Auflage, Rn. 15.159; *Casper*, S. 323, 410.

Daher erfolgt die Begutachtung am Beispiel gewerblich tätiger Unternehmen, da sich hieraus durch Sondervorschriften ungetrübte Ergebnisse ziehen lassen. Spezialvorschriften des Handelsbilanzrechts für Kredit- und Finanzdienstleister oder Konzerngesellschaften werden ausgeklammert. Auch in steuerrechtlicher Hinsicht liegt der Fokus der Untersuchung in der Aufarbeitung der Besteuerung von Optionsgeschäften im Betriebsvermögen des Steuerpflichtigen. Soweit korrespondierend hierzu, die Besteuerung im Bereich privater Vermögensverwaltung ähnliche Probleme aufwirft, wird auf diese Bezug genommen. Hierdurch werden die Trennungs- bzw. die Einheitstheorie auf ihre Stimmigkeit hin überprüft. Diese Verfahrensweise dient dazu, die dogmatischen Probleme der Trennungstheorie im Bereich des Steuerrechts besser zu erfassen und gleichzeitig die Notwendigkeit einer einheitlichen Erfassung zu beweisen.

B. Gang der Untersuchung

Nach einem Überblick über die historische Entwicklung des Begriffs Finanztermingeschäft, zu welchem die Optionsgeschäfte gehören, führt das I. Kapitel in die Thematik der Optionsgeschäfte ein. Überblicksartig werden dabei die einzelnen Bestandteile eines Optionsgeschäfts und dessen Abwicklung vorgestellt. Ebenso wird gezeigt, welche ökonomischen und rechtlichen Faktoren den Preis eines Optionsrechts bestimmen. Nach der Darstellung der ökonomischen Bedeutung von Optionsgeschäften wird deren Eigenschaft als Spekulationsgeschäft beleuchtet. Im Anschluss werden die Untersuchungsparameter des Handelsbilanz- und Steuerrechts festgelegt.

Das II. Kapitel behandelt die zivilrechtliche Ausgestaltung von Optionsgeschäften. Der Untersuchung der Rechtsnatur des Optionsrechts schließt sich eine Zusammenfassung der bisher in Literatur und Rechtsprechung vertretenen Theorien zu dessen Einräumung an, gefolgt von der Erörterung der Schwächen dieser Theorien. Nachdem die „konträre" Rechtsprechung von BGH und BFH zur Behandlung von Optionsgeschäften dargestellt wurde, folgt eine Untersuchung der heutigen Vertragspraxis sowie die Möglichkeit der rechtlichen Übertragung von Optionsrechten. Unter Berücksichtigung der Ergebnisse aus vorgenannten Analysen wird anschließend ein eigener Lösungsansatz entwickelt, dessen Konsistenz unter verschiedenen Gesichtspunkten geprüft wird.

Schwerpunkt des III. Kapitels ist die in Literatur und Rechtsprechung umstrittene Darstellung von Optionsgeschäften in der Handelsbilanz. Die bisher vertretenen Bilanzansätze sowie deren unterschiedliche Auswirkungen werden jeweils für Optionsgeber und Optionsnehmer betrachtet, wobei sich die Untersuchung am zeitlichen Ablauf des Optionsgeschäfts orientiert. In diese Darstellung wird jeweils der vorgenannte eigene Lösungsansatz integriert und herausgearbeitet, welche Abweichungen sich dadurch bei der Umsetzung des entwickelten Lösungsansatzes ergeben.

Im IV. Kapitel erfolgt eine umfassende Untersuchung der steuerlichen Vorschriften und der finanzgerichtlichen Rechtsprechung zur Behandlung von Optionsgeschäften im Betriebsvermögen des Steuerpflichtigen. Zunächst werden die von der Handelsbilanz abweichenden steuerrechtlichen Gesetzesvorbehalte und deren Folgen für den Optionsgeber dargestellt. Auch diese Untersuchung wird um den entwickelten Lösungsansatz, unter Bezugnahme auf die Grundsätze der Besteuerung im Bereich privater Vermögensverwaltung ergänzt. Im Anschluss daran wird der Ansatz des Optionsrechts als Wirtschaftsgut in der Steuerbilanz des Optionsnehmers kritisch gewürdigt. Weiter wird die Behandlung von erwirtschafteten Verlusten aus Optionsgeschäften beleuchtet, da diese unter Umständen nur beschränkt abzugsfähig sind. Der Anwendungsbereich dieser Verlustabzugsbeschränkung ist im Einzelnen umstritten, insbesondere die unbestimmten Rechtsbegriffe des Tatbestandes werden unterschiedlich ausgelegt und führen somit zu Rechtsunsicherheit. Im Anschluss werden weitere Besonderheiten bei der Besteuerung von Wertpapieroptionsgeschäften im Bereich der Gewinneinkünfte erörtert. Das Kapitel schließt mit der Betrachtung der Frage, ob unter Anwendung der Grundsätze der wirtschaftlichen Betrachtungsweise an einer Trennung beider Phasen des Optionsgeschäfts festgehalten werden sollte.

Im V. Kapitel werden die zentralen Thesen noch einmal zusammenfassend dargestellt.

I. Kapitel: Grundbegriffe

Die Untersuchung beginnt mit einem Überblick der historischen Entwicklung des rechtlichen Begriffs des Finanztermingeschäfts, unter welchen die Optionsgeschäfte[27] zu fassen sind. Im Anschluss folgen die Vorstellung der einzelnen Elemente eines Optionsvertrags sowie ein Kurzüberblick über börslich und außerbörslich geschlossene Optionsgeschäfte. Hiernach wird auf die preisbildenden Faktoren und die ökonomische Bedeutung von Optionsgeschäften eingegangen. Zuletzt erfolgt eine Konkretisierung der Untersuchungsparameter als Spekulationsgeschäft im unternehmerischen Bereich.

A. Spekulative Optionsgeschäfte

Optionsgeschäfte sind Derivate[28] und gehören gem. § 37e S. 2 i.V.m. § 2 Abs. 2 WpHG[29] zu den (Finanz-)Termingeschäften. Der Begriff des Finanztermingeschäfts kann auf eine lange Geschichte zurückblicken.[30] Auch wenn er – worauf nachfolgend noch einzugehen ist – nicht mehr Grundlage besonderer anlegerschützender Normen ist, so hat er dennoch im Vertragsrecht wie auch im Steuerrecht Bedeutung. Einem Finanztermingeschäft kann der Spieleinwand nach § 762

---

27 Synonym werden auch die Begrifflichkeiten Optionsvertrag, Optionsvereinbarung, Optionsbegebungsvertrag, Angebotsvertrag oder Eröffnungsgeschäft verwendet, vgl. MüKoBGB/*Busche*, Vor § 145 BGB Rn. 74.

28 Lat. „derivare" bzw. „derivatum", was ableiten bzw. abgeleitet bedeutet, *Rudolph/Schäfer*, Tz. 2.1. Wesentliches Merkmal derivativer Finanzinstrumente ist deren Abhängigkeit vom Wert des originären zugrundeliegenden Basisobjektes, welcher sich während des zeitlich hinausgeschobenen Erfüllungszeitpunktes ändern kann, *Rudolph/Schäfer*, Tz. 2.1. Ähnlich *Reiner/Schacht*, WM 2010, 337, 342, nach denen Derivate sich u. a. dadurch auszeichnen, dass bewusst eine Position eingegangen werde, bei welcher ein wirtschaftlicher Ertrag von einem zufallsabhängigen zukünftigen Ereignis abhängig sei.

29 Gem. § 2 Abs. 2 WpHG gehören zu den Derivaten als Kauf, Tausch oder anderweitig ausgestaltete Optionsgeschäfte, die zeitlich verzögert zu erfüllen sind und deren Wert sich unmittelbar oder mittelbar vom Preis oder Maß eines Basiswerts ableitet mit Bezug auf folgende Basiswert: Wertpapiere oder Geldmarktinstrumente, Devisen oder Rechnungseinheiten, Zinssätze oder andere Erträge, Indizes dieser Basiswerte oder andere Finanzindizes oder Finanzmessgrößen oder wiederum von Derivaten.

30 Ausführliche historische Betrachtung in: *Roth*, in: KK-WpHG § 37d, f a. F. Rn. 2 ff.

BGB i.V.m. § 37e WpHG nicht entgegen gehalten werden, wonach somit eine vollkommene Verbindlichkeit begründet wird.[31] Zudem knüpft auch das Steuerrecht an diesen Begriff an. Während die Besteuerung von Termingeschäften im Bereich privater Vermögensverwaltung durch § 20 Abs. 2 Nr. 3 Buchst. a) und b) EStG geregelt ist, findet sich in der Regelung zu Einkünften aus Gewerbebetrieb gem. § 15 Abs. 4 S. 3–5 EStG eine Verlustabzugsbeschränkung für Verluste aus eben diesen Geschäften. Daher ist sowohl für die vertragsrechtliche Analyse die Abgrenzung Spekulationsgeschäft und Spielvertrag, wie auch für die steuerrechtliche Untersuchung die historische Entwicklung ebenso von Bedeutung wie die Klärung der Frage, welche Verträge unter den Begriff des Termingeschäfts zu fassen sind.

1. Der Begriff des Termingeschäfts

Mit der Einführung des Begriffs des Termingeschäfts in das Einkommensteuergesetz wollte der Steuergesetzgeber an die Definition in § 2 Abs. 2 WpHG anknüpfen.[32] Dabei wurde übersehen, dass das Wertpapierhandelsgesetz selbst, keine solche enthielt.[33] Alle vorher unternommenen gesetzgeberischen Versuche einer Begriffsbestimmung waren gescheitert.[34] Der Terminus des Börsentermingeschäfts[35] (heute Finanztermingeschäft[36]), wurde erstmals 1896 in § 48 BörsG

---

31 Zur Rechtfertigung dieser Regelung und den Abgrenzungskriterien kritisch *Reiner/Schacht*, WM 2010, 337, 338 ff.

32 Siehe BT-Drucks. 14/443, S. 28 f., wonach das Termingeschäft nach § 2 Abs. 2 WpHG (in der Fassung der Neufassung des WpHG, BGBl. I 1998, S. 2708, 2710) und § 1 Abs. 11 KWG (in der Neufassung des KWG, BGBl. I 1998, S. 2776, 2780) zu verstehen sei.

33 Siehe BFHE 248, 57, 64; *Haisch/Danz*, DStR 2005, 2108, 2112 f.; *Sorgenfrei*, DStR 1999, 1928, 1930. Die Verlustabzugsbeschränkung für Termingeschäfte nach § 15 Abs. 4 S. 3 EStG wurde mit dem StEntlG 1999/2000/2002 eingeführt. Der Begriff Termingeschäft in § 23 Abs. 1 Nr. 4 EStG ist dabei inhaltsgleich mit dem des § 15 Abs. 4 S. 3 EStG, vgl. *Reiner*, S. 404.

34 BFHE 248, 57, 64.

35 Zusammenfassend BGHZ 92, 317, 320 ff., hierzu auch *Groß*, in: Ebenroth/Boujong/Joost/Strohn, Bank- und Börsenrecht, Rn. IX.14.

36 Durch das vierte Finanzmarktförderungsgesetz 2001 wurde der Begriff des Börsentermingeschäfts im WpHG, durch den des Finanztermingeschäfts nach § 2 Abs. 2a WpHG a. F. ersetzt, Art. 2 Nr. 3 des Gesetzes zur weiteren Fortentwicklung des Finanzplatzes Deutschland, BGBl. I 2002, 2010, 2029. Mit dem Finanzmarktrichtlinien-Umsetzungsgesetz wurde der Begriff des Finanztermingeschäfts aus den allgemeinen Bestimmungen ohne inhaltliche Änderung in den

zu definieren versucht,[37] um unerfahrene private Anleger vor dem Verlust ihres Vermögens zu schützen.[38] Die gesetzliche Definition war indes nicht praktikabel, da sie durch vielerlei Gestaltungsmöglichkeiten, wie den Verkauf nicht zugelassener Papiere außerhalb der Börse[39] oder den Handel mit zugelassenen Papieren unter Personen, welche nicht zum Börsenhandel zugelassen sind[40] umgangen werden konnte. Der Begriff wurde daher durch das Reichsgericht mit Blick auf den Schutzzweck der Norm contra legem auf die vorgenannten Fälle mit der Begründung erweitert, dass "[...] der Rechtserfolg, den der Gesetzgeber durch eine zwingende allgemeingültige Rechtsnorm einem Rechtsgeschäft versagt, nicht auf Umwege dadurch erreicht werden kann, dass dem Rechtsgeschäft ohne Änderung seines Inhaltes eine andere Form gegeben wird".[41] In der folgenden Novellierung verzichtete man ausdrücklich auf eine Legaldefinition mit dem Hinweis, die Ausgestaltung des Begriffs der Rechtsprechung überlassen zu wollen.[42]

---

§ 37e Abs. 1 S. 2 WpHG übernommen, mit der Begründung, dass er nur noch für die §§ 37e und 37g relevant sei, BT-Drucks. 16/4028, S. 78. Ein Grund für die Änderung war u. a. die erhebliche Rechtsunsicherheit bei der Auslegung des Begriffs des Börsentermingeschäfts und die damit einhergehende Frage nach der Wirksamkeit bzw. Unwirksamkeit des Geschäfts durch den Differenzeinwand, *Kümpel/Veil*, in: Kümpel/Hammen/Ekkenga, Kennz. 065 Rn. 410.

37 § 48 BörsG lautete: „Als Börsengeschäfte in Waaren oder Wertpapieren gelten Kauf- und sonstige Anschaffungsgeschäfte auf eine festbestimmte Lieferungszeit oder mit einer festbestimmten Lieferfrist, wenn sie nach Geschäftsbedingungen geschlossen werden, die von dem Börsenvorstande für den Terminhandel festgesetzt sind, und wenn für die an der betreffenden Börse geschlossenen Geschäfte solcher Art eine amtliche Feststellung von Terminpreisen (§§ 29, 35) erfolgt."; RGBl. 1896, 157, 169.

38 Vgl. *Roth*, in: KK-WpHG § 37d, f a. F. Rn. 3, 57 ff.

39 Vgl. RGZ 47, 104, 110, wonach "[...]die Untersagung und ihre Folge nicht auf die eigentlichen Börsentermingeschäfte im Sinne das § 48 des Börsengesetzes – die in den sogenannten verbotenen Papieren thatsächlich nicht vorkommen können – beschränkt, sondern muß auf die ihnen in § 51 Abs. 2 gleichgestellten Geschäfte ausgedehnt werden.". Begründet wurde dies damit, dass es für die Bestimmung des Begriffs Börsentermingeschäft gerade nicht darauf ankomme, dass „diese Geschäfte [...] im Börsengebäude oder nicht während der Börsenzeit abgeschlossen wurden [...], ebd.

40 Vgl. RGZ 44, 103, 107.

41 Vgl. RGZ 44, 103, 107; *Roth*, in: KK-WpHG § 37d, f a. F. Rn. 4 m.w.N.

42 Siehe *Kümpel*, WM 1982, Sonderbeilage Nr. 6, S. 5 mit entsprechendem Hinweis auf das Reichstags Aktenstück. Ausdrücklich wird auch im vierten Finanzmarktförderungsgesetz auf die Definition des Termingeschäfts – mit dem Hinweis auf die Anwendung der sog. Typenlehre – verzichtet, vgl. BT-Drucks. 14/8017, S. 85.

Der Begriff des Börsen- bzw. Finanztermingeschäfts ist daher durch eine anlegerschützende Perspektive geprägt. Die vom BGH entwickelte Typenlehre[43] zur Qualifikation als Finanztermingeschäft stellte daher nicht nur auf die Merkmale eines „klassischen" Termingeschäfts ab[44] sondern qualifizierte auch abweichende Geschäftsgestaltungen als Börsen-/Finanztermingeschäfte, wenn sie wirtschaftlich den gleichen Zwecken dienten oder ihnen dieselbe Gefährlichkeit innewohne.[45]

Weil Regelungszweck des Einkommensteuergesetzes aber ein völlig anderer sei, als der des Wertpapiers und Bankrechts wird von einigen Autoren gefordert, den Begriff des Termingeschäfts ohne Rücksicht auf die Vorschriften des WpHG, steuerrechtlich eigenständig zu definieren.[46] Die Begriffe Börsen- bzw.

Casper kritisiert in diesem Zusammenhang die wie eine Legaldefinition wirkende gesetzliche Umsetzung, *Casper*, WM 2003, 161 f.; siehe auch *Wagner*, DStZ 2003, 798, 799. Zur Alternative einer jährlich zu aktualisierenden Rechtsverordnung, welche Termingeschäfte abschließend aufführt siehe *Melzer*, BKR 2003, 366, 372.

43 Hierbei werden keine Merkmale i.S. erforderlicher und hinreichender Voraussetzungen für das Vorliegen eines Börsentermingeschäfts definiert, vielmehr wird das Börsentermingeschäft nur im Kernbereich durch feste Merkmale definiert, während Merkmale im Randbereich typologisch seien, siehe *Canaris*, WM 1988 Sonderbeilage Nr. 10 S. 5 f. Letztere können unterschiedlich ausgebildet sein, ohne dass dies am Vorliegen eines Börsentermingeschäfts etwas zu ändern vermag, ebenso *Koller*, WM 1985, 593; differenzierend *Casper*, WM 2003, 161, 162 f.

44 Der BGH konstatierte „Börsentermingeschäfte sind Verträge über Wertpapiere, vertretbare Waren oder Devisen nach gleichartigen Bedingungen, die von beiden Seiten erst zu einem späteren Zeitpunkt zu erfüllen sind. Sie müssen ferner eine Beziehung zu einem Terminmarkt haben, der es ermöglicht, jederzeit ein Gegengeschäft abzuschließen. Der [...] (relative) Fixcharakter des Geschäfts [...] hat die Grundform des Börsentermingeschäfts, das sogenannte Festgeschäft im Auge, ist aber kein unabdingbares Erfordernis [...].", vgl. BGHZ 92, 317, 321; BGHZ 114, 177, 179; zustimmend *Tilp*, DB 1989, 2365. Typische Merkmale sind insbesondere die Möglichkeit der Ausnutzung eines Hebels, das Risiko des Totalverlusts des eingesetzten Geldes sowie das Risiko zusätzlicher Mittelaufwendung für eingegangene Verbindlichkeiten, entgegen der ursprünglichen Absicht sowie die Möglichkeit des Abschlusses eines gegenläufigen Vertrags oder die Veräußerung der Risikoposition am Sekundärmarkt, vgl. BT-Drucks. 14/8017, S. 85; *Bogenschütz*, FS Schaumburg, S. 211.

45 Vgl. BGHZ 92, 317, 321.

46 So bspw. *Intemann*, in: Herrmann/Heuer/Raupach, § 15 EStG Rn. 1541; *Harenberg*, Kommentar zum BMF Schreiben vom 27.11.2001 - IV C 3 – S 2256–265/01, FR 2002, 109, 110; *Haisch/Danz*, DStZ 2005, 850, 851; *dies.*, in: Haisch/Helios, Rechtshandbuch der Finanzinstrumente, § 5 Rn. 11; *Helios/Philipp*, BB 2010, 95, 96; i.d.S. wohl auch *Dahm/Hamacher*, DStR 2014, 455, 456 f.

Finanztermingeschäft seien nicht identisch mit dem steuerrechtlichen Begriff des Termingeschäfts.[47] Im Hinblick auf die Auslegung des steuerrechtlichen Begriffs des Termingeschäfts bietet sich die Abgrenzung nach der Handelstechnik, also zum sog. Kassageschäft an.[48] Ein Kassageschäft ist anzunehmen, wenn zwischen Vertragsschluss und Erfüllung ein enger zeitlicher Zusammenhang von i. d. R. zwei Geschäftstagen im Wertpapier-Kassahandel besteht.[49] Termingeschäften hingegen zeichnen sich dadurch aus, dass zwischen Vertragsschluss und Erfüllung Jahre liegen können, der Erfüllungszeitpunkt mithin hinausgeschoben ist.[50] Je nach Basiswert spricht man von Finanz- Waren- oder Devisentermingeschäften. Man unterscheidet weiterhin bei Termingeschäften zwischen bedingten und unbedingten. Zu den bedingten Termingeschäften gehören börslich und außerbörslich geschlossene Optionsgeschäfte, weil sie dem Berechtigten lediglich ein Recht und nicht die Pflicht zu einem künftigen Vertragsschluss einräumen.[51] Unter unbedingten Termingeschäften versteht man die gegenseitige feste Verpflichtung der Vertragsparteien zum zeitlich späteren Austausch der vertraglich festgelegten Leistungen.[52] Wie nachfolgend noch gezeigt wird, handelt es sich bei den dieser Arbeit zugrundeliegenden Optionsgeschäften sowohl nach der von der Rechtsprechung entwickelten Typenlehre als auch nach der Handelstechnik um Termingeschäfte.

---

47 Vgl. *Dahm/Hamacher*, DStR 2014, 455, 456.

48 Vgl. BFHE 248, 57, 62; *Hamacher*, WM 2000, 1721, 1722.

49 Vgl. *Seiler/Geier*, in: Schimansky/Bunte/Lwowski, Bankrechts-Handbuch, § 104 Rn. 13; *Schmid/Renner*, DStR 2013, 2734, 2739.

50 Vgl. BFHE 248, 57, 62.

51 Vgl. *Kümpel/Veil*, in: Kümpel/Hammen/Ekkenga, Kennz. 065 Rn. 434; *Schüwer*, in: Zerey, Hdb. Finanzderivate, § 1 Rn. 8 ff.; *Coenenberg/Haller/Schultze*, S. 286; *Bogenschütz*, FS Schaumburg, S. 213; *Bode*, in: Blümich, EStG § 15 Rn. 655; *Wernsmann*, in: Kirchhof/Söhn/Mellinghoff, EStG § 23 Rn. B 165 ff.; BMF-Schreiben vom 22.12.2009, BStBl. I 2010, 94 Tz. 9 f.; *Prätzler*, DStR 2001, 927, 928; *Wotschofsky/Thomas*, BuW 2002, 950; *Wagner*, DStZ 2003, 798, 799; *Haisch/Danz*, DStZ 2005, 850, 854; *Kraft/Mohr*, RdF 2011, 406; **a.A.** *Harenberg*, Kommentar zum BMF Schreiben vom 27.11.2001 - IV C 3 – S 2256–265/01, FR 2002, 109, 110; *Schmid/Renner*, DStR 2005, 2059, 2061; *dies.*, DStR 2013, 2734, 2739.

52 Vgl. *Oulds*, in: Bank- und Kapitalmarktrecht, Rn. 14.43, 14.45; BMF-Schreiben vom 22.12.2009, BStBl. I 2010, 94 Tz. 10. Handelt es sich hierbei um standardisierte Verträge die börslich gehandelt werden, so spricht man von Futures, bei außerbörslich geschlossenen unbedingten Termingeschäften hingegen von Forwards, vgl. *Rudolph/Schäfer*, Tz. 2.3.2.

2. Optionsgeschäfte

Das bedingte Termingeschäft wird i. d. R. zwischen dem Optionsnehmer und dem Stillhalter geschlossen. Der Optionsnehmer erhält danach das sog. Optionsrecht, welches sich auf jedes beliebige von den Parteien festgelegte Vertragsverhältnis beziehen kann. Unterteilt werden die Optionsgeschäfte nach Art des Abschlusses wie auch nach Verbriefung und Vertragsgegenstand. Der Preis, den der Optionsnehmer für das Optionsrecht zahlt, hängt von verschiedenen Faktoren ab, die die Interessenlage der Vertragsparteien widerspiegeln. Darüber hinaus bestehen verschiedene Motive, welche die Vertragsparteien dazu bewegen, Optionsgeschäfte einzugehen.

a. Das Optionsrecht

Das Optionsrecht berechtigt den Optionsnehmer, innerhalb einer bestimmten Frist oder zu einem bestimmten Zeitpunkt mit dem Stillhalter ein vorher festgelegtes Vertragsverhältnis einzugehen bzw. dessen Erfüllung oder die Zahlung eines hinsichtlich seiner Bestimmungsgrößen festgelegten Geldbetrags – auch Bar- oder Differenzausgleich – zu verlangen.[53] Im Gegenzug zahlt der Optionsnehmer für das Versprechen eine Prämie an den Stillhalter.[54] Da der Optionsnehmer durch einseitige Willenserklärung ohne Mitwirkung des anderen Teils ein inhaltlich bereits fixiertes Geschäft „zustande“ bringt, qualifiziert die Rechtswissenschaft – worauf später noch einzugehen sein wird – das Optionsrecht als Gestaltungsrecht.[55]

---

53 Diese Definition ist angelehnt an die Stellungnahme des *IDW/BFA*, WPg 1995, 421, welche u. a. *Arnim*, AG 1983, 29, 30, *Windmöller/Breker*, WPg 1995, 389 f., *Scharpf/Luz*, S. 340, *Haisch*, in: Haisch/Helios, Rechtshandbuch der Finanzinstrumente, § 1 Rn. 8 und *Schick*, S. 5 verwenden. In allen anderen gängigen Definitionen wird von einem Basiswert als Grundlage des Geschäfts gesprochen, so bspw. *Weber* JuS 1990, 249, 250, *Eilenberger*, BFuP 1995, 125, 129, *Wotschofsky/Thomas*, BuW 2002, 950, 951. Kann der Berechtigte dieses Recht innerhalb einer bestimmten Frist ausüben, spricht man von einer **amerikanischen Option**, so er es denn zu einem bestimmten Fälligkeitstermin ausüben kann, von einer **europäischen Option**, vgl. *Ebenroth/Einsele*, ZIP 1988, 205, 208; *Bogenschütz*, FS Schaumburg, S. 213.

54 Man spricht insoweit auch von Aufgeld, einer Optionsprämie oder einem Optionspreis.

55 Vgl. BFHE 220, 249, 256; Palandt/*Ellenberger*, Einf. v. § 145 Rn. 23; MüKoBGB/*Busche*, Vor § 145 BGB Rn. 70; *Hahne/Liepolt*, DB 2006, 1329; *Georgiades*, FS Larenz, S. 409; *Arnim*, AG 1983, 29, 39 f.

b. Der Optionsvertrag

Im Optionsvertrag, der die schuldrechtliche Grundlage für die Einräumung bzw. das Entstehen des Optionsrechts bildet, einigen sich die Vertragsparteien auf die Verpflichtung des Stillhalters eine bereits jetzt festgelegte Leistung auf Verlangen des Optionsnehmers zu erbringen sowie die Konditionen unter denen dieser das Optionsrecht ausüben darf. Durch seine Willenserklärung bindet sich der Stillhalter bereits jetzt, während der Optionsnehmer erst später – durch Abgabe einer zweiten Willenserklärung – entscheidet, ob er die Stillhalterleistung tatsächlich in Anspruch nehmen will.[56] Der Optionsvertrag kann sich auf jeden vorstellbaren Vertrag oder Gegenstand beziehen. Aus diesem Grund sind Optionsverträge in so vielfältigen Ausführungen am Markt zu finden.[57]

(1) Kaufverträge über lieferbare Gegenstände

Häufig haben Optionsgeschäfte den Abschluss eines Kaufvertrags über ein Basisobjekt[58] zum Inhalt. Der Optionsberechtigte erhält das Recht dieses zu einem vorher festgelegten Basispreis[59] zu kaufen oder zu verkaufen.[60] Im Speziellen bedeutet dies: Beim Kauf einer Kaufoption *(long call)* erwirbt der Käufer das Recht, den Basiswert zu einem festgesetzten Basispreis während eines bestimmten Zeitraums oder zu einem bestimmten Zeitpunkt zu erwerben. Durch den Kauf einer Verkaufsoption *(long put)* erwirbt der Käufer das Recht, den Basiswert zu einem festgesetzten Basispreis während eines bestimmten Zeitraums oder zu einem bestimmten Zeitpunkt zu veräußern. Der Stillhalter verpflichtet sich folg-

---

56 Vgl. MüKoBGB/*Busche*, Vor § 145 BGB Rn. 74; i.E. auch *Kraft/Mohr*, RdF 2011, 406, 407.

57 Überblicksartig hierzu *Schulz*, Die Bank 1993, 476 ff. Zu den sog. Optionen der zweiten und dritten Generation (die Bezeichnung verwendend *Scharpf/Luz*, S. 344), die verschiedene Strategien und Basiswerte oder andere Derivate kombinieren, siehe *Rudolph/Schäfer*, Tz. 13.2 oder auch *Rudolf*, in: Bank- und Kapitalmarktrecht, Rn. 19.203 ff.

58 Man spricht auch von Basisinstrument, Basiswert oder Kassawert. Als Basiswerte für Optionen kommen die verschiedensten Vermögensgegenstände in Betracht, z. B. Wertpapiere, Indizes, Zinssätze, Wechselkurse, Waren, Emissionsberechtigungen etc., vgl. *Rudolf*, in: Bank- und Kapitalmarktrecht, Rn. 19.12. Häufig handelt es sich bei den Basiswerten um Aktien oder festverzinsliche Wertpapiere, wie Genuß- und Optionsscheine aber auch Fremdwährungsbeträge und Edelmetalle, *Windmöller/Breker*, WPg 1995, 389, 390.

59 Synonym wird dieser auch als Ausübungspreis oder strike price bezeichnet.

60 Vgl. *Oulds*, in: Bank- und Kapitalmarktrecht, Rn. 14.45; *Arnim*, AG 1983, 29, 30.

lich bei Ausübung des Optionsrechts den Basiswert zum festgesetzten Preis zu liefern *(short call)* bzw. bei Einräumung einer Verkaufsoption *(short put)* diesen abzunehmen.[61]

Daneben gibt es noch eine Vielzahl kombinierter Optionspositionen,[62] wie Spreads[63], Straddles oder Strangles,[64] auf diese i.R.d. folgenden Untersuchungen nicht näher eingegangen wird, weil deren unterschiedliche Gestaltung ohne Einfluss für die grundlegende steuerliche Behandlung ist.

(2) Sonstige Vertragsverhältnisse

Da das Optionsgeschäft hinsichtlich seines zugrundliegenden Basiswerts offen ist und Marktpreisrisiken jeder Art transferiert werden können, entwickelten sich am Markt neben den klassischen Kaufvertragsoptionen weitere Optionsvertragstypen.[65] So kann Gegenstand eines Optionsvertrags auch die Aufnahme oder

---

61 Vgl. *Schüwer*, in: Zerey, Hdb. Finanzderivate, § 1 Rn. 8; *Bogenschütz*, FS Schaumburg, S. 219 ff.

62 Welche an der EUREX direkt in das Handelssystem eingegeben werden können, *Steiner/Bruns/Stöckl*, Tz. 8.3.2.4.2.

63 Bei einem Spread werden Optionen der gleichen Serie gekauft und verkauft; sie unterscheiden sich lediglich im Basispreis und im Verfalldatum. Ist der Optionspreis der verkauften Option größer als der der gekauften, entsteht ein Überschuss (spread). Der Verkauf der Option deckt damit die Kosten für den Kauf der anderen Option. Hierdurch kann das Risiko gegenüber dem alleinigen Kauf oder Verkauf von Call oder Put begrenzt werden, da der maximale Verlust und der maximale Gewinn bereits feststehen, *Bernstorff*, S. 26. Innerhalb der Spreads können weitere Unterscheidungen getroffen werden. Unterscheiden sich lediglich die Basispreise, spricht man von Vertical- oder Price-Spreads. Ist die Laufzeit unterschiedlich, spricht man von Horizontal- oder Time-Spreads. Ist beides unterschiedlich, handelt es sich um Diagonal-Spreads, siehe *Steiner/Bruns/Stöckl*, Tz. 8.3.2.4.2.3 mit weiteren Erläuterung der einzelnen Strategien.

64 Der Straddle kombiniert eine gleiche Anzahl Call- und Put-Optionen eines Basiswerts mit gleichem Basispreis und Verfalldatum, *Schick*, S. 15 f. Bei einem Aufschwung steigt der Wert des Call, bei einem Abschwung der des Put. Der größtmögliche Verlust tritt ein, wenn der Marktwert zum Verfalldatum dem Basispreis entspricht. Der Optionsnehmer wird die Option folglich verfallen lassen und verliert damit seine eingesetzte Optionsprämie, *Bernstorff*, S. 26; *Steiner/Bruns/Stöckl*, Tz. 8.3.2.4.2.4. Der Strangle kombiniert gleichzeitigen Kauf einer Call- bzw. Put-Option mit gleichem Basiswert und Verfalldatum aber unterschiedlichem Basispreis, *Bernstorff*, S. 27 f.; *Steiner/Bruns/Stöckl*, Tz. 8.3.2.4.2.5.

65 Allgemein zur Bedeutung von Derviaten *Rudolf*, in: Bank- und Kapitalmarktrecht, Rn. 19.2, 19.23.

Gewährung eines Kredites zu vorher festgelegten Konditionen sein[66] oder der Abschluss eines unbedingten Termingeschäfts (Financial Future, Devisentermingeschäft), eines Optionsgeschäfts oder auch eines Swapgeschäfts (Swapoption).[67] In der nachfolgenden Untersuchung wird daher nicht allein das klassische Optionsgeschäft betrachtet, bei dem ein Kaufvertrag über ein Wertpapier oder ein Vermögensgegenstand zugrundegelegt wird. Indem der grundsätzliche Zusammenhang zwischen Optionsvertrag und Hauptvertag untersucht wird, soll der hier gefundene Lösungsansatz auf alle Arten des Optionsgeschäfts anwendbar sein.

(3) Barausgleich

Es besteht weiterhin die Möglichkeit zu vereinbaren, dass der Optionsberechtigte keine reale Lieferung des Basiswerts erhält, sondern sich die Differenz des vereinbarten Basispreises und einer definierten Bezugsgröße auszahlen lassen kann.[68] Dies ist zwingend dann der Fall, wenn die tatsächliche Lieferung des Gegenstandes seiner Natur nach bereits ausgeschlossen ist (z. B. bei Indexkontrakten).[69] Sie kann aber auch anstelle der physischen Lieferung des Basisobjekts vereinbart werden. In diesem Fall wird die Höhe der Ausgleichszahlung durch die Differenz zwischen dem vereinbarten Basispreis und dem Marktwert des Basisobjektes zum Zeitpunkt der Optionsrechtsausübung bestimmt.[70]

Durch die Möglichkeit ein Optionsgeschäft durch einen Barausgleich zu beenden, wird es den Parteien ermöglicht, auf alle materiellen und immateriellen Werte, unabhängig von ihrer Handelbarkeit, Optionsgeschäfte abzuschließen. Hierdurch wird einerseits das Marktsegment wesentlich erweitert, da es bspw. ermöglich wird an Wirtschaftskennzahlen wie Aktienindizes zu partizipieren, ohne das gesamte Aktienportfolio der im Index berücksichtigten Unternehmen im eigenen Bestand nachzubilden. Ein Optionsvertrag ermöglicht folglich die Investition in mehrere Unternehmen bei gleichzeitiger Risikoverteilung. Andererseits können Marktteilnehmer schneller, einfacher und kostengünstiger auch bei lieferbaren Vermögenswerten am Marktgeschehen partizipieren, da sie weder bei Vertragsschluss noch bei Ausübung des Optionsrechts im Besitz der Basiswerte sein müssen.[71]

66 Vgl. *Windmöller/Breker*, WPg 1995, 389, 390.
67 *Windmöller/Breker*, WPg 1995, 389, 391.
68 Vgl. *Breker*, S. 24 f.
69 Vgl. *Rudolf*, in: Bank- und Kapitalmarktrecht, Rn. 19.21.
70 Vgl. *Windmöller/Breker*, WPg 1995, 389, 391.
71 Ähnlich *Philipowski*, DStR 2010, 2283, 3384.

Anders als bei Optionsrechten, die auf physische Lieferung gerichtet sind, kommt es bei einem auf Barausgleich gerichtetem Optionsrecht nicht zu einem Austausch weiterer vertraglicher Leistungen, sondern lediglich zur Zahlung des Ausgleichsbetrags durch den Stillhalter an den Optionsnehmer.[72] Dies wird vor allem von den Kritikern der Trennungstheorie als unterstützendes Argument dafür herangezogen, dass kein vom Optionsgeschäft unabhängiger Vertrag mit der Ausübung des Optionsrechts zustande kommt.[73] Auch im steuerrechtlichen Bereich privater Vermögensverwaltung stellt gerade die Beendigung durch Barausgleich die Rechtswissenschaft dort vor Probleme, wo die Abzugsfähigkeit der Barausgleichskosten beim Stillhalter versagt wird, weil der Verlust aus dem Hauptvertrag nicht den Einkünften aus dem Optionsvertrag zugerechnet werden könne.[74]

(4) Erlöschen eines Optionsrechts

Ein Optionsrecht erlischt, wenn es der Optionsnehmer positiv ausübt oder es verfallen lässt. Ersteres geschieht i. d. R. durch die Abgabe einer empfangsbedürftigen Willenserklärung gegenüber dem Stillhalter, wobei auch die vertragliche Vereinbarung einer fingierten Abgabe – bei für den Berechtigten günstigen Bedingungen – denkbar ist.[75] Wären die Folgen für den Optionsnehmer nachteilig, so kann er das Optionsrecht durch Nichtausübung verfallen lassen.[76] Bei an der EUREX gehandelten Optionsverträgen besteht außerdem für beide Vertragsparteien die Möglichkeit, die eingegangene Position durch Glattstellung zu beenden.[77]

---

72 *FG Niedersachsen*, EFG 2014, 541, 543.

73 So bspw. *Reiner*, S. 15 und *Kraft/Mohr*, RdF 2011, 406, 407.

74 Kritisch hierzu bspw. *FG Niedersachsen*, EFG 2014, 541, 543 f. und *Philipowski*, DStR 2010, 2283, 2285.

75 Vgl. *Kraft/Mohr*, RdF 2011, 406, 408; *Windmöller/Breker*, WPg 1995, 389, 391. So setzen z. B. der DRV und auch das EMA eine automatische Ausübung der Einzelabschlüsse vor, siehe Tz. 9 Abs. 8 Anhang für Wertpapierderivate zum DRV und Tz. 4 Abs. 4 Anhang Optionsgeschäfte zum EMA. Weiterführend zu den Rahmenverträgen siehe unten II. Kapitel D.

76 Vgl. *Prätzler*, DStR 2001, 927, 928.

77 Vgl. *Geyer/Uttner*, Tz. 3.1.3. Dabei handelt es sich bei der Glattstellung um eine Besonderheit der *EUREX* und vergleichbarer Terminbörsen, bei OTC-Verträgen gibt es die Möglichkeit der sog. „Early Termination“, *Dahm/Hamacher*, DStR 2008, 1910, 1912. I.d.R. fallen beim Abschluss eines Gegengeschäfts niedrigere Transaktionskosten als bei einer effektiven Lieferung an (vgl. *Wotschofsky/Thomas*, BuW 2002, 950, 957) wodurch die Glattstellung einträglicher sein kann, siehe *Casper*, S. 277 mit Berechnungsbeispiel.

Hierfür schließt die jeweilige Partei ein Gegengeschäft mit einem „Closing"-Vermerk ab.[78] Der Glattstellende geht aus diesem Grunde einen identischen Optionsvertrag ein, übernimmt dabei aber die Position des Vertragspartners.[79] Mit anderen Worten, der Käufer einer Kaufoption tritt nunmehr als Stillhalter einer solchen, mit identischem Basiswert und den gleichen Ausstattungsmerkmalen auf.[80] Dieser Abschluss muss indes mit dem sog. „Closing"-Vermerk gesondert gekennzeichnet werden um zu verhindern, dass beide Positionen nebeneinander bestehen bleiben.[81]

---

78 Ziff. 3.1 Abs. 7 der Handelsbedingungen der EUREX, Stand 23.11.2015 abrufbar unter http://www.eurexchange.com/blob/294268/9aeeced8dc368c3619b958f14e86f908/data/handelsbedingungenpdf_ab-20151123.pdf, abgerufen am 27.03.2016, im Falle eines Glattstellungsgeschäfts werden die entsprechenden Positionen gegeneinander aufgehoben bzw. „verrechnet" gem. Kapitel II Abschnitt 1 Tz. 1.6 Clearing-Bedingungen der EUREX, Stand 21.03.2016, alle Kapitel und Anhänge abrufbar in der jeweils geltenden Fassung unter https://www.eurexchange.com/exchange-de/ressourcen/regelwerke/Clearing-Bedingungen/137078, abgerufen am 27.03.2016. Die überwiegende Meinung in der Literatur erkennt hierin den Abschluss eines Aufhebungsvertrags, vgl. *Hamacher*, WM 1990, 1441, 1442; *Jochum*, in: Kirchhof/Söhn/Mellinghoff, EStG § 20 Rn. D/3 22; *Wernsmann*, in: Kirchhof/Söhn/Mellinghoff, § 23 EStG Rn. B 171; vertiefend siehe hierzu *Casper*, S. 277 f. mit einem Überblick über die noch in Betracht kommenden Qualifizierungen, auf deren Darstellung hier nur verwiesen sein soll. **A.A.** *Hossfeld*, DB 1997, 1241, 1243 und *Treuberg/Scharpf*, DB 1991, 661, 664, die von einer Aufrechnung der Rechte und Pflichten aus beiden Verträgen ausgehen. Ähnlich eine vermittelnde Ansicht, die hierin eine Schuldaufhebungs- und Verrechnungsabrede sieht, *Wotschofsky/Thomas*, BuW 2002, 950, 957; *Buge*, in: Herrmann/Heuer/Raupach, § 20 EStG Rn. 475. Einige Autoren unterscheiden zwischen rechtlicher und wirtschaftlicher Glattstellung. Nur ausdrücklich mit Closing-Vermerk geschlossene Gegengeschäfte führen zum rechtlichen Erlöschen der Rechte und Pflichten aus den beiden Geschäften, *Kraft/Mohr*, RdF 2011, 406, 408; *Johannemann/Herr*, RdF 2011, 267, 269; *Haisch/Danz*, in: Haisch/Helios, Rechtshandbuch der Finanzinstrumente, § 5 Rn. 23. An der EUREX besteht keine Möglichkeit der Weiterveräußerung, das „Glattstellen" ist damit die einzige Möglichkeit sich vor Ablauf der Optionsfrist von seiner Verpflichtung zu lösen, *Wotschofsky/Thomas*, BuW 2002, 950, 957; *Helios/Philipp*, BB 2010, 95, 97. Da gleichwohl der Ertrag aus dem Geschäft realisiert wird, handelt es sich nach Ansicht der Rechtsprechung hierbei um eine wirtschaftliche Veräußerung, vgl. BFHE 202, 351, 355.

79 Vgl. BMF-Schreiben v. 18.01.2016, IV C 1 – S 2252/08/10004, Tz. 13, BStBl. I 2016, 85, 89; kritisch zum Ausdruck des „völlig gleichen Gegengeschäfts" siehe *Paus*, S. 172.

80 Vgl. *Kupka/Süß*, FR 2002, 438, 439.

81 Vgl. *Kupka/Süß*, ebd.

c. Optionsgeschäftsarten

Optionsgeschäfte lassen sich verschiedentlich kategorisieren. Der folgende Überblick über die Einteilung der Optionsgeschäfte nach dem Handelsort, erhebt selbstredend keinen Anspruch auf Vollständigkeit. Indes ist gerade diese Unterscheidung von besonderem Interesse für die nachfolgende Untersuchung. Auf die Unterschiede respektive Gemeinsamkeiten zwischen börslich und außerbörslich gehandelten Optionen wird gerade im Laufe der vertragsrechtlichen Analyse besonders eingegangen.

Die Einordnung in Optionsscheine und unverbriefte Optionsrechte kann hingegen vernachlässigt werden, da lediglich letztere Gegenstand der Untersuchung sind. Optionsscheine unterscheiden sich von vorgenannten Optionsgeschäften vor allem dadurch, dass sie fungible Wertpapiere darstellen.[82] Sie können neben der Einräumung des Optionsrechts noch Zusatzvereinbarungen – wie etwa eine Zusatzprämie oder eine Obergrenze für die Zahlung eines Barausgleichs – enthalten.[83] Darüber hinaus werden sie wie Wertpapiere am Kassamarkt gehandelt und auch die handelsbilanzielle Erfassung folgt den Regeln über Wertpapiere,[84] während in steuerrechtlicher Hinsicht die Regelungen über Termingeschäfte Anwendung finden.[85] Aufgrund dieser Besonderheiten werden sie von der in dieser Arbeit vorgenommenen Untersuchung ausgeklammert.

---

82 Vgl. BMF-Schreiben v. 18.01.2016, IV C 1 – S 2252/08/10004, Tz. 17, BStBl. I 2016, 85, 89. Zu den Unterschieden siehe auch Kurzüberblick in *Geyer/Uttner*, Tz. 5.1. Optionsscheine treten im Geschäftsverkehr sowohl standardisiert als auch nichtstandardisiert auf und werden daher sowohl börslich als auch außerbörslich gehandelt, siehe *Hossfeld*, DB 1997, 1241, 1242. Am Optionsscheinmarkt sind mehr private Anleger beteiligt, daher wird mit viel geringeren Handelsvolumina operiert. Auch die Transaktionskosten sind niedriger als bei unverbrieften Optionen, zum Ganzen siehe *Glaser/Schmitz*, ZBB 2007, 214, 215. Optionsscheine werden grundsätzlich als Teil einer Anleihe gem. § 221 Abs. 1 S. 1 Alt. 2 AktG emittiert und verbriefen das Recht, während einer bestimmten Frist eine bestimmte Anzahl von jungen Aktien der betreffenden Gesellschaft zu einem bestimmten Kurs zu erwerben. Wird der Optionsschein nach der Börseneinführung der Aktie abgetrennt, entsteht ein eigenhändiges, selbständig handelbares Papier, vgl. *Brandt*, in: Bank- und Kapitalmarktrecht, Rn. 15.619.

83 Vgl. BMF-Schreiben v. 18.01.2016, IV C 1 – S 2252/08/10004, Tz. 17, BStBl. I 2016, 85, 89.

84 Siehe *Rudolf*, in: Bank- und Kapitalmarktrecht, Rn. 19.97; *Schmidt/Usinger*, in: BeBiKo § 254 Rn. 72; *Hossfeld*, DB 1997, 1241, 1242; *Glaser/Schmitz*, ZBB 2007, 214, 215; näher zur Abgrenzung zu den Termingeschäften siehe *Dahm/Hamacher*, DStR 2014, 455, 456 f.

85 Vgl. BMF-Schreiben v. 18.01.2016, IV C 1 – S 2252/08/10004, Tz. 17 ff., BStBl. I 2016, 85, 89. Während vor Einführung der Abgeltungsteuer Optionsscheine kraft gesetzlicher

(1) *Börsengehandelte Optionsgeschäfte*

Für den Börsenhandel werden Optionsgeschäfte standardisiert.[86] Dies bedeutet, dass Kontraktmodalitäten, Kontraktvolumen, Basispreise, Optionsfristen etc. für alle börslich gehandelten Kontrakte vereinheitlicht werden.[87] An der EUREX ist, worauf später noch näher eingegangen wird, zentrale Vertragspartei die Clearingstelle. Diese sichert die Erfüllung aller an den Börsen abgeschlossenen Geschäfte zu.[88] Nur ein Clearing Mitglied kann mit ihr kontrahieren. Um ein solches zu werden, müssen strenge Bonitätsanforderungen erfüllt sein, so dass das Ausfallrisiko der Kontraktpartner nahezu gegen Null geht.[89]

(2) *Außerbörslich abgeschlossene Optionsgeschäfte*

Diejenigen Optionsgeschäfte, die nicht an der Börse oder anderen aufsichtsrechtlich geregelten Handelsplattformen gehandelt, sondern zwischen den Parteien individuell vereinbart werden, nennt man Over-the-counter-Optionen (OTC-

---

Fiktion als Termingeschäfte qualifiziert wurden gem. § 23 Abs. 1 Nr. 4 S. 2 EStG a. F. (in der Fassung des StEntlG 1999/2000/2002, Art. 1 Nr. 31, BGBl. I 1999, 402, 410), soll es nunmehr keinen Unterschied machen, ob das Instrument verbrieft ist, vgl. BT-Drucks. 16/4841, S. 55. Die Verbriefung ist für eine Umqualifizierung des Termingeschäfts nicht ausreichend, vgl. *Buge*, in: Herrmann/Heuer/Raupach, § 20 EStG Rn. 471 f.

86 Da im Vorfeld bereits alle Vertragskonditionen festgelegt sind, lässt sich sehr schnell ein Vertragspartner finden, so dass Geschäfte folglich schneller und häufiger abgeschlossen werden können, *Hossfeld*, DB 1997, 1241, 1242. Daher sind alle Optionen, die börslich gehandelt werden, standardisiert. Über die anschließende Zulassung zum Börsenhandel entscheidet die Geschäftsführung der jeweiligen EUREX-Börse gem. § 16 Abs. 1 und 2 BörsG i.V.m. § 5 Abs. 3 Nr. 5 BörsO der EUREX.

87 Vgl. *Roth*, in: KK-WpHG § 37d, f a. F. Rn. 51; *Hossfeld*, DB 1997, 1241, 1244; *Tilp*, DB 1989, 2365; *Geyer/Uttner*, Tz. 1.1.3.

88 Das Clearing umfasst dabei die Abwicklung, die Marginverwaltung und die Regulierung abgeschlossener Geschäfte, *Geyer/Uttner*, Tz. 1.3.4. An der EUREX ist dies die EUREX Clearing AG. Die Clearing AG sichert alle abgeschlossenen Geschäfte der EUREX Deutschland, EUREX Zürich, EUREX Bonds, EUREX Repo, Frankfurter Wertpapierbörse, Irish Stock Exchange und der EEX, siehe Präambel der Clearing-Bedingungen der EUREX Clearing, Stand vom 08.02.2016. Sie sichert auch OTC-Geschäfte, wenn die Spezifikationen der Kontrakte die in Kapitel VIII der Clearing-Bedingungen der EUREX Clearing beschriebenen Novationskriterien entsprechen.

89 Vgl. *Uszczapowski*, S. 90 f., u. a. folgt aus diesem System auch eine Reduzierungen des zeitlichen und finanziellen Aufwands bezüglich der Bonitätsrecherche. Die Handelspartner müssen für ihre offenen Positionen bei der Clearingstelle Sicherheiten (sog. Margins) hinterlegen, welche börsentäglich aktualisiert werden, siehe *Rudolph/Schäfer*, Tz. 3.4.3.

Optionen).[90] Als solche sind sie hinsichtlich Betrag, Laufzeit und Basispreis flexibel[91] und dadurch bedingt, wiederum schlechter handelbar[92]. Häufig treten sie in Form von Zinsoptionen auf, was darauf zurückzuführen ist, dass Kreditinstitute hierdurch individuelle Kundenansprüche bedienen.[93] Aber auch festverzinsliche Wertpapiere, Devisen und Aktien sind häufig Basiswerte solcher Optionsgeschäfte.[94] Der Markt der außerbörslich geschlossenen Kontrakte steigt stetig. Bisher gab es keine verlässlichen Zahlen. Im Herbst 2009 fassten die G20 Staaten den Beschluss, den Handel mit OTC-Derivaten zu regulieren.[95] Mit der am 4. Juli 2012 in Kraft getretene EU-Verordnung Nr. 648/2012 (European Market Infrastructure Regulation – kurz EMIR) wird u. a. eine Clearingpflicht für standardisierte OTC-Derivate und eine allgemeine Meldepflicht eingeführt.[96]

d. Preis und Wert eines Optionsgeschäfts

Optionsgeschäfte sind Derivate – ihr Wert leitet sich mittelbar oder unmittelbar vom Börsen- oder Marktpreis der ihnen zugrundeliegenden Basiswerte ab.[97] Der Preis einer Option setzt sich zusammen aus der Summe des inneren Werts und

---

90 Vgl. *Wotschofsky/Thomas*, BuW 2002, 950 f., bei solchen Geschäfte tritt i. d. R. eine Bank als Makler zwischen Käufer und Verkäufer auf und erhält dafür eine Provision.

91 Vgl. *Schick*, S. 9; *Bertsch/Kärcher*, Hdb. Derivativer Instrumente, S. 570.

92 Vgl. *Wotschofsky/Thomas*, BuW 2002, 950, 951; vgl. auch *Berg*, S. 105. Dies ist nach *Häuser* der Grund, warum sich kein Sekundärmarkt bilden kann, *Häuser*, ZBB 1992, 249, 250. Zu den Vor- und Nachteilen siehe auch *Rudolf*, in: Bank- und Kapitalmarktrecht, Rn. 19.28.

93 Vgl. *Winter*, BB 1995, 1631.

94 Vgl. *Häuser*, ZBB 1992, 249, 250.

95 Für die OTC-Derivate, die sich nicht zum Clearing eignen, besteht die Pflicht zur Anwendung bestimmter Risikominderungstechniken. Vertiefend zur EMIR *von Hall*, WM 2013, 673 ff. sowie Entwurf eines IDW Positionspapiers zu EMIR vom 31.03.2014, http://www.idw.de/idw/portal/d638086/index.jsp, abgerufen am 27.03.2016. Näher hierzu auch *Roth*, in: KK-WpHG § 37d, f a. F. Rn. 34 ff.

96 Der Gesetzentwurf zum Ausführungsgesetz zur Verordnung (EU) Nr. 648/2012 über OTC-Derivate, zentrale Gegenparteien und Transaktionsregister (EMIR-Ausführungsgesetz) wurde am 05.11.2012 an den Präsidenten des Deutschen Bundestags weitergeleitet, BT-Drucks. 17/11289 und am 13.02.2013 im BGBl. I 2013, S. 174 ff. veröffentlicht. Wichtigste Neuerung ist die seit dem 12. Februar 2014 geltende Meldepflicht aller Abschlüsse von Derivatekontrakten, Änderungen oder die vorzeitige Beendigung nicht nur für zentral geclearte Geschäfte, sondern auch für Geschäfte die nicht der Clearingpflicht unterliegen, vgl. Jahresbericht der Bundesanstalt für Finanzdienstleistungsaufsicht 2013, S. 20.

97 Vgl. *Wotschofsky/Thomas*, BuW 2002, 950; *Coenenberg/Haller/Schultze*, S. 286.

des Zeitwerts.[98] Unter dem **inneren Wert** versteht man die positive Diffe[illegible] zwischen dem Basispreis und dem Preis/Kurs des Basiswerts, d. h. liegt [illegible] unter dem Basispreis, so ist der Wert Null. Der innere Wert einer Option ist damit am Verfalltag genauso hoch wie der Optionspreis.[99] Am Beispiel einer Kaufoption hieße das, je größer die Differenz zwischen dem vereinbarten Basispreis und dem tatsächlichen Preis ist, umso höher ist ihr Wert. Der **Zeitwert** spiegelt die Chance einer positiven Kursentwicklung des Basiswerts zum Fälligkeitszeitpunkt wider.[100] Er errechnet sich aus der Differenz zwischen dem Optionspreis und dem inneren Wert.[101] Mit abnehmender Restlaufzeit fällt er und erreicht am Verfalltag den Wert Null.[102] Der Wert eines Optionsrechts hängt folglich von verschiedenen Faktoren ab: vom inneren Wert, vom vereinbarten Basispreis, von der Laufzeit, der Volatilität[103] und vom Zinsniveau.[104] Diese können sich wie folgt auf die Höhe der Prämie auswirken:

Ist der **vereinbarte Basispreis** einer Kaufoption sehr niedrig, so erhöht sich entsprechend der innere Wert und damit auch die Höhe der Optionsprämie. Bei einer Verkaufsoption verhält es sich gerade umgekehrt, da der Optionsnehmer so teuer wie möglich verkaufen möchte. Je niedriger also der Kurs des Basiswerts im

---

98 Vgl. *Coenenberg/Haller/Schultze*, S. 288; *Rieger*, Rn. 1.7; *Holterhus*, Die Bank 1987, 154; *Dreissig* spricht in diesem Zusammenhang auch von *"intrinsic value"* oder *"parity value"* bzw. *"premium over parity"* oder *"time value"*, *Dreissig*, BB 1989, 1511, 1513.

99 Vgl. *Coenenberg/Haller/Schultze*, ebd.; *Bieg*, StB 2003, 288, 289; *Rieger*, Rn. 1.7; *Holterhus*, Die Bank 1987, 154; *Dreissig*, BB 1989, 1511, 1513; *Windmöller/Breker*, WPg 1995, 389, 392; *Wotschofsky/Thomas*, BuW 2002, 950, 952. Liegt der innere Wert über dem Optionspreis, ist die Option *„in-the-money"* oder *„im Geld"*, *Bieg*, ebd. Ab dann wird der Optionsnehmer i. d. R. die Option ausüben, um nicht seine vollständige Prämie zu verlieren, *Popp*, DStR 1976, 87, 91. Müsste man zum Ausübungstag den Optionspreis bestimmen und würde dabei den inneren Wert unterschreiten, bedeutete dies einen risikofreien Ertrag für den Optionsberechtigten. Der Ausübungspreis läge dann unter dem Marktpreis (Arbitrage), *Wotschofsky/Thomas*, ebd. Hat die Option keinen inneren Wert so ist sie *„out-of-the-money"* oder *„aus dem Geld"*, *Bieg*, StB 2003, 288, 289.

100 Vgl. *Rieger*, Rn. 1.7; *Wotschofsky/Thomas*, ebd.; *Holterhus*, Die Bank 1987, 154.

101 *Coenenberg/Haller/Schultze*, S. 288; *Rieger*, ebd.; *Dreissig*, BB 1989, 1511, 1513.

102 Bei Vernachlässigung der Transaktionskosten siehe *Scharpf/Luz*, S. 356; *Bernstorff*, S. 22; *Bieg*, StB 2003, 288, 290; *Geyer/Uttner*, Tz. 3.2.2.

103 Hierunter ist die Schwankungsbereite der Marktpreise des Basisobjekts zu verstehen, *Dreissig*, BB 1989, 1511, 1513.

104 Bei Aktienoptionen wird außerdem noch die zu erwartende Dividende mitberücksichtigt, *Scharpf/Luz*, S. 353; *Rieger*, Rn. 1.7; *Treuberg/Scharpf*, DB 1991, 661, 662; *Wolf/Beckenhaub*, DB 2002, 1617, 1618; siehe hierzu auch *Geyer/Uttner*, Tz. 3.2.3.

Verhältnis zum Basispreis ist, desto höher ist der Wert der Verkaufsoption.[105] Je kürzer die **(Rest)Laufzeit** einer Option ist, desto mehr gleicht sich die Prämie dem inneren Wert an, da große Wertveränderungen des Basisobjektes in einer kurzen Laufzeit grundsätzlich nicht zu erwarten sind.[106] Bei einem Basisobjekt, dessen **Volatilität** hoch ist, steigt die Wahrscheinlichkeit der vorteilhaften Ausübung für den Optionsberechtigten. Daher wird der Stillhalter dieses Risiko mitkalkulieren, so dass die Prämie entsprechend steigt.[107] Da der Optionsnehmer erst bei positiver Ausübung einer Kaufoption den Basispreis an den Stillhalter leisten muss, kann er diesen über die Laufzeit zinsbringend anlegen, dieser Vorteil für den Optionsnehmer lässt den Optionspreis steigen.[108] Während bei einer Verkaufsoption der Barwert der zukünftigen Einzahlung mit steigendem Diskontierungszins sinkt, wodurch auch der Optionspreis sinkt.[109] Umgekehrt ist der Stillhalter hinsichtlich seiner eingegangenen Verpflichtung gebunden und hat damit einen **Zinsverlust** (sog. Opportunitätskosten).[110] Dadurch erhöht ein hohes Zinsniveau die Kosten eines Kaufoptionsrechts. Bei einer Verkaufsoption wiederum sinkt bei hohem Zinsniveau die Optionsprämie. Dies folgt daraus, dass der Stillhalter bis zur positiven Ausübung des Optionsrechts mit dem Basispreis Zinserträge erwirtschaften kann.[111]

Die Höhe einer Prämie kann durch verschiedene mathematische Modelle errechnet werden, die die oben genannten Einflussfaktoren berücksichtigen.[112] Voraussetzung für die Bewertung der Ansprüche ist eine risikoneutrale Wahr-

---

105 Vgl. *Arnim*, AG 1983, 29, 31; *Dreissig*, BB 1989, 1511, 1513; *Treuberg/Scharpf*, DB 1991, 661, 662.

106 Vgl. *Becker/Peppmeier*, S. 325; *Windmöller/Breker*, WPg 1995, 389, 392; *Bieg*, StB 2003, 288, 290; *Kraft/Mohr*, RdF 2011, 406, 407.

107 Vgl. *Becker/Peppmeier*, ebd.; *Windmöller/Breker*, ebd.; *Wolf/Beckenhaub*, DB 2002, 1617, 1618; *Geyer/Uttner*, Tz. 3.2.3.2.; vertiefend *Scharpf/Luz*, S. 357 f.

108 Vgl. *Bösch*, S. 67, ähnlich auch *Hull*, S. 305.

109 Vgl. *Bösch*, ebd.

110 So *Schick*, S. 18.

111 *Windmöller/Breker*, WPg 1995, 389, 392; *Wolf/Beckenhaub*, DB 2002, 1617, 1618; ähnlich *Kraft/Mohr*, RdF 2011, 406, 408.

112 Hierzu zählen z.B. die Replikationsmethode, das Binominalmodell oder das *Black/Scholes*-Modell. Auf die einzelnen Methoden soll hier nicht näher eingegangen werden, vertiefend hierzu *Rieger*, Rn. 1.7.1 ff.; auch *Rudolph/Schäfer*, Tz. 12 und *Steiner/Bruns/Stöckl*, Tz. 5.2; *Windmöller/Breker*, WPg 1995, 389, 392; *Wotschofsky/Thomas*, BuW 2002, 950, 952 verwenden ein solches Modell nur, wenn es keinen Börsen- oder Marktpreis gibt oder dieser nicht repräsentativ ist. Diese Methoden eignen sich allerdings nur für die Bewertung von Standardoptionen, bei exotischen Optionen muss

scheinlichkeitsfunktion.[113] Mit anderen Worten: der Optionspreis entspricht dem vom Stillhalter prognostizierten Verlust bzw. der von ihm erwarteten Differenz zwischen dem jetzt vereinbartem Basis- und dem zukünftigen Marktpreis. Hintergrund für die Berechnung der Prämie bildet somit die Abschätzung des zukünftigen Preises des Basiswerts aufgrund von Erfahrungen und diverser Marktparameter.

Für die folgende Untersuchung soll grundsätzlich dieser Erwartungswert bei Schließung des Optionsvertrags zugrunde gelegt werden. Danach entspricht es dem Willen der Parteien bei Vertragsschluss, dass die vereinbarte Prämie - mit hoher Wahrscheinlichkeit - dem inneren Wert des Optionsrechts am Tag der Ausübung gleicht. Dies soll nicht bedeuten, dass die Parteien keinen Gewinn erzielen wollen. Vielmehr ist es gerade so, dass beide über den reinen Leistungsaustausch hinaus auf einen atypischen Gewinn hoffen, der sich aus der Unsicherheit der künftigen Marktentwicklung ergibt.[114] Da niemand einen Verlust in Kauf nehmen möchte, kann man weder dem Stillhalter noch dem Optionsnehmer unterstellen, dass er schlechter stehen möchte, als wenn er den Vertrag am Ausübungstag geschlossen hätte.

e. *Risikoprofil von Optionsgeschäften*

Der Verlust des Optionsnehmers ist auf die Höhe der Optionsprämie beschränkt, da er bei ungünstiger Marktentwicklung sein Recht verfallen lassen kann.[115] Der maximale Verlust des Stillhalters ist indes unbegrenzt, während sein maximaler Gewinn auf die Höhe der Prämie limitiert ist.[116] Der Optionsnehmer andererseits partizipiert an einem unbegrenzten Gewinnpotential. Man spricht insoweit auch von einem asymmetrischen Risikoprofil.[117] Der Käufer einer Kaufoption sichert

---

auf komplexere Bewertungsverfahren zurückgegriffen werden, *Bertsch/Kärcher*, Hdb. Derivativer Instrumente, S. 570.

113 Vgl. *Rudolph/Schäfer*, Tz. 12.5.Tatsächlich existiert kein vollkommener Finanzmarkt. Standardmodelle werden immer weiterentwickelt - eine genaue Vorhersage wird aber keine mathematische Formel für sich beanspruchen können, ähnlich auch *Rudolph/Schäfer*, Tz. 12; *Becker/Peppmeier*, S. 328. Es wird in einem vollkommenen Markt eine Kursverlaufshypothese unterstellt, *Steiner/Bruns/Stöckl*, Tz. 5.2.

114 Vgl. *Henssler*, S. 15.

115 Vgl. *Rudolf*, in: Bank- und Kapitalmarktrecht, Rn. 19.18; *Prätzler*, DStR 2001, 927, 928.

116 Vgl. *Scharpf/Luz*, S. 366; *Koller*, WM 1985, 593.

117 Vgl. *Berger/Wildner/Nagelschmitt*, in: Zerey, Hdb. Finanzderivate, § 39 Rn. 39; *Scharpf/Luz*, S. 366; *Winter*, BB 1995, 163. Zum Risikoprofil kombinierter Optionsgeschäfte, *Scharpf/Luz*, S. 374 ff.

sich durch das Optionsrecht einen festen Kaufpreis, wobei er darauf spekuliert, dass der Marktpreis zum Ausübungszeitpunkt mindestens der Summe aus Basispreis und Prämie entspricht, während der Stillhalter davon ausgeht, dass der Preis nicht über diese Summe hinaus steigen wird.[118] Die Gewinnzone des Optionsnehmers wird erreicht, sobald der Marktpreis die Summe übersteigt, wobei er sein Recht bereits dann ausüben wird, wenn der Marktpreis mindestens dem Basispreis entspricht, da sich sein Verlust ab diesem Zeitpunkt minimiert. Dies bewirkt zugleich eine „Abschmelzung" des Stillhaltergewinns.[119]

f. Ökonomische Bedeutung von Optionsgeschäften

Finanzmärkte sind für eine moderne Volkswirtschaft unverzichtbar, da sie den Markt vervollständigen.[120] Am Terminhandel nehmen neben Spekulanten auch Arbitrageure teil. Letztere nutzen Preisdifferenzen zwischen Kassa- und Terminmärkten sowie zwischen einzelnen Termininstrumenten, um einen risikofreien Gewinn zu realisieren. Sie nutzen das Ungleichgewicht der Preise in verschiedenen, jedoch zusammenhängenden Märkten, sorgen damit für mehr Markttransparenz und unterstützen den Preisausgleich.[121]

Von besonderer ökonomischer Wichtigkeit ist jedoch die Möglichkeit der Absicherung.[122] Vermögenspositionen die Wertschwankungen (Aktienkurse; Markt-

---

118 Ähnlich *Scharpf/Luz*, S. 368.

119 Man nennt dies „Zone verminderter Kosten" bzw. „Zone verminderten Ertrags", *Scharpf/Luz*, S. 369 f. Im Falle einer Verkaufsoption wird ein Gewinn erzielt, wenn der Basispreis abzüglich der Prämie den Marktpreis übersteigt. Auch hier wird der Optionsnehmer die Option ausüben, wenn der Basispreis über dem Marktpreis liegt, vgl. *Scharpf/Luz*, S. 372 f.

120 Vgl. *Roth*, in: KK-WpHG § 37d, f a.F. Rn. 41. Vertiefend zu den positiven Effekten durch den Einsatz von Derivaten auf die Volkswirtschaft siehe *Köhler*, S. 81 ff.

121 Vgl. *Eilenberger*, BFuP 1995, 125; *Schüwer*, in: Zerey, Hdb. Finanzderivate, § 1 Rn. 14. Unterstellt man, dass ein Objekt am Marktplatz 1 günstiger zu erwerben ist, als am Marktplatz 2, so kauft der Arbitrageur das Objekt am Marktplatz 1 und verkauft es am Marktplatz 2. Er realisiert durch die Ausnutzung der Preisunterschiede einen risikofreien Gewinn. Gleichzeitig steigt am Marktplatz 1 der Preis, durch die gestiegene Nachfrage, während der Preis am Marktplatz 2, durch die gestiegenen Verkäufe, sinkt, *Uszczapowski*, S. 122. Arbitrageure sind meist institutionelle Anleger, da grundsätzlich die Preisunterschiede nicht sehr hoch sind und für deren Ausnutzung geringe Transaktionskosten und die direkte Marktnähe erforderlich sind, *Geyer/Uttner*, Tz. 1.2.2. Der Investitionsentscheidung liegt folglich keine zukünftige Marktprognose zugrunde, *Scharpf/Luz*, S. 392.

122 Vgl. *Coenenberg/Haller/Schultze*, S. 288.

zinsen; Wechselkurse) unterliegen, tragen immer das Risiko der Abwertung in sich.[123] Geschäfte zur Absicherung gegen Preisschwankungen nennt man auch Hedging.[124] Durch ein entsprechendes Gegengeschäft werden die Schwankungen im Idealfall vollständig ausgeglichen und die Risiken beseitigt.[125] Vor allem Händler und Produzenten, deren Anliegen die Absicherung ihrer unternehmerischen Risiken ist, profitieren hiervon.[126] Die geringen Transaktionskosten und die schnelle Ausführung an der Terminbörse ermöglichen die Absicherung selbst großer Positionen innerhalb kürzester Zeit. Diese führt zu einem positiven Impuls auf unternehmerische Entscheidungen, da das Risikomanagement selbst großer Unternehmen vereinfacht wird; außerdem zeigen sich am Terminmarkt Tendenzen der Marktteilnehmer, die die Unternehmen als Indikator ihrer zukünftigen Planung zugrunde legen können.[127] Der gesamtwirtschaftliche Nutzen von Terminmärkten im Allgemeinen und Optionsgeschäften im Besonderen besteht in der erweiterten Möglichkeit zur Transformation finanzieller Risiken.[128] Obwohl man annehmen könnte der Abschluss eines Optionsvertrags sei ein Nullsummenspiel, weil der Stillhalter eine adäquate Gegenleistung erhalte, so ist darüber hinaus die ökonomische Bedeutung darin zu sehen, dass sich dem Optionsnehmer durch die Ausschaltung von ihn belastenden Risiken neue Handlungsfelder eröffnen.[129]

---

123 Hierbei kann es sich auch um Wechselkursschwankungen oder variierende Zinssätze handeln, *Arbeitskreis „Externe Unternehmensrechnung“ der Schmalenbach-Gesellschaft*, DB 1997, 637.

124 Vgl. *Eilenberger*, BFuP 1995, 125, *Rudolf*, in: Bank- und Kapitalmarktrecht, Rn. 19.34. Vertiefend siehe *Scharpf/Luz*, S. 393 ff.

125 Vgl. *Schüwer*, in: Zerey, Hdb. Finanzderivate, § 1 Rn. 12; *Rudolph/Schäfer*, Tz. 2.6.1.

126 Vgl. *Henssler*, S. 296.

127 Vgl. *Geyer/Uttner*, Tz. 1.2.1. Terminmärkte liefern zusätzliche Preisinformationen und lassen einen zukünftigen Trend erkennen, so z. B. bei häufigen Spekulationen auf fallende Kurse. Anleger können solche Spekulationen als Indikatoren für neue Investitionen berücksichtigen und so zu einem schnelleren Preisverfall beitragen, vgl. *Geyer/Uttner*, ebd.

128 Vgl. *Rudolph/Schäfer*, Tz. 15.1, mit weiteren positiven Effekten bezüglich Vervollkommnung der Finanzmärkte, Verringerungen der Transaktionskosten, Erhöhung der Liquidität etc. Dabei können Derivate im Allgemeinen auch als Investitionen bzw. zur Finanzierung eingesetzt werden, *Reiner*, S. 5.

129 Vgl. *Rudolph/Schäfer*, Tz. 15.1. Vertiefend zur volkswirtschaftlichen Bedeutung, insbesondere der positiven wertschöpfenden Effekte eines bestehenden Terminmarkts siehe *Köhler*, S. 81 ff.

Derivate im Allgemeinen können auch Einfluss auf den Kassamarkt haben, insbesondere auf die Geschwindigkeit der Preisanpassung, die Volatilität und das Kursniveau der Basismärkte.[130] Über einen längeren Zeitraum hinweg kann der Terminhandel kursstabilisierende Wirkung haben.[131] Durch Spekulationen können aber auch extreme Kursschwankungen auftreten, die in Krisensituationen einen destabilisierenden Einfluss auf die Kassamärkte ausüben können, während sie sonst stabilisierend wirken.[132]

3. Spekulationsgeschäft

Spekulationsgeschäfte werden von mindestens einer Partei nicht mit der Absicht geschlossen eine bestimmte Position abzusichern, vielmehr ist die bewusste – nicht in spielerischer Absicht eingesetzte – rechtsgeschäftliche Risikoübernahme subjektiv durch die Hoffnung auf einen atypischen Gewinn motiviert.[133] Spekulanten sichern keine Risikoposition ab, sie übernehmen vielmehr die Risiken anderer Marktteilnehmer, die diese nicht tragen wollen.[134] Für die weitere Untersuchung wird daher unterstellt, dass die jeweils zu betrachtende Vertragspartei keine gedeckten Geschäfte eingeht, d.h. dass sich der Basiswert nicht in ihrem Eigentum befindet.[135]

---

130 So *Rudolph/Schäfer*, Tz. 15.2. Daher stehen vor allem Spekulationen auf Grundnahrungsmittel immer wieder in der Kritik, da sie möglicherweise für überhöhte Lebensmittelpreise und die damit verbundene Verschärfung von Hungersnöten verantwortlich zeichnen sollen, differenzierend hierzu *Roth*, in: KK-WpHG § 37d, f a. F. Rn. 46, differenzierend auch *Paus*, S. 45, 50. Da der Terminmarkt weit über die verfügbaren Mengen an Waren und Wertpapieren hinaus Investitionen ermöglicht und hierdurch mehr Teilnehmer am Markt tätig werden, wird die Informationsfunktion der Börsen und die Markttransparenz verbessert sowie eine gerechte Preisbildung gefördert, vgl. *Paus*, S. 48.

131 *Paus*, S. 49.

132 Siehe *Rudolph/Schäfer*, Tz. 15.2., i.d.S. wohl auch *Paus*, S. 50. Zum Beitrag der Terminmärkte zur Finanzkrise 2008 siehe *Roth*, in: KK-WpHG § 37d, f a. F. Rn. 48. Um Manipulationen vorzubeugen gibt es Beschränkungen bezüglich der Gesamtanzahl von Optionskontrakten auf verschiedene Basiswerte als auch Positionslimits jedes einzelnen Marktteilnehmers, *Uszczapowski*, S. 93 f.

133 Vgl. *Henssler*, S. 292. Vertiefend zur normativen Verwendung des Begriffs „Spekulationsgeschäft" siehe *Henssler*, S. 286 ff.

134 Vgl. *Geyer/Uttner*, Tz. 1.2.1; ähnlich auch *Roth*, in: KK-WpHG § 37d, f a. F. Rn. 41.

135 Vgl. *Schick*, S. 13, der in diesem Zusammenhang auch von offenen Positionen bzw. Tradinggeschäften spricht. Hieraus darf andererseits nicht geschlossen werden, dass Hedge-Geschäfte mit gedeckten Geschäften gleichzusetzen sind. Wenn Ziel des Ge-

Einige Autoren definieren Spekulationsgeschäfte durch die von den Parteien angestrebte Ausnutzung der Hebelwirkung.[136] Diese entsteht dadurch, dass für den Erwerb des Derivates ein geringerer Kapitaleinsatz und geringere Transaktionskosten notwendig sind, als für den Erwerb des Basiswerts; gleichzeitig partizipiert man an der Wertentwicklung des Basiswerts, was zu einer überproportionalen Steigung des Gewinns, im Verhältnis zum geleisteten Einsatz führt.[137] Am Ergebnis ändert sich zunächst nichts, da die Ausnutzung der Hebelwirkung gerade auf der Hoffnung einen atypischen Gewinn zu erzielen beruht. Dennoch fehlt dieser Definition ein Korrektiv zur Abgrenzung von Spielverträgen, die dem Spieleinwand gem. § 762 BGB unterliegen.

Während die ausdrücklich von § 2 Abs. 2 WpHG erfassten Optionsgeschäfte gem. § 37e WpHG vom Spieleinwand ausgeschlossen werden, müssen von dieser Regelung nicht erfasste Verträge auch weiterhin von Spielverträgen abgegrenzt werden. Hierunter versteht die ganz h.M. einen gegenseitigen Vertrag, bei welchem der Geschäftserfolg ganz oder teilweise vom Zufall oder einer Ungewissheit abhängig gemacht wird.[138] Da der aus dem Optionsgeschäft erhoffte Gewinn primär auf der Ausnutzung des Unsicherheitselements beruht, könnten Optionsverträge als Spielverträge zu qualifizieren sein.[139] Zweifeln begegnet diese

---

schäfts nicht die Sicherung des Bestandes ist, sondern die Basiswerte lediglich die Verpflichtungen aus dem Optionsgeschäft decken sollen, dann handelt es sich um ein „unechtes Hedge-Geschäft", *Häuselmann/Wiesenbart*, DB 1990, 641, 645. Die wirtschaftliche Verknüpfung beider Geschäfte kann aber unter bestimmten Voraussetzungen auch zu einer einheitlichen Bewertung führen, *Häuselmann/Wiesenbart*, DB 1990, 641, 644 f.

136 So z. B. *Roth*, in: KK-WpHG § 37d, f a. F. Rn. 46; *Häuselmann/Wiesenbart*, DTB S. 22; auch *Geyer/Uttner*, Tz. 1.2.2. *Tibo* hingegen stellt nicht auf dem Geschäft innewohnende Merkmale ab, sondern bewertet den durch Umfang und Einsatz des Geschäfts erkennbaren Risikofaktor, der das Geschäft ggf. zu einem spekulativen macht, *Tibo*, DB 2001, 2369, 2370 f.

137 Vgl. *Scharpf/Luz*, S. 368; *Eilenberger*, BFuP 1995, 125, 127. Bei börsengehandelten Optionen besteht zusätzlich die Möglichkeit, das Geschäft jederzeit glattzustellen und so den Wert schnell und ggf. vor Ablauf der Optionsfrist realisieren zu können, *Rau*, BB 2002, 928, 930; *Hamacher*, WM 1990, 1441, 1442.

138 Vgl. *Henssler*, S. 440 ff.; Palandt/*Sprau*, § 762 Rn. 1; in diesem Sinne auch; *Engel*, Staudinger, § 762 Rn. 3; MüKoBGB/*Habersack*, § 762 BGB Rn. 4; *Mülbert/Böhmer* ergänzen die Begriffsbestimmung dahingehend, dass das Vorliegen eines zweiseitigen Vertrags bereits für die Bejahung des objektiven Spieltatbestandes ausreichend ist, es müsse kein gegenseitiger Vertrag vorliegen, *Mülbert/Böhmer*, WM 2006, 937, 942.

139 Vgl. MüKoBGB/*Habersack*, § 762 BGB Rn. 10; *Engel*, Staudinger, § 762 Rn. 48; *Kümpel*, Bank- und Kapitalmarktrecht, 3. Auflage, Rn. 15.221; kritisch *Henssler*,

Ansicht, weil sie unterstellt, die Parteien handelten subjektiv mit Spielabsicht. Dies sei jedenfalls dann zu verneinen, wenn eine Partei über die Gewinnerzielung hinaus einen „serösen", „wirtschaftlichen" oder „sonst anerkennenswerten Zweck" verfolge.[140] Gegen diese Ansicht ließe sich einwenden, dass sie möglicherweise im Widerspruch zur Rechtsordnung stünde, denn § 762 BGB erachtet derartige Verträge gerade wegen ihrer Gefährlichkeit für unwirksam.[141] Es könne nicht Aufgabe einer freiheitlichen Rechtsordnung sein, Verträge auf ihre wirtschaftliche Berechtigung hin zu kontrollieren.[142] Andererseits kann die dem Geschäft innewohnende Gefährlichkeit nicht einziges Abgrenzungskriterium sein. So übernehmen Bürgen oder Garantiegeber durchaus ähnliche Risiken, deren Verbindlichkeit nicht in Frage steht.[143] Außerdem verkennt diese Ansicht, dass allein die Abgrenzung anhand der wirtschaftlichen Zweckmäßigkeit eine Einschränkung von § 762 BGB zu bewirken vermag, da dieser sämtliche Verträge mit Spielcharakter – auch solche für die volkswirtschaftlich ein Bedürfnis besteht[144] –

---

der davor warnt Spekulationsgeschäfte mit Spielverträgen gleichzustellen, *Henssler*, S. 291. Vertiefend zum Spieleinwand bei derivativen Finanzinstrumenten siehe *Berg*, S. 253 ff. und *Reiner*, S. 145 ff.

140 Vgl. BGHZ 69, 295, 301; *Kümpel*, Bank- und Kapitalmarktrecht, 3. Auflage, Rn. 15.230 f.; Zusammenfassend hierzu siehe *Mülbert/Böhmer*, WM 2006, 937, 946 ff. Ob ein wirtschaftlich berechtigter Zweck besteht, ist jeweils für den konkreten Einzelfall zu ermitteln, vgl. *Mülbert/Böhmer*, WM 2006, 937, 948.

141 So MüKoBGB/*Habersack*, § 762 BGB Rn. 4; auch *Servatius*, WM 2004, 1804, 1805 ff.; kritisch insoweit auch *Henssler*, welcher bemängelt, dass das Tatbestandsmerkmal des „ernsthaften" bzw. „berechtigten wirtschaftlichen" Zwecks immer wieder angeführt wird, die Frage was hierunter zu verstehen sein soll jedoch unbeantwortet bleibt, *Henssler*, S. 448.

142 MüKoBGB/*Habersack*, § 762 BGB Rn. 4; zustimmend *Servatius*, WM 2004, 1804, 1807.

143 Ähnlich *Reiner*, S. 134 f. der i.E. eine Abgrenzung nach dem wirtschaftlichen Zweck jedoch auch ablehnt, weil das bewusste Eingehen von Risiken gerade Inbegriff einer wirtschaftlichen Denkweise ist.

144 Sich auf die wirtschaftliche Berechtigung stützend *Paus*, S. 52. Wirtschaftlich betrachtet sind Spekulanten für die Liquidität des Marktes unverzichtbar, *Geyer/Uttner*, Tz. 1.2.1. Zur wirtschaftlichen „Berechtigung" siehe *Sorgenfrei*, DStR 1999, 1928, 929 f.; *Casper* konstatiert, dass Spekulationsgeschäften noch immer „der Makel des Verwerflichen" anhänge, *Casper*, S. 14. Die gleichwohl bestehenden negativen Effekte vermögen indes nicht die wirtschaftliche Bedeutung – und somit auch die wirtschaftliche Zweckmäßigkeit – von Optionsgeschäften zu mindern. Zum Vorstehenden vgl. auch *Köhler*, S. 345 mit Bezug zu derivativen Finanzinstrumenten im Allgemeinen.

für unverbindlich erklärt.[145] Im Gegensatz zu Glücksspielern handeln Spekulanten basierend auf angeeigneten Kenntnissen und Erfahrungswerten – sie benötigen für ihre Geschäftstätigkeit somit eine gewisse Sachkunde.[146] Entscheidender dürfte aber sein, dass Spekulationsgeschäfte nicht hinsichtlich des „Ob" der Leistung ungewiss sind, sondern allein hinsichtlich ihrer „Kosten-Nutzen-Relation".[147] Dem steht nicht entgegen, dass Optionsgeschäfte bedingte Termingeschäfte sind, denn deren Erfüllung hängt letztlich nicht von einem Zufallselement ab, sondern von der Optionsrechtsausübung. Der wesentliche Unterschied besteht demzufolge darin, dass die Unsicherheit aus dem Optionsvertrag leisten zu müssen, Teil der synallagmatischen Verknüpfung ist.[148]

Aufgrund ihrer wirtschaftlichen Bedeutung, werden vor allem im Geschäftsverkehr spekulative Optionsgeschäfte zur Unternehmensfinanzierung eingesetzt.[149] Dieses Szenario wird von der vorliegenden Untersuchung aufgegriffen und näher untersucht. Veranlasst durch die Geschäftstätigkeit eines Kaufmanns, sind Optionsgeschäfte dem Unternehmen zuzuordnen und daher sowohl in der Handels- als auch in der Steuerbilanz zu erfassen.

B. Im Handelsbilanz- und Steuerrecht

Die Analyse der um Optionsgeschäfte auftretenden Probleme in Handelsbilanz- und Steuerrecht erfolgt am Beispiel von gewerblich tätigen Kaufleuten gem. §§ 1–6 HGB, die in Deutschland gem. § 1 Abs. 1 EStG i.V.m. §§ 8 ff. AO unbeschränkt steuerpflichtig sind. Grundlage der Untersuchung bilden ausschließlich

---

145 So auch *Mülbert/Böhmer*, WM 2006, 937, 947.

146 In diesem Sinne wohl *Henssler*, S. 290. Zum Unterschied zwischen Spielverträgen und Börsentermingeschäften mit dem sog. „Causa-Ansatz" siehe *Reiner*, S. 133 ff., später mit der Forderung eine gesetzliche Neubewertung von Spielverträgen vorzunehmen, *Reiner/Schacht*, WM 2010, 337, 340. **A.A.** *Rössner/Weber* BB 1979, 1049, 1056 die Optionsgeschäfte als Glücksspiel qualifizieren oder auch *Hoffmann*, der im Zusammenhang mit der Ausübung bzw. Nichtausübung von einem „extreme[n] Glücksfall" spricht, *Hoffmann*, StuB 2003, 543.

147 So *Henssler*, S. 458. *Beckenhaub* ordnet im Ergebnis Optionsgeschäfte (offene und verdeckte Differenzgeschäfte) in die Kategorie der „Geschicklichkeitsspiele" ein, viertiefend hierzu siehe *Beckenhaub*, S. 41 ff. Nach *Reiß* hingegen sind Optionsgeschäfte weder mit der Teilnahme an Rennwetten noch mit der Teilnahme an einer Lotterie vergleichbar und daher nicht den Spielverträgen zuzuordnen, *Reiß* in: Kirchhof, EStG § 15 Rn. 131c.

148 Siehe hierzu vertiefend *Reiner*, S. 131 ff.

149 Allgemein hierzu siehe auch *Köhler*, S. 55 ff.

die allgemeinen – für alle Kaufleute geltenden – Vorschriften der Buchführung gem. den §§ 238 ff. HGB des Dritten Buches des HGB. Außer Acht bleiben daher die Vorschriften über Konzernabschlüsse und -lageberichte, eingetragene Genossenschaften sowie Kreditinstitute[150] und Versicherungsunternehmen und Pensionsfonds. Nicht berücksichtigt werden außerdem die Vorschriften der internationalen Konzernrechnungslegung, da diese Regelungen nicht für alle Gesellschaftsstrukturen gelten.

Termingeschäfte werden dem Vermögen des Kaufmanns bzw. seinem steuerlichen Betriebsvermögen zugeordnet, wenn nach Art, Inhalt und Zweck des zu beurteilenden Geschäfts ein Zusammenhang mit dem Betrieb des Unternehmers, einer gewerblich tätigen oder gewerblich geprägten Personen- oder einer Kapitalgesellschaft besteht.[151] Bei Einzelunternehmern und Personengesellschaften werden branchentypische Geschäfte dem notwendigen Betriebsvermögen zugeordnet, während bei branchenuntypischen Geschäften nach vorgenannten Grundsätzen ein Zusammenhang mit dem Geschäftsbetrieb bestehen muss.[152] Ein solcher Zweck wird bei Kapitalanlagen i. d. R. dann angenommen, wenn sie dem Betriebserfolg dienlich sind.[153] Fraglich ist aber, ob eine betriebliche Veranlassung dann abzulehnen wäre, wenn das Risiko sehr hoch und so der Eintritt von Verlusten umso wahrscheinlicher ist.[154] So wurde früher bei spekulativen Ge-

---

150 Gemeint sind hier Kreditinstitute und Finanzdienstleistungsunternehmen nach § 1 Abs. 1 und 1a KWG aber auch Finanzunternehmen nach § 1 Abs. 3 KWG. Allerdings werden bei der Untersuchung u. a. auch Stellungnahmen des Bankenfachausschusses herangezogen, da die Grundsätze, welche für Kreditinstitute entwickelt wurden, grundsätzlich auch auf Kapitalgesellschaften, die keine Banken sind, angewendet werden können, *Treuberg/Scharpf*, DB 1991, 661, 663.

151 *Assmann/Schütze*, Hdb. KapitalanlageR/*Sagasser*, § 27 Rn. 753.

152 BFHE 188, 358, 359, dabei ist es auch unerheblich, ob es sich im konkreten Fall um ein branchenuntypisches Geschäft handelt. Entscheidend ist allein, dass es der betrieblichen Sphäre gewidmet wird. Eine betriebliche Verbindung ist bspw. dann gegeben, wenn es sich um ein Geschäft zur Sicherung einer betrieblichen Position handelt, *Assmann/Schütze*, Hdb. KapitalanlageR/*Sagasser*, § 27 Rn. 754.

153 *Hey*, in: Tipke/Lang, Steuerrecht § 17 Rn. 128. Objektive Fördermöglichkeit als Voraussetzung Schmidt/*Heinicke*, EStG § 4 Rn. 148.

154 Risikobehaftete Wirtschaftsgüter können nur bei Vorliegen eines konkreten sachlichen Anlasses in das Betriebsvermögen überführt werden, Schmidt/*Heinicke*, EStG § 4 Rn. 158. Gleichwohl darf der Gewerbetreibende auch nicht privates Risiko in den betrieblichen Bereich transferieren (z. B. Wetten oder Lotteriegeschäfte), Schmidt/*Heinicke*, EStG § 4 Rn. 151. Gegen die Einordnung von Optionsgeschäften in diese Kategorisierung, *Reiß* in: Kirchhof, EStG § 15 Rn. 131c.

schäften eine betriebliche Veranlassung verneint, wenn kein Zusammenhang zum Gesellschaftszweck bestand.[155] Indes lässt sich das Fehlen der objektiven Eignung zur Förderung des Betriebs nicht allein deshalb verneinen, weil es sich um ein riskantes Geschäft handele, denn die Eingehung von Risiken gehört zum Wesen jeder unternehmerischen Tätigkeit, so der BFH.[156] Gleichwohl sei nicht von der Hand zu weisen, dass je weiter sich das konkrete Geschäft von der eigentlichen unternehmerischen Tätigkeit entferne, die Anforderungen an die Feststellung der objektiven Eignung steigen müssten, da der Unternehmer nicht in gleichem Maße geeignet sei, die Chancen und Risiken derart untypischer Geschäfte richtig einzuschätzen.[157] Da es bei Kapitalgesellschaften hingegen an einer außerbetrieblichen Sphäre fehle, sei stets von einer betrieblichen Veranlassung auszugehen.[158] Allein der Abschluss derlei Risikogeschäfte rechtfertige im Allgemeinen nicht die Annahme, die Geschäfte würden im privaten Interesse der beherrschenden Gesellschafter ausgeführt.[159] Allerdings können Optionsgeschäfte, die ausschließlich im Interesse eines oder mehrerer Gesellschafter vorgenommen werden, als verdeckte Gewinnausschüttung zu qualifizieren sein, wenn es hierfür konkrete Anhaltspunkte gebe.[160] Auf diese Besonderheiten soll wegen des näheren Bezugs zur privaten Vermögensverwaltung i.R.d. vorliegenden Untersuchung ebenfalls nicht eingegangen werden. Im Übrigen wird von der Zuordnung der hier zu behandelnden Optionsgeschäfte zum Betriebsvermögen ausgegangen.

Des Weiteren wird davon ausgegangen, dass die Optionsgeschäfte i.R. einer gewerblichen Tätigkeit unternommen werden, für welche der Gewerbetreibende sowohl handelsrechtlich als auch steuerrechtlich aufgrund gesetzlicher Vorschriften verpflichtet ist, Bücher zu führen und regelmäßig Abschlüsse zu machen, siehe §§ 238 ff. HGB i.V.m. § 140 AO i.V.m. § 5 Abs. 1 EStG, § 8 Abs. 1 KStG und in Deutschland unbeschränkt einkommen- bzw. körperschaftsteuerpflichtig ist, gem. den §§ 1 EStG bzw. 1 KStG. Mögliche Unterschiede im Hinblick auf die steuerliche Gewinnermittlung nach § 4 Abs. 3 EStG sind nicht spezifisch auf Besonderheiten des Optionsgeschäfts zurückzuführen, sondern allenfalls im Hinblick auf den Ansatz der Gewinnermittlung.

---

155 Vgl. BFHE 133, 379, 381 m.w.N.

156 BFHE 188, 358, 360.

157 Siehe BFHE 188, 358, 360.

158 Vgl. Ass*mann/Schütze*, Hdb. KapitalanlageR/*Sagasser*, § 27 Rn. 753.

159 Vgl. BFHE 196, 173, 177.

160 Vgl. *Schmittmann/Wepler*, DStR 2001, 1783, 1785 in Bezug auf BFHE 186, 540, 543, der den Verzicht auf einen Verlustausgleichsanspruch als verdeckte Gewinnausschüttung bewertet.

C. Vorüberlegungen zum Gang der Untersuchung

Optionsgeschäfte werden in der Praxis täglich sowohl an der Börse als auch außerbörslich abgeschlossen. Vor allem Kauf- und Verkaufsoptionen sowie deren Kombinationen bilden einen festen Bestandteil in der Finanzwirtschaft und sind aus dieser nicht mehr wegzudenken. Darüber hinaus schließen auch Privatanleger Optionsgeschäfte ab, mit der Absicht hieraus Gewinne zu erzielen.

In der Rechtswissenschaft hingegen ist die Behandlung von Optionsgeschäften überaus umstritten. So dienen vorgenannte Geschäfte immer wieder zum Anlass verschiedener wissenschaftlicher Untersuchungen. Insbesondere ist deren vertragliche Ausgestaltung nicht spezialgesetzlich geregelt, wodurch Raum für die zivilrechtliche Vertragsgestaltung und Vertragsauslegung besteht.

Da für den Optionsnehmer keine Pflicht zur Ausübung des Optionsrechts besteht und die Ausübung des Rechts letztlich von der Wertentwicklung des Basiswertes abhängt, ist der Ausgang des Geschäfts bei dessen Eingehung nicht vorherzusagen. Dies führt dazu, dass ein Großteil der Wissenschaft dazu tendiert, die beiden Phasen des Optionsgeschäftes getrennt zu behandeln. Allen voran der BFH konstatierte in jahrzehntelanger Rechtsprechung, dass Options- und Hauptvertrag völlig voneinander zu trennen seien, da der Stillhalter eine wirtschaftlich eigenständige Leistung erbringe, für die er letztlich die Optionsprämie erhalte.

Die Stillhalterleistung als eine eigenständige wirtschaftliche Dienstleistung anzusehen scheint vor allem dann überzeugend, wenn es nicht zur Optionsausübung kommt oder der Stillhalter einen Barausgleich zahlen muss. In den beiden vorgenannten Fällen scheint es keine weitere Verpflichtung des Stillhalters zu geben. Dies ändert sich, sobald der Optionsnehmer physische Erfüllung verlangt. In diesem Fall muss der Stillhalter scheinbar eine andere als die vorgenannte Leistung erbringen. Insbesondere unter wirtschaftlichen Gesichtspunkten ändert sich mit der Optionsausübung gewissermaßen die (Zweck-)Bestimmung der Optionsprämie. Diese wird nunmehr überwiegend als Gegenleistung des durchgeführten Hauptvertrags eingeordnet. Handelsbilanzrechtlich findet dies darin Ausdruck, dass die Prämie entsprechend mit den Anschaffungskosten bzw. dem Veräußerungspreis des Basiswerts verrechnet wird. Dieses Vorgehen gilt grundsätzlich auch im Steuerbilanzrecht. Widersprüchlich hierzu ist indes die finanzgerichtliche Rechtsprechung, wonach die Optionsprämie für die Ermittlung des Veräußerungsgewinns gemäß §8b Abs. 2 KStG außer Ansatz bleiben soll.

Auch wenn handelsbilanz- und steuerrechtlich die Behandlung des Optionsgeschäfts durch wirtschaftliche Aspekte determiniert wird, so ist die zivilrechtliche Beurteilung nicht minder bedeutend. Vielmehr muss bei der steuerlichen Beurteilung zunächst die von den Beteiligten ernsthaft geschaffenen und durchgeführten bürgerlich-rechtlichen Vereinbarungen Berücksichtigung finden. Eine Einschränkung der bürgerlich-rechtlichen Gestaltungsfreiheit ist nur dann gerechtfertigt, wenn steuerrechtliche Sondervorschriften deren Durchbrechung gerechtfertigt erscheinen lassen. Die Nichtbeachtung dieser Gestaltungsfreiheit allein zum Zweck der Erweiterung der Steuerpflicht reicht nicht aus, um den zivilrechtlichen Sachverhalt außer Acht zu lassen oder umzudeuten.[161]

Daher sollte der Untersuchung der wissenschaftlichen Literatur und Rechtsprechung im Handelsbilanz- und Steuerrecht, die bürgerlich-rechtliche Ausgestaltung von Optionsgeschäften vorangestellt werden (Kapitel II.). Hierbei wird vor allem die Rechtsnatur des Optionsrechts untersucht sowie die Parteiinteressen der Optionsgeschäftsparteien näher herausgearbeitet. Anschließend soll die Erfassung des Optionsgeschäfts in der Handelsbilanz des Stillhalters und des Optionsnehmers betrachtet werden (Kapitel III.), da diese Grundlage für die steuerbilanzielle Behandlung bildet. Schließlich werden die Unterschiede zwischen Handels- und Steuerbilanz herausgearbeitet und steuerliche Besonderheiten, mit besonderem Fokus auf die einheitliche bzw. getrennte Behandlung des Optionsgeschäfts im Steuerrecht, herausgearbeitet.

161 Vgl. zum Vorstehenden BFHE 75, 112, 117.

II. Kapitel: Die zivilrechtliche Behandlung von Optionsgeschäften

Zur steuerrechtlichen Einordnung eines Geschäftsvorfalles wird grundsätzlich an die zivilrechtliche Grundlage des Geschäfts als wirtschaftlicher Vorgang – und damit an die Grundlage für die Besteuerung – angeknüpft.[162] Die folgende Untersuchung widmet sich daher der Frage nach der Einordnung der vertraglichen Grundlage für die Einräumung eines Optionsrechts. In der Literatur haben sich verschiedene Ansätze herausgebildet, die es zu ordnen und zu würdigen gilt. Nach der Zusammenfassung der Literaturmeinung wird ein Blick auf die in diesem Zusammenhang ergangene Rechtsprechung geworfen. Nachfolgend werden dann die in der Praxis gebräuchlichen Vertragsmuster und Übertragungsmöglichkeiten betrachtet. Anhand der zusammengetragenen Thesen und in der Zusammenschau mit den Vorstellungen der am Optionsgeschäft beteiligten Parteien und deren Interessen, wird ein neuer Lösungsansatz erarbeitet. Dabei wird nachfolgend – zur besseren Verständlichkeit und ohne das Ergebnis vorwegzunehmen – der Begriff „Optionsvertrag“ für diejenige Vereinbarung verwendet, welche die rechtsgeschäftliche Grundlage für die Einräumung des Optionsrechts bildet. Wie bereits festgestellt, versteht man hierunter das Recht des Optionsnehmers innerhalb der Optionsfrist oder mit deren Ablauf, mit dem Stillhalter das vorher festgelegte Vertragsverhältnis einzugehen bzw. dessen Erfüllung zu verlangen. Dieses Vertragsverhältnis trägt im Folgenden die Bezeichnung „Hauptvertrag“. Die beiden Verträge zusammen bilden das „Optionsgeschäft“.

A. Die Rechtsnatur des Optionsrechts

Kennzeichnend für den Optionsvertrag ist die einseitige Bindung des Stillhalters zur Leistungserbringung, während der Optionsberechtigte das Recht genießt, frei über die Leistungspflicht zu entscheiden. Übt er sein Recht in berechtigter Weise aus, dann muss der Stillhalter den Hauptertrag erfüllen.[163] Zu untersuchen ist daher, ob sich der Optionsvertrag einem kodifizierten oder gewohnheitsrechtlich anerkannten Vertragstyp im Bereich der vorvertraglichen Rechtsbeziehungen zuordnen lässt.

---

162 Vgl. *Seer*, in: Tipke/Lang, Steuerrecht § 1 Rn. 32; Schmidt/*Weber-Grellet*, EStG § 2 Rn. 39.

163 Vgl. *Neuner/Wolf*, BGB AT, § 36 Rn. 5.

1. Der Vorvertrag

Da die Parteien des Optionsvertrags sich bereits vorab über einen späteren Hauptvertrag einigen, besteht eine gewisse Vergleichbarkeit zum Vorvertrag. Von einem solchen spricht man, wenn die Parteien darüber übereinkommen, später einen Hauptvertrag unter gewissen Bedingungen zu schließen, wobei diese Verpflichtung sowohl einseitig als auch zweiseitig verbindlich sein kann.[164] Der Vorvertrag verpflichtet folglich einen oder beide Parteien zum Abschluss des Hauptvertrags in der Weise, dass die jeweils andere Partei den Abschluss des Hauptvertrags verlangen kann.[165] Insofern bestünde wegen der einseitigen Bindung des Stillhalters an den Hauptvertrag eine Parallele zum Vorvertrag.

Ein Vorvertrag ist aber nur dann anzunehmen, wenn die Parteien sich binden wollen, obwohl noch nicht alle Vertragspunkte des Hauptvertrags abschließend geregelt sind, d. h. aus tatsächlichen oder rechtlichen Gründen der Abschluss des Hauptvertrags nicht möglich ist.[166] Der wesentliche Unterschied besteht darin, dass der Stillhalter beim Optionsvertrag zum sofortigen Vertragsschluss bereit ist und gerade keine Unsicherheiten hinsichtlich des Vertragsinhalts des Hauptvertrags bestehen,[167] wobei es zunächst dahinstehen kann, ob der Stillhalter lediglich ein bindendes Angebot abgegeben oder die Parteien bereits einen bedingten Hauptvertrag geschlossen haben. Der Vorvertrag gewährt lediglich ein Forderungsrecht auf Abschluss des Hauptvertrags, d. h. eine Verhandlungspflicht bzw. einen Anspruch auf die Annahme eines bindenden Vertragsangebotes.[168] Durch den Abschluss eines Vorvertrags übernehmen beide Parteien die Pflicht am Zustandekommen des Hauptvertrags mitzuwirken und sich mit den Vor-

---

164 Vgl. MüKoBGB/*Busche*, Vorb. § 145 BGB Rn. 65; Soergel/*Wolf*, Vorb. § 145 Rn. 57, 59. Zur Zulässigkeit von einseitig bindenden Vorverträgen siehe BGH NJW 1962, 1812, 1813; BGH NJW 1986, 2820, 2822.

165 Vgl. MüKoBGB/*Busche*, Vorb. § 145 BGB Rn. 66, wobei *Busche* ausdrücklich den Begriff Kontrahierungszwang vermeidet, da es sich um eine vertraglich begründete Bindung handelt, MüKoBGB/*Busche*, Vorb. § 145 BGB Rn. 56. *Bork*, Staudinger, Vorb. zu §§ 145 ff. Rn. 51; *Weber* JuS 1990, 249, 252; *Larenz*, DB 1955, 209; *Henrich*, S. 232.

166 Vgl. Soergel/*Wolf*, Vorb. § 145 Rn. 60. Wurden in der vertraglichen Abrede bereits alle Vertragsbedingungen festgehalten, so handelt es sich nicht um einen Vorvertrag, sondern bereits um den Hauptvertrag, vgl. *Bork*, Staudinger, Vorb. zu §§ 145 ff. Rn. 53 bezugnehmend u. a. auf *Flume*, BGB AT II § 33 6 S. 614.

167 Vgl. *Henrich*, S. 233; *Casper*, S. 82.

168 Vgl. BGH NJW 2006, 2843, 2844; *Weber* JuS 1990, 249, 252; Palandt/*Weidenkaff*, Vorb. § 463 Rn. 17.

schlägen der jeweils anderen Partei auseinanderzusetzen.[169] Erneute Vertragsverhandlungen stehen aus Sicht der Beteiligten des Optionsgeschäfts derweil nicht bevor. Die Vertragsparteien des Optionsvertrags gehen davon aus, dass sie sich bereits vollständig über den Vertragsinhalt geeinigt haben, und der Anspruch aus dem Vertrag mit Ausübung des Optionsrechts entsteht. Die Parteien haben bereits den Inhalt des Hauptvertrags festgelegt[170] und sind sich darüber hinaus einig, dass es allein in der Hand des Optionsnehmers liegt, den Hauptvertrag unmittelbar und ohne weitere Zwischenschritte herbeizuführen.[171]

2. Das Vorkaufsrecht

Fraglich ist, ob der Optionsvertrag der Bestellung eines Vorkaufsrechts gem. den §§ 463 ff. BGB vergleichbar ist. Hierunter versteht man das Recht des Vorkäufers, im Falle einer konkreten Veräußerungsabsicht des Vorkaufsverpflichteten an einen Dritten, den Gegenstand selbst zu erwerben unter den Bedingungen unter welchen der Vorkaufsverpflichtete diesen hätte veräußern können.[172] Der Berechtigte erhält also das Recht, durch einseitige Erklärung einen Kaufvertrag mit dem Vorkaufsverpflichteten zur Entstehung zu bringen.[173] Es handelt sich somit um ein Gestaltungsrecht.[174] Voraussetzungen für die Entstehung eines Vorkaufsfalles ist ein mindestens bedingter Kaufvertrag zwischen dem Verpflichteten und dem Dritten, der zeitlich nach der Bestellung des Vorkaufsrechtes liegt.[175] Die Ausübung des Vorkaufsrechts ist entweder gesetzlich gem. § 469 Abs. 2 BGB oder – wie die Ausübung des Optionsrechts – durch vertragliche Bestimmung befristet. Anders als beim Optionsvertrag, beginnt die Frist allerdings erst mit Empfang der Mitteilung des Verpflichteten an den Berechtigten über den Inhalt des mit einem Dritten geschlossenen Ver-

---

169 Vgl. BGH NJW 2006, 2843, 2845.

170 So auch *v. Einem*, S. 45; *Henrich*, S. 233; *Casper*, S. 81.

171 Vgl. Soergel/*Wolf*, Vorb. § 145 Rn. 69; ähnlich *Lorenz*, FS Dölle, S. 105.

172 Vgl. *Neuner/Wolf*, BGB AT, § 36 Rn. 10; *Henrich* fasst sowohl Vorkaufsrecht, Vorhand und Einlösungsrecht unter dem Oberbegriff Vorrechtsverträge zusammen, *Henrich*, S. 296.

173 Vgl. *Henrich*, S. 296 f.; Bei der gesetzlichen Form des Vorkaufsrechts kommt der Kauf zwischen dem Berechtigten und dem Verpflichteten zu den gleichen Bedingungen zustande, wie sie der Verpflichtete mit dem Dritten vereinbart hat, § 463 BGB. Beim vertraglich eingeräumten Vorkaufsrecht können die Parteien auch zu im Voraus vereinbarten Bedingungen den Kaufvertrag abschließen, *Larenz*, DB 1955, 209, 210 m.w.N.

174 Vgl. *Seckel*, S. 9; Palandt/*Weidenkaff*, Vorb. § 463 Rn. 2.

175 Vgl. Palandt/*Weidenkaff*, § 463 Rn. 5.

trags gem. § 469 BGB.[176] Außerdem werden beim Optionsvertrag die Modalitäten, unter welchen der Hauptvertrag geschlossen werden soll, von den Parteien selbst verhandelt und nicht „fremdbestimmt".[177] Des Weiteren liegt die Ausübung des Optionsrechts allein in der Hand des Berechtigten. Eine Vergleichbarkeit mit der Bestellung eines Vorkaufsrechts ist somit nicht gegeben.[178]

3. Das Wiederkaufsrecht

Auch wurden in der Literatur Parallelen zum Wiederkaufsrecht gem. §§ 456 ff. BGB untersucht.[179] Hat sich der Verkäufer in dem Kaufvertrag das Recht des Wiederkaufs vorbehalten, so kommt der Wiederkauf mit der Erklärung des Verkäufers gegenüber dem Käufer, dass er das Wiederkaufsrecht ausübe, zustande gem. § 456 Abs. 1 S. 1 BGB. Der Käufer ist folglich verpflichtet, die Sache bei Ausübung des Rechts zurück zu übereignen.[180] Obwohl nicht unumstritten, ist die h.M. der Annahme, zwischen den Parteien werde ein aufschiebend bedingter Vertrag geschlossen.[181] Da auch hier durch einseitige Willenserklärung der Rückkauf zustande kommt, wird das Wiederkaufsrecht den Gestaltungsrechten zugeordnet.[182] Dem Wiederkauf geht indes ein Kaufvertrag voraus. Vertragsgegenstand ist allein dessen Rückabwicklung. Auch wenn Parallelen zwischen Optionsrecht und Wiederkaufsrecht erkennbar sind, so ist der Optionsvertrag nicht mit der Vereinbarung über die Einräumung eines Wiederkaufsrechts vergleichbar.

4. Die Vorhand

Berührungspunkte bestehen auch zum Rechtsinstitut der Vorhand. Die Vorrechtseinräumung kann – was ggf. durch Auslegung zu ermitteln ist – sowohl durch einseitig bedingten Vorvertrag unter einer Potestativbedingung als auch als Optionsrecht vorgenommen werden.[183] Bei der Vorhand handelt es sich um die Verpflichtung des Vor-

---

176 Vgl. *Larenz*, DB 1955, 209, 211.

177 Vgl. *Mader/Schermaier*, Staudinger, Vorb. §§ 463 ff. Rn. 37.

178 Vgl. *Mader/Schermaier*, Staudinger, Vorb. §§ 463 ff. Rn. 38.

179 Vgl. *Mader/Schermaier*, Staudinger, Vorb. §§ 456 ff. Rn. 11 ff.

180 Vgl. MüKoBGB/*Einsele*, § 125 BGB Rn. 29; MüKoBGB/*H.P. Westermann*, § 456 BGB Rn. 3; *Mader/Schermaier*, Staudinger, Vorb. §§ 456 ff. BGB Rn. 1; Palandt/*Weidenkaff*, § 456 Rn. 3; *Larenz*, DB 1955, 209, 211.

181 So MüKoBGB/*H.P. Westermann*, § 456 BGB Rn. 3 m.w.N.; Palandt/*Weidenkaff*, § 456 Rn. 4.

182 Vgl. *Larenz*, DB 1955, 209, 211.

183 Vgl. BGH MDR, 1963, 37; Palandt/*Ellenberger*, Einf. v. § 145 Rn. 24; i.E. auch *Weber* JuS 1990, 249, 252 f.

handgebers, einen Gegenstand vor seiner beabsichtigten Veräußerung, zunächst dem Vorhandberechtigten anzubieten. Dieser kann dann als Erster über die Angebotsannahme entscheiden.[184] Die Vorhand beinhaltet daher das Recht eines vorzugsweisen Vertragsschlusses respektive vorzugsweiser Vertragsverhandlungen.[185] Abweichend von der Ausübung eines Optionsrechts, bei welchem der Vertrag unmittelbar zustande kommt, muss der Vorhandberechtigte hierfür eine rechtsgeschäftliche Erklärung abgeben, welche vom Berechtigten auch angenommen werden muss.

5. Zwischenergebnis

Das Wesen des Optionsvertrags entspricht somit weder dem Vorvertrag noch den behandelten Verträgen zur Einräumung von Vorzugsrechten.

6. Das Optionsrecht als Gestaltungsrecht

Unter dem maßgeblich von *Seckel* geprägten[186] Begriff des Gestaltungsrechts versteht man die gesetzlich oder vertraglich eingeräumte Befugnis, auf die bestehende Rechtslage derart einzuwirken, dass ein eigenes oder fremdes Rechtsverhältnis begründet, verändert oder aufgehoben wird, ohne dass es auf die Mitwirkung des anderen Teils ankäme.[187]

Wie bereits festgestellt, berechtigt das Optionsrecht den Optionsnehmer – anders als ein Anspruch auf ein Tun, Dulden oder Unterlassen gem. § 194 BGB – nach seiner Wahl die Erfüllung eines inhaltlich bereits fixierten Hauptvertrags zu verlangen. Charakteristisch für Gestaltungsrechte ist der Einbruch in das Konsensualprinzip, weil der Berechtigte ohne die Mitwirkung des anderen Teils ein Rechtsverhältnis begründen, umgestalten oder beenden kann.[188] Auch im Falle

---

184 Vgl. *Henrich*, S. 300; *v. Einem*, S. 96; *Neuner/Wolf*, BGB AT, § 36 Rn. 11; *Larenz*, DB 1955, 209, 210.

185 Vgl. *Mader/Schermaier*, Staudinger, Vorb. §§ 463 ff. Rn. 46.

186 Er systematisierte erstmals Gestaltungsrechte und erarbeitete Gemeinsamkeiten und Unterschiede, siehe *Seckel*, S. 14 ff.; *ders.*, FS Koch S. 205, 210 ff. Die gesetzlich geregelten Gestaltungsrechte sind insbesondere die Anfechtung, §§ 142 ff. BGB, der Rücktritt, §§ 323 ff. BGB oder das Kündigungsrecht von Dauerschuldverhältnissen gem. § 313 Abs. 3 BGB sowie Dienstverhältnissen gem. § 620 BGB oder Wohnraummietverträgen gem. § 568 BGB etc., *Neuner/Wolf*, BGB AT, § 20 Rn. 33.

187 Vgl. *Seckel*, S. 12 f.; *Brox/Walker*, Rn. 629; *Casper*, S. 60; *Enneccerus/Nipperdey*, § 73 I 3, S. 441; vgl. auch *Becker*, AcP 188, 24, 27 f.; *Joussen*, AcP 203, 429, 441.

188 Vgl. *v. Einem*, S. 23; *Casper*, S. 61 f; *Bötticher*, FS Dölle, S. 45; *Medicus*, Allgemeiner Teil des BGB, Rn. 81; *Becker*, AcP 188, 24, 25; *Joussen*, AcP 203, 429, 442 *Schürnbrand*, AcP 204, 177, 179.

des Optionsvertrags unterwirft sich der Stillhalter dem Willen des Optionsnehmers.[189] Das Optionsrecht wird daher von der h.M. als subjektives Recht, genauer gesagt als Gestaltungsrecht begriffen.[190]

B. Die Einräumung des Optionsrechts

Soweit sich die Literatur mit den Möglichkeiten der vertraglichen Einräumung auseinandersetzt, werden diese Analysen teilweise durch die Einordnung des Optionsrechts als Gestaltungsrecht determiniert. Häufig stellen Autoren zunächst die Frage, ob die zu betrachtende vertragliche Ausgestaltung tatsächlich geeignet ist, ein Gestaltungsrecht einzuräumen. Dies führt – worauf gleich noch einzugehen sein wird – zu einem Zirkelschluss, da man vom Ergebnis auf die Voraussetzungen der Causa schließt und dadurch vertragliche Variationen scheinbar bereits begrifflich ausscheiden.[191] Man stößt bei der Betrachtung unterschiedlichen Ansichten zur Einräumung des Optionsrechts – welche im Folgenden dargestellt werden – u. a. auf die Begriffe „Offertentheorie", „Bindungstheorie" und „Gestaltungsrechtstheorie",[192] die indes nicht allgemeingültig sind. Die im Folgenden angesprochenen – nicht in einem Ausschließlichkeitsverhältnis stehenden[193] – Theorien werden bis heute kontrovers diskutiert.

---

189 Vgl. *Casper*, S. 62 f.

190 Vgl. BGHZ 92, 317, 319; *Larenz*, DB 1955, 209; *Hammen*, ZIP 1987, 151, 155; *Forstmoser/Pulver*, WM 1988, Sonderbeilage 6, S. 10; *Weber*, JuS 1990, 249, 250; *v. Einem*, S. 23; MüKoBGB/*Busche*, Vorb. § 145 BGB Rn. 70; *Neuner/Wolf*, BGB AT, § 20 Rn. 30. **A.A.** *Rössner/Weber*, BB 1979, 1050; differenzierend *Bork*, der nur in Verbindung mit einem bedingten Hauptvertrag von einem Gestaltungsrecht spricht, *Bork*, Staudinger, Vorb. zu §§ 145 ff. Rn. 73. Zur Auseinandersetzung mit der Frage, ob Gestaltungsrechte tatsächlich als subjektive Rechte einzuordnen sind, siehe *Joussen*, AcP 203, 429, 449 f.

191 Vgl. *Bork*, BGB AT, Rn. 698.

192 So z. B. *Herzig/Briesemeister*, DB 2002, 1570, 1571 m.w.N.; ähnlich auch *Casper*, S. 43 ff. Der Begriff „Gestaltungsrechtstheorie" ist insoweit missverständlich, als er den Eindruck entstehen lässt, dass nur durch diese Theorie ein Gestaltungsrecht eingeräumt werden könne. Dabei kommen, ohne der Problematik vorzugreifen, vielerlei Möglichkeiten zur vertraglichen Einräumung eines Gestaltungsrechts in Betracht, vgl. *Bork*, Staudinger, Vorb. zu §§ 145 ff. BGB Rn. 70 f.; **a.A.** *Casper*, S. 59 ff.; *Arnim*, AG 1983, 29, 39 f; *Weber*, JuS 1990, 249, 256, die davon ausgehen, dass ein Optionsrecht nur durch einen Vertrag sui generis eingeräumt werden könne.

193 So auch *Casper*, S. 49.

1. Die Festofferte

Die dem Optionsnehmer konzedierte Befugnis könnte durch die Abgabe eines – länger als üblich geltenden – bindenden Angebots (Festofferte) des Stillhalters eingeräumt werden.[194] Der Berechtigte erhalte hierdurch die rechtliche Möglichkeit den Vertrag durch seine Annahmeerklärung zustande zu bringen.[195] Aus den allgemeinen gesetzlichen Bestimmungen über die Bindungswirkung eines Vertragsangebotes gem. den §§ 145, 148 BGB, lassen sich keine Anhaltspunkte für eine Beschränkung der zeitlichen Bindungsdauer entnehmen.[196] Ferner muss der Inhalt des Hauptvertrags derart bestimmt oder bestimmbar sein, dass die Annahme durch ein einfaches „Ja" erreicht werden kann.[197] Der vorgenannten Ansicht folgend ist das Optionsrecht als ein Annahmerecht zu verstehen, für dessen Einräumung es keines Optionsvertrags bedarf.[198]

2. Die vertragliche Einräumung

Die überwiegende Mehrheit in der rechtswissenschaftlichen Literatur geht indes von einer zweiseitigen Vereinbarung aus, wobei hierzu unterschiedliche Theorien vertreten werden.

---

194 Vgl. *v. Einem*, S. 21. Die Bindungsdauer bestimmt sich gem. § 145 BGB ist, soweit nichts anderes bestimmt ist, nach § 147 BGB. Danach kann ein unter Anwesenden gemachtes Angebot gem. § 147 Abs. 1 BGB nur sofort angenommen werden. Ein unter Abwesenden gemachter Antrag ist solange bindend, wie der Antragende den Eingang der Annahme unter regelmäßigen Umständen erwarten darf. Folglich muss aus der Offerte erkennbar sein, dass sich der Antragende länger als üblich an sein Angebot binden will. *V. Einem* fordert aber in einem solchen Fall, dass mit der Eingehung einer längeren Bindung eine stillschweigende Annahme nach § 151 BGB ausgeschlossen sein soll. Der Antragende soll Klarheit über den Ablauf der Optionsfrist haben. Eine Annahme des Angebots ist daher nur ausdrücklich oder durch ein zweifelsfreies konkludentes Verhalten möglich; **a.A.** *Weber*, JuS 1990, 249, 251.

195 RGZ 169, 65, 71 „Ein Optionsrecht kann aber auch in der Weise eingeräumt werden, dass derjenige, der sich zur Übertragung von Grundeigentum verpflichtet, dem anderen zunächst nur ein Vertragsangebot i.S.d. §§ 145 ff. BGB. macht und ihm eine längere Annahmefrist gewährt"; i.E. offen gelassen BGHZ 97, 147, 152; *Neuner/Wolf*, BGB AT, § 37 Rn. 12; *v. Einem*, S. 18 f, 41; *Larenz*, DB 1955, 209; auch Palandt/*Ellenberger*, Einf. v. § 158 Rn. 10.

196 Vgl. *v. Einem*, S. 19 f; *Henrich*, S. 14; *Bork*, Staudinger, Vorb. zu §§ 145 ff. BGB Rn. 70; *Larenz*, DB 1955, 209; **a.A.** *Georgiades*, FS Larenz, S. 413 f.

197 Vgl. Palandt/*Ellenberger*, § 145 Rn. 1; *Larenz*, DB 1955, 209.

198 Vgl. RGZ 169, 65, 71; *Larenz*, DB 1955, 209, 211. Somit verhielten sich Offerte und Optionsrecht zueinander wie Ursache und Wirkung, vgl. *v. Einem*, S. 18 f.; *Henrich*, S. 231.

a. Der Offertenvertrag

Ein Teil der Literatur hält an der Einräumung des Optionsrechts durch eine Festofferte fest und kleidet diese in den Mantel eines Angebotsvertrags in der Weise, dass die vom Stillhalter abzugebende Festofferte Hauptleistung des Optionsvertrags ist.[199] Des Weiteren werden die Bedingungen, unter welchen die Annahme erklärt werden kann wie auch die Optionsfrist und die Höhe der zu zahlenden Optionsprämie sowie sonstige Nebenpflichten in diesem Vertrag verbindlich festgelegt.[200] Im Ergebnis soll der Optionsnehmer in die gleiche Rechtsstellung versetzt werden, die auch der Empfänger einer Festofferte innehat.[201] Das Optionsrecht wird nach dieser Theorie mit dem Offertenvertrag durch Abgabe einer Festofferte eingeräumt, während die Ausübung des Optionsrechts gleichbedeutend mit dessen Annahme zu sehen ist.

b. Der aufschiebend bedingte Hauptvertrag

Andererseits könnte der Hauptvertrag unter der aufschiebenden Bedingung der wirksamen Ausübung des Optionsrechts stehen (Einheitstheorie).[202] Der

---

199 Vgl. *Rössner/Weber*, BB 1979, 1049, 1050; Abwandlung hierzu ist die Verpflichtung des Optionsgebers zur (sofortigen) Abgabe einer Festofferte, siehe *Casper*, S. 46.

200 Vgl. *v. Einem*, S. 42 ff. Dieser trifft noch eine weitere Unterscheidung zwischen Offertenkauf und Bindungsvertrag. Beim Offertenkauf verpflichte sich der Optionsgeber zur Abgabe eines unwiderruflichen Angebotes, welches er zugleich erfülle, wohingegen beim Bindungsvertrag nicht nur die Verpflichtung zur Abgabe des Angebots, sondern auch die Erklärung enthalten sei, sich an die gleichzeitig abgegebene Offerte gebunden zu halten, hierzu näher *v. Einem*, S. 44 ff.; Zur Bedeutung des Bindungsentgeltes, insbesondere bei Anrechnungsvereinbarungen siehe *ders.* S. 48 ff. *Casper*, S. 46 ff.; *Rössner/Weber*, BB 1979, 1049, 1050.

201 Vgl. *v. Einem*, S. 43; *Brandi-Dohrn*, S. 69.

202 Dies wurde bereits vom Reichsgericht RGZ 72, 385 und RGZ 169, 65, 70 vertreten, ist aber auch in der Literatur häufig als mögliche vertragliche Einräumung aufgegriffen worden, so Palandt/*Ellenberger* Einf. v. § 145 Rn. 23 anders aber Palandt/*Weidenkaff*, Vorb. v. § 463 Rn. 17; *Bork*, Staudinger, Vorb. zu §§ 145 ff. BGB Rn. 73; *Brox/Walker*, Rn. 192; *Wolf*, DNotz 1995, 179, 184; *Voss*, DStR 1964, 576, 577; *Schwark*, Jura 1985, 342, 406; am Beispiel des Rahmenvertrags *Philipowski*, DStR 2011, 1298, 1302; *Helios/Phillip*, Kommentar zum BFH-Beschluss vom 25.05.2012 - IX B 179/09, FR 2010, 1053, 1054; MüKoHGB/*Ekkenga*, Bd. 5 Anhang I Effektengeschäft Rn. 52; i.E. gegen die Trennung der beiden Geschäfte *Hahne/Krause*, Kommentar zu BFH-Urteil vom 13.02.2008 - IX R 68/07, BB 2008, 1101. Ähnlich auch *Canaris*, WM 1988 Sonderbeilage Nr. 10 S. 7, der zumindest davon ausgeht, dass die Annahme eines einheitlichen Geschäfts naheliegend ist, wenn er auch im Ergebnis eine andere Art der

Vertrag beinhaltet danach alle Rechte und Pflichten der Vertragsparteien, wie der gerade behandelte Angebotsvertrag. Mit wirksamer Ausübung des Optionsrechts treten dessen Rechtsfolgen ein.[203]

c. *Der Optionsvertrag*

Begreift man das Optionsrecht hingegen als abstraktes Recht, so liegt dessen Gewährung durch einen unabhängigen Vertrag nahe. Diese Theorie beruht auf dem Grundverständnis, dass neben dem Optionsvertrag durch die Ausübung des Optionsrechts ein zweiter Vertrag geschlossen werde (Zweivertrags- oder Trennungstheorie). Der Hauptvertrag sei vom Optionsvertrag völlig losgelöst und werde nur dann geschlossen, wenn es tatsächlich zur Optionsausübung komme.[204] Da es an einer gesetzlichen Regelung fehle, handele es sich beim Optionsvertrag um einen Vertrag sui generis gem. § 311 Abs. 1 BGB, welcher vorbereitender Natur für den Hauptvertrag sei.[205] Auch diese Theorie unterstellt die vertragliche Fixierung der Ausübungsmodalitäten sowie den Inhalt des Hauptvertrags, an den der Stillhalter sich bereits jetzt bindet, der aber – losgelöst vom Optionsvertrag – erst mit Optionsrechtsausübung zum Abschluss kommt. Anders als beim Offertenvertrag werde kein einseitiges Angebot abgegeben, sondern neben der Festlegung des künftigen Vertragsinhalts zusätzlich ein Gestaltungsrecht eingeräumt.[206]

Einräumung für möglich hält. Ebenfalls eine einheitliche Erfassung befürwortend *Maser*, S. 134 ff.; *Cyrankiewicz/Wendland*, ZfgK 1990, 1026, 1028.

203 Vgl. *Neuner/Wolf*, BGB AT § 36 Rn. 7; *Casper*, S. 51 ff.; *Wolf*, DNotz 1995, 179, 185; *Henrich*, S. 235; ähnlich *v. Einem*, S. 82; mit der Klassifizierung als bedingter Hauptvertrag mit Optionsvorbehalt, MüKoBGB/*Busche*, Vorb. § 145 BGB Rn. 75 und *Häuser*, DB 1985, 1169, 1170.

204 Vgl. *Kraft/Mohr*, RdF 2011, 406, 414.

205 Vgl. *Georgiades*, FS Larenz, S. 424; *Arnim*, AG 1983, 29, 40; *Hammen*, ZIP 1987, 151, 152, 155; *Häuselmann*, DB 1987, 1745; *Weber*, JuS 1990, 249, 256; *Häuselmann/Wiesenbart*, DTB S. 31; auch *Rudolf*, in: Bank- und Kapitalmarktrecht, Rn. 19.96; ähnlich *Pulver*, S. 243, *Forstmoser/Pulver*, WM 1988, Sonderbeilage 6, S. 11; *Dreissig*, BB 1989, 1511, 1512 geht ebenfalls von zwei selbständigen Verträgen aus. I.E. wohl auch *Tilp*, DB 1989, 2365, 2366.

206 Vgl. *Larenz*, Schuldrecht BT II/1 § 44 IV 3, S. 157 f.; *Arnim*, AG 1983, 29, 40; *Ebenroth/Einsele*, ZIP 1988, 205, 209. Die Optionserklärung und der Optionsvertrag seien folglich Tatbestandsmerkmale des Hauptvertrags, so *Georgiades*, FS Larenz, S. 422 f.; zustimmend *Casper*, S. 64.

3. Stellungnahme

Welche der vorgenannten rechtsgeschäftlichen Gestaltungsmöglichkeiten die Parteien eines bedingten Finanztermingeschäfts gewählt haben, ist grundsätzlich durch Auslegung zu ermitteln.[207] Hierauf bezogen, bieten die gerade genannten Theorien aber unterschiedlichen Anlass zur Kritik.

a. *Kritik an der Einräumung durch eine Festofferte und einen Offertenvertrag*

Für die Ansicht es werde eine Festofferte eingeräumt spricht, dass die Annahme des Angebots zur alleinigen Disposition des Berechtigten steht. Zweifeln begegnet allerdings die Annahme, dass hierin ein Gestaltungsrecht zu erblicken sei, denn im Allgemeinen wird die Annahmeerklärung nicht als subjektives Recht qualifiziert.[208] Bei einem durch Angebot und Annahme begründetem Vertrag fehle es einerseits gerade am Einbruch in das Konsensualprinzip[209], andererseits führte dies zu einer „Zerfaserung“ eines gegenseitigen Vertrags in zwei einseitige Rechtsgeschäfte.[210] Diese Argumentation setzt indes die Qualifikation des Optionsrechts

207 Vgl. BGH MDR 1963, 37; *Bork*, Staudinger Vorb. zu §§ 145 ff. BGB Rn. 72; *Rössner/Weber* BB 1979, 1049; *Hammen*, ZIP 1987, 151, 152.

208 Vgl. *Joussen*, AcP 203, 429, 446 f.; *Neuner/Wolf*, BGB AT § 36 Rn. 9; *Bork*, BGB AT Rn. 698.

209 *Casper*, S. 61 f.; auch *Neuner/Wolf*, BGB AT § 36 Rn. 9; *Herzig/Briesemeister* argumentieren ebenfalls, dass „bereits eine über das Stadium eines einseitigen Vertragsangebotes hinausgehende vertragliche Einigung“ stattgefunden habe, *Herzig/Briesemeister*, DB 2002, 1570, 1571. Im Ergebnis offen gelassen MüKoBGB/*Busche*, § 145 BGB Rn. 73, der durchaus die Möglichkeit der Einräumung eines Optionsrechts „in einem funktionalen Sinn“ durch eine Festofferte bejaht. Ähnlich *Brox/Walker*, Rn. 192, der auf die gleiche Rechtswirkung verweist; ähnlich auch *Häuser*, DB 1985, 1169, 1170; **a.A.** *Bork*, der das Optionsrecht nur dann als Gestaltungsrecht qualifiziert, wenn es durch einen bedingten Vertrag eingeräumt wird, *Bork*, Staudinger, Vorb. zu §§ 145 ff. BGB Rn. 73. Daher verneint auch er die Einräumung eines Gestaltungsrechts durch eine Festofferte, obwohl auch bei einer solchen von der Einräumung eines Optionsrechts ausgegangen werden kann, *Bork*, Staudinger, § 145 BGB Rn. 34; *ders.*, Staudinger Vorb. zu §§ 145 ff. BGB Rn. 70.

210 Vgl. *Bötticher*, FS Dölle, S. 52. *Bötticher* stellt die einseitige Einräumung eines solchen Rechts generell in Frage, da die Wirkung eines Gestaltungsrechts über die „Durchschlagskraft“ eines durch Vertrag begründeten Anspruchs hinausgeht, *Bötticher*, FS Dölle, S. 53. Nach *Grüneberg* ist ein Vertragsantrag kein einseitiges Rechtsgeschäft, sondern Teil eines zweiseitigen Vertrags, Palandt/*Grüneberg*, Überbl. v. § 311 Rn. 4. Auch *von Arnim* bezweifelt die Wesensgleichheit der Rechtsstellung eines Angebots-

als Gestaltungsrecht voraus und macht damit das zu Beweisende zur Voraussetzung. Die Annahme eines Angebots ist letztlich die simpelste Form durch einseitig empfangsbedürftige Willenserklärung[211] einen Vertrag zu begründen. Es scheint daher auf den ersten Blick nicht offensichtlich ausgeschlossen, dass die Annahmeerklärung, durch die in ihr verkörperte Möglichkeit der Inkraftsetzung[212] eines Vertragsverhältnisses, ein Optionsrecht darstellt, wenn man von dem Verständnis ausgeht, nicht jedes Optionsrecht müsse zwangsweise auch ein Gestaltungsrecht sein.[213]

Soweit gegen die lange Bindungsdauer der Festofferte eingewandt wird, es läge ein Systemwiderspruch zu den normierten allgemeinen Regelungen über die Abgabe von Willenserklärungen gem. den §§ 145 ff. BGB vor, weil danach die Bindungsdauer so kurz wie möglich zu halten sei[214], überzeugt dies nicht. Nach dem geltenden Grundsatz der Privatautonomie – der sich ausdrücklich in § 148 BGB wiederfindet[215] – genießen die Parteien die Freiheit, Privatrechtsverhältnisse nach ihrem Willen zu konstituieren, ohne die Präferenzen begründen zu müssen.[216] Die mit der Abgabe einer Festofferte verbundenen Rechtswirkungen ähneln indes denen eines Optionsrechts. Sie unterscheiden sich formal aber vor allem darin, dass die Annahme der Festofferte unter Umständen formbedürftig sein kann.[217] Allein eine Festofferte reicht hingegen nicht aus, um die Vereinbarungen, die einem Optionsvertrag zugrunde liegen, aufzufangen, da sie keine

---

empfängers mit der Rechtsstellung eines Optionsinhabers, da dies mit der Ausbildung in der Praxis kaum vereinbar sei, *Arnim*, AG 1983, 29, 39 f.

211 Vgl. MüKoBGB/*Busche*, § 147 BGB Rn. 2.

212 Ähnlich *Casper*, S. 63; **a.A.** *Bork*, Staudinger, § 145 BGB Rn. 34, wonach sich von einem Gestaltungsrecht nicht schon dann sprechen ließe, wenn jemand ein Rechtsverhältnis zu einem anderen nur begründen kann.

213 Vgl. *Bork*, Staudinger, Vorb. zu §§ 145 ff. BGB Rn. 73; anders *Weber* JuS 1990, 249, 251, der das Vorliegen eines Gestaltungsrechts auch bei Einräumung eines Annahmerechts durch Optionsvertrag bejaht.

214 So *Georgiades*, FS Larenz, S. 413 f. Nach dessen Auffassung widerspreche eine Bindungsdauer von über einem Jahr dem redlichen Verkehr, da sich aus der Systematik der §§ 145 ff. BGB ergebe, dass der Zeitraum zwischen Angebotsabgabe und -annahme so kurz wie möglich sein solle, auch um Unsicherheiten des Rechtsverkehrs zu vermeiden, *Georgiades*, ebd.; **a.A.** *Brandi-Dohrn*, S. 69.

215 Zur lediglich deklaratorischen Bedeutung der Vorschrift siehe MüKoBGB/*Busche*, § 148 BGB Rn. 1.

216 Hierzu *Neuner/Wolf*, § 2 Rn. 14.

217 BGH MDR 1963, 37, 38; bezugnehmend auf diese Entscheidung *Brox/Walker*, Rn. 192.

Rechtsgrundlage für die Zahlung und das Behaltendürfen der Optionsprämie bildet. Hierüber könnte zwar der Offertenvertrag hinweghelfen, wofür aber kein Bedarf besteht, da das Recht auf Abschluss des Hauptvertrags auch durch einen Vorvertrag eingeräumt werden kann.[218]

Entscheidender dürfte jedoch sein, dass die verfolgten Interessen von Antragendem und Angebotsempfänger sowie von Stillhalter und Optionsnehmer völlig unterschiedlich sind. Während der Antragende am Vertragsschluss interessiert ist und dem Angebotsempfänger lediglich eine längere Überlegungsfrist einräumen will, hofft der Stillhalter gerade darauf, dass der Optionsnehmer von seinem Recht keinen Gebrauch machen wird, um einen atypischen Gewinn zu erzielen. Der Optionsnehmer ist sogar bereit, hierfür eine Prämie zu zahlen, da er selbst ebenfalls auf einen Gewinn hofft.[219] Weil die Interessen der Parteien dementsprechend völlig konträr verlaufen, lässt sich durchaus der Schluss rechtfertigen, dass der Offertenvertrag die Belange der Beteiligten und das Wesen des Optionsrechts nicht richtig erfasse, denn sonst sei die Entwicklung des Optionsgeschäfts als selbständige Rechtsfigur nicht zu erklären.[220] Wäre die Rechtsstellung des Angebotsempfängers wesensgleich mit der des Optionsinhabers, dann hätte es dieses Vertragsmodells nicht bedurft.

b. Kritik an der Einräumung durch einen bedingten Vertrag

Die Theorie über die Einräumung eines Optionsrechts durch den Abschluss eines bedingten Vertrags ist in der Rechtswissenschaft äußerst umstritten. Die Ausübung des Optionsrechts als Bedingung, um den Vertrag in Geltung zu setzen, stößt vor allem deshalb auf Kritik, weil es der Optionsberechtigte selbst in den Händen hat, die Bedingung eintreten zu lassen, was aber der Definition einer Bedingung als „ein künftiges ungewisses Ereignis" widerspricht.[221] Wird wie hier,

---

218 Vgl. *Casper*, S. 63 f.

219 *Georgiades*, FS Larenz, S. 412 f.; zustimmend *Arnim*, AG 1983, 29, 39 f.; *Paus*, S. 233.

220 *Georgiades*, ebd. *Georgiades* ist der Ansicht, die Option sei eine Neuschöpfung der Praxis, welche nicht durch bereits geprägte Rechtsbegriffe typisiert werden könne, vgl. *Georgiades*, FS Larenz, S. 411 f.

221 Vgl. *Neuner/Wolf*, BGB AT, § 52 Rn. 1, 15; *Savigny*, S. 129 f. MüKoBGB/*Westermann*, § 158 BGB Rn. 19; Jauernig/*Mansel*, § 158 Rn. 3. Gleichwohl sind Bedingungen zulässig, auf deren Eintritt der Berechtigte selbst einwirken kann, wobei zwischen dem Tun oder Unterlassen und dem bedingten Rechtsgeschäft selbst kein unmittelbarer Zusammenhang besteht, wie bspw. bei einer Zuwendung unter der Voraussetzung einer Eheschließung, vgl. *Flume*, BGB AT II § 38 2 S. 684. Solche Potestativbedingung ist als „echte" Bedingung anerkannt, *Ring*, JuS 1991, 634, 635.

der Hauptvertrag selbst von der Bedingung abhängig gemacht, dass der Optionsnehmer seine Erklärung gelten lassen wolle (sog. Wollensbedingung[222]),[223] so wird deren Zulässigkeit in der Rechtswissenschaft vor allem deshalb bezweifelt, weil es an der Schließung eines wirksamen Vertrags fehle.[224] Dass gesetzlich kodifizierte Formvorschriften bei Bedingungseintritt nicht mehr einzuhalten sind, legt indes den Schluss nahe, dass der Vertragsschlusstatbestand bereits erfüllt sein muss.[225]

Auch dem Gesetz ist eine unterschiedliche Bindung der Vertragsparteien nicht unbekannt. So bestimmt § 454 Abs. 1 BGB für den Kauf auf Probe eine erheblich weitere Bindung des Verkäufers als die Bindung des Käufers.[226] Dem könnte entgegengehalten werden, dass sich über die betreffende Regelung hinaus, gerade keine verallgemeinerungsfähige Aussage treffen ließe.[227] Handeln also die Vertragschließenden – wie hier – in der Absicht, eine Bindung einzugehen, indem der Verpflichtete sich endgültig bindet und der Berechtigte sich bereits auf den Inhalt eines gegenseitigen bedingten Vertrags festlegt, dann stehe der Anerkennung einer Wollensbedingung nach Ansicht der Rechtsprechung nichts entgegen.[228] Überträgt

---

222 Condicio si voluero *Flume*, BGB AT II § 38 2 S. 684; MüKoBGB/*H.P. Westermann*, § 158 BGB Rn. 21; *Gursky*, Staudinger, § 873 BGB Rn. 122. Bei der Wollensbedingung handelt es sich um einen Unterfall der Potestativbedingung, so *Bork*, Staudinger, Vorb. zu §§ 158 ff. BGB Rn. 16.

223 Ebenso *Neuner/Wolf*, BGB AT, § 52 Rn. 15 ff.; *v. Einem*, S. 82; i.E. wohl auch *Henrich*, S. 238; *Ring*, JuS 1991, 634, 636.

224 Vgl. *Henrich*, S. 235 f.; *Brandi-Dohrn*, S. 68; *v. Einem*, S. 91. Im Allgemeinen hierzu bereits *Savigny*, S. 131; MüKoBGB/*H.P. Westermann*, § 158 BGB Rn. 21; *Bork*, Staudinger, Vorb. zu §§ 158 ff. BGB Rn. 18; *Neuner/Wolf*, BGB AT, § 52 Rn. 18 f.; einschränkend *Weber* JuS 1990, 249, 253; **a.A.** nunmehr Jauernig/*Mansel*, § 158 Rn. 4 (anders noch Vorauflage). Es besteht jedoch weitestgehend Einigkeit darüber, dass auflösende Wollensbedingungen zulässig sind, so BGHZ 134, 182, 187 f.; *OLG Hamm*, OLGZ 1978, 169, 171; *Bork*, Staudinger, Vorb. zu §§ 158 ff. BGB Rn. 18; *ders.*, BGB AT Rn. 1261; Soergel/*Wolf*, Vorb. § 158 Rn. 26. Vertiefend zur historischen Entwicklung der Vorschrift *Casper*, S. 51 f. und *Flume*, BGB AT II § 38 2 S. 685.

225 Vgl. Soergel/*Wolf* Vorb. § 158 Rn. 28.

226 Vgl. *Mader/Schermaier*, Staudinger, § 454 Rn. 1.

227 Siehe *Casper*, S. 53. Daher soll die Diskussion hier ausgespart werden, wie auch die Diskussion über den Wiederkauf nach § 456 BGB, hierzu auch *Henrich*, S. 237 f.

228 Vgl. RGZ 104, 98, 100; BGHZ 47, 387, 391; BGH NJW 1967, 153 f.; BGHZ 119, 35, 37 f.; Nach BGH NJW-RR 1996, 1167 ist die Wollensbedingung deshalb zulässig, weil jedenfalls der Verkäufer sich endgültig binde und der Käufer sich bereits auf den Inhalt des möglichen Vertrags festlege. *V. Einem*, S. 96; *Ring*, JuS 1991, 634, 637; *Bork*, Staudinger, Vorb. zu §§ 145 ff. Rn. 71; Soergel/*Wolf* Vorb. § 158 Rn. 28; *Flume*, BGB AT II § 38 2, S. 686; *Casper*, S. 51 ff.; ebenso *Henrich*, S. 236 für Rechte

man diese Grundsätze auf den Optionsvertrag, so fügen sie sich scheinbar problemlos ein. Der Stillhalter bindet sich bereits mit Abschluss des aufschiebend bedingten Vertrags.[229] Der Optionsnehmer bindet sich ebenfalls, wenn auch nicht in gleichem Maße. Er erklärt sich insbesondere bereit, seinen ebenso im Vorfeld festgelegten Vertragspflichten nachzukommen, wenn er die Bedingung eintreten lässt.[230] Soweit eingewandt wird, diese Verhältnisse entsprächen nicht den Parteiinteressen, da diese an einer verbindlichen Regelung interessiert seien und nicht den Abschluss eines schwebend unwirksamen Vertrags im Blick hätten[231], ist zu entgegnen, dass die Vertragsparteien nach verbindlichem Abschluss des Rechtsgeschäfts während der Schwebezeit aber keinesfalls schutzlos gestellt sind. Der Vertragsschluss und die hierdurch erreichte Bindung verhindern einen einseitigen Widerruf der bereits abgegebenen Erklärungen.[232] Teilweise wurde auch vertreten, dass es sich bei modifizierten Optionsverträgen, bei denen bei Abschluss des Vertrags noch nicht feststehe, wer Käufer und Verkäufer sein wird, nicht um bedingte Verträge handeln könne, da der Vertragsinhalt zu unbestimmt sei.[233] Diese Ansicht verkennt, dass es sich hierbei nur um eine relative Unbestimmtheit handelt, welche die Wirksamkeit des Vertrags nicht berührt. Es reicht aus, dass die alternativ geschuldeten Leistungen

---

aus einem zweiseitig verpflichtenden Vertrag, bei dem auch die Verpflichtung durch den eigenen Willen „bedingt" ist. Ähnlich auch Palandt/*Ellenberger*, Einf. v. § 158 Rn. 10; *Wunner*, AcP 168, 425, 426 f. m.w.N.

229 Vgl. *Bork*, Staudinger, Vorb. zu §§ 145 ff. Rn. 71.

230 I.E. auch *Ring*, JuS 1991, 634, 637, der eine Wollensbedigung dann für zulässig hält, wenn zwischen den Parteien Einigkeit besteht, dass „nicht die Entstehung des Rechts, sondern seine Rechtswirkung, also die Durchführung des Geschäfts vom Willen einer Partei abhängen soll". **A.A.** wohl Palandt/*Weidenkaff*, Vorb. v. § 463 Rn. 17.

231 Vgl. *Casper*, S. 51 ff.

232 Vgl. MüKoBGB/*H.P. Westermann*, § 158 BGB Rn. 39; *Neuner/Wolf*, BGB AT, § 52 Rn. 44. Weiterhin sind sie beide während des Schwebezustandes zu vertragstreuem Verhalten verpflichtet und genießen den Schutz der §§ 160 ff. BGB, vgl. Palandt/*Ellenberger*, Einf. v. § 158 Rn. 8; *Neuner/Wolf*, BGB AT, § 52 Rn. 40 ff. Dagegen vermögen die Vorschriften der §§ 160 ff. BGB nicht unbedingt auf Optionsverträge passen, da der Stillhalter grundsätzlich gerade keiner Verfügungsbeschränkung unterliege, so *Arnim*, AG 1983, 29, 39. Dem ist zu entgegnen, dass die Schutzvorschriften indes nur greifen können, wenn das Verhalten des Stillhalters den späteren Hauptvertrag beeinträchtigt. Ist dies, weil sich die Stillhalterleistung i. d. R. auf Gattungsschulden bezieht, nicht der Fall, dann ist bereits der sachliche Anwendungsbereich der Vorschriften nicht eröffnet.

233 Vgl. *Rössner/Weber*, BB 1979, 1049 f. wobei die Autoren auf sog. Double-Optionen Bezug nehmen, bei welchem der Optionsnehmer das Recht erwirbt eine Kauf- oder Verkaufsoption zu gleichen oder zu unterschiedlichen Konditionen nach seiner Wahl zu übernehmen.

bereits feststehen, so dass trotz Vereinbarung mehrerer alternativer Leistungen eine bestimmte oder bestimmbare Leistung gegeben ist.[234]

Nicht zu erklären vermag diese Theorie indes, auf welcher Rechtsgrundlage der Stillhalter die Optionsprämie behalten darf, wenn das Optionsrecht verfällt. Die Rechtsfolgen des bedingten Vertrags treten während der Schwebezeit nicht ein, dementsprechend gäbe es keine rechtswirksame Grundlage für die Zahlungsverpflichtung und den Behalt der Prämie.[235] Auch wenn der Vertrag ohne Verschulden des Stillhalters scheiterte, müsste dieser die Prämie zurückgewähren, obwohl aufgrund der Risikoverteilung des Optionsgeschäfts diese grundsätzlich beim Stillhalter verbliebe.[236]

c. *Kritik an der Einräumung durch einen Vertrag sui generis gemäß § 311 Abs. 1 BGB*

Die wohl h.M. löst oben genannte Probleme dadurch, dass sie den Optionsvertrag als einen Vertrag „eigener Art" qualifiziert, der ein abstrakt verstandenes Gestaltungsrecht einräumt. Hinsichtlich seines Inhalts bestimme er den Inhalt des Hauptvertrags und regele u. a. darüber hinaus die Höhe der Optionsprämie sowie deren Schicksal bei (Nicht-)Ausübung des Optionsrechts.[237] Gleichwohl überzeugt auch diese Theorie nicht vollständig, denn es konnte bisher nicht zufriedenstellend geklärt werden, auf welcher rechtsgeschäftlichen Grundlage ein Barausgleich gezahlt wird. Wenn statt physischer Lieferung des Basiswerts, die Auszahlung der Differenz zwischen dem Marktpreis des Basiswerts und dem Basispreis verlangt wird, kommt nach überwiegender Ansicht – worauf später noch einzugehen sein wird – gerade kein weiterer Vertrag zustande.[238] So konstatiert *Reiner* – zu Recht – es lasse sich „wegen der Einseitigkeit der Leistungsbeziehungen beim besten Willen kein zusätzlicher Schuldvertrag konstruieren".[239]

---

234 Vgl. auch *Samhat*, S. 25.

235 Vgl. *Casper*, S. 543 f. Seine weitere Untersuchung beschäftigt sich mit der Möglichkeit, dass der Optionsvertrag nach Ausübung des Optionsrechts in den Hauptvertrag (Austauschvertrag) umgewandelt wird, was er im Ergebnis aber ablehnt.

236 Vgl. *Casper*, S. 56. Ähnliches gelte auch, wenn das Optionsrecht in Kenntnis einer Störung ausgeübt werde, um Schadensersatz statt der Leistung geltend machen zu können, vertiefend hierzu *Casper*, S. 162 f.

237 Vgl. *Georgiades*, FS Larenz, S. 424; *Arnim*, AG 1983, 29, 40; i.E. auch *Casper*, S. 73.

238 Vgl. *Kraft/Mohr*, RdF 2011, 406, 407; *Herzig/Briesemeister*, DB 2002, 1570, 1572, abweichend von der bisherigen Rechtsprechung sogar BFHE 239, 95, 99.

239 So *Reiner*, S. 15; anlehnend hieran *Berg*, S. 145 und *Haisch*, in: Haisch/Helios, Rechtshandbuch der Finanzinstrumente, § 1 Rn. 23; i.E. auch BFHE 239, 95, 99. Auch

d. Ergebnis

Die vorgehende Untersuchung hat gezeigt, dass die Ansicht das Optionsrecht werde durch die Abgabe eines bindenden Angebots oder durch einen Offertenvertrag eingeräumt nicht überzeugen kann, da die Interessen des Stillhalters und des Optionsnehmers nicht adäquat erfasst werden. Sofern die Ansicht vertreten wird, die Einräumung des Optionsrechts durch einen bedingten Vertrag scheitere, weil es wegen der Vereinbarung einer Wollensbedingung an einem wirksamen Vertragsschluss fehle, so ist dem zu entgegnen das die Rechtsprechung gerade bei gegenseitigen Verträgen keine Bedenken hinsichtlich eines wirksamen Vertragsschlusses hat. Wenn man mit der vorgenannten Ansicht die wirksame Vereinbarung einer Wollensbedingung anerkennt, dann stellt sich notwendig die Folgefrage, worin die Rechtsgrundlage für das Behaltendürfen der Prämie besteht, wenn die Bedingung nicht ausgeübt wird. Eine Antwort hierauf vermag diese Theorie nicht zu geben. Aus diesen Überlegungen heraus hat sich letztlich die Theorie entwickelt, das Optionsrecht werde durch einen Vertrag sui generis gem. § 311 Abs. 1 BGB eingeräumt, während der Hauptvertrag erst mit Ausübung des Optionsrechts zustande komme. Dennoch vermag auch diese nicht alle offenen Fragen zufriedenstellend zu lösen, denn im Falle der Beendigung des Optionsrechts durch einen Barausgleich sind sich Teile der Rechtsprechung und auch der Literatur einig, dass der Abschluss eines weiteren Vertrags gekünstelt ist und nicht den Vorstellungen der Parteien entspricht. Mithin vermag keine der vorgenannten Ansichten vollständig überzeugen.

C. Entwicklung der Rechtsprechung

Im Laufe der Zeit hatte sich auch die Rechtsprechung mit der Frage der vertraglichen Einräumung des Optionsrechts zu befassen. Die höchstrichterliche Finanzrechtsprechung vertritt in ständiger Entscheidungspraxis die Zweivertrags- oder auch Trennungstheorie,[240] welche sie – wie sich im Laufe der Arbeit zeigen wird – nicht überzeugend durchzusetzen vermag. Demgegenüber stellte

Casper als Vertreter der Trennungstheorie, kommt zu diesem Ergebnis. Nach seiner Ansicht handle es sich bei auf Barausgleich gerichteten Verträgen nicht um Optionsverträge im eigentlichen Sinne, sondern „um aleatorische Kurssicherungs- und Spekulationsverträge eigener Art“, *Casper*, S. 97.

240 Siehe BFHE 143, 38, 41 f. und BFHE 201, 234, 238; BFHE 202, 351, 354; BFHE 217, 566, 568 zustimmend *Heuermann*, DB 2004, 1848, 1849 mit der Begründung, dass jede Einzelhandlung einen eigenständigen wirtschaftlichen Zweck verfolgen kann.

die zivilrechtliche Rechtsprechung die Einheit des Geschäfts fest.[241] Bevor ein Blick auf die Ausgestaltung von Optionsverträgen in der Praxis erfolgt, werden die vorgenannten Entscheidungen überblicksartig erläutert.

Im Rahmen einer Klage auf die Versagung des Termin-[242] bzw. Differenzeinwands[243] war vom BGH zu entscheiden, ob der Options- und der Hauptvertrag rechtlich als zwei voneinander unabhängige Verträge zu beurteilen seien,[244] mit der Folge, dass keiner der beiden Verträge als Börsentermingeschäft zu qualifizieren sei.[245] Das Optionsgeschäft falle in seiner Gesamtheit unter den Begriff des Börsen-

---

241 Vgl. BGHZ 92, 317, 319.

242 Der Termineinwand bezweckte den Schutz des Anlegers gem. § 53 BörsG a. F. (BGBl. III 1961, 4110–1) Offizielle Börsentermingeschäfte waren für beide Vertragsparteien nur bei jeweils vorliegender Termingeschäftsfähigkeit verbindlich, *Ebenroth/Einsele*, ZIP 1988, 205, 207. Hierunter fielen grundsätzlich Kaufleute und Personen, die berufsmäßig Börsentermingeschäfte oder Bankiergeschäfte betrieben, und Personen die gem. § 53 BörsG a. F. weder Sitz noch Geschäftsleitung im Inland hatten. Mit dem Gesetz zur Änderung des Börsengesetzes vom 11. Juli 1989 wurden diese Regelungen gelockert und es war gem. § 53 Abs. 2 BörsG a. F. möglich, die Termingeschäftsfähigkeit durch eine qualifizierte Belehrung herbeizuführen, BGBl. I 1989, 1412, 1415.

243 Gem. § 764 BGB a.F. (BGBl. III 1962, 400–2) wurden Differenzgeschäfte als Spiel qualifiziert. Hierunter wurden solche Geschäfte subsumiert, die trotz eines auf Lieferung lautenden Vertrags, lediglich auf Zahlung eines Differenzausgleichs zwischen dem vereinbarten Preis und dem Preis zum Lieferzeitpunkt gerichtet waren, *Engel*, Staudinger, § 764 Rn. 1. Sie wurden als unvollkommene Verbindlichkeit qualifiziert, wenn bei mindestens einem Vertragspartner Spekulationsabsicht vorlag. Börsentermingeschäfte, welche wirtschaftlich gerechtfertigt sind und zur Sicherung gegen Verluste erfolgen, unterlagen nicht dem Differenzeinwand, *Ebenroth/Einsele*, ZIP 1988, 205, 206. Ob eine solche Sicherung vorlag, stellten die Gerichte von Amts wegen durch eine vom BGH entwickelte Indizienlehre fest, *Ebenroth/Einsele*, ZIP 1988, 205, 206 f. § 764 BGB a. F. wurde durch Art. 9 Nr. 2 des 4. Finanzmarktförderungsgesetzes aufgehoben, BGBl. I 2002, 2010, 2059.

244 So noch die Vorinstanz *OLG Köln*, DB 1984, 1342 f. Die Vorinstanz bezeichnet den Optionsvertrag insofern als Kaufvertrag. Dies würde aber voraussetzen, dass das Optionsrecht bereits bestünde und nicht erst hierdurch begründet würde, ähnlich *Ebenroth/Einsele*, ZIP 1988, 205, 210; **a.A.** *Walter*, S. 108.

245 Hierdurch wäre es den Beklagten nicht möglich gewesen, oben genannte Einwände zu erheben, so vorher *OLG Köln*, DB 1984, 1342, 1343. Der Termin- und Differenzeinwand soll an dieser Stelle nicht mehr behandelt werden, siehe hierzu vertiefend *Maser*, Der Termin- und der Differenzeinwand bei Börsentermingeschäften in Wertpapieren oder *Walter*, S. 129 ff., 164 ff.

termingeschäfts, da die Typusmerkmale zu bejahen seien.[246] Dabei durchlaufe das Optionsgeschäft zwar unter Umständen zwei Phasen, die Phase der Einräumung und die der Ausübung,[247] ihre Trennung wirke indes künstlich und sei auch teleologisch nicht gerechtfertigt, da beide Phasen dem Schutz des § 53 BörsG a. F. unterlägen.[248]

Vorgenanntes Urteil unberücksichtigt lassend, entschied knapp einen Monat später der erste Senat des BFH i.R.d. Frage, ob die Prämie ein Entgelt für eine sonstige Leistung des Stillhalters darstelle, so dass der Options- und der Hauptvertrag voneinander getrennt zu behandeln seien.[249] Der Optionsvertrag werde durch die Einräumung des Optionsrechts einerseits, und der Zahlung des Optionsentgeltes andererseits voll erfüllt, so dass es sich begrifflich schon nicht um ein Differenzgeschäft[250] handeln könne.[251] Dies in einer nachfolgenden Entscheidung bestätigend, stellte der BFH fest, dass auch aus diesem Grund in steuerrechtlicher Hinsicht der Options- und der Hauptvertrag **wirtschaftlich und rechtlich nicht** derart **eng miteinander verknüpft** seien, dass sie als Einheit aufzufassen wären.[252] Von der Annahme der bereits eingetretenen vollständigen Erfüllung distanzierte er sich später[253], ohne jedoch die Trennungstheorie aufzugeben.[254] Es verhalte

---

246 Das Optionsgeschäft bezweckt und ermöglicht die Ausnutzung von Kursschwankungen zur Gewinnerzielung, die Beziehung zu einem Terminmarkt und die Möglichkeit des Abschlusses eines Gegengeschäfts wurden unproblematisch bejaht, BGHZ 92, 317, 321 f. Zum Typusbegriff siehe oben I. Kapitel A. 1.

247 Vgl. BGHZ 92, 317, 319; Zum Überblick über die Entwicklung der Rechtsprechung seit dem Reichsgericht siehe ausführlich *Walter*, S. 52 ff.

248 BGHZ 92, 317, 322 ff.

249 BFHE 143, 38 ff.

250 Der Begriff des Differenzgeschäfts bezieht sich in diesem Zusammenhang auf § 764 BGB a. F. (BGBl. I 2002, 42, 180) welcher mit Art. 9 Nr. 2 des 4. Finanzmarktförderungsgesetzes (BGBl. I 2002, 2010, 2059) aufgehoben wurde. Nach § 764 BGB a. F. (BGBl. I 2002, 42, 180) verstand man unter einem Differenzgeschäft ein auf Lieferung von Waren oder Wertpapieren lautender Vertrag, welcher in der Absicht geschlossen wurde, dass der Unterschied zwischen dem vereinbarten Preise und dem Börsen- oder Marktpreise der Lieferungszeit gezahlt werden soll.

251 BFHE 143, 38, 42 dem folgend auch BFHE 163, 175, 182.

252 BFHE 163, 175, 179.

253 Diese Untersuchung betraf die Frage der Behandlung von Stillhalterverpflichtungen in der Steuerbilanz des Stillhalters, BFHE 201, 234, 239. Diesem Urteil vorangegangen waren zwei widersprüchliche Finanzgerichtsentscheidungen des *FG München*, EFG 2001, 274 ff. und des *FG Hamburg*, EFG 2002, 559 ff. Zur Gegenüberstellung und Zusammenfassung der beiden Urteile siehe *Rau*, BB 2002, 928 ff.

254 BFHE 201, 234, 239 unter Nennung des Urteils BFHE 163, 175 ff. aus dem Jahre 1990.

sich so, dass die Verpflichtung des Stillhalters[255] erst dann erfüllt sei, wenn das Optionsrecht ausgeübt werde oder verfalle, bis dahin habe der Steuerpflichtige die Ausübung des Optionsrechts zu ermöglichen und zu dulden.[256]

Viel wichtiger waren jedoch die bis heute unverrückbaren Feststellungen, es handele sich bei der Stillhalterverpflichtung um ein wirtschaftlich relevantes Verhalten, welches selbständig vergütet werde und daher auch in steuerrechtlicher Hinsicht vom Wertpapiergeschäft losgelöst zu beurteilen sei. Der Options- und der Hauptvertrag seien wirtschaftlich und rechtlich nicht derart eng miteinander verknüpft, dass sie steuerrechtlich als Einheit aufzufassen wären.[257] Das Urteil des BFH überzeugt nicht. Die rechtliche Selbständigkeit wird einzig durch wirtschaftliche Aspekte begründet. So ergebe sich die wirtschaftliche Bedeutung der Stillhalterleistung daraus, dass dieser anderen Anlegern ermögliche, auf seine Kosten zu spekulieren und den Hebeleffekt auszunutzen; Optionsrechte könnten auch am Sekundärmarkt gehandelt werden, was die wirtschaftlich eigenständige Bedeutung stütze.[258] Auch sei anhand der damaligen Börsenrechtsnovelle zu erkennen, welche volkswirtschaftliche Bedeutung der Terminmarkt und die hieran beteiligten Spekulanten hätten[259]. Dabei wird die treffende Feststellung des BGH, es handele sich um ein wirtschaftlich einheitliches Terminengagement,[260] völlig vernachlässigt.

Der Senat sah von einer weitergehenden Behandlung dieser Diskussion ab, da dem zivilrechtlichen Theorienstreit steuerrechtlich keine Bedeutung beizumessen

---

255 Die Verpflichtung des Stillhalters besteht danach darin, „die Ausübung der Option zu dulden und sich zur Erfüllung der Leistungs- oder Abnahmepflichten bezüglich des Gegenstandes der Option bereitzuhalten." BFHE 201, 234, 237.

256 BFHE 201, 234, 239. Nach *Herzig/Briesemeister*, DB 2002, 1570, 1576, ging der vom BFH angenommene Inhalt der Hauptleistung des Stillhalters über dessen schuldrechtlich geschuldete Leistung aus dem Optionsvertrag hinaus.

257 BFHE 163, 175, 179. Für eine steuerlich selbständige Behandlung bedient sich der BFH einer Argumentation aus dem Umsatzsteuerrecht: Danach erbringt der Stillhalter bereits eine Leistung gegen Entgelt § 1 Abs. 1 S. 1 UStG, die nach § 4 Nr. 8 UStG a. F. Umsätzen mit Wertpapieren gleichgestellt und umsatzsteuerbefreit war. Gleiches galt für die Börsenumsatzsteuer, bei welcher das Optionsgeschäft weder ein rechtlicher Bestandteil des späteren Anschaffungsgeschäfts noch ein bedingtes Anschaffungsgeschäft war, BFHE 163, 175, 180 f. Die Börsenumsatzsteuer wurde im Jahr 1991 abgeschafft gem. Artikel 4 des Gesetzes zur Verbesserung der Rahmenbedingungen der Finanzmärkte vom 22. Februar 1990, BGBl. I 1990, 266, 281 f.

258 So BFHE 163, 175, 179.

259 So BFHE 163, 175, 180.

260 BGHZ 92, 317, 323 mit Verweis auf *Kümpel*, WM 1982, Sonderbeilage Nr. 6, S. 17.

sei.[261] In jüngeren Entscheidungen greift er indes – leider ebenfalls nicht überzeugend – zivilrechtliche Argumente auf.[262] So hält die finanzgerichtliche Rechtsprechung die Stillhalterleistung für gerichtlich erzwingbar – es bliebe dem Berechtigten unbenommen, auf Abschluss des Hauptvertrags zu klagen.[263] Dabei lässt sich das Gericht offensichtlich von der Annahme leiten, der Optionsnehmer könne auf Abgabe einer Willenserklärung zum Abschluss des Hauptvertrags klagen. Eine solche Vorgehensweise ließe sich aber nur dann begründen, wenn man den Optionsvertrag als eine Art Vorvertrag verstünde.[264] Das Optionsrecht soll dagegen dem Berechtigten die Möglichkeit einräumen, ohne die Mitwirkung des Stillhalters den Hauptvertrag herbeizuführen.[265] Der Optionsnehmer kann daher nach Ausübung seines Rechts direkt Zug-um-Zug auf Leistung klagen. Soweit der BFH in systematischer Hinsicht anführt, dass § 104 Abs. 2 InsO von einem durchsetzbaren Anspruch auf Erfüllung ausgehe, da dieser dem Optionsnehmer bei Insolvenz des Stillhalters vor Optionsrechtsausübung einen Anspruch wegen Nichterfüllung einräume, vermag dies ebenfalls nicht zu überzeugen. Dabei verkennt die Rechtsprechung, dass § 104 InsO die Unterbindung von Kursspekulationen des Insolvenzverwalters bezweckt und daher ein ganze anderes Regelungsziel verfolgt.[266] Demnach entspricht die Forderung wegen Nichterfüllung nach der vorstehenden Regelung auch nicht dem positiven Interesse eines Schadensersatzanspruches, so gestellt zu werden wie man stünde, wenn die Option erfüllt worden wäre. Dieses Ergebnis wäre mit dem Regelungszweck nicht vereinbar. Vielmehr bewirkt § 104 Abs. 2 InsO die sofortige wirtschaftliche Glattstellung aller offenen Positionen[267] und ermöglicht damit weder eine abgetrennte Durchsetzung der Stillhalterverpflichtung noch geht er von einer

261 Siehe BFHE 163, 175, 180.

262 Siehe BFHE 201, 234, 237, später auch BFHE 219, 129, 133.

263 Siehe BFHE 201, 234, 237, später auch BFHE 219, 129, 133 jeweils mit entsprechender Verweisung auf § 894 Abs. 1 ZPO.

264 Zur Abgrenzung zu den Vorstufen des Vertragsabschlusses siehe II. Kapitel A.

265 Vgl. *Casper*, S. 59.

266 Vgl. BT-Drucks. 12/7302, S. 168.

267 Vgl. MüKoInsO/*Jahn/Fried*, § 104 InsO Rn. 182b; Uhlenbruck/*Lüer*, § 104 InsO Rn. 3. Stellt man das Optionsgeschäft glatt, so wird bei Zahlung der Prämie für das Gegengeschäft zwar die zukünftige Wertentwicklung mit berücksichtigt, dies lässt indes nicht den Schluß zu, der Optionsnehmer solle so gestellt werden, als sei das Optionsgeschäft erfüllt worden. Die Regelung zielt letztlich darauf, ein Deckungsgeschäft einzugehen um die Positionen zu schließen, und gerade nicht den Optionsnehmer so zu stellen als könne er weiterhin Erfüllung verlangen, ähnlich auch *Casper*, der eine Forderung zwischen dem hypothetischen Marktpreis und dem Basispreis als einfache Insolvenzforderung ansetzt, *Casper*, S. 209 f.

solchen aus. Umso bedenklicher ist daher auch die neuerliche Feststellung des BFH, dass auch zivilrechtlich eine Trennung vorläge.[268]

Ein Widerspruch zu eingangs dargestellter BGH-Entscheidung bestehe nach Ansicht der Rechtsprechung indes nicht; denn diese habe sich mit der Rechtsnatur des Optionsgeschäfts als Börsentermingeschäft befasst, während sich der BFH mit dessen Rechtsnatur als Differenzgeschäft befasst habe.[269] Dem ist zuzustimmen. Beide Entscheidungen betrachteten das Optionsgeschäft aus verschiedenen Blickwinkeln. Der BGH setzte sich zuvörderst mit der Frage auseinander, ob sich die spezifische Gefahr von „reinen" Spekulationsgeschäften auch im Optionsgeschäft realisiere,[270] während die finanzgerichtliche Diskussion von der Steuerbarkeit von Optionsverträgen oder deren Steuerfreiheit wegen der Klassifizierung als Spiel oder Wette determiniert war[271]. Untersucht man die Entscheidung des BGH genauer, lässt sich hieraus folgende Erkenntnis ableiten: Wenn der Abschluss eines Optionsgeschäfts, ebenso wie der Abschluss eines klassischen Termingeschäfts, die Ausnutzung typischer Kursschwankungen zur Gewinnerzielung bezweckt und auch beim Optionsgeschäft hierüber das Zeitmoment entscheidet, weil bei dessen Abschluss der Kurs zum Ausübungstag nicht feststeht, dann realisiert sich aus dem Optionsvertrag dasselbe Risiko wie das des Hauptvertrags. Der Stillhalter könnte bei ungünstiger Kursentwicklung, um seinen Verlust zu minimieren, den Basiswert sofort erwerben, so dass dessen weitere Marktpreisentwicklung die gegenläufige Wertentwicklung des Optionsvertrags ausgliche. Ein „überschießendes" Risiko, dass nur dem Stillhaltergeschäft innewohnt, existiert daher nicht. In der Literatur wurde die Ansicht vertreten, dass der Optionsnehmer möglicherweise nicht des Schutzes des Börsengesetzes bedürfe, da er seinen Verlust durch Verfallenlassen des Optionsrechts auf die Zahlung der Optionsprämie begrenzen könne.[272] Dies überzeugt indes nicht. Es besteht kein Anlass, den Ab-

268 So BFHE 201, 234, 238.

269 BFHE 163, 175, 182 mit Verweis auf eine gleichlautende Feststellung des BGH, NJW 1985, 1956, 1957.

270 Auch *Canaris* geht davon aus, dass der BGH nur durch Schutzzwecküberlegungen zu diesem Ergebnis gekommen ist, *Canaris*, WM 1988 Sonderbeilage Nr. 10 S. 9.

271 Ähnlicher Ansatz auch *Beckenhaub*, S. 147 ff.

272 Dieser Ansicht *Kümpel*, WM 1982, Sonderbeilage Nr. 6, S. 17; *ders.*, WM 1985, 73, 74 f., wonach erst mit der Ausübung ein Börsentermingeschäft vorliege, dem Stillhalter dann allerdings der Termin- bzw. Differenzeinwand zustünde. *Kümpels* Ansatz griff auch BGHZ 92, 317, 320 und 323 auf und widersprach dieser Ansicht, da sie sich mit dem Zweck der börsenrechtlichen Regelung und dem, mit diesen Geschäften verbundenem Risiko, nicht vereinbaren lasse. Dieser Rechtsprechung zustimmend *Koller*, WM 1985, 593, 594 f. Auch *Ebenroth/Einsele*, ZIP 1988, 205, 209, die der

schluss eines bedingten Termingeschäfts wegen des begrenzten Verlustrisikos für den Optionsnehmer anders zu behandeln als den Abschluss eines unbedingten Termingeschäfts.[273] Gerade wenn man davon ausgeht, dass beide Geschäfte dasselbe Risiko verkörpern, ließe sich eine zivilrechtliche Trennung nicht rechtfertigen.

Der BFH hält seit jeher an der Trennungstheorie, die er im Laufe der Zeit weiterentwickelte, fest. Die dieser Theorie zugrundeliegenden Argumente vermögen indes nicht zu überzeugen. Soweit er versucht, seine Theorie mit der Argumentation zu stützen, der Optionsnehmer könne auf Abschluss des Hauptvertrags klagen, entsteht der Eindruck, als gehe er von einer Qualifikation des Optionsvertrags als Vorvertrag aus. Aus der gewichtigen wirtschaftlichen Bedeutung der Stillhalterleistung auf deren Selbständigkeit zu schließen, leuchtet zwar ein, vermag aber nicht über einen ganz maßgebenden Grund hinwegzuhelfen, den der BGH dadurch erkannte, weil er sich mit dem Optionsgeschäft aus einer völlig anderen Perspektive zu befassen hatte. Das Spekulationsrisiko, das dem Abschluss des Optionsvertrags innewohnt, ist identisch mit dem des Hauptvertrags. Ein über das Risiko des Hauptvertrags hinausgehendes Risiko des Stillhalters, das eine Selbständigkeit seiner Leistung abgelten könnte, existiert nicht. Es handelt sich daher um ein wirtschaftlich einheitliches Terminengagement.

D. Optionsverträge in der Praxis

Wie vorgehend festgestellt, liegt es in der Hand der vertragsschließenden Parteien, in welcher Art und Weise sie das Optionsrecht einräumen wollen, wobei ggf. durch Auslegung zu ermitteln ist, von welchen Vorstellungen sich die Vertragsparteien haben leiten lassen. Bevor eine Würdigung der bisher dargestellten Informationen aus Literatur und Rechtsprechung vorgenommen werden kann, soll eine Analyse der gängigen Vertragsmuster erfolgen.

1. Over the Counter Optionen

Als Marktstandard bei Banken haben sich vor allem zwei Rahmenverträge durchgesetzt, die die „generellen" Parteiverpflichtungen enthalten und alle rechtlich relevanten Punkte „vor die Klammer" ziehen.[274]

Qualifikation des Optionsgeschäfts als Börsentermingeschäft – losgelöst von der zivilrechtlichen Ausgestaltung – zustimmten.

273 So auch BGHZ 92, 317, 321 f., wonach kein Grund ersichtlich sei, der eine Ausnahme vom Schutzbereich des Börsengesetzes, allein wegen der Begrenzung des Verlustrisikos, zuließe.

274 So *Behrends*, in: Zerey, Hdb. Finanzderivate, § 6 Rn. 2.

a. Deutscher Rahmenvertrag für Finanztermingeschäfte

Der deutsche Rahmenvertrag für Finanztermingeschäfte (im folgenden DRV), ausgearbeitet von den Spitzenverbänden der Kreditwirtschaft im Jahr 1993, wird vor allem bei nicht grenzüberschreitenden Geschäften verwendet.[275] Als Rahmenvertrag legt er die Einzelheiten künftig abzuschließenden Einzelverträge zwischen den Parteien (Tz. 1 DRV) fest und fasst alle Einzelabschlüsse zu einem einheitlichen Vertrag zusammen (zusammengesetzter Gesamtvertrag).[276] Damit schafft er eine einheitliche Grundlage und somit einen gewissen Grad an Standardisierung, der vor allem die Abwicklung der Einzelverträge beschleunigt.[277]

Die Allgemeinen Bestimmungen sind kurz gehalten. Sie regeln u. a. allgemeine Leistungspflichten aufgrund der Einzelabschlüsse wie Zahlungen oder Berechnungsweisen, die Beendigung des Vertrags oder Schadensersatzpflichten,[278] so dass sich hieraus keine Rückschlüsse auf die Vorstellungen der Vertragsparteien zur Ausgestaltung des Optionsvertrags ziehen lassen.

Besondere – den Rahmenvertrag ergänzende – Bestimmungen für Optionsgeschäfte, finden sich im Anhang für Wertpapierderivate (früher: Anhang für Optionsgeschäfte auf Börsenindizes oder Wertpapiere).[279] Besieht man sich den

---

275 Vgl. *Kümpel*, Bank- und Kapitalmarktrecht, 3. Auflage, Rn. 14.188; *Berg*, S. 108 f. Zu den einzelnen Regelungen im Allgemeinen siehe *Jahn/Reiner*, in: Schimansky/Bunte/Lwowski, Bankrechts-Handbuch, § 114 Rn. 53 ff. Abgerufen werden kann der Musterrahmenvertrag inkl. aller Anhänge auf der Internetseite des Bankenverbandes (ehem. Bundesverbandes Deutscher Banken): https://bankenverband.de/service/rahmenvertraege-fuer-finanzgeschaefte/deutscher-rahmenvertrag-fuer-finanztermingeschaefte/, abgerufen am 27.03.2016.

276 *Casper*, S. 250 f.; *Rudolf*, in: Bank- und Kapitalmarktrecht, Rn. 19.106.

277 Vgl. *Behrends*, in: Zerey, Hdb. Finanzderivate, § 6 Rn. 2. Die Verwendung von Rahmenverträgen verfolgt noch einen anderen, wirtschaftlich wichtigeren Aspekt, indem er das Ausfallrisikos bei Insolvenz der anderen Vertragspartei durch eine sog. Nettingvereinbarung begrenzt, vgl. *Behrends*, in: Zerey, Hdb. Finanzderivate, § 6 Rn. 3, ähnlich auch *Berg*, S. 106. Die Zusammenfassung aller Einzelverträge zu einer einheitlichen Ausgleichsforderung verhindert, dass der Insolvenzverwalter vorteilhafte Geschäfte zur Masse zieht, unvorteilhafte Geschäfte jedoch nur mit der Quote bedient werden, *Behrends*, in: Zerey, Hdb. Finanzderivate, ebd.

278 Vgl. *Behrends*, in: Zerey, Hdb. Finanzderivate, § 6 Rn. 28.

279 Der Anhang koppelt OTC-Derivate an börslich gehandelte Basiswerte und deren möglichen Änderungen, so *Behrends*, in: Zerey, Hdb. Finanzderivate, § 6 Rn. 112. In der Tz. 2 finden sich umfangreiche Begriffsbestimmungen, definiert, von A wie Abwicklungsgeschäftstag bis W wie Wertpapieroption. Des Weiteren regelt der Anhang Modalitäten der Preisermittlung (Tz. 3), die Behandlung der Lieferung von

Anhang in Zusammenschau mit den Mustereinzelbestätigungen[280], lässt sich Folgendes erkennen: Haben die Parteien die Zahlung eines Barausgleichs vereinbart, so ist der Stillhalter gem. Tz. 9 Abs. 9 (a) Anhang für Wertpapierderivate zum DRV verpflichtet, dem Optionsnehmer den positiven Differenzbetrag zwischen Referenzpreis und Basispreis am Fälligkeitstag zu zahlen. Ein weiterer Vertrag kommt demnach nicht zustande. Im Falle der Ausübung der Wertpapieroption hat die zur Lieferung verpflichtete Partei – unabhängig davon, ob die Lieferung vereinbart oder wirksam von der Gegenpartei gewählt wurde – am Fälligkeitstag ihre Verpflichtung Zug-um-Zug gegen Zahlung des Kaufpreises gem. Tz. 9 Abs. 9 (b) des Anhangs zu erbringen. In der Mustereinzelbestätigung für Wertpapieroptionen kann der Kunde unter der Überschrift „Regelungen betreffend Abwicklung" zwischen „[Barausgleich] [Lieferung] [Wahlrecht]" wählen. Danach gehen die Parteien also bei Ausübung des Optionsrechts von der Erfüllung des Hauptvertrags und nicht erst von dessen Schließung aus.[281] Besteht eine Wahlschuld gem. § 262 BGB, dann konkretisiert der Optionsnehmer die Leistung des Stillhalters in der Weise, dass diese gem. § 263 Abs. 2 BGB von Anfang an geschuldet war. Folglich ist auch in diesem Falle nicht von einem Vertragsschluss durch Wahlrechtsausübung auszugehen. Für diese Überlegung spricht auch, dass im Falle der Nichtausübung des Wahlrechts entweder die vereinbarte Ersatzabwicklung gilt, oder mangels einer solchen, Barausgleich gem. Tz. 4 Abs. 6 des Anhangs für Wertpapierderivate zum Rahmenvertrag für Finanztermingeschäfte zu leisten

Wertpapieren (Tz. 4) bzw. die Modalitäten im Umgang mit Indexderivaten (Tz. 5) sowie die Zahlung von Dividenden (Tz. 6), Wertpapierswaps (Tz. 7) und –termingeschäften (Tz. 8) sowie Wertpapieroptionen (Tz. 9). Dem folgen weitere Regelungen über auflösende Bedingungen, Störungen und Anpassungen. Abgerufen werden kann der Anhang für Wertpapierderivate ebenfalls unter https://bankenverband.de/media/contracts/Anhang-Wertpapierderivate-44032_0510_Derivate_Muster.pdf, abgerufen am 27.03.2016.

280 Bei den Mustereinzelbestätigungen handelt es sich um Vertragsmuster des Bankenverbandes hinsichtlich der Einzelvertragsabschlüsse. Abrufbar ebenfalls unter https://bankenverband.de/media/contracts/Wertpapier-Option-2010-10-06.pdf, für Wertpapieroptionen und https://bankenverband.de/media/contracts/mu0411_re_option_zss_ws.pdf, für Optionen auf Zinssatzswap/Währungsswap und https://bankenverband.de/media/contracts/Optionsgeschaefte-2010-10-06.pdf für Optionsgeschäfte auf Emissionsrechte, jeweils abgerufen am 27.03.2016.

281 Ähnlich auch *Philipowski*, DStR 2011, 1298, 1299. Dieser stützt seine Argumentation auf den Wortlaut des Vertragstextes, der weder von einem bloßen Angebot spricht noch von der Annahme eines solchen durch den Vertragspartner i.R.d. Optionsrechtsausübung.

ist. Für die erwachsenden Pflichten nach Optionsrechtsausübung verweisen die Bestimmungen des Anhangs für Wertpapierderviate darüber hinaus ausschließlich auf die geschlossenen Einzelabschlüsse[282], obwohl den Vertragspartnern, wie noch zu zeigen sein wird, der Begriff des Hauptvertrags (hier: Bezugsgeschäft) bekannt ist. Sollten diese Einzelabschlüsse jedoch nur vorbereitender Natur sein, wovon die Vertreter der Trennungstheorie ausgehen, so müsste sich der Anspruch auf Erfüllung – also z. B. auf Lieferung von Wertpapieren – aus dem nunmehr zustande gekommenen Hauptvertrag ergeben bzw. müsste auf diesen Bezug genommen werden.

Jedenfalls ist der erstmalige Abschluss eines Hauptvertrags durch die Ausübung des Optionsrechts nicht ausdrücklich vereinbart. Vielmehr löst dessen positive Ausübung eine Zahlungspflicht bzw. eine Lieferpflicht Zug-um-Zug aus. Betrachtet man indes die Ausübung von Swapoptionen oder von Optionsverträgen, die sich auf ein Wertpapierderivat (Bezugsgeschäft) beziehen, wird ausdrücklich geregelt, dass der Swap bzw. dass Bezugsgeschäft zwischen den Parteien mit der Ausübung der Option zustande kommt.[283] Während bei einem zugrundeliegenden Veräußerungsgeschäft dessen Erfüllung verlangt wird, regelt der DRV bei anderen Verträgen lediglich deren Zustandekommen. Hieraus ließe sich einerseits schließen, dass der Hauptvertrag durch den Bedingungseintritt wirksam wird, andererseits wäre ebenfalls denkbar, dass dieser erst jetzt abgeschlossen werde. Der Wortlaut ließe beide Interpretationsmöglichkeiten zu. Bedenkt man jedoch, dass Swapgeschäfte bzw. Wertpapierderivate ihrerseits eine gewisse Vertragslaufzeit haben, während im Gegensatz hierzu Veräußerungsgeschäfte sofort zu erfüllen sind, deutet sich an, warum bei erstgenannten das „Zustandekommen" als Folge definiert wurde. Ziel des Rahmenvertragswerks ist es, einheitliche Regelungen zu schaffen. Es hätte im Falle der Ausübung eines Wertpapieroptionsrechts keiner besonderen Regelung bedurft, wenn durch sie lediglich ein Kaufvertrag zustande kommen würde. Diese Formulierung hat daher eher deklaratorische Bedeutung. Sie stellt klar, dass im Falle eines Kaufvertrags beide Seiten mit Ausübung des Optionsrechts zur Erfüllung verpflichtet sind, was sich auf andere Options- und Hauptverträge in gleicher Weise übertragen

282 So bspw. über die „zu liefernden Wertpapiere" nach Tz. 4 Abs. 2 des Anhangs für Wertpapierderivate zum Rahmenvertrag für Finanztermingeschäfte.

283 Mit Optionsausübung einer Swapoption kommt der zugrundeliegende Einzelabschluss gem. Mustereinzelbestätigung für Option auf [Zinssatzswap] [Währungsswap] zustande. Mit Ausübung eines Optionsrechts gerichtet auf ein Wertpapierderivat kommt gem. Tz. 9 Abs. 10 (b) des Anhangs für Wertpapierderivate das entsprechende Bezugsgeschäft zustande.

lässt. Unterstützt wird diese Argumentation auch durch eine Gesamtbetrachtung in Verbindung mit dem Wortlaut der Tz. 1 Abs. 1 Buchst. c) Options-Zusatz des European Master Agreement (im folgenden EMA), welcher nachfolgend behandelt wird, wonach das Grundgeschäft bei Ausübung zu erfüllen ist und nicht erst zustande kommt.

b. European Master Agreement

Auch das EMA ist ein Musterrahmenvertrag, der durch entsprechende Anhänge erweitert wurde.[284] Die Konzipierung geht zurück auf eine Initiative französischer und deutscher Banken, mit dem Ziel einen wirksamen produktübergreifenden Rahmenvertrag für die Staaten der Europäischen Union zu entwerfen.[285] Die Allgemeinen Bestimmungen entsprechen denen des DRV.[286] Von besonderer Bedeutung für die vorliegende Untersuchung ist der „Zusatz zum Derivateanhang-Optionsgeschäfte". Nach Tz. 1 (1) (a) des Zusatzes sind Optionsgeschäfte solche Geschäfte, bei denen „eine Partei […] gegen Zahlung einer vereinbarten Prämie […] das Recht („Option") gewährt, […] eine bestimmte Anzahl oder Menge von […] zugrunde liegende[n] Vermögenswert[en] gegen Zahlung eines vereinbarten Preises […] zu erwerben oder […] zu veräußern, wobei beide Verpflichtungen zu erfüllen sind […] durch Lieferung […] gegen Zahlung des vereinbarten Preises oder […] durch Zahlung eines Barausgleichsbetrags […]." Die Stillhalterleistung wird danach also weder durch ein Bereithalten der Basis-

---

284 Abrufbar auf der Internetseite der European Banking Federation http://www.ebf-fbe.eu/uploads/documents/EMA/2004/DE/02AllgemeineBestimmungen2004final-2005-01377-01-E.pdf; der dazugehörige „Zusatz zum Derivateanhang – Optionsgeschäfte" http://www.ebf-fbe.eu/uploads/documents/EMA/2004/DE/09_Options-Zusatz_2004_final-2004-02708-01-E.pdf, jeweils abgerufen am 27.03.2016.

285 Vgl. *Behrends*, in: Zerey, Hdb. Finanzderivate, § 6 Rn. 77 f. Das EMA ist grundsätzlich mit der Wahl des Rechts eines jeden Mitgliedstaates der EU vereinbar und in fast allen Amtssprachen verfügbar, *Behrends*, in: Zerey, Hdb. Finanzderivate, § 6 Rn. 90. Auch in diesem Vertragswerk steht, neben der Einheitlichkeit, die Nettingvereinbarung im Vordergrund. Das EMA sieht außerdem vor, dass die Parteien jede Rechtsordnung der Europäischen Union als Vertragsstatut wählen können, vgl. *Behrends*, in: Zerey, Hdb. Finanzderivate, § 6 Rn. 90. Vertiefend zur Entstehung, Konzeption und Struktur siehe *Behrends*, in: Zerey, Hdb. Finanzderivate, § 6 Rn. 76 ff. Unter dem Punkt „Verschiedenes" ist auch im EMA ein vertragliches Abtretungsverbot gem. Tz. 10 Abs. 1 der allgemeinen Bestimmungen EMA geregelt.

286 Sie enthalten u. a. Regelungen über die Zusammenfassung aller Einzelabschlüsse zu einem einheitlichen Vertrag, die Beendigung des Vertrags sowie die Nettingvereinbarung, vgl. *Behrends*, in: Zerey, Hdb. Finanzderivate, § 6 Rn. 84.

werte definiert noch darin, die Ausübung des Optionsrechts zu dulden. Die Stillhalterleistung definiert sich einzig und allein durch die Verpflichtung aus dem Hauptvertrag, hier der Kauf oder Verkauf eines Basiswerts und dessen Erfüllung. Noch deutlicher wird dies in Tz. 1 (1) (c) des Zusatzes, der Optionen auf Optionsgeschäfte erfasst. Danach gewährt der Stillhalter gegen Zahlung einer Prämie das Recht „ein Zugrunde liegendes Geschäft („Grundgeschäft") **durchzuführen**, wobei das Grundgeschäft zu erfüllen ist". Die Parteien gehen folglich nicht davon aus, dass das Grundgeschäft erst geschlossen werden muss, vielmehr ist dieses durchzuführen. Die hierfür ursächliche Bindung wird daher vorausgesetzt. Soweit gegen den Abschluss eines bedingten Hauptvertrags eingewandt wird, in den Formularverträgen werde von einem selbständig vorbereitenden Geschäft ausgegangen, weil nicht vom Kauf von Wertpapieren, sondern vom Kauf einer Option gesprochen werde[287], so ist dem – jedenfalls für die Formulare von OTC-Optionsverträgen – zuzustimmen. Da das Optionsrecht aber – wie bereits erörtert – durch die Parameter des Hauptvertrags definiert wird, kann letztlich hieraus nicht geschlossen werden, dass der Hauptvertrag vom Optionsrecht völlig unabhängig ist. Unterstützt wird dieses Argument dadurch, dass im Bereich börsengehandelter Optionsrechte – die im Anschluss untersucht werden – vom Kauf eines Optionskontraktes gesprochen wird.[288] Im Übrigen regelt Tz. 1 (1) (c) des Zusatzes zum Derivateanhang die Erfüllung eines auf Barausgleich gerichteten Optionsgeschäfts, die Erfüllung durch Zahlung des Barausgleichsbetrags, der auf dem Grundgeschäft zum Bewertungstag beruht.

c. <u>*Zwischenergebnis*</u>

Aus den Regelungen zum Barausgleich ergibt sich eindeutig, dass die Parteien nicht von einem durch Ausübung des Optionsrechts geschlossenen Vertrag ausgehen. Wird anstelle des Barausgleichs hingegen Lieferung vereinbart, so lässt sich keine klare Aussage in dieser Hinsicht treffen. Der DRV nimmt bei der Ermittlung der Rechte und Pflichten aus dem Wertpapieroptionsgeschäft Bezug auf die Vereinbarung der Einzelabschlüsse und nicht auf den durch Ausübung des Optionsrechts geschlossenen Hauptvertrag. Dem könnte entgegnet werden, dass der Rahmenvertrag dennoch auf den Abschluss eines zusätzlichen Vertrags durch

287 So *Hammen*, ZIP 1987, 151, 152.

288 Ziff. 2.1.1 der Kontraktspezifikationen für Optionskontrakte an der EUREX, Stand 21.03.2016, abrufbar unter http://www.eurexchange.com/blob/238366/dd7bd171db5fa9ef092ba3314ceeef85/data/contract_specifications_de_ab_2016_03_21.pdf, abgerufen am 27.03.2016.

Ausübung des Optionsrechts abstellt, wie sich aus der Regelung der Tz. 9 Abs. 10 Buchst. b) des Anhangs für Wertpapierderivate zum DRV über das Zustandekommen eines Bezugsgeschäfts gerade ergibt. Andererseits werden hiervon die Fälle erfasst, bei denen der Hauptvertrag nicht auf standardisierten Einzelabschlüssen beruht und deshalb deren Erfüllung nicht bereits durch den Rahmenvertrag festgehalten werden kann. Dies steht jedenfalls nicht der Annahme entgegen, dass die Parteien den Hauptvertrag bereits geschlossen haben. Im Gegensatz dazu bezieht sich das EMA ausdrücklich auf die Erfüllung des Hauptvertrags durch Lieferung und nicht nur auf die Verpflichtung zur Lieferung. Damit steht eindeutig die Erfüllung des Hauptvertrags im Fokus der Vereinbarung und nicht nur der Abschluss des Hauptvertrags. Noch ein weiterer Gedanke spricht dafür, dass der Hauptvertrag nicht getrennt vom Einzelabschluss der Parteien betrachtet werden sollte: Die Parteien haben nicht nur ein besonderes Interesse an der Einbeziehung der Einzelabschlüsse in den Rahmenvertrag, sondern auch an der Einbeziehung des Hauptvertrags. So besteht die Möglichkeit den Vertrag gem. Tz. 7 Abs. 1 DRV bzw. Tz. 6 Abs. 1 EMA zu beenden, sollte eine Partei ihrer Verpflichtung aus dem zusammengesetzten Vertrag nicht nachkommen. Diese Regelung schützt die Parteien indes nur dann vollumfänglich, wenn auch der Hauptvertrag hiervon erfasst ist. Hingegen könnte eine Einbeziehung des Hauptvertrags zweifelhaft sein, da Tz. 1 Abs. 2 DRV lediglich die Einzelabschlüsse – also die Optionsverträge – explizit in die Rahmenvereinbarung einbezieht. Tz. 1 Abs. 1 EMA ist diesbezüglich offener formuliert. Aber auch danach werden lediglich die Geschäfte einbezogen, die auf der Grundlage des EMA abgeschlossen wurden. Unterstellte man, der bedingte Hauptvertrag bilde mit dem Einzelabschluss eine Einheit, so fiele er unter den Anwendungsbereich des Rahmenvertrags. Betrachtet man den Hauptvertrag indes als selbständigen Vertrag, so wäre wohl eine automatische Einbeziehung, ohne eine entsprechende zusätzliche Vereinbarung, nicht überzeugend. Gleichwohl geht *Casper* – als Vertreter der Trennungstheorie – von der Einbeziehung des Hauptvertrags aus. Diese erfolge automatisch durch eine antizipiert vereinbarte Änderungsklausel in der logischen Sekunde des Einzelvertragsabschlusses.[289] Im Ergebnis führt die Annahme einer solch konkludenten Vereinbarung ebenfalls zur Einbeziehung des Hauptvertrags in den Rahmenvertrag. Folglich wird durch diese, die von den Parteien intendierte Einheitlichkeit hergestellt. Auch wenn sich also aus der Analyse der Rahmenverträge eine eindeutige Tendenz zur Ein- oder Zweivertragstheorie nicht abzuleiten vermag, so lässt sich dennoch der Schluss ziehen, dass sowohl der Options- als auch der Hauptvertrag mit dem Rahmenver-

289 So *Casper*, S. 251.

trag ein einheitliches Vertragswerk bilden soll. Die Vertragsparteien streben – aus vorgenannten Gründen – also ein einheitliches Rechtsgeschäft an.

2. Optionsverträge an der EUREX

Im Folgenden soll am Beispiel der EUREX Frankfurt[290] untersucht werden, ob sich aus den an der Terminbörse geschlossenen Kontrakten ähnliche Rückschlüsse auf die Parteiinteressen ziehen lassen. Der Abschluss eines Optionsvertrags an der EUREX Terminbörse gestaltet sich komplex, weil der Zugang zur Börse beschränkt ist und durch die Einschaltung einer Clearingstelle als zentrale Vertragspartei ein besonderes „Sicherungssystem" besteht. Die sich hieraus ergebenden vertraglichen Beziehungen unter den unterschiedlichen Vertragspartnern sollen untersucht werden, nachdem die Vertragsparteien im Allgemeinen vorgestellt wurden. Anschließend wird auf die Folgen der Optionsrechtsausübung eingegangen.

a. *Allgemeines*

Um an der EUREX Deutschland als Unternehmen (Börsenteilnehmer) und Börsenhändler[291] am Terminhandel teilnehmen zu können, bedarf es einer Zulassung[292] und der Teilnahme am Clearingverfahren[293], welches die ordnungs-

290 Der Terminhandel findet größtenteils an der überörtlich agierenden EUREX in Zürich und in Frankfurt am Main statt, siehe *Bröcker*, in: Bank- und Börsenrecht, § 6 Rn. 10. Für die Zwecke der Untersuchung wird die Anwendung deutschen Rechts unterstellt.

291 Unter einem Börsenhändler ist gem. § 19 Abs. 1 HS 1 BörsG eine Person zu verstehen, die berechtigt sein soll, für ein zur Teilnahme am Börsenhandel zugelassenes Unternehmen an der Börse zu handeln. Hierfür bedarf es gem. § 19 Abs. 1 HS 2 BörsG einer Zulassung, welche der Börsenhändler nur erhält, wenn er zuverlässig ist und die notwendige berufliche Eignung besitzt gem. § 19 Abs. 5, 6 BörsG i.V.m. den §§ 2 ff. der Zulassungsordnung für Börsenhändler an der EUREX Stand 03.11.2008, abrufbar unter https://www.eurexchange.com/blob/115120/d3668a43c862d82ed60985e0b92563c9/data/admission_reg_de.pdf.pdf, abgerufen am 27.03.2016.

292 Die Zulassung erfolgt auf Antrag bei der EUREX Deutschland oder Zürich und wird von der Geschäftsführung der Börse erteilt. Die Zulassungsvoraussetzungen ergeben sich aus den §§ 16, 19 BörsG.

293 Unter Clearing ist nach der Präambel der Clearing-Bedingungen der EUREX, Stand 08.02.2016, der Abschluss von Transaktionen durch die EUREX Clearing AG als zentrale Gegenpartei sowie die Abwicklung dieser Transaktionen durch die Clearing AG zur Vorbereitung der Erfüllung aller daraus resultierenden Verpflichtungen und die damit von ihr erbrachten Dienstleistungen zu verstehen.

gemäße Abwicklung der Geschäfte sichert.[294] Alle über das System der EUREX abgeschlossen Termingeschäfte, werden ausschließlich mit der EUREX Clearing AG als zentraler Vertragspartei gem. § 19 Abs. 1 BörsO der EUREX[295] eingegangen, wofür es wiederum einer Lizenz bedarf. Liegen die Voraussetzungen vor, wird die Lizenz bei Abschluss einer Clearingvereinbarung erteilt.[296] Hierbei handelt es sich um einen Rahmenvertrag,[297] der für alle zukünftig abgeschlossenen Einzelverträge greift und diese zu einem Vertrag zusammenfasst.[298] Ohne eine solche Lizenz (sog. Nicht-Clearing-Mitglieder bzw. Registrierte Kunden) darf man am Handel nur teilnehmen, wenn eine von der Clearing AG gestellte Clearingver-

---

294 Vgl. *Seiffert*, in: Bank- und Kapitalmarktrecht, Rn. 4.365 ff.; *Schlüter*, Börsenhandelsrecht, Rn. 1140. Wichtigster Pfeiler des Sicherungssystems ist gem. § 34 BörsO der EUREX die Verpflichtung der Parteien, Sicherheiten zu hinterlegen (sog. Margin). Es handelt sich hierbei um die Verpfändung von Sicherheiten, die der Deckung des Risikos der Clearing AG dienen. Die Clearing AG muss über ausreichend Sicherheiten verfügen um einer Zahlungsunfähigkeit eines Mitgliedes entgegenzuwirken. Die zu hinterlegenden Sicherheiten werden börsentäglich unter Berücksichtigung des zukünftigen Kursrisikos errechnet, *Rudolf*, in: Bank- und Kapitalmarktrecht, Rn. 19.27. Regelungen zum Margin bestimmen sich nach dem jeweiligen Clearingmodell (Kapitel I Abschnitt 1 Tz. 3 und Abschnitt 2 Tz. 6 oder Abschnitt 4 Tz. 6 Clearing-Bedingungen der EUREX, Stand 08.02.2016) und den Einzelbestimmungen zu den jeweiligen Kontrakten (so bspw. Kapitel II Abschnitt 1 Tz. 1.2, Abschnitt 3, Tz. 3.2.4, 3.3.4, 3.4.4 etc. Clearing-Bedingungen der EUREX, Stand 21.03.2016).

295 Börsenordnung für die EUREX Deutschland und die EUREX Schweiz, Stand 16.11.2015, abrufbar auf https://www.eurexchange.com/blob/294246/85007e8f714cb3323dc43e04c8537a1a/data/exchange_de.pdf_ab_2015_11_16.pdf, abgerufen am 27.03.2016.

296 Vgl. Kapitel I Abschnitt 1 Tz. 2.1.1 Abs. 1, 3 Clearing-Bedingungen der EUREX, Stand 08.02.2016 i.V.m. Kapitel II Abschnitt 1 Tz. 1.1.2 Abs. 1 Clearing-Bedingungen der EUREX, Stand 21.03.2016. Diese Standardvereinbarung bezieht insbesondere die Clearing-Bedingungen als allgemeine Geschäftsbedingungen gem. § 305 Abs. 1 BGB in den Vertrag ein, vgl. *Casper*, S. 265; Die Clearing-Vereinbarung ist als Anhang 1 der Clearing-Bedingungen abgedruckt. Der erste Punkt (Vertragsgegenstand, Anzuwendende Rechtsvorschriften) regelt direkt die Einbeziehung der Clearing-Bedingungen sowie des Preisverzeichnisses in der jeweils gültigen Fassung. Im Gegensatz zu den Clearing-Bedingungen handelt es sich bei der Börsenordnung und den Handelsbedingungen um öffentlich-rechtliche Satzungen, die daher unmittelbar, also ohne besondere Einbeziehung, gelten.

297 Vgl. *Casper*, S. 265.

298 Kapitel I Abschnitt 2 Tz. 2.1.4 Abs. 1 Clearing-Bedingungen der EUREX, Stand 08.02.2016.

einbarung mit einem Lizensierten-Mitglied[299] gem. den §§ 19, 28 Abs. 1 BörsO der EUREX besteht.[300]

b. Vertragsabschluss

Um einen Vertragsschluss herbeizuführen, geben die Börsenteilnehmer ihre Aufträge und Quotes[301] in die Eingabeterminals ein, die durch das System automatisch zugeordnet und zusammengeführt werden.[302] In dieser Weise einigen

299 Dabei unterscheidet man gem. Kapitel I Abschnitt 1 Tz. 2.1.1 Abs. 4 Clearing-Bedingungen der EUREX, Stand 08.02.2016 zwischen General-Clearing-Mitgliedern und Direkt-Clearing-Mitgliedern. Letztere sind hinsichtlich des Clearings von Nicht-Clearing-Mitgliedern nur dann befugt, wenn es sich um Transaktionen von konzernverbundenen Nicht-Clearing-Mitgliedern handelt. Art und Umfang des Konzernverbundes werden gem. Kapitel I Abschnitt 1 Tz. 2.1.1 Abs. 5 Clearing-Bedingungen der EUREX, Stand 08.02.2016, von der EUREX Clearing AG festgelegt.

300 Eine Clearing-Lizenz kann folglich durch einen dreiseitigen Vertrag ersetzt werden. Mit der Umsetzung der EMIR änderten sich die Clearing-Modelle. Ziel war es, mehr Transparenz und Sicherheit für den Fall eines Ausfalls eines Clearing-Mitglieds zu schaffen, indem eine vollständige Trennung der Vermögenswerte vom Clearing-Mitglied stattfindet. So können die Positionen im Ernstfall problemlos auf ein anderes Clearing-Mitglied übertragen werden (http://www.eurexclearing.com/clearing-de/risikomanagement/client-asset-protection/, abgerufen am 27.03.2016). Einen vereinfachten Überblick über die verschiedenen Modelle und deren Einführung erhält man unter http://www.eurexclearing.com/clearing-de/risikomanagement/client-asset-protection/welches-segregationsmodell-ist-das-richtige-fuer-sie, abgerufen am 27.03.2016.

301 Ein Quote beinhaltet das gleichzeitige Angebot auf Kauf und Verkauf eines Optionskontraktes hinsichtlich eines Basiswerts zu selbstgestellten Preisen. Mit einem Quote nennt man also einen Geld- und einen Briefkurs, d. h. einen Kauf- und Verkaufspreis zu dem man bereit ist, als Optionsnehmer bzw. Stillhalter aufzutreten. Market-Maker verpflichten sich für bestimmte Optionen immer ein Angebot bereitzuhalten oder für bestimmte Kontrakt-Gruppen verbindliche Quotes zu stellen, *Geyer/Uttner*, Tz. 1.3.3. Dieses System sichert die Fungibilität des Marktes und gewährleistet, dass auch nicht sehr marktgängige Optionen nicht an Wert verlieren, *Hossfeld*, DB 1997, 1241, 1242, *Franke/Imo* ZBB 1990, 104, 106. Die Sicherheit jederzeit kaufen und verkaufen zu können, erhöht auch die Flexibilität der Marktteilnehmer, *Uszczapowski*, S. 9 f. *Schultze/Grelck* ziehen hieraus den Schluss, dass es sich bei der Optionsprämie nicht mehr um ein Bindungsentgelt handelt, da Market-Maker zwingend Quotes zu stellen haben und daher immer ein Vertragspartner zum Closing-Geschäft zur Verfügung steht, *Schultze/Grelck*, DStR 2003, 2103, 2104.

302 Sog. Matching, § 13 BörsO der EUREX; Ziff. 2.5 (1) der Handelsbedingungen der EUREX, Stand 23.11.2015; *Schlüter*, Börsenhandelsrecht, Rn. 1132. Zu den Regeln des Zusammenführens und der damit zusammenhängenden Preisermittlung siehe

sich die wirtschaftlich Beteiligten über das zustande kommende Geschäft.[303] Die Börsenteilnehmer werden unverzüglich von der EUREX über das Zustandekommen sowie über alle wesentlichen Informationen des Geschäfts informiert.[304] Zentraler Vertragspartner ist die Clearingstelle, die auf diese Weise nie eine ungedeckte Position eingeht und auch keine Eigengeschäfte abschließt[305], aber einem Kontrahierungszwang unterliegt, sobald sich zwei Geschäfte ausführbar gegenüberstehen[306]. Die Clearingstelle selbst verfolgt weder bei Abschluss noch bei Beendigung der Position eigene Interessen – sie ist lediglich eine neutrale An- und Zuweisungsstelle. Für den Abschluss eines Optionskontraktes bedeutet dies, dass sich die Vertragsbeziehungen nach den Clearing-Bedingungen in dem Moment, in welchem die Aufträge zusammengeführt werden, verdoppeln.[307] Die Identität des eigentlichen Handelspartners ist aufgrund des hohen Grads an Standardisierung und des Clearingsystems vernachlässigbar.[308]

Um an der Börse handeln zu können, muss ein Nicht-lizensiertes-Mitglied einen dreiseitigen Rahmenvertrag zwischen einem Lizensierten-Mitglied und der Clearing AG abschließen,[309] welcher wiederum i.R.d. allgemeinen Bestim-

---

Franke/Imo ZBB 1990, 104, 106 ff. Zu den Besonderheiten des Vertragsschlusses durch das Matching, insb. zur Abgabe der Willenserklärungen und deren Zugang siehe *Casper*, S. 270 ff. Aufträge und Quotes, die nach Eingabe in das System nicht sofort ausgeführt werden können, werden gem. Ziff. 2.4 (1) der Handelsbedingungen der EUREX, Stand 23.11.2015, im elektronischen Auftragsbuch gespeichert.

303 Vgl. *Hamacher*, WM 1990, 1441. Aufträge die nicht direkt einer passenden Gegenposition zugeordnet werden können, werden gespeichert und entsprechend nach Preis und nach zeitlicher Reihenfolge der Eingänge gespeichert, *Geyer/Uttner*, Tz. 1.3.2.

304 Ziff. 2.5 (6) der Handelsbedingungen der EUREX, Stand 23.11.2016.

305 Vgl. *Hamacher*, WM 1990, 1441; *Seiffert*, in: Bank- und Kapitalmarktrecht, Rn. 4.369 f.

306 Diese Regelung ist unbedenklich, da der Zweck der Clearingstelle gerade darin liege, einen reibungslosen Börsenablauf zu gewährleisten, die Einschränkung der vertraglichen Abschlussfreiheit sei hier selbst gewählt, so *Casper*, S. 268 f.

307 Kapitel I Abschnitt 1 Tz. 1.2.2 Abs. 1 Buchst. a) Clearing-Bedingungen der EUREX, Stand 08.02.2016. Die von *Pulver* entwickelte These zum Optionshandel an European Option Exchange (NL), dass zwischen den Börsenteilnehmern ein Vertrag zugunsten der Clearingstelle auf Abschluss je eines Optionsvertrags vorliege, *Pulver*, S. 166 ff., ist nach *Casper* auf Geschäfte an der EUREX nicht anwendbar. Die einzelnen Börsenteilnehmer treten zum einen nicht in rechtsgeschäftlichen Kontakt, zum anderen knüpfen sie keine Rechtsfolgen daran, wer ihnen beim Matching gegenübersteht, *Casper*, S. 269.

308 *Casper*, S. 268.

309 Es handelt sich bei dieser Vereinbarung um einen Geschäftsbesorgungsvertrag sowie eine rechtsgeschäftlich ausgestellte Vollmacht, *Casper*, S. 279 m.w.N.; *Pulver*, S. 337 f.

mungen im Unterpunkt Umfang die Clearing-Bedingungen in der jeweils geltenden Fassung in den Vertrag einbezieht.[310] Außerdem wirken alle durch das Nicht-lizensierte-Mitglied vorgenommene Eingaben in das Handelssystem für und gegen das Lizensierte-Mitglied. Werden die Eingaben zusammengeführt, kommen eine Transaktion zwischen dem Nicht-lizensierten-Mitglied und dem Lizensierten-Mitglied und gleichzeitig eine inhaltsgleiche Transaktion zwischen dem Lizensierten-Mitglied und der Clearingstelle zustande.[311] Der Vertrag wird somit verdreifacht.

Wird der Börsenteilnehmer – i. d. R. eine Bank –[312] im Auftrag seiner Kunden tätig, so geschieht dies aufgrund eines Kommissionsvertrags nach den §§ 383 ff. HGB.[313] Der Kommissionär betreibt das Geschäft gem. § 383 HGB für Rechnung des Kunden, d. h. alle Gewinne und Verluste hat der Kunde zu tragen, während andererseits der Kommissionär gem. § 384 Abs. 2, 2. Hs HGB den aus der Geschäftsbesorgung erlangten Vorteil an den Kunden herauszugeben und diesem Rechenschaft abzulegen hat. Der Börsenteilnehmer wird also nicht im eigenen Namen für eigene Rechnung tätig (Eigentransaktionen), sondern im eigenen Namen für fremde Rechnung (Kundentransaktionen).[314] Die vertragliche Beziehung zwischen dem Kreditinstitut und dessen Kunde wird nunmehr durch

---

310 Vgl. Anhang 2 § 2 Clearing-Bedingungen der EUREX, Stand 08.02.2016; Anhang 3 § 2 Clearing-Bedingungen der EUREX, Stand 08.02.2016.

311 Kapitel I Abschnitt 1 Tz. 1.2.2 Abs. 1 Buchst. b) Clearing-Bedingungen der EUREX, Stand 08.02.2016. Das bedeutet, dass das Clearing-Mitglied sich verpflichtet, gegenüber der Clearingstelle als Vertragspartei in diesem Optionsvertrag aufzutreten, wobei es die Interessen des Nicht-lizensierten-Mitglieds zu wahren und sich nach seinem Willen zu richten hat, *Pulver*, S. 336.

312 Handelt es sich bei der Anschaffung oder Veräußerung von Finanzinstrumenten im eigenen Namen für fremde Rechnung eines Börsenteilnehmer um ein Kreditinstitut oder einen Wertpapierdienstleister, spricht man gem. § 1 Abs. 1 Nr. 4 KWG bzw. § 2 Abs. 3 S. 1 Nr. 1 WpHG von einem Finanzkommissionsgeschäft. Soweit nach dem Wortlaut des § 1 Abs. 1 Nr. 4 KWG [...] Anschaffung und Veräußerung [...] für die Erfüllung des Tatbestandes gefordert wird, geht die einhellige Ansicht dahin, dass eine Form für die Begründung eines Bankgeschäfts ausreicht, vgl. *Schäfer*, in: Boos/Fischer/Schulte-Mattler, § 1 KWG, Rn. 73.

313 Vgl. *Casper*, S. 282 ff.; *Hammen*, ZIP 1987, 151.

314 Vgl. Kapitel I Abschnitt 1 Tz. 1.2.3 Abs. 1 Buchst. a), b) Clearing-Bedingungen der EUREX, Stand 08.02.2016, § 26 Ziff. 1 a), b) BörsO der EUREX. Im Verhältnis zum Kunden des Clearing-Mitglieds gelten die Clearing Bedingung nicht. Insoweit ist das Mitglied in der Pflicht, sich vertraglich abzusichern (Kapitel I Abschnitt 1 Tz. 1.2.3 Abs. 2 a.E. Clearing-Bedingungen der EUREX, Stand 08.02.2016) was i. d. R. durch Nr. 1 (4) der Clearing-Rahmenvereinbarung geschieht, siehe hierzu sogleich.

eine Clearing-Rahmenvereinbarung einschließlich Anhang geregelt.[315] Nach Nr. 1 Abs. 2 S. 2 der Clearing-Rahmenvereinbarung kommt gleichzeitig mit Ausführung des Auftrags an einem Ausführungsplatz ein entsprechendes Geschäft zwischen dem Kunden und der Bank zustande. Folglich lässt sich festhalten, dass auch in diesem Verhältnis ein, mit dem an der EUREX geschlossenem Kontrakt, inhaltsgleicher Optionsvertrag zustande kommt.

c. Folgen der Optionsausübung

Der Optionsberechtigte übt sein Recht nicht gegenüber dem Börsenteilnehmer aus, mit dessen Auftrag er ursprünglich zusammengeführt wurde, vielmehr wird der Stillhalter von der Clearingstelle nach dem Zufallsprinzip zugeteilt.[316] Die Clearingstelle ist als zentrale Vertragspartei die Empfängerin für alle Lieferungen und Zahlungen, die bei Ausübung und Zuteilung von Optionskontrakten entstehen, während Clearing-Mitglieder bei Ausübung und Zuteilung von Positionen, für deren Clearing sie verantwortlich sind, nach Weisung der Clearingstelle zu

---

315 Im Rahmen der Umsetzung der EMIR sind die bis dahin geltende Musterrahmenvereinbarungen zum Abschluss von Termingeschäften und die dazugehörigen Sonderbedingungen für Termingeschäfte abgeschafft worden. Bei den Sonderbedingungen für Termingeschäfte handelte es sich um allgemeine Geschäftsbedingungen, die gem. Nr. 1 Abs. 1 S. 2 Hs 2 der Muster-Banken-AGB die erst mit Erteilung eines entsprechenden Auftrags vereinbart wurden. Nach der Präambel galten die Bestimmungen für Geschäfte an Terminbörsen sowie außerbörsliche Termingeschäfte, soweit diese nicht bereits unter den DRV fielen. Die Clearing-Rahmenvereinbarung beinhaltet nun eine Überleitungsvorschrift für alle Geschäfte zwischen den Parteien, die noch unter der früher geltenden Rahmenvereinbarung geschlossen wurden gem. Nr. 13 Abs. 3. Die Neufassung orientiert sich hinsichtlich der börslichen Termingeschäfte an der Rahmenvereinbarung und den Sonderbedingungen für Termingeschäfte, *Köhling*, BRK 2013, 491, 496. Abrufbar ist die Rahmenvereinbarung unter https://bankenverband.de/media/contracts/44037_0413a_2015_Muster.pdf, sowie deren Anhang unter https://bankenverband.de/media/contracts/44047_0814_Eurex_Anhang_Muster.pdf, abgerufen am 27.03.2016. Einen Überblick zum neuen Vertragswerk, siehe *Köhling*, BRK 2013, 491 ff.

Die Clearing-Rahmenvereinbarung erklärt wiederum die Geschäftsbedingungen der zentralen Gegenpartei, also die Clearing-Bedingungen der EUREX Clearing AG in der jeweils geltenden Fassung, für entsprechend und vorrangig anwendbar gem. Nr. 1 Abs. 4 Clearing-Rahmenbedingung.

316 Ziff. 2.1.5 der Kontraktspezifikationen für Optionskontrakte an der EUREX, Stand 21.03.2016. Dabei ist es theoretisch denkbar, dass die gleichen Vertragsparteien, die sich bereits beim Matching gegenüberstanden, auch von der Ausübung betroffen sind. In der Praxis ist dies jedoch kaum denkbar, *Casper*, S. 276.

zahlen bzw. zu liefern haben.[317] Im Falle der Lieferung der Basiswerte bzw. der Zahlung erfolgt die Übertragung Zug-um-Zug zwischen dem Clearing-Mitglied und der Clearingstelle.[318] Im Falle einer vorzunehmenden Geldzahlung oder Gutschrift ist die Clearingstelle ebenfalls zwischengeschaltet. Allerdings ist sie nicht selbst zur Erfüllung verpflichtet, vielmehr bewirkt sie die Buchung erst, wenn der entsprechende Betrag vom Zahlungspflichtigen gem. Kapitel II Abschnitt 1 Tz. 1.3.3 (3) Clearing Bedingungen der EUREX, Stand 10.02.2015, geleistet wurde.

Die Kontraktspezifikationen enthalten Bedingungen zur Erfüllung von verschiedenen Optionskontrakten. Danach werden auf den weiteren Abschluss eines Termingeschäfts gerichtete Optionsrechte dadurch erfüllt, dass automatisch die jeweilige Position im System eröffnet wird.[319] Die Folge einer solchen Behandlung ist somit die Einräumung der Stellung, die die Parteien nach der Zusammenführung eines Angebotes und Antrags auf Schließung des Termingeschäfts haben. Optionsrechte die auf Aktienindizes gerichtet sind, werden durch Barausgleichszahlung erfüllt,[320] während bei auf Lieferung gerichteten Optionsrechten durch die Lieferung Zug-um-Zug direkt zwischen den Clearing-Mitgliedern und der EUREX Clearing AG zu erfüllen sind.[321]

Nur in den wenigsten Fällen kommt es allerdings zur Ausübung und einer physischen Lieferung, da die meisten Optionsverträge durch Glattstellung be-

---

317 Gem. Kapitel II Abschnitt 3 Tz. 3.1 (1), (2) Clearing-Bedingungen der EUREX, Stand 21.03.2016.

318 Gem. Kapitel II Abschnitt 3 Tz. 3.1 (4) Clearing-Bedingungen der EUREX, Stand 21.03.2016.

319 Am Beispiel von Geldmarkt-Futures Ziff. 2.2.11 (1) der Kontraktspezifikationen für Optionskontrakte an der EUREX, Stand 21.03.2016 i.V.m. Kapitel II Abschnitt 3 Tz. 3.2.5 Clearing-Bedingungen der EUREX, Stand 21.03.2016.

320 Am Beispiel von Indexoptionen Ziff. 2.4.12 (2) der Kontraktspezifikationen für Optionskontrakte an der EUREX, Stand 21.03.2016 i.V.m. Kapitel II Abschnitt 3 Tz. 3.1 (4), 3.4.5 Clearing-Bedingungen der EUREX, Stand 23.03.2016. Weiterhin ist der Barausgleich an Nicht-Clearing-Mitglieder und eigene Kunden Aufgabe des zuständigen Clearing-Mitglieds sowie derjenige von Nicht-Clearing-Mitgliedern an deren Kunden Aufgabe der Nicht-Clearing-Mitglieder, ebd.

321 Am Beispiel für börsengehandelte Rohstoffwertpapiere Ziff. 2.12.11 der Kontraktspezifikationen für Optionskontrakte an der EUREX, Stand 23.03.2016 i.V.m. Kapitel II Abschnitt 3 Tz. 3.1 (4), 3.12.1 Clearing-Bedingungen der EUREX, Stand 23.03.2016. Auch hier ist die Ausführung von Lieferungen an Nicht-Clearing-Mitglieder und Kunden Aufgabe des jeweils zuständigen Clearing-Mitglieds bzw. die Ausführung von Lieferungen der Nicht-Clearing-Mitglieder an deren Kunden Aufgabe des jeweiligen Nicht-Clearing-Mitglieds, ebd.

endet werden.[322] Da es die Glattstellung ermöglicht, sich von der eingegangenen Position zu trennen und dabei ihren wirtschaftlichen Wert zu verwirklichen, handele es sich nach h.M. wirtschaftlich um die Veräußerung der Position.[323]

d. Stellungnahme

Wie die vorstehenden Ausführungen zum Vertragsschuss zeigen konnten, werden bei Abschluss eines Optionskontraktes an der EUREX unter Umständen bis zu vier Verträge gleichzeitig geschlossen, die alle gleichen Inhalts sind.[324] Soweit dem ausübenden Optionsberechtigten im System erst ein Stillhalter zugeteilt werden muss, könnte dies für die Trennung des Options- und Hauptvertrags sprechen. Letzterer käme erst mit Zusammenführung der entsprechenden Positionen zustande. Hiergegen spricht indes die Überlegung, dass dieses Verfahren durch das System des Terminbörsenhandels determiniert ist. Würde man bei Ausübung des Optionsrechts oder Glattstellung durch den Optionsnehmer diesem den ursprünglichen Stillhalter zuordnen, so würden Optionskontrakte durch diese Individualisierung ihre Handelbarkeit verlieren. Eine Glattstellung wäre dann ohne die Zustimmung des ursprünglich zugeordneten Vertragspartners nicht möglich. Wollte man gleichwohl die Ansicht vertreten, dass die Gegenpartei eines Glattstellungsgeschäfts in die Position des Glattstellenden eintreten solle, um die Handelbarkeit wiederherzustellen, so wäre eine solche Vorgehensweise bei einem Kontraktvolumen von 1,552 Millionen[325] pro Jahr gänzlich praxisfern. Im Übrigen wäre die Clearingstelle dennoch zentraler Vertragspartner, so dass auch in diesem Falle ein separater Vertragsschluss notwendig wäre.

---

322 Siehe hierzu bereits I. Kapitel A. 2. Buchst. b. (4).

323 Vgl. unter Hinweis auf die wirtschaftliche Betrachtungsweise BFHE 202, 351, 355; BFHE 206, 418, 421; BFHE 209, 423, 432; *Hossfeld*, DB 1997, 1241, 1243; *Treuberg/Scharpf*, DB 1991, 661, 664. Durch den Closing-Vermerk bringt eine Partei den ökonomischen Willen zum Ausdruck, ein ihr gehörendes Optionsrecht verkaufen zu wollen, erst wenn ein Marktteilnehmer dieses Geschäft eingehen will schaltet sich die EUREX dazwischen, *Schultze/Grelck*, DStR 2003, 2103 f.; **a.A.** *Hamacher*, WM 1995, 777, 782; *Fleischmann*, INF 1996, 289, 293; *Woywode*, IStR 2006, 325, 330. Vor allem *Hamacher* sah für eine für das Vorliegen einer sog. „wirtschaftlichen" Veräußerung im Bereich privater Vermögensverwaltung keinen Raum, *Hamacher*, WM 1995, 777, 782.

324 Lediglich im Vertragsverhältnis zum Privatkunden einer Bank, der mit dieser eine Clearing- Rahmenvereinbarung getroffen hat, gelten die Clearing-Bedingungen der EUREX nicht direkt. Sie werden aber nach Nr. 1 (4) der Clearing-Rahmenvereinbarung für entsprechend anwendbar erklärt.

325 Die im Jahr 2013 an der EUREX gehandelten Kontrakte laut Gruppe deutsche Börse, Geschäftsbericht 2013, S. 23, 103.

Wie bereits bei Abschluss des Optionsvertrags festgestellt, ist die Wahl des Vertragspartners aufgrund der hohen Standardisierung der Vertragsabschlüsse und der Sicherung durch die Clearingstelle ohne Bedeutung. Dieser Grundsatz gilt ebenfalls für die Ausübung des Optionsrechts, da der Stillhalter sich bereits verpflichtet hat, an die Clearingstelle zu zahlen oder zu liefern, sobald diese es verlangt. Wer der wirtschaftliche Empfänger dieser Leistung ist und ob dieser dem ursprünglich zugeordneten Auftrag entspricht, ist den Parteiinteressen folgend ohne Bedeutung. Entscheidend dürfte dagegen sein, dass die Beteiligten auf die Bindung des Stillhalters vertrauen können, unabhängig davon, welcher Stillhalter letztlich den Hauptvertrag zu erfüllen hat, denn diese sind der Clearingstelle alle im gleichen Maße verpflichtet wie der ursprünglich zugeordnete Stillhalter. Diese Verpflichtung entsteht nach Ansicht der Parteien somit nicht erst mit Ausübung des Optionsrechts, sondern vielmehr mit dessen Eingehung, so dass auch hier die besseren Gründe für die Annahme einer vertraglichen Einheit von Options- und Hauptvertrag sprechen.

Dem wird entgegengehalten, dass im Börsenhandel das Optionsrecht derart verselbständigt sei, dass der Hauptvertrag gänzlich zu vernachlässigen wäre. Dies sei darauf zurückzuführen, dass es sich bei börslich gehandelten Optionsrechten nach dem Willen der Parteien um selbstständig handelbare Rechtspositionen handele. Weil diese Rechtspositionen i. d. R. durch Glattstellung geschlossen werden, bestünde am Hauptvertrag überhaupt kein Interesse.[326]

Wie bereits festgestellt, verkörpert das Optionsrecht gerade die Risiken und Gewinnchancen aus dem Hauptvertrag und ist daher dessen Äquivalent. Weiterhin verkennt diese Ansicht, dass trotz jederzeitiger Glattstellungsmöglichkeit der Optionsnehmer gerade darauf vertraut, im Falle einer Ausübung, immer einem verpflichteten Stillhalter zugeordnet zu werden, der ihm gegenüber in gleicher Weise zur Erfüllung verpflichtet ist wie der ursprünglich zugeordnete Stillhalter.[327] Den Vertretern der vorgenannten Ansicht geht es wohl eher darum aufzuzeigen, dass Optionsverträge am Finanzmarkt derart abstraktifiziert werden, dass kein „vertragliches Skelett" mehr zu erkennen ist. Dies widerspricht jedoch dem Verständnis eines Derivats, welches seinen Wert von einem „echten Wert" ableitet. Der Wert des Optionsrechts ergibt sich letztlich aus dem Vertrauen darauf, dass der Stillhalter die auf das Optionsrecht lautende Verpflichtung einen Basiswert

---

326 Zum Vorstehenden vgl. *Casper*, S. 269; i.E. auch *Hammen*, ZIP 1987, 151, 152; *Pulver*, S. 235 f., 238 f. Anders wiederum *Jachmann/Lindenberg*, in: Lademann, EStG, § 20 EStG, Rn. 616, die hierin gerade ein Argument gegen die Trennungstheorie erkennen.

327 Ähnlich *Rau*, BB 2002, 928, 930, der die Möglichkeit, einen Optionsvertrag durch Glattstellung zu beenden, ebenfalls als entscheidungsunerheblich einstuft.

zu liefern, einen Barausgleich zu zahlen oder ein weiteres Termingeschäft einzugehen, erfüllen wird. Dieses Vertrauen ist es letztlich, das eine Glattstellung erst ermöglicht. Weiterhin steht das Argument der Verselbständigung des Optionsrechts der Annahme eines bedingten Vertrags nicht entgegen. Einerseits ist ein bedingter Vertrag nicht weniger verkehrsfähig als ein Vertrag sui generis, andererseits repräsentiert das Optionsrecht gerade den Hauptvertrag und dessen Wert und kann daher – wie gleich zu zeigen sein wird – nicht getrennt von diesem übertragen werden.

E. Übertragung

Zuletzt soll der Frage nachgegangen werden, wie Optionsverträge respektive Optionsrechte übertragen werden. Die Rechtsprechung bejaht die grundsätzliche Übertragbarkeit des Optionsrechts.[328] Als Gestaltungsrecht folgt das Optionsrecht den Regeln der Übertragung subjektiver Rechte.[329] Hierfür ist zunächst danach zu unterscheiden, ob es als selbständiges oder unselbständiges Gestaltungsrecht zu qualifizieren ist. Unter **selbständigen Gestaltungsrechten** versteht man subjektive Rechte, die nicht an eine bestehende Rechtsposition des Berechtigten gebunden sind. Sie sind von einem Schuldverhältnis im engeren oder weiteren Sinne oder einer Forderung unabhängig und können durch Abtretung gem. den §§ 413, 398 BGB übertragen werden.[330] **Unselbständige Gestaltungsrechte** dagegen, sind inhaltlich mit einer Forderung oder einem Schuldverhältnis im weiteren Sinne verbunden und teilen dessen rechtliches Schicksal. Eine Übertragung ist daher nur zusammen mit der verbundenen Forderung bzw. dem Schuldverhältnis möglich.[331]

---

328 BGHZ 117, 135, 138; BFHE 163, 175, 179. Der BGH geht ohne nähere Begründung von der Übertragung nach den §§ 413, 398 BGB aus, BGHZ 117, ebd.

329 Es ist heute unumstritten, dass Gestaltungsrechte übertragen werden können. Zu den Bedenken hinsichtlich der Übertragbarkeit siehe vertiefend *Steinbeck*, S. 50 ff; 63 ff.; 96 ff.

330 *Steinbeck*, S. 44; *Schürnbrand*, AcP 204, 177, 180; Hierzu zählen u. a. das Wieder- und Vorkaufsrecht, *Casper*, S. 188.

331 So *Schürnbrand*, AcP 204, 177, 181. Es handelt sich dabei um sog. Hilfsrechte, da sie mit anderen Rechten und Pflichten des Inhabers verbunden sind, vgl. *Steinbeck*, S. 45; *Schürnbrand*, AcP 204, 177, 180 f. Sie werden nochmals unterschieden zwischen forderungs- und vertragsbezogenen Rechten. Erstgenannte sind solche, die helfen, ein Recht oder eine Verpflichtung zu modifizieren, durchzusetzen oder auszuüben und daher untrennbar mit der Rechtsposition, auf die sie wirken, verbunden (bspw. das Wahlrecht gem. § 262 BGB oder das Leistungsbestimmungs-

1. Das Optionsrecht als unselbständiges Gestaltungsrecht

Vertritt man die Ansicht, das Optionsrecht werde durch den Abschluss eines bedingten Vertrags eingeräumt, dann wird dieses konsequenterweise als Hilfsrecht qualifiziert, das bei Ausübung die Rechtsfolgen eines bedingten Hauptvertrags eintreten lässt.[332] Als unselbständiges Gestaltungsrecht, dass sich weder ganz, noch teilweise von dem zugrundeliegenden bedingten Vertrag abtrennen lässt, wäre es nur zusammen mit diesem übertragbar.[333]

---

recht gem. § 315 BGB, *Casper*, S. 187). Sie gehen akzessorisch mit Übertragung der Rechtsposition über, vgl. *Steinbeck*, S. 45; *Schürnbrand*, AcP 204, 177, 181. Letztgenannte beziehen sich nicht nur auf eine Forderung, sondern auf ein Schulverhältnis im weiteren Sinne. Sie gestalten dieses im Ganzen um und bedürfen i. d. R. einer gesonderten Abtretung gem. den §§ 413, 398 BGB, vgl. *Steinbeck*, S. 46; *Schürnbrand*, AcP 204, 177, 181.

332 Ähnlich wohl *Schwark*, Jura 1985, 342, 406, der als Vertreter der Einvertragstheorie den Abschluss eines bedingten Vertrags befürwortet, eine Veränderung des Geschäftscharakters aber mit der Begründung ausschließt, dass der Auswechslung des Vertragspartners bereits im Vorfeld zugestimmt wurde.

333 Ist das Optionsrecht ein unselbständiges Gestaltungsrecht, so ist eine isolierte Abtretung nicht möglich, Palandt/*Grüneberg*, § 413 Rn. 4. Als Hilfsrecht dient das Optionsrecht der Durchsetzung bzw. Entstehung der Forderung aus dem Hauptvertrag und kann daher nicht isoliert von dieser übertragen werden. Folgt man also dem Verständnis der Hauptvertrag sei lediglich potestativ bedingt, so muss für den Übergang des Optionsrechts, der Hauptvertrag auf den neuen Optionsnehmer übertragen werden. Ob es sich danach also um einen Gläubigerwechsel nach den §§ 398, 413 BGB oder einen Schuldnerwechsel nach den §§ 414, 415 BGB handelt, ist allein davon abhängig, welche Stellung der Optionsnehmer in diesem Hauptvertrag innehat. Ist der Optionsnehmer Gläubiger des Hauptvertrags, so ist gem. den §§ 398, 399 BGB eine Abtretung seiner bedingten Forderung – worauf gleich noch näher einzugehen sein wird – ausgeschlossen. Der Stillhalter kann gleichwohl dieser Abtretung zustimmen, worin letztlich das Angebot auf den Abschluss eines Änderungsvertrags zu sehen ist, vgl. Palandt/*Grüneberg*, § 399 Rn. 12. Ist der Optionsnehmer hingegen Schuldner des Hauptvertrags, so ist eine Schuldübernahme gem. § 414 BGB ohne die Zustimmung des Stillhalters gem. § 415 Abs. 1 S. 1 BGB ebenfalls nicht möglich. Folglich ist in jedem Fall die Zustimmung des Stillhalters für einen wirksamen Wechsel der Optionsnehmerstellung einzuholen.

Die Übertragung des bedingten Hauptvertrags kann durch eine Vertragsübernahme[334] erfolgen.[335] Die Vertragsübernahme regelt als einheitliches Rechtsgeschäft den Übergang des Schuldverhältnisses im Ganzen; es handelt sich dabei nicht um die Verbindung einer Abtretung und einer Schuldübernahme.[336] Voraussetzung für die Vertragsübernahme ist ein drei- oder mehrseitiges einheitliches Rechtsgeschäft zwischen den betroffenen Parteien oder ein zweiseitiger Vertrag mit Zustimmung der verbleibenden Partei.[337]

2. Das Optionsrecht als selbständiges Gestaltungsrecht

Geht man davon aus, dass der Hauptvertrag erst durch Ausübung des Optionsrechts zustande kommt, dann wäre eine isolierte Übertragung des Optionsrechts mittels Abtretung durch den Optionsnehmer denkbar.[338] Hat dieser sein Recht aus dem Optionsvertrag erlangt, kann er dieses, den Regeln über die Abtretung von Forderungen gem. §§ 413, 398 BGB folgend, durch Vereinbarung mit dem neuen Gläubiger auf diesen übertragen. Fraglich ist, ob der selbständigen Abtretung des Optionsrechts nicht ein Abtretungsausschluss nach den §§ 413, 399 Alt. 1 BGB entgegenstünde. Dieser greift u. a. dann, wenn aus der Natur des Schuldverhältnisses folgt, dass ein beliebiger Gläubigerwechsel unzumutbar erscheint.[339] Da das

334 Die Vertragsübernahme ist im BGB nicht für alle Verträge geregelt (nur für den Mietvertrag nach § 566 BGB und den Arbeitsvertrag nach § 613a BGB). Jedoch kennt das Gesetz die Abtretung von Rechten gem. den §§ 398, 413 BGB und die Übernahme von Verbindlichkeiten gemäß den §§ 414, 415 BGB. Die herrschende Meinung geht deshalb davon aus, dass der Gesetzgeber die Vertragsübernahme eines ganzen Vertrags nicht ausschließen wollte, ständige Rechtsprechung des BGH, BGHZ 95, 88, 93 f.; BGHZ 96, 302, 307 f.; BGHZ 133, 71 74; MüKoBGB/*Roth/Kieninger*, § 398 BGB Rn. 4. Zum Theorienstreit, ob es sich hierbei um eine Verpflichtung oder eine Verfügung handelt, siehe *Rieble*, Staudinger, § 415 Rn. 5 ff.

335 Vgl. *Paus*, S. 243; *Schwark*, Jura 1985, 403, 406; *Ebenroth/Einsele*, ZIP 1988, 205, 210; MüKoBGB/ *Bydlinski*, Vorb. § 414 – § 419 BGB Rn. 7; *Ebenroth/Einsele*, ZIP 1988, 205, 210. Eine solche ermöglicht es zudem auch dem Stillhalter, seine Position auf einen Dritten zu übertragen.

336 Vgl. Palandt/*Grüneberg*, § 398 Rn. 41 f.

337 Zu diesen allgemeinen Voraussetzungen siehe BeckOK BGB/*Rohe*, BGB § 415 Rn. 27; MüKoBGB/*Roth/Kieninger*, § 398 BGB Rn. 4.

338 Vgl. *Niemeyer*, S. 23, wie auch *Tilp*, DB 1989, 2365, 2366. Jedoch macht *Niemeyer* Abstriche, denn für den Fall eines bedingten Hauptvertrags sei das Optionsrecht ein unselbständiges Hilfsrecht, welches nicht selbständig abgetreten werden könne, *Niemeyer*, S. 26.

339 Vgl. MüKoBGB/*Roth/Kieninger*, § 399 BGB Rn. 2.

Optionsrecht auf einen Vertragsschluss – gleich welcher Art – zwischen Optionsnehmer und Stillhalter gerichtet ist, hätte dessen Abtretung eine Inhaltsänderung des Optionsrechts in der Weise zur Folge, dass nunmehr der Zessionar Vertragspartner des Hauptvertrags werden soll.[340] Gerade bei solchen Optionsverträgen, die individuell auf die Interessen der Beteiligten zugeschnitten sind, besteht aber ein besonderes schutzwürdiges Interesse der Vertragsbeteiligten am Fortbestand der Gläubiger- und Schuldnerstellung des Hauptvertrags. Der Stillhalter bindet sich gegenüber dem Optionsnehmer, wobei einerseits dessen Kreditwürdigkeit im Falle einer vereinbarten Gegenleistung aus dem Hauptvertrag, wohl aber auch dessen Geschäftsgebaren hierbei eine Rolle gespielt haben könnten.[341] Ein beliebiger Wechsel des Optionsnehmers – außer im Falle der Übertragung eines ausschließlich auf Barausgleich gerichteten Optionsrechts – wäre ohne die Zustimmung des Stillhalters unzumutbar.[342] Eine Abtretung mit der Zustimmung der anderen Partei wäre gleichwohl wirksam.[343]

3. Übertragungsvereinbarungen in den Musterverträgen und an der Terminbörse

Der DRV und auch das EMA schließen gem. Tz. 10 DRV/EMA eine Übertragung sämtlicher Rechte und Pflichten aus dem Vertrag ohne vorherige Zustimmung des anderen Teils aus. Hierbei handelt es sich wohl um eine deklaratorische Klausel.[344] Da die Abtretung von Forderungen und Rechten bereits zu einer Inhaltsänderung des einheitlichen zusammengesetzten Gesamtvertrags führt, besteht schon

340 Vgl. *Bork*, Staudinger, Vorb. zu §§ 145 ff. Rn. 75.

341 Vgl. *Bork*, Staudinger, Vorb. zu §§ 145 ff. ebd.

342 Vgl. *Dreissig*, BB 1989, 1511, 1515. Dem Stillhalter werde so gegen seinen Willen ein anderer, vielleicht weniger solventer Vertragspartner aufgezwungen, vgl. auch *Rönitz*, JbFfSt 80/81 S. 43; Auch *Casper* hält die Zustimmung des Optionsgebers für unentbehrlich, sofern mit ihr das Ziel verfolgt werde, Partei des Hauptvertrags zu werden, *Casper*, S. 193. Kritisch zu einer solchen Unterscheidung im Allgemeinen siehe *Steinbeck*, S. 79 ff. Eine solche Änderung wäre lediglich dann ausgeschlossen, wenn das Optionsrecht selbständig übertragen würde, durch dessen Ausübung der Hauptvertrag aber dennoch zwischen den ursprünglichen Vertragsparteien zustande käme; vertiefend hierzu *Casper*, ebd.

343 MüKoBGB/*Roth/Kieninger*, § 399 BGB Rn. 24; BeckOK BGB/*Rohe*, BGB § 399 Rn. 5; *Rönitz*, JbFfSt 80/81 S. 43; *Steinbeck*, S. 60; *Wotschofsky/Thomas*, BuW 2002, 950.

344 Vgl. *Jahn/Reiner*, in: Schimansky/Bunte/Lwowski, Bankrechts-Handbuch, § 114 Rn. 65.

gem. den §§ 413, 399 Alt. 1 BGB ein gesetzlicher Abtretungsausschluss.[345] Die Übertragung von Einzelabschlüssen ist dennoch nicht völlig ausgeschlossen, sie erfolgt regelmäßig durch eine Vertragsübernahme.[346] Tz. 10 DRV/EMA kommt somit – jedenfalls für den hier untersuchten Bereich der Optionsverträge – keine eigenständige Bedeutung zu.

Eine Übertragung von an der EUREX geschlossenen Optionskontrakten innerhalb der am Clearing beteiligten Personen unterliegt zwar grundsätzlich keinen Bedenken[347], eine Abtretung des Optionsrechts unter Börsenteilnehmern ist dennoch ausgeschlossen. Es besteht insoweit ein generelles Abtretungsverbot.[348] Aus diesem umgekehrt zu schlussfolgern, die Börsenteilnehmer gingen grundsätzlich von der selbständigen Abtretbarkeit des Optionsrechts aus, wäre kaum überzeugend. Ein solches Abtretungsverbot scheint eher dadurch gerechtfertigt, dass das komplexe Sicherungssystem an Funktionalität verlieren würde, ließe man Abtretungen ohne weiteres zu. Die Übertragung von Transaktionen innerhalb des Clearingssystems erfolgt im Wege der Novation.[349] Hierunter versteht man die Begründung eines neuen Rechtsverhältnisses verbunden mit der gleichzeitigen Aufhebung des alten Rechtsverhältnisses.[350] Hintergrund dieser Regelung ist wohl die Tatsache, dass bei einer Novation die alte Schuld und damit gleichzeitig alle Sicherungsrechte erlöschen.[351]

---

345 Vgl. *Jahn/Reiner*, in: Schimansky/Bunte/Lwowski, Bankrechts-Handbuch, ebd., ihm folgend wohl auch *Behrends*, in: Zerey, Hdb. Finanzderivate, § 6 Rn. 58.

346 Vgl. *Behrends*, in: Zerey, Hdb. Finanzderivate, § 6 Rn. 59. Ein Muster einer Übertragungsvereinbarung ist abrufbar unter https://bankenverband.de/media/contracts/mu0411_re_uebertragungsv.pdf, abgerufen am 27.03.2016.

347 Positionsübertragungen zwischen unterschiedlichen Konten eines Börsenteilnehmers und zwischen Konten unterschiedlicher Teilnehmer sind grundsätzlich möglich, siehe http://www.eurexclearing.com/clearing-de/transaktionsmanagement/transaktionsmanagement-derivative/positionsuebertragung/, abgerufen am 27.03.2016.

348 Kapitel I Abschnitt 1, Tz. 1.2.8 sowie Kapitel II Abschnitt 1 Tz. 1.3.3 (1) Clearing-Bedingungen der EUREX, Stand 21.03.2016.

349 Kapitel I Abschnitt 1 Tz. 1.2.2 (5) Clearing-Bedingungen der EUREX, Stand 08.02.2016. Nach Kapitel I Abschnitt 1 Tz. 1.2.2 (5) (c) Clearing-Bedingungen der EUREX, Stand 08.02.2016.

350 Vgl. *Larenz*, Schuldrecht AT I, § 7 III, S. 91.

351 So *Larenz*, Schuldrecht AT I, § 7 III, S. 92, zum Erlöschen der Schuld und der bestehenden Sicherungsrechte im Allgemeinen.

4. Ergebnis

Unabhängig davon, ob man das Optionsrecht als selbständiges oder unselbständiges Gestaltungsrecht qualifiziert, ohne die Zustimmung des anderen Teils ist eine Übertragung ausgeschlossen. Weder bei an der Terminbörse geschlossenen Optionsverträgen noch bei den hier behandelten Muster-Rahmenverträgen ist eine Abtretung des Optionsrechts vorgesehen. Die Schlussfolgerung, das Optionsrecht sei im Rechtsverkehr folglich nicht selbständig abtretbar, ist freilich nicht zwingend. Soweit jedoch in der Praxis die Übertragung durch Vertragsübernahme vereinbart wird, spricht dies für das Vorliegen eines unselbständigen Gestaltungsrechts.

F. Stellungnahme

Nach den bisherigen Untersuchungsergebnissen kann nicht verwundern, dass bis heute die Frage nach der Ausgestaltung der vertraglichen Einräumung des Optionsrechts nicht zufriedenstellend beantwortet werden konnte. Keine der vorgestellten Thesen konnte vollständig überzeugen. Die Auswertung der Rechtsprechung zum Optionsvertrag ist indifferent und lässt ebenfalls keinen unkritischen Schluss zu. Mit Blick auf die vertragliche Einräumung von Optionsrechten in der Praxis sowie deren Übertragungsmöglichkeiten konnte sich ebenfalls keine Ansicht zweifelsfrei durchsetzen.

1. Anknüpfung an die charakteristische Leistung

Trotz der geltenden Vertragsfreiheit für die inhaltliche Gestaltung von Schuldverhältnissen, bewegt sich der Rechtsverkehr überwiegend in kodifizierten Vertragsarten.[352] Die gesetzlich kodifizierten Vertragstypen sind dabei weder konstitutiv noch abschließend[353]. Nicht hierunter fallende Schuldverhältnisse werden als atypische Verträge bezeichnet[354]. Maßgebend für die Unterteilung ist nicht ihr Entstehungsgrund, sondern ihr materieller Vertragsinhalt.[355] Aus diesem Konzept der Vertragstypenlehre ging der Begriff der charakteristischen Leistung[356]

---

352 Vgl. *Enneccerus/Lehmann*, § 99 I, S. 391; *Flume*, BGB AT II § 1 8. S. 12.

353 *Bork*, Staudinger, Vorb. zu §§ 145 ff. Rn. 89.

354 So bereits *Enneccerus/Lehmann*, § 99 V, S. 392; *Gernhuber*, § 7 IV 6, S. 156.

355 Vgl. *Enneccerus/Lehmann*, § 99 III, S. 391; *Gernhuber*, § 7 IV 2, S. 153.

356 Nach Art. 4 Abs. 2 Rom I-VO unterliegt ein Vertrag mit Verbindung zum Recht verschiedener Staaten dem Recht des Staates, in dem die Partei, welche die für den Vertrag charakteristische Leistung zu erbringen hat, ihren gewöhnlichen Aufenthalt hat,

hervor[357], anhand derer sich die nachfolgende Untersuchung orientieren soll. Hierunter versteht man diejenige Leistung, die einen Vertrag von anderen Vertragstypen unterscheidet, dem Vertrag somit seinen unverkennbaren Charakter verleiht bzw. ihm seinen Namen gibt.[358] Die Merkmale ergeben sich folglich aus dem Vertrag selbst, wobei die Gegenleistung, wenn sie wie bei einer Vielzahl anderer Verträge in Geld erfolgt, gerade vernachlässigt werden kann.

Die Leistung des Stillhalters ist es also, die dem Optionsvertrag seinen Charakter verleiht. Ausgangspunkt der Analyse soll die Feststellung der finanzgerichtlichen Rechtsprechung sein, die Hauptleistung des Stillhalters bestehe darin *„die Ausübung der Option zu dulden und sich zur Erfüllung der Leistungs- oder Abnahmepflichten bezüglich des Gegenstandes der Option bereitzuhalten"*.[359] Danach bestünde die schuldrechtliche Hauptleistung des Stillhalters in einem bloßen Abwarten. Dies allein reicht jedoch nicht, um dem Optionsnehmer die Möglichkeit einzuräumen auf Kosten des Stillhalters zu spekulieren. Vielmehr muss sich der Stillhalter darüber hinaus zu einer weiteren Leistung verpflichtet haben. Der BFH deutet dies als *„Bindung an ein Vertragsangebot"* an,[360] was den Schluss zuließe, dass er das Vorliegen einer Festofferte für möglich erachtet. Diese Bindung nehme dem Stillhalter *„die Befugnis im Rechtssinne, über den Optionsgegenstand [...] zu verfügen"*.[361] Handelte es sich um eine Offerte, so vermag die Bindungswirkung keine Verfügungssperre des Antragenden zu begründen.[362] Überhaupt ist die Vereinbarung eines rechtsgeschäftlichen Verfügungsverbotes gem. § 137 BGB weder möglich noch von den Parteien vereinbart. Vielmehr ist der Besitz des Basiswerts gerade keine Voraussetzung für den Abschluss eines Optionsvertrags. Desgleichen könnte hierin ein Hinweis auf § 161 BGB zu erblicken sein, wonach Zwischenverfügungen über einen Gegenstand, über den bereits aufschiebend be-

---

sofern nicht ausdrücklich eine Rechtswahl getroffen wurde und kein spezifizierter Vertrag nach Art. 4 Abs. 1 Rom I-VO vorliegt.

357 Vgl. *Martiny*, in: Internationales Vertragsrecht, Rn. 2.168, bezugnehmend auf *Giuliano/Lagarde*, BT-Drucks. 10/503, S. 52 ff.

358 Ferrari/Kieninger/Mankowski/*Ferrari*, VO (EG) 593/2008 Art. 4 Rn. 61.

359 BFHE 163, 175, 178 f.; BFHE 201, 234, 237, zustimmend *Herzig/Briesemeister*, DB 2002, 1570, 1576.

360 So BFHE 163, 175, 178; BFHE 201, 234, 237; **a.A.** wohl *Schultze/Grelck*, DStR 2003, 2103, 2104, die eine Bindung des Stillhalters über die Laufzeit des Optionsrechts gerade bei börslich gehandelten Optionsrechten ablehnen, da durch die jederzeitige Glattstellungsmöglichkeit keine echte Bindung existiere. Zweifelnd auch *Jachmann/Lindenberg*, in: Lademann, EStG, § 20 EStG, Rn. 616.

361 Siehe BFHE 201, 234, 237.

362 Vgl. *Bork*, Staudinger, § 145 Rn. 25.

dingt verfügt wurde, dem Berechtigten gegenüber relativ unwirksam sind. Eine Veräußerung oder einen veräußerungsähnlichen Vorgang über den Basiswert verneint die Rechtsprechung aber richtigerweise.[363] Auch im Falle der Qualifikation als Vorvertrag, worauf – wie bereits erörtert[364] – der Hinweis auf die klageweise Durchsetzbarkeit der Stillhalterverpflichtung nach § 894 ZPO hindeutet, wird die Verfügungsbefugnis nicht beschränkt. Eine Haftung auf Schadensersatz ist zwar bei schuldhaft herbeigeführter Unmöglichkeit der Erfüllung des Hauptvertrags denkbar,[365] praktisch aber wohl ausgeschlossen, da bedingte Finanztermingeschäfte gerade nicht auf eine konkretisierte Leistung gerichtet sind, sondern i. d. R. auf Gattungs- oder Geldschulden[366]. Die Bedeutung dieser Aussage bleibt somit nebulös. Jedenfalls aber binde sich der Stillhalter für eine bestimmte Zeit und übernehme die mit dem Optionsrecht verbundenen Marktpreisrisiken – die Prämie sei daher als *„Bindungsentgelt“* zu qualifizieren.[367] Hierbei ist – wie bereits oben festgestellt – die Laufzeit des Optionsvertrags nur eine von mehreren Faktoren, die die Höhe der Prämie determinieren. Der vereinbarte Basispreis, die Volatilität des Basiswerts, dessen derzeitiger Marktwert sowie auch dessen zukünftige Entwicklung sind wichtige Einflussfaktoren, die sämtliche Merkmale des Hauptvertrags sind.[368] Gestützt auf diese Erkenntnis wird auch die – bereits

363 Vgl. BFHE 163, 175, 178.

364 Zur Kritik an dieser Auffassung siehe bereits II. Kapitel C.

365 Vgl. BGH NJW 1990, 1233, 1234.

366 Zum allgemeinen Erfordernis der Konkretisierung bei Gattungsschulden und der Unanwendbarkeit der Unmöglichkeitsvorschriften auf Geldschulden siehe *Larenz*, Schuldrecht AT I, § 21 I d, S. 316 ff. Zur Stillhalterverpflichtung bei Gattungsschulden aber auch für die individuelle Vereinbarung einer Stückschuld siehe *Casper*, S. 113 ff.

367 Vgl. BFHE 163, 175, 178; BFHE 201, 234, 237; BFHE 217, 566, 568; BFHE 232, 80, 83. zustimmend *Dreyer/Broer*, DStR 2002, 1590, 1595. Nach *Häuselmann* diene die Prämie hingegen als Gegenleistung zur Abgeltung, der durch die „Wartestellung und Bindung des Optionsgebers“ verbundenen wirtschaftlichen Nachteile, *Häuselmann*, DB 1987, 1745. Auch *Herzig/Briesemeister* sehen die Prämie wirtschaftlich als Entgelt für die Verpflichtung des Stillhalters aus dem Hauptvertrag, *Herzig/Briesemeister*, DB 2002, 1570, 1575. **A.A.** *Tilp*, DB 1989, 2365, 2366 welcher die Formulierung *Häusers*, DB 1985, 1169, 1170 übernimmt, indem er die Prämie als „Eintritt zum Börsenspiel“ bezeichnet.

368 So auch *Aigner/Balbinot*, DStR 2015, 198, 201. Der Stillhalter will letztlich nicht schlechter stehen, als wenn er am Ausübungstag das Geschäft am Kassamarkt abgeschlossen hätte. Daher kalkuliert er das Risiko zukünftiger Marktpreisentwicklung sowie Preisschwankungen in die Optionsprämie ein, vgl. auch *FG München* EFG 2009, 2035, 2036; *Helios/Phillip*, Kommentar zu einem nachgehenden BFH-Beschluss vom 25.05.2012 - IX B 179/09, FR 2010, 1053, 1054.

oben genannte – These bestärkt, dass ein „überschießendes“ Risiko aus dem Stillhaltergeschäft nicht existiert. Wer also in der Prämienzahlung lediglich eine Gegenleistung für das übernommene (Marktpreis)Risiko zu erkennen vermag[369] verkennt, dass es sich hierbei nicht um ein abstraktes – vom Hauptvertrag losgelöstes – Risiko handelt, sondern um das Risiko aus dem Hauptvertrag selbst. Verluste aus dem Hauptvertrag sollen durch die Optionsprämie kompensiert werden,[370] so dass die Prämie im theoretisch zugrundeliegenden Verlaufsfall, bei Ausübung des Optionsrechts abgeschmolzen wird und nur der Zinsvorteil des Stillhalters verbleibt. Der Optionsvertrag ist folglich kein, wie *Lindner*[371] meint, Verpflichtungsgeschäft zur Einräumung der Option.[372]

Wie die vorgehende Untersuchung zeigen konnte, überzeugt die Rechtsprechung des BFH im Hinblick auf zivilrechtliche Fragestellungen nicht. Der Versuch einer zivilrechtlichen Einordnung des Optionsvertrags vermengt Merkmale der Festofferte, des aufschiebend bedingten Vertrags sowie des Vorvertrags. Weiterhin konnte gezeigt werden, dass die Bindung des Stillhalters aus dem Optionsvertrag der des Hauptvertrags entspricht. Die vereinnahmte Prämie dient der Kompensation des Risikos und steht daher in unmittelbarem Zusammenhang der übernommenen Verbindlichkeit des Stillhalters aus dem Hauptvertrag, so dass sie gleichermaßen auch ihm zugerechnet werden muss. Begrenzt man die methodische Betrachtung nicht auf die Struktur der Einzelverträge, sondern stellt man das Optionsgeschäft in einen teleologischen Gesamtzusammenhang, wird ersichtlich, dass es sich nur um einen einheitlichen Vertrag handeln kann.

2. Vertragsabschluss

Die durchaus zutreffende Erwägung bei einem aufschiebend bedingten Vertrag fehle es an einem Rechtsgrund für das Behaltendürfen der Prämie, wenn das Optionsrecht verfalle, rechtfertigt nicht den Schluss, dass diese Art der schuld-

---

369 So bspw. *Heuermann*, welcher die Prämie allein als Gegenleistung für die Risikoübernahme versteht und eine Beziehung zum Basisgeschäft vollends verneint, *Heuermann*, DB 2004, 1848, 1849.

370 Den Zusammenhang zwischen Vereinnahmung der Optionsprämie und dem Hauptvertrag ebenfalls bejahend *Philipowski*, DStR 2011, 1298, 1302.

371 *Linder* stellt in ihrer Abhandlung die These auf, der Optionsvertrag und Hauptvertrag stünden zueinander wie Verpflichtungsvertrag und Erfüllungsgeschäft, mit der Konsequenz, dass beide Verträge als Einheit aufzufassen seien, *Lindner*, S. 42 ff.

372 Vgl. *Hammen*, ZIP 1987, 151; *Georgiades*, FS Larenz, S. 424; ihm folgend *Arnim*, AG 1983, 29, 40 die von einer sofortigen Einräumung des Optionsrechts ohne einen vorgeschalteten Verpflichtungsvertrag ausgehen.

rechtlichen Verpflichtung gänzlich ausscheidet. Vielmehr ist auch denkbar, dass der Optionsvertrag – zusammen mit dem bedingten Hauptvertrag – stehen und fallen soll. Bei einem solchen zusammengesetzten Vertrag werden zwei Verträge in der Weise miteinander verbunden, dass sie nur als Ganzes, also in gegenseitiger Abhängigkeit gewollt sind, und zwar auch ohne ausdrückliche Festsetzung, wenn sich ein solcher Schluss aus den wirtschaftlichen Beziehungen ziehen lässt.[373]

Die Parteien schließen folglich einen aufschiebend bedingten Hauptvertrag. Dieser kann klassischerweise in einem Kaufvertrag bestehen, wobei andere Verträge wie ein Darlehensvertrag, ein Swap-, Devisen- oder anderes Termingeschäft denkbar sind. Die Vertragspartner werden sich über die essentialia negotii einig und schließen den Vertrag unter einer aufschiebenden Wollensbedingung. Ist der Vertrag von Beginn an ausschließlich auf Zahlung eines Differenzausgleichs gerichtet, weil der Basiswert tatsächlich nicht geliefert werden kann oder soll, so handelt es sich um ein aufschiebend bedingtes Differenzgeschäft. Ein solches liegt vor, wenn durch Wahl des Berechtigten ein auf Lieferung von Waren lautender Vertrag durch Differenzausgleich zwischen dem vereinbarten Preis und dem Marktpreis zum Ausübungszeitpunkt erfüllt wird, oder wenn ausschließlich ein solcher vorgenommen werden muss, weil dies vereinbart oder die Bezugsgröße selbst nicht lieferbar ist.[374] Wird eine Wahlmöglichkeit zwischen Lieferung oder

---

373 Vgl. *Enneccerus/Lehmann*, § 100 A., S. 394; *Gernhuber*, § 7 V 2, S. 159. Abzugrenzen hiervon sind gemischte Verträge, die sich dadurch auszeichnen, dass sie aus Elementen verschiedener Vertragstypen bestehen und zu einer Einheit zusammengefasst wurden, MüKoBGB/*Emmerich*, § 311 BGB Rn. 34; *Larenz/Canaris*, Schuldrecht BT II/2 § 63 I, S. 41 ff. Zur Einordnung von Vertragsverbindungen sowie gemischter Verträge im weiteren Sinne siehe allgemein *Enneccerus/Lehmann*, § 100 A. und B., S. 394 ff. Einen ähnlichen Ansatz vertritt *Paus*, der vom Abschluss eines rechtlich selbständigen Optionsvertrags ausgeht und zugleich vom Abschluss eines noch schwebend unwirksamer Hauptvertrags, vgl. *Paus*, S. 241, angelehnt an *Schwark*, Jura 1985, 403, 406. *Casper* hingegen untersucht ein einheitliches organisches Schuldverhältnis, das sich mit Ausübung des Optionsrechts in einen Austauschvertrag wandele. Er verneint letztlich aber den Zusammenhang zwischen Options- und Hauptvertrag, weil sich seiner Ansicht nach keine überzeugenden Argumente für einen solchen finden ließen, *Casper*, S. 55 ff.

374 Angelehnt an *Engel*, Staudinger, § 764 Rn. 1 und *Intemann*, in: Herrmann/Heuer/Raupach, § 15 EStG Rn. 1545. Zu finden ist der Begriff des finanziellen Differenzgeschäfts außerdem in § 2 Abs. 2 Nr. 3 WpHG. Da Optionsgeschäfte die durch Differenzausgleich erfüllt werden, bereits unter § 2 Abs. 2 Nr. 1 WpHG fallen, ist unklar, welche Differenzgeschäfte hiervon erfasst werden sollen. Ein Verweis auf die bürgerlich-rechtliche Terminologie helfe dabei ebenfalls nicht, so MüKoHGB/*Ekkenga*, Bd. 5 Anhang I Effektengeschäft Rn. 60. *Kumpan* fasst hierunter Verträge mit

Barauszahlung vereinbart, handelt es sich um eine Wahlschuld nach § 262 BGB, wobei das Wahlrecht dem Optionsnehmer zugewiesen wird. Der Vertrag enthält eine Befristung gem. § 163 BGB, da die Optionsrechtsausübung nur zu einem bestimmten Zeitpunkt oder innerhalb eines bestimmten Zeitraums eintreten kann. Die Bereitschaft sich leistungs- und abnahmebereit zu halten stellt dann keine Haupt-, sondern eine Nebenpflicht aus dem Hauptvertrag dar. Bei Vereinbarung einer Gattungsschuld trifft den Stillhalter, selbst wenn er Stücke aus der Gattung besitzt, keine Verpflichtung, sich der Verfügung über diese zu enthalten, einzig den Zugang zum Markt darf er nicht vereiteln.[375]

Den zweiten Vertragsbestandteil bildet der „Stillhaltervertrag". In diesem wird die Zahlung der Optionsprämie fixiert, die für das übernommene prognostizierte Risiko gezahlt wird (sog. aleatorischer Vertrag).[376] Charakteristisch für diesen Vertrag ist somit die bewusste Risikoübernahme künftiger Veränderungen des vom Hauptvertrag erfassten Vertragsgegenstands, welche von der besonderen Motivation der Parteien eingegangen wird, ggf. atypische Gewinne zu erzielen.[377] Die Prämienzahlung übernimmt daher einerseits eine Sicherungsfunktion für den Stillhalter, und bildet andererseits den subjektiven Anreiz, überhaupt den bedingten Vertrag zu schließen, da aufgrund des Unsicherheitselements der Risikoübernahme die Möglichkeit der Erzielung eines atypischen Gewinns besteht.[378] Verfällt das Optionsrecht, so hat der Stillhalter die Prämie dadurch verdient, dass er den bedingten Vertrag für den Zeitraum der Optionslaufzeit eingegangen ist. Mit der Optionsprämie wird daher sowohl auf den Options- als auch auf den Hauptvertrag gleistet.[379]

3. Parteiinteressen

Soweit eingewandt wird, ein einheitliches Schuldverhältnis werde den Interessen der Parteien nicht gerecht, weil sich der Optionsnehmer gerade noch nicht bin-

regelmäßig unbegrenzter Laufzeit über einen Barausgleich der Differenz zwischen den Kurswerten eines als Basiswert gewählten Finanzinstruments zum Zeitpunkt des Kaufs und Verkaufs, Schwark/Zimmer/*Kumpan*, KMRK, § 2 WpHG Rn. 48. Ohne eine solche Unterscheidung hingegen *Buge*, in: Herrmann/Heuer/Raupach, § 20 EStG Rn. 472.

375 Vgl. *Casper*, S. 114.

376 Vgl. *Reiner*, S. 27 ff.; *Engel*, Staudinger, Vorb. zu §§ 762 ff. Rn. 2.

377 Angelehnt an *Henssler*, S. 15, 293.

378 Vgl. *Henssler*, S. 321 zur Sonderstellung des Spekulationsgeschäfts.

379 Ähnlich auch *Casper*, S. 121.

den, sondern sich die weitergehende vertragliche Beziehung offenhalten will,[380] ist zu entgegnen, dass der Inhalt des zukünftigen Hauptvertrags gerade nicht mehr zur Disposition der Parteien stehen soll. Insoweit will und muss sich der Optionsnehmer binden, lediglich der Eintritt der Bedingung um die Rechtsfolgen des Vertrags herbeizuführen, steht in seinem freien Ermessen. Ungleich schwieriger dürfte es dem juristischen Laien zu erklären sein, dass der Vertrag, an welchen sich der Stillhalter aus Sicht des Optionsnehmers bereits gebunden hat und dessen Erfüllung er bei Optionsrechtsausübung verlangen kann, erst mit dieser zustande kommen soll. Der Optionsnehmer erhält letztlich das Recht, Lieferung des Basiswerts oder Zahlung des Differenzbetrags zu verlangen. Dies deckt sich auch weitestgehend mit den Ergebnissen der Untersuchung von Optionsverträgen in der Praxis, auf die nach Optionsrechtsausübung die Erfüllung des Hauptvertrags folgt. Die Optionsprämie wird nach Ansicht der Parteien gerade für das übernommene Risiko aus dem Hauptvertrag gezahlt und ist in gleicher Weise verdient, wenn das Optionsrecht schließlich verfällt. Hierfür bedarf es einer rechtlichen Bindung, da es dem Geschäft sonst an einem konkreten wirtschaftlichen Gehalt fehlte.[381] Die Trennung des Optionsvertrags vom Hauptvertrag entspricht daher gerade nicht dem Parteiwillen.[382]

Wie bereits bei der Untersuchung der börslich gehandelten Optionskontrakte angedeutet, ist auch der in der Praxis erreichte Grad an Verselbständigung kein Argument für das Vorliegen eines bedingten Vertrags zu verneinen, da sich nur durch eine rechtsgeschäftliche Verflechtung bis hin zum Basiswert, der Wert des Derivats ableitet.[383] Das Optionsrecht wird ausschließlich durch die Merkmale des Hauptvertrags definiert, auch wenn der Wille der Parteien letztlich auf die Erwirtschaftung eines atypischen Gewinns gerichtet ist.[384] Das Interesse des Optionsnehmers richtet sich daher primär auf die Entwicklung des Vertragsgegenstandes des Hauptvertrags.[385]

---

380 So *Casper*, S. 56.

381 Vgl. auch *Kupka/Süß*, FR 2002, 438, 440. Auch der BFH geht in seiner Rechtsprechung immer wieder von dem Grundsatz aus, dass im Geschäftsleben die eine Partei der anderen i. d. R. nichts zu „schenken“ pflegt, BFHE 219, 129, 133 m.w.N.

382 Vgl. auch *Dreyer/Broer*, DStR 2002, 1590, 1592, die in der willkürlichen Aufspaltung eine Negierung der Parteiinteressen sehen.

383 Siehe II. Kapitel D. 2. Buchst. d.

384 Ähnliche Argumentation zur Frage der rechtlichen Einheit auch bei *Maser*, S. 134; *FG Hamburg*, EFG 2002, 559, 561; *Kupka/Süß*, FR 2002, 438, 440.

385 Vgl. *Maser*, S. 135.

Wer argumentiert, es fehle bei börslich gehandelten Optionsrechten gerade der Wille den Hauptvertrag abzuschließen, da die meisten Optionskontrakte glattgestellt würden[386], verkennt, dass eine Glattstellung lediglich dadurch möglich ist, dass ein anderer die Verpflichtung übernimmt, mit der Folge, dass es sich hierbei wirtschaftlich wohl um dem Verkauf der eingegangenen Position handelt,[387] der ohne Bindung an den Hauptvertrag nicht möglich wäre. Auch wäre nicht zu erklären, warum die Einräumung des Optionsrechts zur Hinterlegungspflicht von Sicherheitsleistungen zur Abdeckung des Erfüllungsrisikos führt.[388] Hierdurch werde die jederzeitige Erfüllungsbereitschaft und -fähigkeit sichergestellt.[389]

4. Leistungsstörungsrecht

Fraglich ist, ob sich die Theorie des zusammengesetzten Vertrags in das System des Leistungsstörungsrechts einzufügen vermag. Grundsätzlich verbleibt die Optionsprämie nach dem Willen der Parteien beim Stillhalter. Sie könnte dann nach den allgemeinen schuldrechtlichen Regeln zurückgefordert werden, wenn dieser eine Pflicht aus dem Stillhaltervertrag verletzen würde und der Optionsnehmer das negative Interesse fordert.[390] Fordert dieser hingegen das positive Interesse,

---

386 So bspw. *Pulver*, S. 236 f.; *Casper*, S. 269.

387 Überwiegend herrschende Meinung in Literatur und Rechtsprechung BFHE 202, 351, 355; BFHE 206, 418, 422; *Wernsmann*, in: Kirchhof/Söhn/Mellinghoff, EStG § 23 Rn. B 171; *Breker*, Optionsrechte, S. 122 f.; *Schick*, Die Besteuerung von Optionsgeschäften, S. 103 f.; *Scharpf/Luz*, S. 412 f.; *Hossfeld*, DB 1997, 1241, 1243; *Treuberg/Scharpf*, DB 1991, 661, 664; *Harenberg*, FR 2003, 1140; *Schultze/Grelck*, DStR 2003, 2103; *Heuermann*, DB 2004, 1848; *Häuselmann*, Ubg 2008, 391, 393. **A.A.** Fleischmann, INF 1996, 289, 291.

388 So auch *Herzig/Briesemeister*, DB 2002, 1570, 1575.

389 Vgl. *Geyer/Uttner*, Tz. 8.2.

390 In Betracht kämen hier Schadensersatzansprüche, gerichtet auf Ersatz des Vertrauensschadens (bspw. Schadensersatz bei vorvertraglicher Pflichtverletzung, §§ 311 Abs. 2, 241 Abs. 2, 280 Abs. 1 BGB) aber auch der Rücktritt vom Optionsvertrag (§§ 346, 323, 325 BGB) mit der Folge, dass alle empfangenen Leistungen zurückzugewähren sind, oder ein Aufhebungsvertrag zwischen den Parteien, *Casper*, S. 154 f. Dem vorleistungspflichtigen Optionsnehmer steht zwar die Einrede des nichterfüllten Vertrags nach § 320 BGB nicht zu, aber die Rückforderungsmöglichkeiten sind durch die Eingehung der Vorleistungsverpflichtung nicht beschränkt. **Widersprüchlich insoweit** BFHE 201, 234, 237 ff. Einerseits bejaht der erste Senat die Anwendbarkeit des allgemeinen Leistungsstörungsrechts, zum Beispiel hinsichtlich des Schadensersatzes wegen Nichterfüllung, BFHE 201, 234, 237, andererseits sei die Prämie keine Anzahlung, die bei Nichterfüllung zurückzugewähren wäre, BFHE

müsste er sich die Prämie aufgrund der Grundsätze der Vorteilsausgleichung anrechnen lassen,[391] denn er wäre so zu stellen, wie er durch Erfüllung des Optionsvertrags stünde. Da in diesem Falle die Optionsprämie aber ebenfalls hätte aufgewendet werden müssen, muss sie entsprechend der Schadensermittlung für gegenseitige Verträge nach der Differenztheorie berücksichtigt werden.[392] Folglich verbleibt – wie auch im Falle der Trennungstheorie – die Prämie beim Stillhalter, denn dieser soll letztlich nicht schlechter stehen, als wenn er das Optionsgeschäft ordnungsgemäß erfüllt hätte.

Durchaus kritisch zu sehen ist der hypothetische Fall des Rücktritts vom Hauptvertrag nach Optionsrechtsausübung wegen unverschuldeten Untergangs des Basisobjekts.[393] Aufgrund der vertraglichen Einheit wäre vom Rücktritt auch der Optionsvertrag in der Weise betroffen, dass die Optionsprämie zurückzugewähren wäre. Dies entspricht indes nicht der Risikoverteilung von der die Vertragsparteien ausgehen, da der Stillhalter seiner Verpflichtung nachgekommen ist und ihm das Scheitern des Hauptvertrags nicht zugerechnet werden kann.[394] Im Falle eines zusammengesetzten Vertrags kann das Rücktrittsrecht grundsätzlich nur einheitlich ausgeübt werden.[395] Hiervon ist gleichwohl eine Ausnahme anzunehmen, wenn die Vertragspartner von der Möglichkeit eines selbständigen rechtlichen Schicksals jedes von mehreren Vertragsabschnitten ausgehen.[396] Dass ein rechtlich selbständiges Schicksal der verbundenen Vertragsteile von den Ver-

---

201, 234, 240. *Casper* hält i.R.d. Zweivertragstheorie letztlich solche Vorschriften des Leistungsstörungsrechts für anwendbar, die nicht das Vorliegen eines gegenseitigen Vertrags voraussetzen, *Casper*, S. 166.

391 Allgemein hierzu MüKoBGB/*Oetker*, BGB § 249 Rn. 228 ff. Ungenau daher die Ausführungen von *Aigner/Balbinot*, DStR 2015, 198, 201 f. zur Anwendung des Leistungsstörungsrechts.

392 Vgl. Palandt/*Grüneberg*, § 281 Rn. 18. Die Finanzrechtsprechung geht zwar davon aus, dass im Falle einer Schadensersatzforderung des Optionsnehmers wegen Nichterfüllung darauf abzustellen sei, wie dieser bei Erfüllung des Optionsrechts gestanden hätte, gleichwohl sei allerdings das Optionsentgelt zurückzugewähren, BFHE 201, 234, 237. Dies ist deshalb abzulehnen, weil i.R.d. Schadensberchnung der synallagmatische Leistungsaustausch berücksichtigt werden muss. Verlangt der Optionsnehmer also „so gestellt zu werden, als ob die Option erfüllt worden wäre" (so BFHE 201, 234, 237), dann muss er sich – auch nach der Trennungstheorie – das anrechnen lassen, was er zum Erhalt des Optionsrechts aufwenden musste.

393 Vgl. *Casper*, S. 56.

394 Vgl. *Casper*, ebd.

395 Jauernig/*Stadler*, BGB § 311 Rn. 29.

396 Vgl. BGH NJW 1976, 1931, 1932 rekurrierend auf BGH MDR 1967, 478.

tragsparteien als möglich erachtet wird, ergibt sich bereits daraus, dass der Stillhalter die Prämie auch bei Verfall des Optionsrechts behalten darf. Hieraus folgt gleichermaßen, dass ein Rücktritt vom Stillhaltervertrag dann ausgeschlossen sein muss, wenn der Stillhalter das Risiko des Hauptvertrags bis zur Ausübung des Optionsrechts getragen hat. In diesem Falle verstieße es jedenfalls gegen Treu und Glauben gem. § 242 BGB, wenn der Optionsnehmer die erbrachte Leistung des Stillhalters nicht als Teilleistung annehmen würde, denn gem. den §§ 326 Abs. 1, Abs. 5, 323 Abs. 5 S. 1 BGB ist ein Rücktritt vom ganzen Vertrag bei vorher erbrachter Teilleistung nur dann gerechtfertigt, wenn an der Teilleistung kein Interesse besteht.[397]

Betrachtet man die Prämienzahlung als berechtigte Teilleistung gem. § 266 BGB, die erbracht wird, um die unbedingte Verpflichtung des Stillhalters aus dem aufschiebend bedingten Vertrag auf Verlangen des Optionsnehmers zu erfüllen bzw. einen Barausgleich zu zahlen, so kann sie in keinem Fall vom Optionsnehmer zurück gefordert werden. Dies wäre nach der Systematik des allgemeinen Leistungsstörungsrechts auch nur dann möglich, wenn an der Teilleistung kein Interesse mehr bestünde.[398] Da der Interessefortfall grundsätzlich nach objektiven Kriterien zu bestimmen ist[399], muss die von den Parteien im Einvernehmen getroffene Risikoabrede immer mit berücksichtigt werden. Ein Interessefortfall wird daher wohl in keinem Fall erfolgreich begründet werden können.

5. <u>Wille des Gesetzgebers</u>

Besieht man sich die Definition des Derivatebegriffs gem. § 1 Abs. 11 S. 4 KWG und § 2 Abs. 2 WpHG zu dem nach der gesetzgeberischen Wertung auch Optionsgeschäfte gehören sollen, werden diese als Verträge mit hinausgeschobenem Erfüllungszeitpunkt definiert. Dies spricht ebenfalls für ein einheitliches Verständnis

---

397 Zum Zerfall eines einheitlichen Vertrags in zwei rechtlich selbständige Teile nach Annahme der Teilleistung siehe BGHZ 36, 316, 318.

398 Dies ergibt sich aus dem Zusammenspiel von §§ 280 Abs. 1, 3 i.V.m. 281 Abs. 1 S. 2 BGB (Schadensersatz statt der Leistung wegen nicht oder nicht wie geschuldet erbrachter Leistung); §§ 282 i.V.m. 281 Abs. 1 S. 2 BGB (Schadensersatz statt der Leistung wegen Verletzung einer Pflicht nach § 241 Abs. 2 BGB); §§ 283 i.V.m. 281 Abs. 1 S. 2 BGB (Schadensersatz statt der Leistung bei Ausschluss der Leistungspflicht); § 311a Abs. 2 S. 3 i.V.m. § 281 Abs. 1 S. 2 BGB (Anfängliche Unmöglichkeit); § 323 Abs. 5 S. 1 BGB (Rücktritt wegen nicht oder nicht vertragsgemäß erbrachter Leistung); §§ 326 Abs. 1 S. 1 i.V.m. 275 Abs. 1 BGB (Befreiung von der Gegenleistungspflicht und Rücktritt beim Ausschluss der Leistungspflicht).

399 Vgl. BeckOK BGB/*Unberath*, BGB § 281 Rn. 57.

des Begriffs der Optionsgeschäfte.[400] Die strikte Trennung der einzelnen Abreden würde dazu führen, dass sich der Optionsvertrag nicht ohne weiteres unter den **Begriff des Termingeschäfts** subsumieren ließe.[401] Freilich kommt es heute auf eine derartige Qualifikation nicht mehr an, da der Termineinwand abgeschafft wurde, aber gerade diese Problematik ließ den BGH damals zur Einheitstheorie tendieren.[402] Auch unter dem Gesichtspunkt der Umgehung des **Schutzzwecks** von § 762 BGB ist die Einheitstheorie vorzugswürdig, denn bejahte man mit der Trennungstheorie ein unverbindliches Gestaltungsrecht, könnte dieses dennoch bei Ausübung zu einem verbindlichen Hauptvertrag führen.[403]

Andererseits wurde bei der Reformierung des § 20 EStG durch das Unternehmensteuerreformgesetz 2008[404] die steuerliche Erfassung der Stillhalterprämie neu geregelt, während explizite Bestimmungen zu den Folgen der Ausübung hingegen fehlen, obwohl diese bereits i.R.d. Anwendungsbereiches von § 23 EStG zu unbilligen Ergebnissen führten. Hieraus könnte daher geschlossen werden, dass der **Gesetzgeber** an der bis dahin geltenden Praxis der Besteuerung, die sich seit jeher am Trennungsprinzip orientiert, nichts ändern wollte.[405] Unterstützt wird diese Annahme durch die Gesetzesbegründung zur Einführung des § 104 Abs. 2 Nr. 5 InsO. Danach sollten von der Vorschrift nur die Verträge erfasst werden, durch die das Optionsrecht begeben wurde, nicht jene, die durch dessen Ausübung zustande kommen.[406]

---

400 *Herzig/Briesemeister*, DB 2002, 1570, 1572.

401 Vgl. zur früheren Rechtslage bereits *Kümpel*, WM 1982, Sonderbeilage Nr. 6, S. 17; des Weiteren *Mülbert/Böhmer*, WM 2006, 937, 943; *Schmid/Renner*, DStR 2005, 2059, 2061; *Harenberg*, FR 2002, 109, 110. Der BFH geht davon aus, dass ein Termingeschäft (i.S.v. § 23 Abs. 1 Nr. 4 EStG a. F.) nur vorliege, wenn der Steuerpflichtige den Geldbetrag oder Vorteil erlange, BFHE 219, 574, 575. *Intemann* betrachtet diese Aussage kritisch, da es für die Einordnung als Termingeschäft nicht auf die Beendigung des Optionsgeschäfts ankommen könne, *Intemann*, in: Herrmann/Heuer/Raupach, § 15 EStG Rn. 1545. Vielmehr sollte in diesem Zusammenhang davon gesprochen werden, dass bei fehlendem Differenzausgleich der Tatbestand der Besteuerung nicht erfüllt ist.

402 BGHZ 92, 317, 319.

403 *Mülbert/Böhmer*, WM 2006, 937, 945.

404 Geändert durch Art. 1 Nr. 16 des Unternehmensteuerreformgesetz 2008, BGBl. 2007, 1912, 1916 f.

405 Vgl. *Hensel*, RdF 2014, 308, 311 f.

406 So die Beschlussempfehlung des Rechtsausschusses des Bundestages, BT-Drucks. 12/7302, S. 168.

Die Intention des Gesetzgebers tritt aus der Gesamtschau der Reglungen folglich nicht eindeutig hervor, dennoch greift die Rechtsprechung auf § 104 Abs. 2 InsO zurück um ihre Trennungstheorie zu untermauern.[407]

G. Ergebnis

Insgesamt ist festzuhalten, dass sich die Einräumung eines Optionsrechts unter der Prämisse der wohl herrschenden Trennungstheorie nicht stimmig erklären lässt. Ferner konnte gezeigt werden, dass sich die Theorie vom alleinigen Abschluss eines bedingten Hauptvertrags nicht stimmig einfügt. Unterstellt man hingegen ein einheitliches Vertragsverhältnis, bestehend aus dem Stillhaltervertrag und dem bedingten Hauptvertrag, wird deutlich, wofür der Optionsnehmer die Prämie zahlt und wie eine Spekulation auf Kosten des Stillhalters überhaupt ermöglicht wird. Die Ausgestaltung als zusammengesetzter Vertrag trifft am ehesten den Kern dessen, wovon die Vertragsparteien bei Abschluss des Optionsgeschäfts ausgehen. Danach hat der Optionsnehmer aus dem Vertrag eine Rechtsstellung inne, die einer einseitigen Beeinflussung durch den anderen Teil entzogen ist. Auch führt die Anwendung des Leistungsstörungsrechts auf den zusammengesetzten Vertrag nicht zu unbilligen Ergebnissen. Fazit der vorstehenden Untersuchung ist, dass das Optionsgeschäft aus dem Stillhaltervertrag und einem aufschiebend bedingten Hauptvertrag besteht, die beide in der Weise geschlossen werden, dass sie miteinander stehen und fallen sollen.

Die vorstehende Untersuchung konnte darüber hinaus zeigen, dass zwischen Options- und Hauptvertrag nicht nur ein vertraglicher Zusammenhang besteht, sondern dass beiden Verträgen dasselbe wirtschaftliche Risiko innewohnt. Während sich handelsbilanzrechtlich bereits mehrere Autoren mit der Darstellung des Optionsgeschäfts beschäftigt haben und hierzu unterschiedliche Thesen entwickelten, ist ungewiss, ob sich die Theorie des zusammengesetzten Vertrags in die Systematik des Handelsbilanzrechts einfügt. Zu untersuchen ist daher, ob die handelsbilanzielle Darstellung des Optionsgeschäfts mit vorgenannter Erkenntnis in Einklang steht oder diese nicht im Lichte der vorstehenden These neu bewertet werden sollte.

407 So BFHE 201, 234, 237.

III. Kapitel: Die Behandlung von Optionsgeschäften in der Handelsbilanz

Nachfolgend wird untersucht, wie ein bilanzierender Kaufmann das Optionsgeschäft in seinem Jahresabschluss behandelt. Diese Frage wird in Literatur und Rechtsprechung nicht einheitlich beantwortet. Zunächst werden daher die bisher publizierten Lösungsansätze dargestellt und gewürdigt, bevor anschließend untersucht wird, wie sich die Theorie des zusammengesetzten Vertrags in das Handelsbilanzrecht einfügt. Die Untersuchung beginnt mit dem Abschluss des Optionsgeschäfts und folgt dem zeitlichen Ablauf bis hin zu dessen Beendigung. Dabei wird jeweils die Perspektive des Stillhalters und des Optionsnehmers eingenommen.

A. Der Erwerb des Optionsrechts

Handelsrechtlich ist grundsätzlich jeder Kaufmann verpflichtet gem. § 238 Abs. 1 HGB Bücher zu führen und in diesen seine Handelsgeschäfte sowie die Lage seines Vermögens nach den Grundsätzen ordnungsmäßiger Buchführung ersichtlich zu machen.[408] Im Jahresabschluss hat er gem. § 246 Abs. 1 S. 1, 2 HGB sämtliche Vermögensgegenstände, Schulden, Rechnungsabgrenzungsposten, Aufwendungen und Erträge, d. h. alle Geschäftsvorfälle des Geschäftsjahres sowie das Unternehmensvermögen i.R.d. geltenden Vorschriften vollumfänglich zu aktivieren bzw. zu passivieren, soweit sie in personeller und sachlicher Hinsicht zu seinem Betriebsvermögen gehören.[409] Schulden, d. h. Verbindlichkeiten und Rückstellungen sind auf der Passivseite auszuweisen und kennzeichnen das Fremdkapital des Kaufmanns.[410]

---

408 Mit dem BilMoG wurde durch Art. 1 Nr. 1 der neue § 241a HGB eingefügt, der nunmehr eine Befreiungsvorschrift für Einzelkaufleute normiert, die in zwei aufeinander folgenden Geschäftsjahren nicht mehr als 500 000 Euro Umsatzerlöse und 50 000 Euro Jahresüberschuss aufweisen, Gesetz zur Modernisierung des Bilanzrechts, BGBl. I 2009, 1102.

409 Sog. Vollständigkeitsgebot, vgl. *Schmidt/Ries*, in: BeBiKo § 246 Rn. 2 f.; MüKoBilR/*Hennrichs*, HGB § 246 Rn. 1, 7, 12.

410 Vgl. MüKoBilR/*Hennrichs*, HGB § 246 Rn. 78 f.

1. Meinungsstand zur Bilanzierung beim Stillhalter

Die bilanzielle Erfassung der Stillhalterposition gestaltet sich vor allem deshalb schwierig, weil in der Rechtswissenschaft Uneinigkeit darüber herrscht, worin genau seine Schuld besteht.[411] So kann man hierin einerseits die Einräumung des Optionsrechts[412] erblicken, andererseits auch die Duldung der Ausübung des Optionsrechts und das Bereithalten des Optionsgegenstandes[413] bzw. die Bereitschaft den Hauptvertrag zu schließen[414] oder lediglich die zeitlich befristete Bindung des Stillhalters[415]. Die unterschiedliche Beantwortung dieser Frage führt zu den nachfolgend dargestellten Ansätzen.

a. *Sofortige erfolgswirksame Vereinnahmung der Optionsprämie*

Unterstellte man, die Stillhalterleistung sei eine selbständige Leistung, die lediglich darin besteht, sich einseitig an einen Vertrag zu binden und hierdurch dem Optionsnehmer ermöglicht, Marktpreisrisiken zu verlagern, so schiene es einleuchtend, in der Prämie allein ein Bindungsentgelt zu sehen. Vertreter dieser Ansicht interpretieren die Theorie der Trennung so streng, dass mit der Eingehung des Optionsvertrags das Optionsrecht eingeräumt und mit Zahlung der Prämie das Rechtsgeschäft beiderseits erfüllt ist.[416] Hiernach wäre die erhaltene Optionsprämie in der Bilanz des Stillhalters sofort erfolgswirksam zu erfassen. Demgegenüber wurde eine sofortige erfolgswirksame Vereinnahmung auch schon durch Vertreter der Einvertragstheorie befürwortet.[417] Während *Voss* zwar die Ansicht vertritt, die Prämie sei eine Vorauszahlung, fordert er dann eine andere

411 Ähnlich auch *Lindner*, S. 116.

412 Z.B. *Bertsch/Kärcher*, Hdb. Derivativer Instrumente, S. 569; *Raesch*, StBp 1973, 52 f. Betrachtet man sich den Steuertatbestand des § 20 Abs. 1 S. 1 Nr. 11 EStG so geht möglicherweise auch der Gesetzgeber von dieser Vorstellung aus. Ähnlich auch *Voss*, DStR 1964, 576, 577.

413 Vgl. BFHE 201, 234, 237.

414 Vgl. *Dreissig*, BB 1989, 1511, 1515; so auch *Heuermann*, DB 2004, 1848, 1849, für den Fall der Nichtausübung. I.E. wohl auch *Buge*, in: Herrmann/Heuer/Raupach, § 20 EStG Rn. 401, der hierin das mit der vertraglichen Bindung eingegangene Risiko der Inanspruchnahme versteht.

415 Vgl. *Niemeyer*, S. 113 f.; i.E. wohl auch *Johannemann/Herr*, RdF 2011, 267, 269. *Winter*, BB 1995, 1631, 1633 spricht von der Übernahme eines finanziellen Wagnisses.

416 Siehe zum Vorstehenden die bereits aufgegebene Rechtsprechung BFHE 163, 175, 182; *FG München*, EFG 2001, 274, 275; vgl. auch *OFD Köln*, DStR 1997, 1084; *Rönitz*, JbFfSt 80/81 S. 48.

417 Vgl. *Voss*, DStR 1964, 576, 577.

Behandlung, wenn es nicht zu einem Anschaffungsvorgang komme. In diesem Fall habe der Stillhalter die Prämie als laufenden Gewinn zu versteuern.[418] In der Folge wird jedoch vernachlässigt, dass der Stillhalter auch nach dem Verständnis der Einvertragstheorie noch eine Verpflichtung zu erbringen hat. *Beckenhaub* kommt daher zu dem Schluss, dass durch die Einräumung des Optionsrechts, eine zukünftig ungewisse Verbindlichkeit begründet werde, die ihren Ursprung in der Vergangenheit habe und durch die Zahlung der Prämie abgegolten werde, während das „Stillhalten" selbst, in der Zukunft abgegolten werde.[419] Mit der Eingehung des Vertrags hätte der Stillhalter nach den vorgenannten Ansichten demnach die Prämie verdient. Eine Verfügung oder einen veräußerungsähnlichen Vorgang über das Optionsrecht als immateriellen Vermögensgegenstand wäre hierin gleichwohl nicht zu erkennen. Allen der prägende Charakter der Leistung des Stillhalters darin besteht, sich vertraglich zu binden und die Ausübung des Optionsrechts zu dulden.[420] Im Unterschied zu selbst geschaffenen immateriellen Vermögensgegenständen entsteht das Optionsrecht nicht aus neuen Erkenntnissen von Forschung und Entwicklung, sondern es wird allein durch die vertragliche Einräumung durch den Stillhalter geschaffen. Somit kann nicht angenommen werden, dass das Optionsrecht beim Stillhalter bereits ein selbständiger Vermögenswert sei, der veräußert werde, vielmehr entsteht es durch die Schaffung einer Rechtslage.[421] Folglich sei nach den vorgenannten Ansichten, die erhaltene Prämie sofort erfolgswirksam zu verbuchen.[422]

b. Bilanzierung einer sonstigen Verbindlichkeit

Begreift man die Stillhalterverpflichtung als eine vom Hauptvertrag losgelöste wirtschaftlich und rechtlich selbständige Dienstleistung, die erst mit Beendigung des Optionsrechts vollständig erbracht werde, aber dennoch nicht mehr den Status eines schwebenden Geschäfts innehat, so wird man eine sonstige Verbindlichkeit passivieren.[423] Eine solche ist dann in der Bilanz zu erfassen, wenn mit der

---

418 *Voss*, ebd.

419 Auch *Beckenhaub*, S. 335, der zugleich eine Verbindlichkeitsrückstellung bezüglich der Stillhalterverpflichtung passiviert.

420 Vgl. BFHE 163, 175, 181; **a.A.** wohl aber *Rönitz*, WM 1971, Beilage 2, S. 7; *ders.*, JbFfSt 80/81 S. 48.

421 Im Ergebnis wohl auch BFH, BStBl. II 1985, 264, 265; BFHE 163, 175, 181.

422 Vgl. *Rönitz*, JbFfSt 80/81 S. 48; *Raesch*, StBp 1973, 52, 53; *Voss*, DStR 1964, 576, 577; *Beckenhaub*, S. 335.

423 BFHE 201, 234, 237 ff. vorgehend indes den Anzahlungscharakter bejahend *FG Hamburg*, EFG 2002, 559, 560. Die Rechtsprechung erging zu börslich gehandelten

Geltendmachung einer dem Grunde und der Höhe nach sicheren Außenverpflichtung – hinsichtlich Leistungen aller Art – ernsthaft zu rechnen ist und deren Erfüllung eine wirtschaftliche Belastung darstellt.[424]

c. *Bilanzierung einer Rückstellung*

Ist die Verbindlichkeit hinsichtlich ihres Grundes und/oder hinsichtlich ihrer Höhe ungewiss, so wäre gem. § 249 Abs. 1 S. 1 HGB eine Rückstellung für ungewisse Verbindlichkeiten zu bilden. Eine solche kommt immer dann in Betracht, wenn eine Außenverpflichtung sicher oder wahrscheinlich be- oder entsteht, diese rechtlich oder wirtschaftlich im abgelaufenen Geschäftsjahr verursacht wurde, mit deren Inanspruchnahme ernsthaft zu rechnen ist und für die kein Passivierungsverbot besteht.[425] Betrachtet man den Optionsvertrag im Lichte der Trennungstheorie, wäre die Bildung einer Rückstellung denkbar, da die Höhe der Stillhalterverpflichtung ungewiss ist.[426] Folgt man einer einheitlichen Betrachtung und unterstellt einen aufschiebend bedingten Vertrag, bei dem unsicher ist, ob

---

Optionskontrakten die i. d. R. glattgestellt werden; die dargestellten Prinzipien lassen sich jedoch auf alle anderen Optionsgeschäfte anwenden, *Wehrheim/ Krause*, BB 2003, 1552, 1554. *Eisele/Knobloch*, DStR 1993, 577, 584; *IDW/BFA*, WPg 1995, 421, 422; *Gebhardt*, BFuP 1996, 557, 567; *Günkel*, JbFfSt 98/99 S. 224; *Hossfeld*, DB 1997, 1241, 1244; *Dreyer/Broer*, DStR 2002, 1590, 1594; *Kupka/Süß*, FR 2002, 438, 441; *Kraft/Mohr*, RdF 2011, 406, 409; *Scharpf/Luz*, S. 417; *Haisch*, in: Herrmann/Heuer/Raupach, § 5 EStG Rn. 1073; *Reiner*, S. 280; i.E. wohl auch *Johannemann/Herr*, RdF 2011, 267, 270; *Assmann/Schütze*, Hdb. KapitalanlageR/*Sagasser*, § 27 Rn. 757; offen gelassen *Schumacher*, DStR 1997, 1236, 1238.

424 Zu den Voraussetzungen einer passivierungsfähigen Verbindlichkeit vgl. BFHE 187, 418, 422; BFHE 187, 552, 555; BFHE 201, 234, 236; *Baetge/Kirsch/Thiele*, Bilanzen, Kapitel III 311 f., S. 172 ff.; *Knobbe-Keuk*, § 4 V S. 112; *Christiansen*, DStR 2009, 2213, 2214. Hierunter fallen neben vertraglichen und gesetzlichen Verpflichtungen auch faktische Außenverbindlichkeiten, *Moxter*, Grundsätze ordnungsgemäßer Rechnungslegung, S. 113 f.

425 BFHE 149, 55, 58; BFHE 150, 140, 142; BFHE 158, 58, 60; BFHE 163, 146, 153; BFHE 166, 96, 97; BFHE 170, 149, 151; BFHE 187, 552, 556; BFHE 198, 420, 421; BFHE 213, 332, 334; *Adler/Düring/Schmaltz*, § 249 HGB Rn. 37; *Schubert*, in: BeBiKo § 249 Rn. 24; *Knobbe-Keuk*, § 4 V S. 112; *Köster*, FS Herzig S. 695, 696; *Treuberg/Scharpf*, DB 1991, 661, 665.

426 Vgl. *Holterhus*, Die Bank 1987, 154, 155; diesem zustimmend *Treuberg/Scharpf*, DB 1991, 661, 665; *Knoll/Steeg*, StuB 2002, 989, 993; *Wolf/Beckenhaub*, DB 2002, 1617, 1622; i.E. wohl *Wehrheim/Krause*, BB 2003, 1552, 1553. Ähnlich auch *Hahne/Sievert*, DStR 2003, 1992, 1993.

der Stillhalter hieraus in Anspruch genommen wird, wäre eine Rückstellung zu bilden, wenn der Eintritt der Bedingung wahrscheinlich ist.[427]

d. Bilanzierung einer Anzahlung

Einem einheitlichen Verständnis des Optionsgeschäfts folgend, umfasst die Verpflichtung des Stillhalters auch dessen Leistung aus dem künftigen Hauptvertrag. Kommt dieser zustande, dann erfüllt die Prämie im Grunde die Funktion eines Entgelts. Es ist daher durchaus vertretbar, der Prämie Vorleistungscharakter zuzusprechen und damit zunächst eine Anzahlung als sonstige Verbindlichkeit zu passivieren.[428] Als solche werden grundsätzlich Vorleistungen aus schwebenden Verträgen aller Art,[429] auf noch zu erbringende Sach- oder Dienstleistungsverpflichtungen eingestellt, um die erhaltenen respektive geleisteten Zahlungen zu neutralisieren, ohne den Schwebezustand des Geschäfts zu berühren.[430]

---

427 MüKoBilR/*Hennrichs*, HGB § 246 Rn. 95; *Werndl*, in: Kirchhof/Söhn/Mellinghoff, EStG § 6 Rn. D 8.

428 Vgl. *Dreissig*, BB 1989, 1511, 1515; *Windmöller/Breker*, WPg 1995, 389, 395; *Herzig/Briesemeister*, DB 2002, 1570, 1578; *Bieg*, StB 2003, 377; *Weber-Grellet*, BB 2004, 35, 36; *Hoffmann*, DStR 2004, 625, 626; *Aigner/Balbinot*, DStR 2015, 198, 203; i.E. wohl auch *Schulze-Osterloh*, Anmerkung zu BFH-Urteil vom 18.12.2002 - I R 17/02, BB 2003, 1009; *Weber-Grellet*, Kommentar zu BFH-Urteil vom 18.12.2002 - I R 17/02, FR 2003, 514; *Schick*, S. 120 f.; *Coenenberg/Haller/Schultze*, S. 289; *Breker*, S. 131 f.; *Lindner*, S. 117; *Coenenberg/Haller/Schultze*, S. 290. Allgemein *Tiedchen*, in: Herrmann/Heuer/Raupach, § 5 EStG Rn. 572; differenzierend dagegen *Voss*, DStR 1964, 576, 577; *Haarmann*, JbFStR 2005/2006, 205, 210 die einen Vorauszahlungscharakter von der tatsächlichen physischen Lieferung des Basiswerts abhängig machen.

429 BFHE 119, 468, 469 f.; BFHE 146, 541, 544; BFHE 168, 182, 190; BFHE 176, 359, 366.

430 Vgl. BFHE 110, 116, 118; BFHE 119, 468, 469; BFHE 142, 370, 375; BFHE 146, 541, 544; BFHE 161, 22, 27; BFHE 163, 146, 152; BFHE 170, 149, 157; BFHE 176, 359, 365 f.; *Adler/Düring/Schmaltz*, § 246 HGB Rn. 184; *Schubert/F. Huber*, in: BeBiKo § 247 Rn. 545; MüKoBilR/*Hennrichs*, HGB § 266 Rn. 126; *Krumm*, in: Blümich, EStG § 5 Rn. 244a, 764. MüKoHGB/*Ballwieser*, HGB § 246 Rn. 30 f. Da das Realisationsprinzip an den Umsatzakt anknüpft, sind bis dahin anfallende Ausgaben und Einnahmen erfolgsneutral zu behandeln, *Hommel/Berndt*, BB 2009, 2190. Einnahmen für zukünftige, noch nicht realisierte, Umsätze müssen daher erfolgsneutral behandelt werden, *Hommel/Berndt*, ebd. Zum Ziel der Neutralisation siehe auch BFHE 176, 359, 362; BFHE 161, 22, 27.

e. Bilanzierung eines Rechnungsabgrenzungspostens

Unter den Vertretern der Einvertrags- und Trennungstheorie wurde ebenfalls die Bildung eines Rechnungsabgrenzungspostens für den Teil der eingenommenen Prämie untersucht, soweit dieser Ertrag für eine bestimmte Zeit nach dem Abschlußstichtag darstellt.[431] Diese Schlussfolgerung stützt sich darauf, dass in der Stillhalterleistung nicht die Veräußerung eines – im Betriebsvermögen des Stillhalters befindlichen – Optionsrechts gesehen wird, sondern der prägende Schwerpunkt seiner Leistungsverpflichtung zeitraumbezogen sei. Im Gegensatz zur sofortigen erfolgswirksamen Vereinnahmung, wurde hierdurch dem zeitlichen Element Rechnung getragen. Der Stillhalter erbringe eine dauerhafte Leistung über die gesamte Laufzeit des Optionsrechts, da er sich über diesen Zeitraum jederzeit liefer- bzw. abnahmebereit halten müsse. Seine Leistung habe er somit erst vollständig erbracht, wenn das Optionsrecht erloschen sei.[432] Nach dieser Ansicht stellt die Prämie somit ebenfalls einen Ertrag aus dem Optionsvertrag dar, der wegen des Zeitraumbezugs der Stillhalterleistung aber auf die Vertragslaufzeit aufzuteilen sei.

f. Kritische Würdigung

Die vorgenannten Lösungsansätze sind in der Literatur und Rechtsprechung nicht kritiklos geblieben. Nachfolgend werden die Konsequenzen der einzelnen Lösungsvorschläge und deren Schwächen beleuchtet.

(1) Kritik an der sofortigen erfolgswirksamen Vereinnahmung

Verbucht man die Einnahme der Prämie als Ertrag, so führt dies zur sofortigen und vollständigen Gewinnrealisation, worin jedoch ein Verstoß gegen das Realisationsprinzip zu sehen sein könnte, denn gem. § 252 Abs. 1 Nr. 4 HGB sind Gewinne nur zu berücksichtigen, wenn sie am Abschlussstichtag realisiert sind.[433]

---

431 So *Grützemacher*, S. 242; ebenso *Niemeyer*, S. 114 f., *ders.*, BB 1990, 1022, 1026; *Popp*, DStR 1976, 87, 91; *Häuselmann*, DB 1987, 1745, 1747 f.; *Cyrankiewicz/Wendland*, ZfgK 1990, 1026, 1028, die im Ergebnis wohl ebenfalls vom Entstehen einer bedingten Verpflichtung gegenüber dem Optionsnehmer ausgehen. *Eilenberger*, BFuP 1995, 125, 136. Zur Bildung eines Rechnungsabgrenzungspostens bei Veräußerung eines Optionsscheins siehe *Schubert/Waubke*, in: BeBiKo § 250 Rn. 26.

432 Vgl. *Niemeyer*, S. 113 f.

433 Das Realisationsprinzip ist eine Ausprägung des Vorsichtsprinzips und macht den Ausweis eines Ertrags vom Zeitpunkt seiner Realisation abhängig, *Adler/Düring/Schmaltz*, § 252 HGB Rn. 63, 79; *Weber-Grellet*, DStR 1996, 896, 897; *Christiansen*,

Dies ist grundsätzlich dann der Fall, wenn Schuldner der Sach- oder Dienstleistung diese erbracht hat oder die Preisgefahr bereits aus anderen Gründen übergegangen ist,[434] d. h. im Zeitpunkt der „wirtschaftlichen Erfüllung“ oder anders gewendet, wenn ihm der Gewinn „so gut wie sicher“ ist.[435]

Die sofortige Gewinnrealisation wird begründet mit dem Argument, der Stillhalter habe seine Leistung bereits erbracht. Eine Rückstellung gem. § 249 Abs. 1 Alt. 2 HGB für drohende Verluste aus schwebenden Geschäften scheidet für die Vertreter einer solch stringenten Trennungstheorie aus, weil der Hauptvertrag noch nicht geschlossen wurde und damit kein schwebendes Geschäft vorliege Darüber hinaus verbleibe die Prämie beim Stillhalter, unabhängig vom Zustandekommen des Hauptvertrags, wodurch sie ihm somit „so gut wie sicher“ sein könnte. Diese Ansicht lässt unberücksichtigt, dass die Stillhalterleistung nicht mit Abschluss des Optionsvertrags vollständig erbracht ist. Auch nach Ansicht der Trennungstheorie erstreckt sich die Bindung des Stillhalters über den Zeitraum des Bestehens des Optionsrechts bis zu dessen Erlöschen. Der zeitliche Aspekt der Abrede des Optionsvertrags wird jedoch völlig vernachlässigt.[436] Die Ansicht

---

DStR 2009, 2213, 2215. Es handelt sich um einen unabdingbaren Grundsatz ordnungsmäßiger Buchführung, so *Leffson*, S. 251. *Hommel/Berndt*, BB 2009, 2190, 2191 sprechen sogar von einem „Fundamentalprinzip der Rechnungslegung“. Vertiefend zum Realisationsprinzip siehe *Siegel*, BFuP, 1994, 1 ff.

434 Vgl. MüKoBilR/*Tiedchen*, HGB § 252 Rn. 66 m.w.N.

435 Der BFH spricht in langjähriger Rechtsprechung von der Realisation, wenn der Ertrag aus dem Geschäft „so gut wie sicher“ ist, BFHE 147, 8, 11; BFHE 168, 182, 187; BFHE 171, 448, 451; BFHE 186, 429, 432; BFHE 187, 552, 558; BFHE 201, 234, 239, BFHE 210, 398, 400. Umstritten ist, wann genau der Gewinn realisiert ist. Dies wird für den jeweiligen Vertrag unter Berücksichtigung dessen Besonderheiten gesondert beurteilt, BFHE 161, 22, 25. Bei einem Veräußerungsgeschäft sei der Gewinn erst realisiert, wenn der Veräußerer die Sache übergeben, und damit den Vertrag wirtschaftlich erfüllt habe, auf die zivilrechtliche Eigentumsübertragung komme es nicht an, BFHE 146, 383, 385; BFHE 142, 370, 372 f. Beim Werkvertrag hingegen sei der Zeitpunkt der Abnahme entscheidend, BFHE 64, 70, 72. Handelt es sich um einen Anspruch auf Provision, so sei dieser nicht vor Ausführung des vermittelten Geschäfts auszuweisen, BFHE 58, 624, 626. Vertiefend zur Rechtsprechung des BFH zum Realisationszeitpunkt siehe *Moxter*, Bilanzrechtsprechung, § 5 II, S. 47 ff. Auch der Verpflichtete aus einem Dienstvertrag beende den Schwebezustand erst mit Erbringung der Dienstleistung, *Woerner*, FR 1984, 489, 494. Die erfolgswirksame Erfassung wird mithin grundsätzlich an die wirtschaftliche Erfüllung geknüpft, vgl. BFHE 111, 89, 92; BFHE 137, 339, 342; *Hommel/Berndt*, BB 2009, 2190; *Leffson*, S. 247; *Weber-Grellet*, DStR 1996, 896, 897.

436 Vgl. *Niemeyer*, S. 116.

der sofortigen Gewinnrealisation verkennt, dass die Stillhalterverpflichtung eine Leistung ist, die erst mit Ausübung bzw. dem Verfall des Optionsrechts endet, denn der Stillhalter trägt bis zu diesem Zeitpunkt das Risiko der Preisentwicklung seiner Verpflichtung aus dem Hauptvertrag.[437] Seine Leistung hat er somit erst vollständig erbracht, wenn das Optionsrecht erlischt.[438]

Der Einheitstheorie aber auch der Theorie des zusammengesetzten Vertrags folgend, besteht außerdem eine wirtschaftliche Belastung aus dem bedingten Hauptvertrag. Diese soll schließlich ganz oder teilweise durch die vereinnahmte Prämie kompensiert werden. Wesentlicher Bestandteil der Prämienberechnung ist die Prognose des zukünftigen Verlusts aus dem Hauptvertrag. Bei Ausübung des Optionsrechts verwirklicht sich folglich das prognostizierte Risiko und die Prämie wird regelrecht von den durch den Hauptvertrag eintretenden Verlusten aufgezehrt.[439] Aus handelsrechtlicher Sicht ist sie somit risikobelastet und darf daher nicht ausschüttbar sein.[440] Die sofortige erfolgswirksame Vereinnahmung hieße, die Chancen aus dem Geschäft zu realisieren, das Risiko aber zu vernachlässigen.[441] Folglich verstößt die sofortige erfolgswirksame Ausweisung der Optionsprämie als Ertrag – unabhängig ob man der Trennungs- oder der Einheitstheorie folgt – gegen das Realisationsprinzip gem. § 252 Abs. 1 Nr. 4 a.E. HGB und ist daher abzulehnen.[442]

---

437 BFHE 201, 234, 239; *Treuberg/Scharpf*, DB 1991, 661, 665.

438 So i.E. auch BFHE 201, 234, 239, der von einer Gewinnrealisierung erst nach vollständiger wirtschaftlicher Erbringung der Stillhalterleistung ausgeht.

439 **A.A.** wohl *Raesch*, für den eine nach Abschluss des Optionsvertrags „zukünftige wirtschaftlich ins Gewicht fallende Last" nicht vorliege, *Raesch*, StBp 1973, 52, 53.

440 Zweck der Handelsbilanz und auch des Realisationsprinzips ist es, mögliche substanzgefährdende Ausschüttungen zu verhindern, indem Gewinne nur dann ausgeschüttet werden können, wenn sie in zukünftigen Perioden von erkennbaren Verlusten freigestellt wurden, *Leffson*, S. 251; *Euler*, Grundsätze ordnungsmäßiger Gewinnrealisierung, S. 65 ff.; *Hommel/Berndt*, BB 2009, 2190.

441 *Holterhus*, Die Bank 1987, 154, 155, der explizit darauf hinweist, dass die Prämie im Zeitpunkt ihrer Vereinnahmung noch nicht verteilungsfähig und ausschüttbar ist.

442 Ganz herrschende Meinung sowohl im handelsrechtlichen und steuerrechtlichen Schrifttum als auch in der Rechtsprechung BFHE 201, 234, 239; *Breker*, S. 127; *Treuberg/Scharpf*, DB 1991, 661, 665; *Herzig/Briesemeister*, DB 2002, 1570, 1579; *Winter*, BB 1995, 1631, 1633; *Hahne/Sievert*, DStR 2003, 1992, 1993; *Schumacher*, DStR 1997, 1236, 1238; *Wehrheim/Krause*, BB 2003, 1552, 1556; *Dreyer/Broer*, DStR 2002, 1590, 1594; *Wolf/Beckenhaub*, DB 2002, 1617, 1621; *Rau*, BB 2002, 928, 931; *Scharpf/Luz*, S. 414; *Bieg*, StB 2003, 377; *Hahne/Liepolt*, DB 2006, 1329; *Kraft/Mohr*, RdF 2011, 406, 409; *Schick*, S. 118; *Bauer*, in: Kirchhof/Söhn/Mellinghoff, EStG § 5 Rn. F 310. **A.A.** im Ergebnis wohl *Christiansen*, DStR 2007, 869, 871, der davon spricht, dass

(2) *Kritik an der Bilanzierung einer sonstigen Verbindlichkeit*

Befürworter der Trennungstheorie passivieren die wirtschaftlich und rechtlich selbständige Stillhalterverpflichtung als sonstige Verbindlichkeit.[443] Der Einwand, es bestehe keine wirtschaftliche Belastung des Stillhalters, da dieser aus dem Optionsvertrag lediglich einen Gewinn erziele, während Verluste – bei getrennter Betrachtung beider Geschäfte – letztlich aus dem Hauptvertrag folgen,[444] geht fehl, denn für den Dienstleistungsverpflichteten besteht die wirtschaftliche Belastung in der Erbringung dieser Leistung.[445] Weiterhin wäre es auch für Vertreter der Trennungstheorie nicht einleuchtend, warum die wirtschaftliche Belastung allein aus dem Hauptvertrag resultiere, da es doch der Optionsvertrag erst ermöglicht, auf Kosten des Stillhalters zu spekulieren. Dies stützt sich u. a. auf die Überlegung, dass im Falle der Zahlung eines Barausgleichs – auch bei getrennter Betrachtung – gerade das Risiko des Optionsvertrags realisiert hat.[446]

(a) Verbindlichkeit der Höhe nach bestimmt

Eine Verbindlichkeit ist am Bilanzstichtag der Höhe nach bestimmt. Fehlt es hieran, dann ist die Verbindlichkeit unter den Rückstellungen anzusetzen.[447] Da die Trennungstheorie in der Stillhalterprämie lediglich ein Bindungsentgelt sieht, ließe sich die Passivierung als Verbindlichkeit auf den Gedanken stützen, dass die Prämie – als Gegenleistung der eingegangenen Verpflichtung – mit den Anschaffungskosten zu passivieren sei.[448] Die Höhe der Verpflichtung wird durch die erhaltene Gegenleistung indes nicht derart widergespiegelt, als dass man von einer Bestimmtheit der Verbindlichkeit sprechen könnte. Eine Verbindlichkeit wird gem. § 253 Abs. 1 S. 2 HGB – worauf an anderer Stelle noch einzugehen sein wird – mit dem Erfüllungs-

---

der Tatbestand, des „so gut wie sicheren" Ertrags übererfüllt sei, wenn das Entgelt unentziehbar vereinnahmt wurde.

443 BFHE 201, 234, 240; *FG Hamburg*, EFG 2002, 559, 560; *Eisele/Knobloch*, DStR 1993, 577, 584; *Dreyer/ Broer*, DStR 2002, 1590, 1594; *Gebhardt*, BFuP 1996, 557, 567; *IDW/ BFA*, WPg 1995, 421, 422; *Günkel*, JbFfSt 98/99 S. 224; *Scharpf/Luz*, S. 417; *Reiner*, S. 280; offen gelassen *Schumacher*, DStR 1997, 1236, 1238.

444 Ähnlich etwa *Krumm*, in: Blümich, EStG § 5 Rn. 920 mit der Begründung, der Risikoüberhang realisiere sich erst mit wirtschaftlicher Erfüllung des Hauptvertrags und sei daher ihm zuzuordnen.

445 I.d.S. auch BFHE 201, 234, 237, *Baetge/Kirsch/Thiele*, Bilanzen, Kapitel III 313, S. 176.

446 *Kraft/Mohr*, RdF 2011, 406, 413; **a.A.** *Häuselmann*, Ubg 2008, 391, 394, der hierin das Risiko aus dem latenten Erfüllungsgeschäft sieht.

447 Vgl. *Knobbe-Keuk*, § 4 V S. 112.

448 I.d.S. BFHE 201, 234, 241.

betrag bewertet und zwar auch, wenn der Schuldner im Zusammenhang mit deren Eingehung eine Gegenleistung erhält.[449] Der Ansatz der Verbindlichkeit in Höhe der bei Eingehung erhaltenen Gegenleistung erscheint daher nur in den Fällen gerechtfertigt, in welchen diese auch dem Erfüllungswert entsprechen.[450] Hierunter ist der Betrag zu verstehen, welcher am Erfüllungstag zur Erbringung der Leistung voraussichtlich aufgewendet werden muss.[451] Zum Zeitpunkt des Abschlusses des Optionsvertrags entspricht die Höhe der Prämie zwar dem Betrag, den der Stillhalter zusätzlich zu seiner Verpflichtung aus dem Hauptvertrag wahrscheinlich aufbringen muss, hierbei handelt es sich jedoch lediglich um eine Schätzung. Darüber hinaus ist die Ungewissheit über die Höhe des Erfüllungsbetrags Teil des Optionsgeschäfts. Auch die Vertreter der Trennungstheorie vermögen nicht zu bestreiten, dass die Stillhalterverpflichtung Wertschwankungen unterliegt. Der Wert der Stillhalterleistung schwankt – als Äquivalent zum Optionsrecht – Abhängig von der Preisentwicklung des Basiswerts, so dass dessen Höhe die erhaltene Prämie im Verlustfall auch um das Vielfache übersteigen kann. Selbst mit Hilfe finanzmathematischer Modelle kann deren Höhe nicht exakt bestimmt werden, da die tatsächliche Marktentwicklung immer eine unvorhersehbare Variable bleibt.[452] Dem könnte entgegnet werden, dass allenfalls die Verpflichtung aus dem potentiellen Hauptvertrag ungewiss sein könne.[453] Positive wie negative Gewinne aus dem Optionsvertrag lassen sich aber bereits während der Optionslaufzeit durch Glattstellung realisieren. Hieraus vermögen sich folglich zwei Erkenntnisse herleiten. Einerseits verkennt die Trennungstheorie, dass ein sehr enger Zusammenhang zwischen beiden Phasen des Optionsgeschäfts besteht, da der Hauptvertrag den Wert der Stillhalterleistung ganz wesentlich beeinflusst. Darüber hinaus entspricht die Abbildung in der Handelsbilanz als der Höhe nach bestimmter Verbindlichkeit, nicht dem zu erfassenden wirtschaftlichen Sachverhalt. Der Erfüllungsbetrag der Stillhalterverpflichtung ist – rein tatsächlich – gebunden an die Verpflichtung aus dem Hauptvertrag. Die Prämie, die einer zukünftigen Prognose des zu erwartenden Werts der Stillhalterleistung am Tag der Optionsrechtsausübung entspricht, ist daher identisch mit dem bei Vertragsschluss geschätzten – nach vernünftiger kaufmännischer Beurteilung

---

449 Vgl. *Knobbe-Keuk*, § 5 IX S. 233.

450 Ähnlich auch *Beckenhaub*, S. 333, der die Passivierung einer Verbindlichkeit ablehnt, denn diese nach dem Vermögenszugang zu passivieren sei nur bei „wertbeständigen Schulden“ anzuwenden; spekulative Geschäfte seien dieser Argumentation daher nicht zugänglich.

451 MüKoBilR/*Tiedchen*, HGB § 253 Rn. 20; MüKoHGB/*Ballwieser*, HGB § 253 Rn. 66.

452 Vgl. *Wolf/Beckenhaub*, DB 2002, 1617, 1621.

453 Siehe *Hossfeld*, DB 1997, 1241, 1244; ähnlich auch *Kupka/Süß*, FR 2002, 438, 444.

notwendigen – Erfüllungsbetrag. Die Stillhalterverpflichtung ist somit der Höhe nach ungewiss, was gegen die Passivierung einer Verbindlichkeit spricht.[454]

(b) Schwebende Geschäfte

Diese Kontroverse, ob eine Verbindlichkeit oder eine Rückstellung für ungewisse Verbindlichkeiten zu passivieren sein sollte, bräuchte nicht entschieden werden, wenn der bilanziellen Erfassung der Grundsatz ordnungsmäßiger Buchführung der Nichtbilanzierung schwebender Geschäfte entgegenstünde.[455] Unter solchen sind zwei- oder mehrseitige – auf Leistungsaustausch gerichtete – Geschäfte zu verstehen, bei denen die Sach- oder Dienstleistungspflicht noch nicht voll erfüllt ist.[456]

Obwohl der Stillhalter zur Leistungserbringung verpflichtet ist und diese noch nicht vollständig erbracht wurde, passiviert die Rechtsprechung seit BFHE 201, 234, 240 eine Verbindlichkeit, mit der Begründung, es müsse hier etwas anderes gelten, da der zur Zahlung Verpflichtete ausnahmsweise vollständig vorzuleisten habe. Leistung und Gegenleistung stünden sich deshalb nicht mehr ausgeglichen gegenüber, so dass der Schwebezustand durch einseitige Erfüllung des zur Zahlung Verpflichteten beendet worden sei.[457] Danach ist der Schwebezustand – nach An-

---

454 Ähnlich auch *Hahne/Sievert*, DStR 2003, 1992, 1993, die jedoch die Bildung einer Rückstellung deshalb bejahen, weil nicht sicher sei, ob der Stillhalter den Hauptvertrag wird erfüllen müssen.

455 Schwebende Geschäfte sind danach grundsätzlich nicht zu bilanzieren, solange und soweit sie einander ausgleichend gegenüberstehen. Ein Bilanzausweis ist nur dann geboten, wenn und soweit das Gleichgewicht der Vertragsbeziehungen durch Vorleistungen oder Erfüllungsrückstände eines Vertragspartners gestört ist, oder aus diesem Geschäft ein Verlust droht, zu den vorstehenden Ausführungen siehe BFH in ständiger Rechtsprechung BFHE 163, 146, 152; BFHE 170, 149, 156; BFHE 183, 199, 204 m.w.N.; BFHE 213, 332, 334; *Adler/Düring/Schmaltz*, § 249 HGB Rn. 135; *Werndl*, in: Kirchhof/Söhn/Mellinghoff, EStG § 6 Rn. A 83. Zur Geltung der GoB im Allgemeinen siehe MüKoBilR/*Graf*, HGB § 238 Rn. 39 ff.

456 BFHE 164, 448, 452; BFHE 167, 322, 324; BFHE 170, 247, 250; BFHE 183, 199, 204.

457 BFHE 201, 234, 240. Diese Rechtsprechung hat sich nunmehr gefestigt, siehe BFHE 219, 129, 134 und BFHE 232, 80, 83. Dabei hat der BFH zum bilanziellen Ausweis von Rückkaufverpflichtungen in Leasingverträgen Stellung genommen und den Schwebezustand als beendet angesehen, nachdem die Leasinggesellschaften ihre Gegenleistung für die Einräumung der jeweiligen Rückkaufsoption erbracht hatten; nach gebotener wirtschaftlicher Betrachtung sei diese im Entgelt enthalten gewesen, BFHE 219, 129, 134, hieran festhaltend BFHE 232, 80, 83 f. *Hahne* überträgt die Grundsätze dieser Rechtsprechung auf die bilanzielle Behandlung von Bürgschaften und Kreditgarantien, *Hahne*, BB 2005, 819, 823. *Bergemann* erkennt Anwendungspotential auch auf den Verkauf von Immobilien unter Übernahme einer

sicht des BFH – nunmehr nach vollständig erbrachter Geldleistung aufgrund einer Vorleistungspflicht ohne Anzahlungscharakter, beendet.[458] Soweit eingewandt wird, aus Sicht des Optionsberechtigten sei der Vertrag mit der Einräumung des Optionsrechtes erfüllt,[459] verkennt diese Ansicht, dass die Verpflichtung des Stillhalters gerade nicht im Verkauf eines abstrakten Rechts besteht.

Gleichwohl überzeugt dieses Verständnis eines schwebenden Geschäfts aus folgenden Gründen nicht: Schwebende Geschäfte werden nach einhelliger Meinung unter Berücksichtigung des Realisationsprinzips deshalb nicht in der Handelsbilanz erfasst, weil sich zu diesem Zeitpunkt Leistung und Gegenleistung gleichwertig gegenüberstehen.[460] Dennoch wird der Sach- und Dienstleistungsverpflichtete einen Gewinn kalkulieren.[461] Versteht man das schwebende Geschäft als ein solches, bei welchem keine der Hauptleistungen vollständig erbracht sein darf,[462] führte die Erbringung der Gegenleistung zur Gewinnrealisation beim Sach- und Dienstleistungsverpflichteten, obwohl dessen Anspruch auf diese Gegenleistung noch mit vielfältigen Risiken behaftet ist.[463] Bei einem Beschaffungs-

---

Mietgarantie, *Bergemann*, BB 2008, 496. Dieser Rechtsprechung folgend auch *Kraft/Mohr*, RdF 2011, 406, 414.

458 Der oberfinanzgerichtlichen Rechtsprechung folgend *Christiansen*, DStR 2007, 869, 870, *Rau*, DStR 2003, 1769, 1773. **Kritisch** allerdings *Schulze-Osterloh*, Kommentar zu BFH-Urteil vom 18.12.2002 - I R 17/02, BB 2003, 1009 sowie *Hoffmann*, StuB 2003, 543.

459 So *Hahne/Sievert*, DStR 2003, 1992, 1994.

460 BFHE 131, 57, 60; BFHE 183, 199, 204; BFHE 184, 422, 423; BFHE 195, 567, 568; *Knobbe-Keuk*, § 4 VII S. 141. Begründet wird dieser, nicht kodifizierte Grundsatz mit dem Realisations- und Vorsichtsprinzip. Dafür spricht außerdem die Vermutung, dass sich die Ansprüche der Parteien ausgeglichen gegenüberstehen, MüKoHGB/*Ballwieser*, HGB § 246 Rn. 30 f.

461 So *Krumm*, in: Blümich, EStG § 5 Rn. 243; MüKoBilR/*Hennrichs*, HGB § 246 Rn. 135; insoweit auch zustimmend *Christiansen*, DStR 2007, 869, der jedoch zwischen Beendigung des Schwebezustandes und Realisationszeitpunkt trennt; differenzierend hingegen *Tiedchen*, in: Herrmann/Heuer/Raupach, § 5 EStG Rn. 540.

462 So das frühere Verständnis des RFH und auch des BFH: RFH JW 1930, 2709 f.; RFH RStBl. 1933, 337, 338; BFHE 59, 266, 268; BFHE 71, 111, 118; BFHE 152, 226, 228; aber auch *Heußner*, BB 1988, 2417, 2422; *Döllerer*, BB 1974, 1541, 1548; *Moxter*, Grundsätze ordnungsgemäßer Rechnungslegung, S. 148; *Adler/Düring/Schmaltz*, § 249 HGB Rn. 139 konträr hierzu *Adler/Düring/Schmaltz*, § 246 HGB Rn. 183; *Adler/Düring/Schmaltz*, § 253 HGB Rn. 242.

463 Vgl. *Leffson*, S. 264 f.; *Knobbe-Keuk*, § 4 VII S. 141; *Crezelius*, FS Döllerer, 81, 85 f.; **a.A.** *Gelhausen*, S. 94, dieser tritt für die Trennung von Gewinn- und Umsatzrealisation ein, *Gelhausen*, S. 321 ff., 414 f.; **kritisch** hierzu *Euler*, Grundsätze ordnungsmäßiger Gewinnrealisierung, S. 119 f.

geschäft besteht bspw. das Risiko des Untergangs des Vermögensgegenstands oder aber der Verzögerung der Herstellung durch inner- und außerbetriebliche Risiken sowie das Be- oder Entstehen zivilrechtlicher Einreden.[464] Es handelt sich hierbei um eine typisierende Betrachtung, so dass es letztlich nicht auf die Risiken im Einzelfall ankommt.[465] Einige Teile der Literatur gingen daher bereits früher von einem weiteren Verständnis des schwebenden Geschäfts aus, indem sie dessen Beendigung erst dann annahmen, wenn die Sach- oder Dienstleistungsverpflichtung vollständig erbracht worden war.[466] Sie wurden von dem Verständnis geleitet, ein vorzeitiger Ausweis verstieße gegen das Vorsichts- und Realisationsprinzip[467]. Letztlich übernahm auch die Rechtsprechung diese Definition[468]. Auch die jüngere Literatur hält an der überkommenen Definition fest.[469]

---

464 *Döllerer*, BB 1974, 1541, 1543; *Woerner*, BB 1988, 769, 771; *Wüstemann/Kierzek*, ZfbF 2007, 882, 890. Vertiefend zu den Risiken *Leffson*, S. 260 f. Meist wird eingewandt, dass beim Tausch von Sach- und Dienstleistungsverpflichtungen der Schwebezustand auch nach einseitiger Erfüllung beendet sei, ohne dass es auf die Verpflichtung des anderen Teils ankäme, BFHE 201, 234, 240; bezugnehmend auf diese Entscheidung *Christiansen*, DStR 2007, 869; 870. Die Besonderheit beim Tausch von Wirtschaftsgütern liegt steuerbilanzrechtlich darin, dass die Anschaffungskosten des hereingetauschten Wirtschaftsguts gem. § 6 Abs. 6 EStG mit dem gemeinen Wert des hingegebenen Wirtschaftsguts bemessen werden, so dass jede Vertragspartei ihren Gewinn realisiert, wenn sie ihre Sachleistungsverpflichtung erfüllt hat, *Woerner*, FR 1984, 489, 495 f. Aus diesem Grund endet das schwebende Geschäft beim Tausch grundsätzlich mit der Erbringung der Sach- oder Dienstleistung eines Vertragspartners, *Woerner*, ebd. Die wirtschaftliche Erfüllung knüpft also an die Lieferung des hineingetauschten Wirtschaftsguts an, BFHE 137, 339, 342.

465 *Woerner*, BB 1988, 769, 771.

466 Vgl. *Bauer*, S. 12 f.; *Woerner*, FR 1984, 489, 491; *Groh*, BB 1988, 27, 28.

467 BFHE 137, 448, 451; i.E. auch BFHE 146, 383, 384; BFHE 164, 448, 452; *Knobbe-Keuk*, § 4 VII S. 141; *Crezelius*, FS Döllerer, 81, 85; *Dreyer/Broer*, DStR 2002, 1590, 1592; *Christiansen*, DStR 2009, 2213, 2214. *Woerner*, FR 1984, 489, 492 der sich gegen die Abbildung möglicherweise wirtschaftlich wertloser Forderungen oder Verbindlichkeiten ausspricht. Der Sach- und Dienstleistungsverpflichtete verwirkliche seinen Gewinn erst mit Erbringung seiner Leistung, vgl. *Woerner*, FR 1984, 489, 493 der von „Wertschöpfung […] mit wirtschaftlicher Substanz" spricht.

468 BFHE 150, 412, 414 f.; BFHE 176, 359, 362; BFHE 183, 199, 204; BFHE 195, 567, 568; BFH/NV 2003, 919, 921. Nach BFHE 164, 448, 452 führte die vollständige Erbringung der Gegenleistung nicht zur Beendigung des Schwebezustands.

469 *Bezogen auf Optionsverträge: Coenenberg/Haller/Schultze*, S. 289; *Lindner*, S. 95; *Schulze-Osterloh*, Anmerkung zu BFH-Urteil vom 18.12.2002 - I R 17/02, BB 2003, 1009; *Dreyer/Broer*, DStR 2002, 1590, 1594; i.E. wohl auch *Hahne/Liepolt* die von einem systemwidrigen Auseinanderfallen sprechen, *Hahne/Liepolt*, DB 2006, 1329.

Da rekurrierend auf das Optionsgeschäft beide Parteien auf einen atypischen Gewinn hoffen, findet dieser Grundsatz auch auf Optionsgeschäfte Anwendung. Nach dem eben gesagten verwundert es, dass die Rechtsprechung einerseits den Schwebezustand verneint, andererseits aber eine Gewinnrealisation ablehnt,[470] da letztere mit der Beendigung des Schwebezustandes grundsätzlich zusammenfällt[471]. Hieran knüpft letztlich das Verständnis an, dass nicht nur der Gewinnausweis, sondern auch die zeitliche Zuordnung von Umsatzerlösen durch das Realisationsprinzip geregelt wird.[472] Demgegenüber sei einerseits aus der Betrach-

---

Im Allgemeinen: Baumbach/Hopt/*Merkt*, HGB § 252 Rn. 22; MüKoBilR/*Hennrichs*, HGB § 246 Rn. 134; MüKoHGB/*Ballwieser*, HGB § 249 Rn. 54; *Wüstemann/Kierzek*, ZfbF 2007, 882, 890; *Schubert*, in: BeBiKo § 249 Rn. 56, der sich auf die Erbringung der den Vertragstyp charakterisierenden Leistungspflicht bezieht. *Krumm*, in: Blümich, EStG § 5 Rn. 244a hält diese Beurteilung nicht für zwingend; *Tiedchen*, in: Herrmann/Heuer/Raupach, § 5 EStG Rn. 540 mit dem ausdrücklichen Hinweis, dass es auf die Erfüllung der Geldleistung nicht ankomme, *dies.*, FR 2012, 22 f. Ausdrücklich auch *Hey*, in: Tipke/Lang, Steuerrecht § 17 Rn. 207, die bis zum Zeitpunkt der Leistung als dem Zeitpunkt der Realisation das Geschäft im Schwebezustand sieht. **A.A.** *Baetge/Kirsch/Thiele*, Bilanzen, Kapitel IX 52, S. 451 und *Crezelius* in: Kirchhof, EStG § 5 Rn. 76, die jeweils darauf abstellen, dass mindestens ein Vertragspartner seine Leistung erbracht haben müsse.

470 BFHE 201, 234, 239 f.; Die Lösung des BFH zeugt „von einer gewissen Originalität", so *Weber-Grellet*, Kommentar zu BFH-Urteil vom 18.12.2002 - I R 17/02, FR 2003, 514; Kritisch hierzu auch *Lindner*, S. 71. Unproblematisch sieht *Christiansen* hingegen die Trennung des Zeitpunktes der Gewinnrealisation und der Beendigung des Schwebzustandes, *Christiansen*, DStR 2009, 2213, 2214.

471 Vgl. *Woerner*, FR 1984, 489, 493; *Hahne/Sievert*, DStR 2003, 1992, 1993 aber auch *Moxter*, Grundsätze ordnungsmäßiger Rechnungslegung S. 50. *Herzig*, FS Schmidt, S. 211 konstatiert, der Zeitpunkt der Gewinnverwirklichung determiniere zwangsläufig den Zeitpunkt des bilanzrechtlichen Entstehens der Forderung. I.E. wohl auch *Crezelius*, FS Döllerer, 81, 86. Für eine solche Behandlung spricht auch das Argument, dass die Zahlung nach Belieben gesteuert werden könne, *Woerner*, FR 1984, 489, 493. Eine solche Möglichkeit habe gerade keine Bedeutung, wenn man, wie der BFH den Zeitpunkt der Realisation nicht mit dem Zeitpunkt des Umsatzes gleichsetzt. I.E. wohl auch *Weber-Grellet*, DB, 2002, 2180, 2181, der die Nichtbilanzierung damit begründet, dass noch keine Realisation von Ertrag stattgefunden hat. Auch *Groh*, BB 1988, 27, 28 der unmissverständlich festhält, dass ein Absatzgeschäft solange schwebt „wie sein Erfolg noch nicht realisiert ist", die Gegenleistung sei hierfür gerade nicht ausschlaggebend. Differenzierend *Adler/Düring/Schmaltz*, § 246 HGB Rn. 187 m.w.N. die der Annahme folgen, dass Ausnahmen bspw. bei Annahmeverzug des Käufers oder Gewinnrealisierung bei langfristiger Fertigung denkbar sind.

472 *Herzig*, FS Schmidt, S. 212.

tung von Anschaffungsvorgängen erkennbar, dass mit dem Leistungsbezug der Schwebezustand ende auch wenn es keinen Erfolg zu realisieren gebe, andererseits sei im Falle des Zuflusses eines unentziehbar vereinnahmten Entgelts der Gewinn „so gut wie sicher", auch wenn die Sach- oder Dienstleistung noch zu erbringen sei.[473] Diese Ansicht verkennt, dass der Grundsatz der Nichtbilanzierung schwebender Geschäfte und die erfolgsneutrale Erfassung von Anschaffungsvorgängen Teile des übergeordneten Realisationsprinzips sind und sich folglich gegenseitig stützen und nicht ausschließen. Ein Anschaffungsvorgang wird erst dann in der Bilanz des Erwerbers erfasst, wenn ihm der Vermögensgegenstand subjektiv zugerechnet werden kann, entweder durch Eigentumserwerb oder eine Anschaffungsfiktion.[474] Erst durch die Verwirklichung des Anschaffungsvorgangs werden die bewertungstechnischen Voraussetzungen einer Aktivierung und die wertmäßige erfolgswirksame Fortentwicklung des Vermögensgegenstandes geschaffen.[475] Auch wenn Anschaffungsvorgänge erfolgsneutral sind, so wird mit der Aktivierung eines Vermögensgegenstandes die Grundlage geschaffen, dass sich Wertveränderungen unter bestimmten Voraussetzungen auf das Bilanzergebnis auswirken. Weiterhin konnte bereits gezeigt werden, dass die Optionsprämie dem Stillhalter unter dem Gesichtspunkt des allgemeinen Leistungsstörungsrechts keineswegs unentziehbar zugeflossen ist. Die **Trennungstheorie** vermag daher nicht widerspruchsfrei zu erklären, wie einerseits kein schwebendes Geschäft mehr vorliegen und andererseits der Gewinn noch nicht realisiert sein kann.[476]

Im Unterschied zu einem bereits abgeschlossenen und lediglich noch nicht erfüllten schuldrechtlichen Vertrag, fehlt es indes **einem aufschiebend bedingten Vertrag** nicht nur an der Gewissheit, sondern bereits am Entstehen der Rechtsfolgen.[477] Daher wird dieser ebenfalls nicht in der Bilanz erfasst.[478] Ausnahmsweise lässt man statt eines wirksamen Vertragsschlusses auch ein bindendes Angebot

---

473 So *Christiansen*, DStR 2007, 869, 870 f.; auch *Gelhausen*, S. 406 ff.; kritisch hierzu *Woerner*, BB 1988, 769, 770 f.

474 Vgl. Roser, DStR 2015, 724, 730.

475 Vgl. *Roser*, ebd.

476 I.d.S. auch *Lindner*, S. 71.

477 Vgl. *Schubert*, in: BeBiKo § 247 Rn. 224; MüKoBilR/*Hennrichs*, HGB § 246 Rn. 95.

478 BFHE 167, 69, 71 f.; i.E. wohl auch BFHE 133, 363, 365 und BFHE 187, 552, 555 f., die jedoch die Bildung einer Rückstellung bejahen, wenn bei aufschiebend bedingten Verbindlichkeiten lediglich ungewiss ist, ob nach dem Bilanzstichtag die Bedingung eintreten wird, hierfür aber eine positive Prognose besteht.

genügen, wenn mit dessen Annahme „so gut wie sicher" zu rechnen ist.[479] Dieser Grundsatz lässt sich auch auf die Erfassung eines aufschiebend bedingten Vertrags übertragen, wenn dieser unter einer Wollensbedingung geschlossen wurde, da dann die Interessenlage der einer Angebotsannahme vergleichbar ist. Doch obwohl die Vertragsparteien bei Abschluss des bedingten Vertrags die Optionsrechtsausübung grundsätzlich unterstellen, so ist hierunter **nicht die geforderte hinreichende Erwartung** zu verstehen, die Grundlage für eine bilanzwirksame Erfassung sein kann. Die Ausübung müsste so sicher sein, dass es faktisch gerechtfertigt erschiene, sie bereits wie eine wirtschaftlich bestehende Verbindlichkeit zu behandeln.[480] Eine solche Sicherheit besteht bei Vertragsschluss aber gerade nicht.

(c) Qualifikation als Rückzahlungsverbindlichkeit

Etwas anderes könnte gelten, wenn man den Erhalt der Prämie als Rückzahlungsverbindlichkeit verstünde, weil diese – ähnlich einer Vorleistung vor Abschluss eines Vertrags – als Darlehnsverbindlichkeit zu qualifizieren wäre. Eine solche Vorleistung ist zurückzugewähren, sollte der Abschluss des Geschäfts scheitern.[481] Diese These ließe sich folglich nur dann begründen, wenn man die Einräumung eines Optionsrechts durch den alleinigen Abschluss eines bedingten Vertrags befürwortete. Läge der Prämienzahlung hingegen eine unbedingte schuldrechtliche Abrede zugrunde, so wäre die Vorleistung diesem – schwebenden – Geschäft zuzurechnen.

Fraglich ist, ob die Interessenlage im Falle des Optionsvertrags mit vorgenannter Konstellation vergleichbar ist. Mit Blick auf die wirtschaftlichen Auswirkungen, d.h. den Zufluss liquider Mittel beim Stillhalter, der hierdurch Möglichkeit erhält, hieraus über den Zeitraum der Optionslaufzeit Früchte zu ziehen sowie dessen Verpflichtung im Falle der Optionsrechtsausübung die Prämie in Bar oder in Form eines Surrogates zurückzugewähren, könnte sich diese These stützen lassen. Andererseits vermag dies deshalb nicht zu überzeugen, weil die Rückzahlung

---

479 Vgl. *Böcking/Gros*, in: Ebenroth/Boujong/Joost/Strohn, HGB § 249 Rn. 53; MüKoBilR/*Hennrichs*, HGB § 249 Rn. 99; MüKoHGB/*Ballwieser*, HGB § 249 Rn. 57; *Krumm*, in: Blümich, EStG § 5 Rn. 244a. Ähnlich auch *Popp*, DStR 1976, 87, 91 ihm folgend *Niemeyer*, S. 69, die den Schwebezustand mit der „Einleitung" des Hauptvertrags bejahen, welcher inhaltlich nicht mehr beeinflusst werden könne. *Schick*, S. 127 geht von einem schwebenden Geschäft aus, unabhängig davon, ob auf den Options- oder Hauptvertrag abzustellen ist. **A.A.** *Rönitz*, WM 1971, Beilage 2, S. 7, der ein schwebendes Geschäft verneint.

480 BFHE 187, 552, 556.

481 Vgl. *Schubert/F. Huber*, in: BeBiKo § 247 Rn. 545, 547.

der Prämie i.d.S. nicht ausdrücklich oder konkludent vereinbart ist. Vielmehr ist es so, dass die Prämie grundsätzlich beim Stillhalter verbleibt und zwar auch bzw. gerade dann, wenn es nicht zur Durchführung bzw. zum Abschluss des Hauptvertrags kommt. Fließt die Prämie nach Optionsrechtsausübung wirtschaftlich durch Begebung von Geld oder eines Surrogats an den Optionsnehmer zurück, so ist dies nicht gleichbedeutend mit der Rückzahlung im oben verstandenen Sinne. Eine solche impliziert, der Stillhalter habe die Vorauszahlung zu Unrecht erhalten, dabei kommt ihr im Falle der Optionsrechtsausübung vielmehr Gegenleistungscharakter zu.

(3) Kritik an der Bilanzierung einer Rückstellung

(a) Erfüllungsrückstand

Da der Optionsnehmer seine Leistung aus dem Optionsvertrag zunächst vollständig erbringt, während sich die Stillhalterverpflichtung über den Zeitraum der Optionsfrist erstreckt, könnte ein **Erfüllungsrückstand** zu bejahen sein, der – ohne den Schwebezustand des Geschäfts zu berühren – als Verbindlichkeitsrückstellung zu passivieren wäre.[482] Dies wäre dann geboten, wenn die Verpflichtung selbst Gegenleistung für eine (teilweise) in der Vergangenheit erbrachte Leistung des Vertragspartners ist, die nicht nur an Vergangenes anknüpft, sondern auch Vergangenes abgilt, d. h. wenn die zur Leistung verpflichtete Partei weniger geleistet hat, als sie nach dem Vertrag für die bis dahin vom Vertragspartner erbrachte Leistung insgesamt zu leisten gehabt hätte,[483] was nach rechtlichen oder wirtschaftlichen Gesichtspunkten zu beurteilen ist.[484] Hierdurch wird dem Grundsatz der Periodisierung Rechnung getragen, denn so wird die noch ausstehende aber bereits wirtschaftlich verursachte Gegenleistung in der Periode erfasst, in

---

482 So *Krumm*, in: Blümich, EStG § 5 Rn. 244a; wohl auch *Beckenhaub*, S. 328; *Günkel*, JbFfSt 98/99 S. 223; *Kupka/Süß*, FR 2002, 438, 442; *Rau*, BB 2002, 928, 931; *Hahne/Liepolt*, DB 2006, 1329, 1330. Wenn ein Erfüllungsrückstand i.R. eines schwebenden Geschäfts entstanden wäre, so wäre dieser zu passivieren, siehe hierzu allgemein BFHE 138, 53, 56; BFHE 167, 322, 328 f.; BFHE 195, 567, 568 f.; BFHE 208, 116, 123. Da die Gegenleistung noch erfolgen wird, liegt auch kein Fall für eine Drohverlustrückstellung vor, *Adler/Düring/Schmaltz*, § 249 HGB Rn. 60.

483 BFHE 150, 140, 143; BFHE 158, 58, 62; BFHE 167, 322, 328 f; BFHE 168, 527, 531; BFHE 170, 234, 239; BFHE 195, 567, 569; BFHE 207, 205, 207 f.; BFHE 213, 332, 335; *Christiansen*, DStR 2007, 869, 872; *Krumm* lehnt die Anknüpfung an die vertragliche Abrede ab, *Krumm*, in: Blümich, EStG § 5 Rn. 244e; **a.A** *Tiedchen*, FR 2012, 22, 23.

484 BFHE 195, 567, 568 f.

welcher auch die Leistung erbracht wurde.[485] Soweit i.R.d. Einvertragstheorie angeführt werden könnte, die Prämie sei für den Abschluss des Hauptvertrags gezahlt worden und sei deshalb in dem Geschäftsjahr des Vertragsabschlusses zu passivieren, vernachlässigt diese Ansicht das Zeitmoment, das der Prämienzahlung innewohnt. Diese wird gerade nicht nur für die einmalige Eingehung der Bindung, sondern auch für den Bindungszeitraum gezahlt. Gerade bei Schuldverhältnissen mit fortwährend entstehenden Leistungspflichten über einen fortgesetzten Zeitraum, kann eine synallagmatisch zweckgerichtete oder auch zeitlich zuordenbare Verknüpfung der Leistungen, die Aufteilung zum zugehörigen Geschäftsjahr ermöglichen.[486] Hier erheben sich bei vordergründiger Betrachtung Zweifel, ob sich die Stillhalterleistung in dieser Weise dem einen oder anderen Wirtschaftsjahr zuordnen lässt, denn diese bleibt – wie nachfolgend noch untersucht werden wird – während der Optionslaufzeit unverändert.[487] Die Stillhalterleistung ist gerade nicht teilbar und kann damit auch nicht als teilweise zum einen und teilweise zum anderen Wirtschaftsjahr gehörend verstanden werden. Auch ist es nicht möglich, zwischen Abschluss des Hauptvertrags und Bindungsdauer zu trennen. Die Passivierung einer Verbindlichkeitsrückstellung, soll gerade nicht dazu führen, dass eine einzelne Verpflichtung aus einem schwebenden Vertrag herausgegriffen und gesondert einer Rückstellung zugeführt wird.[488]

(b) Rückstellung für ungewisse Verbindlichkeiten

Der Trennungstheorie folgend, besteht die Stillhalterverpflichtung im rechtlichen Sinne, weil schuldrechtlich alle die Leistungspflicht auslösenden Tatbestandsmerkmale erfüllt[489] sind, lediglich **der Höhe nach** ist diese **unbestimmt**. Da die

---

485 BFHE 167, 322; 329 f.; i.E. wohl auch *Knobbe-Keuk*, § 4 VII S. 148.

486 Vgl. BFHE 186, 388, 390; BFHE 195, 567, 569; BFHE 213, 332, 335; BFH/NV 2010, 860; *Krumm*, in: Blümich, EStG § 5 Rn. 244e. Auf die Fälligkeit der Leistung kommt es indes nicht an, BFHE 141, 176, 181; i.E. auch BFHE 151, 153, 159; BFHE 167, 322, 329; BFHE 213, 332, 335; *Tiedchen*, in: Herrmann/Heuer/Raupach, § 5 EStG Rn. 675. Nicht ausreichend hingegen ist das Bestehen einer Verpflichtung als solche, BFH/NV 2012, 217, 218. Zur Anwendung bei Dauerschuldverhältnissen *Knobbe-Keuk*, § 4 VII S. 147 f.; *Weber-Grellet*, BB, 2003, 37, 39. Das Dauerschuldverhältnis kann in einen abgewickelten und in einen noch schwebenden Teil unterteilt werden, *Groh*, BB 1988, 27, 28.

487 So auch BFHE 201, 234, 239. *Christiansen*, DStR 2007, 869, 872 spricht von der partiellen Beendigung eines schwebenden Geschäfts.

488 So *Groh*, BB 1988, 27, 28.

489 Vgl. allgemein zur Entstehung der im rechtlichen Sinne BFHE 166, 95, 98; BFHE 167, 334, 337; BFHE 170, 149, 154, *Adler/Düring/Schmaltz*, § 249 HGB Rn. 64; *Krumm*,

Stillhalterverpflichtung im Wesentlichen der Verpflichtung aus dem Hauptvertrags entspricht, bleibt es dennoch nicht ohne Widerspruch, dass sie bereits als Rückstellung erfasst werden darf, während der Hauptvertrag selbst noch nicht einmal geschlossen wurde.

Soweit man in der Stillhalterverpflichtung die mögliche **Inanspruchnahme aus dem Hauptvertrag** sieht, so muss mit dieser ernsthaft zu rechnen sein.[490] Hieran fehlt es indes. Zwar gehen die Vertragsparteien – wie bereits festgestellt – bei Abschluss des Optionsvertrags von der Ausübung des Optionsrechts aus, die für die Passivierung erforderliche Wahrscheinlichkeit ist hierin jedoch nicht zu erkennen. Für das Vorliegen einer solchen Sicherheit fehlen – aufgrund der dem Geschäft innewohnenden Ungewissheit – die objektiven Anhaltspunkte, die es gerechtfertigt erscheinen ließen, die Verbindlichkeit so zu behandeln, als sei sie bereits entstanden. Doch selbst bei unterstellter Wahrscheinlichkeit der Inanspruchnahme scheidet eine Rückstellungsbildung dann aus, wenn durch

---

in: Blümich, EStG § 5 Rn. 799d. Auf einen ggf. früher liegenden Zeitpunkt einer wirtschaftlichen Verursachung kommt es daher hier nicht an, vgl. dazu BFHE 196, 216, 220; BFHE 199, 309, 313. Dabei ist es aus handelsrechtlicher Sicht grundsätzlich unbeachtlich, sollte die Person des Gläubigers noch nicht bekannt sein, vgl. *Schubert*, in: BeBiKo § 249 Rn. 30. Der Passivierung steht auch nicht entgegen, dass der Ertrag aus dem Stillhaltergeschäft grundsätzlich erst mit dessen Beendigung realisiert wird, da es an einem Grundsatz – Aufwand in das Jahr zu verlagern, in welchem die Erträge erzielt werde – fehlt, grundlegend hierzu siehe BFHE 196, 216 ff.; siehe hierzu bereits *Döllerer*, BB 1974, 1541, 1542; *Bauer*, S. 232 m.w.N.; *Kessler*, DStR 2001, 1903, 1912; *Krumm*, in: Blümich, EStG § 5 Rn. 799b; i.E. wohl auch *Wassermeyer*, WPg 2002, 10, 13. **Kritisch:** *Euler*, BB 2001, 1897; *Schubert*, in: BeBiKo § 249 Rn. 34; *Siegel*, DStR 2002, 1636; *Weber-Grellet*, DB 2002, 2180, 2182; *Moxter*, DStR 2004, 1057 ff., 1098 ff.

490 Zum Merkmal der Wahrscheinlichkeit der Inanspruchnahme siehe BFHE 198, 420, 422; *Krumm*, in: Blümich, EStG § 5 Rn. 797a. Dies ist i. d. R. dann gegeben, wenn mehr Gründe für, als gegen die Inanspruchnahme sprechen, so BFHE 142, 226, 229; BFHE 169, 423, 425; BFHE 180, 258, 261; BFHE 192, 64, 67; BFHE 198, 420, 422. Dies ist grundsätzlich anhand objektiver, am Bilanzstichtag vorliegender oder spätestens bei Bilanzaufstellung erkennbarer Tatsachen zu prüfen, siehe BFHE 169, 423, 425. Ähnlich *Schubert*, in: BeBiKo § 249 Rn. 43, der indes eine negative Definition für vorzugswürdig erachtet, wonach nur dann mit der Inanspruchnahme sicher zu rechnen ist, wenn auf Grund der konkreten Umstände des Einzelfalls trotz rechtlich sicherer oder wahrscheinlich bestehender Verpflichtung ausnahmsweise mit einer Inanspruchnahme mit an Sicherheit grenzender Wahrscheinlichkeit nicht zu rechnen ist. So i.E. wohl auch *Moxter*, DStR 2004, 1057, 1058. Nicht ausreichend sind indes bloße Vermutungen oder pessimistische Schätzungen, *Köster*, FS Herzig S. 695, 699.

künftige Inanspruchnahme in der Stillhalterbilanz kein Aufwand entstünde, sondern Anschaffungskosten.[491]

Auch unter dem Blickwinkel der – bereits oben angesprochenen – faktischen Rückzahlungsverpflichtung ließe sich eine Passivierung nicht rechtfertigen, da diese schon nicht wirtschaftlich verursacht ist. Von einer wirtschaftlichen Verursachung ist erst dann auszugehen, wenn der Tatbestand dessen Rechtsfolge die Verbindlichkeit ist, so eng mit dem abgelaufenen Wirtschaftsjahr verbunden ist, dass es angemessen erscheint, die Verbindlichkeit so zu behandeln, als sei sie bereits entstanden.[492] Als wirtschaftlich wesentlich für die faktische Rückzahlung der Prämie ist gerade nicht deren Einzahlung, sondern die Ausübung des Optionsrechts, denn grundsätzlich besteht kein originärer Rückzahlungsanspruch. Der wahrscheinliche wirtschaftliche Rückfluss der Prämie ist daher nicht ausreichend, um eine Rückstellungsbildung zu rechtfertigen.

Schick schlägt die Bildung einer Rückstellung für nicht realisierte Erträge vor, verwirft den Gedanken jedoch gleich selbst, da eine Rückstellung handelsrechtlich nur in den gesetzlich vorgesehenen Fällen gebildet werden darf.[493]

Eine getrennte Betrachtung beider Phasen des Optionsgeschäfts führt zu keinem überzeugenden Ergebnis. Dennoch wäre die Passivierung einer Rückstellung der Passivierung einer Verbindlichkeit vorzuziehen, da diese die Ungewissheit der Stillhalterverpflichtung der Höhe nach berücksichtigt.

---

491 Vgl. zum Verbot der Bildung von Rückstellungen für künftige Anschaffungs- oder Herstellungskosten statt vieler MüKoBilR/*Hennrichs*, HGB § 249 Rn. 67. Im Steuerrecht wurde dieses Verbot ausdrücklich in § 5 Abs. 4b S. 1 EStG kodifiziert.

492 BFHE 142, 226, 230; BFHE 163, 146, 154; BFHE 167, 334, 338; BFHE 192, 64, 67. Eine solche enge Verknüpfung wird u. a. dann angenommen, wenn das Entstehen der Verbindlichkeit nur noch von wirtschaftlich unwesentlichen Tatbestandsmerkmalen abhängt. Dabei müssen die künftigen Ereignisse, die zum unbedingten Entstehen der Verbindlichkeit führen, wirtschaftlich dem abgelaufenen Wirtschaftsjahr zuzurechnen sein, BFHE 142, 226, 230; BFHE 158, 58, 62; BFHE 163, 146, 154; BFHE 167, 334, 337 f.; BFHE 168, 527, 531; BFHE 228, 91, 97. So bspw. bejaht im Falle der Einzahlung einer Bauspareinlage, BFHE 163, 146, 154. Dabei berücksichtigt der BFH, dass der Bausparkunde freilich die Möglichkeit hat, sich gegen die Rückzahlung zu entscheiden und stattdessen ein Bauspardarlehen aufnimmt. Da dies zum Zeitpunkt der Aufnahme aber nicht absehbar ist und ein Großteil der Kunden durchaus die Auszahlung wählt, sei eine dem Grunde nach ungewisse Rückzahlungsverpflichtung zu bejahen, BFHE 163, 146, 149.

493 *Schick*, S. 120.

(4) Kritik an der Bilanzierung einer Anzahlung

Vorleistungen die der Kaufmann aus einem schwebenden Vertrag erhält, werden als Anzahlungen bilanziert. Gefolgt wird dabei den Regeln über die Passivierung von Verbindlichkeiten, da Vorleistungen bei Nichterfüllung der Sach- oder Dienstleistungspflicht zurückzugewähren sind.[494] Da nach dem Willen der Parteien die Prämie auch bei Verfall des Optionsrechts beim Stillhalter verbleibe, fehle es ihr am Vorleistungscharakter, denn gerade die Unsicherheit der Anzahlung sei ein diese bestimmendes Merkmal, so die Rechtsprechung.[495] Diese Ansicht verkennt, dass die Prämie nur dann eine Anzahlung auf den Hauptvertrag darstellt, wenn dieser zur Anwendung gelangt. Verfällt das Optionsrecht, dann ist sie Gegenleistung für das vom Stillhalter übernommene Risiko. Erfüllt der Stillhalter diese Verpflichtung nicht, dann ist die Prämie – wie bereits gezeigt – nach den allgemeinen schuldrechtlichen Regeln zurückzugewähren.[496] Gleichwohl hat der Optionsnehmer seine Verpflichtung vorerst vollständig erfüllt, so dass möglicherweise gerade nicht mehr nur von einer Anzahlung gesprochen werden

---

494 Vgl. *Christiansen*, DStR 2007, 869, 870; sowie *Kraft/Mohr*, RdF 2011, 406, 414.

495 Vgl. BFHE 201, 234, 240. Zur ständigen Rechtsprechung des BFH siehe BFHE 157, 185, 187; BFHE 211, 339, 344 f.; *Krumm*, in: Blümich, EStG § 5 Rn. 501a. Abgebildet wird so der wirtschaftliche Anspruch auf die Gegenleistung oder auf Rückforderung des Gezahlten im Falle der Nichterfüllung, BFHE 128, 243, 247. Ablehnend zur Frage der Bilanzierung einer Anzahlung auch *Niemeyer*, S. 82 f. **A.A.** *Schulze-Osterloh* der von der These, dass der Posten „erhaltene Anzahlung" eine Rückzahlungsverpflichtung ausdrückt, Abstand nimmt. Vielmehr handele es sich um ein buchtechnisches Mittel, welches die Neutralität des schwebenden Geschäfts trotz Anzahlung aufrechterhält, *Schulze-Osterloh*, Anmerkung zu BFH-Urteil vom 18.12.2002 - I R 17/02, BB 2003, 1009. I.d.S. auch *Tiedchen:* in: Herrmann/Heuer/Raupach, § 5 EStG Rn. 573. Auch sei die ungewisse Aussicht des möglichen Rückforderungsanspruches an sich, nicht ausreichend, um eine Aktivierung zu rechtfertigen, *Schulze-Osterloh*, FS Forster, S. 660.

496 Siehe hierzu bereits II. Kapitel F. 4. Eine Ähnlichkeit besteht auch zu anrechenbaren bzw. nicht erstattungsfähigen Gebühren zum Anfang einer Vertragsbeziehung, sog. refundable up-front fees. Mit diesen sind zukünftige Vergünstigungen verbunden, so dass der Umsatz nach Maßgabe des zeitlichen Anfalls der Vorteile entsteht, *Lüdenbach/Hoffmann*, DStR 2006, 153, 156 f. Der Vorteil eines Optionsrechts besteht gerade darin, zum Ende einer Frist oder an einem Tag innerhalb eines festgelegten Zeitraums, das Rechts auszuüben und Erfüllung des Hauptvertrags zu verlangen. Im Ergebnis änderte sich wohl nichts, denn der Vorteil im oben genannten Sinne würde am Ausübungstag anfallen. Eine vorherige Realisation käme nicht in Betracht.

könne.[497] Betrachtet man sich indes oben genannte Grundsätze zur Nichtbilanzierung schwebender Geschäfte, dann wird deutlich, dass nicht die Quantität der Gegenleistung über die Erfassung in der Bilanz entscheidet, sondern vielmehr deren Realisation, bedingt durch die eigene Leistungserbringung. Folglich kann auch eine vollständige Zahlung des Entgelts eine Anzahlung i.d.S. sein,[498] denn deren Charakter ändert sich erst im Zeitpunkt der Realisation. Bis dahin handelt es sich nur um ein buchtechnisches Mittel um Vorleistungen aus schwebenden Verträgen zu erfassen, ohne den Schwebzustand anzutasten.[499]

Allerdings verfolgen die Parteien mit einer Vorleistung und der Zahlung einer Optionsprämie unterschiedliche Zwecke. Während eine Anzahlung u. a. begeben wird, um das Ausfallrisiko des Schuldners zu senken,[500] wird die Prämie wohl eher zur Fruchtziehung des Stillhalters während der Optionsfrist genutzt. Dieser Zweck ist indes nicht erschöpfend, denn betrachtet man sich die unterschiedlichen Faktoren der Wertbildung, so wird ersichtlich, dass die Prämie auch zur Abdeckung künftiger Marktpreisänderungen dient und somit gleichwohl eine Parallele zur Absicherung des Ausfallrisikos besteht. Die Prämienzahlung dient – nach dem eben Gesagten – also im gleichen Maße als Vorleistung auf den Options- wie auch auf den Hauptvertrag.[501] Folgt man indes dem Verständnis der Trennungstheorie, dann scheitert die Annahme einer Vorleistung auf den Hauptvertrag bereits daran,

---

497 Angelehnt an die Rechtsprechung des BFH zur Zweivertragstheorie, BFHE 201, 234, 240, ähnlich bspw. *Johannemann/Herr*, RdF 2011, 267, 270, die die Prämie als eine endgültige Gegenleistung für das Stillhalten qualifizieren.

498 Vgl. BFHE 205, 84, 85 f.; *Krumm*, in: Blümich, EStG § 5 Rn. 501a; *Adler/Düring/Schmaltz*, § 246 HGB Rn. 184; wohl auch *Adler/Düring/Schmaltz*, § 250 HGB Rn. 15; nach *Schubert/F. Huber*, in: BeBiKo § 247 Rn. 549 ist allein der Vorleistungscharakter entscheidend, egal ob Teil- oder Vollzahlung; i.E. wohl auch *Bauer*, S. 208; **a.A.** zum Beispiel die frühere Rechtsprechung des BFH, wonach der Anzahlungscharakter bei Vollzahlung verneint wurde, so BFHE 137, 38, 41. *Leffson* äußert sich hierzu nur knapp, indem er konstatiert, dass eine Vollzahlung in der Praxis so selten sei, dass dieser Fall wenig Bedeutung habe, i.E. geht er wohl von einer Realisation aus, *Leffson*, S. 258.

499 *Schulze-Osterloh* konstatieren, es gehe gerade darum, die fehlende Realisation und die fehlende Beendigung des Schwebezustandes darzustellen, *Schulze-Osterloh*, Anmerkung zu BFH-Urteil vom 18.12.2002 - I R 17/02, BB 2003, 1009.

500 So *Bauer*, S. 213; i.E. auch *Köhler*, StBp 1998, 320, der hierin vor allem einen Liquiditätsvorteil sieht, der es dem Sach- und Dienstleistungsverpflichteten ermöglicht, seinerseits Skonti und Rabatte in Anspruch zu nehmen.

501 Ähnlich auch *Lindner*, S. 117, die hierin eine Anzahlung auf den Abschluss bzw. den Nicht-Abschluss des Hauptvertrags erkennt. Nach ihrer Auffassung ist der Abschluss des Hauptvertrags das Erfüllungsgeschäft, *Lindner*, S. 43.

dass die Prämie gerade nicht auf diesen, sondern vielmehr für die Einräumung des Optionsrechts gezahlt wird. Dieser Theorie folgend, wird die Prämie folglich für die Stillhalterleistung aus dem Optionsvertrag gezahlt. Indes verliert sie hierdurch ihren Vorleistungscharakter nicht, denn die Zahlung berührt – wie bereits festgestellt – den handelsrechtlichen Schwebezustand des Optionsvertrags nicht.

Möglicherweise steht der Annahme einer Anzahlung entgegen, dass bei deren Zahlung gerade noch unsicher ist, worauf sie letztlich geleistet wird. Besieht man sich jedoch die Regeln zur Erfassung von Erwerbsaufwendungen vor einer endgültig gefassten Kaufentscheidung, so werden diese gleichsam als solche erfasst, auch wenn die Erwerbsentscheidung noch nicht unumstößlich gefasst wurde.[502] Wird ein unwiderrufliches Erwerbsrechts eingeräumt, wie es bei Optionsrechten der Fall ist, so stehen diese Kosten in unmittelbaren Zusammenhang mit einem möglichen zukünftigen Erwerb. Folglich müssen diese Kosten gleichsam als solche erfasst werden können. Die Anzahlung ist somit unter den sonstigen Verbindlichkeiten zu passivieren, ohne dass sie hierdurch ihren Vorleistungscharakter verlöre.[503]

(5) *Kritik an der Bilanzierung eines Rechnungsabgrenzungsposten*

Fallen bei einem gegenseitigen Vertrag Leistung und Gegenleistung zeitlich auseinander, so können Zahlungsvorgänge, die wirtschaftlich auf ein anderes Geschäftsjahr entfallen, mit Hilfe eines Rechnungsabgrenzungspostens periodengerecht abgegrenzt werden.[504] Auf der Passivseite sind als Rechnungsabgrenzungsposten Einnahmen vor dem Abschlussstichtag auszuweisen, soweit sie Ertrag gem. § 250 Abs. 2 HGB für eine bestimmte Zeit nach diesem Tag darstellen.[505] Dies

---

502 Vgl. *Helios/Niedrig*, DStR 2012, 1301, 1305 bezugnehmend auf BFHE 217, 491, 495 zu Gutachterkosten im Zusammenhang mit einer Anschaffung.

503 Zum gleichen Ergebnis kommend auch *Dreyer/Broer*, DStR 2002, 1590, 1594; *Dreissig*, BB 1989, 1511, 1515; *Schick*, S. 121; *Windmöller/Breker*, WPg 1995, 389, 395. Zwar ist nach der Aufbauvorschrift des § 266 HGB in der Bilanz lediglich ein Posten für Anzahlungen auf Bestellungen vorgesehen, hier werden indes nur solche erfasst, die mit der gewöhnlichen Geschäftstätigkeit unmittelbar zusammenhängen, MüKoHGB/ *Reiner/Haußer*, HGB § 266 Rn. 114. § 266 ist zwar nur für große und mittelgroße Kapitalgesellschaften sowie Personenhandelsgesellschaften i.S.d. § 264 a HGB verbindlich, wird aber faktisch von den nicht bereits unter den Geltungsbereich fallenden Unternehmen – aus Gründen der Rechtssicherheit – freiwillig angewendet, vgl. *Niemeyer*, BB 1990, 1022; MüKoHGB/*Reiner/Haußer*, HGB § 266 Rn. 7.

504 Vgl. MüKoBilR/*Hennrichs*, HGB § 250 Rn. 8; *Schubert/Waubke*, in: BeBiKo § 250 Rn. 6.

505 Für die Steuerbilanz enthält § 5 Abs. 5 EStG eine entsprechende Regelung. Nach der Einführung des BilMoG sind sie aber nicht mehr völlig identisch, *Schubert/Waubke*, in: BeBiKo § 250 Rn. 3.

ist grundsätzlich dann der Fall, wenn die Stillhalterleistung in der Weise teilbar wäre, dass die Zahlung der Prämie teils dem laufenden und teils dem folgenden Geschäftsjahr zurechenbar wäre. Das Merkmal einer bestimmten Zeit nach dem Abschlussstichtag trägt dem Vorsichtsprinzip Rechnung und dient der Objektivierung.[506] Kann der Ertrag keinem bestimmten Zeitraum zugeordnet werden, ist dieser sofort zu realisieren.[507] Zu allererst ist daher zu bedenken, dass im Falle einer „amerikanischen Option" die Ausübung jederzeit während der Optionsfrist möglich ist, so dass die Stillhalterverpflichtung nicht zwingend bis zum Ende der Laufzeit zu erbringen ist.[508] Der Umstand, dass sich die Laufzeit im Einzelfall verkürzen kann, könnte zu vernachlässigen sein, wenn sich der Parteivereinbarung jedenfalls ein Mindestzeitraum entnehmen ließe, da sonst der Grundsatz der periodengerechten Gewinnabgrenzung „über Gebühr" eingeengt würde.[509] Eine Mindestlaufzeit wird unter den Vertragsparteien indes nicht vereinbart, die Optionsfrist definiert vielmehr das zeitliche Maximum der Bindung. Lediglich bei sog. „europäischen Optionen" wäre die Ermittlung eines bestimmten Zeitraums nach dem Bilanzstichtag möglich. Verfehlt wäre es aber auch hier, von einem gleichmäßigen Wertverzehr der Stillhalterverpflichtung über die Optionslaufzeit auszugehen.[510] Folgt man der Auffassung, dass zur Stillhalterverpflichtung auch die Verpflichtung aus dem Hauptvertrag gehört, so nimmt die Möglichkeit der Inanspruchnahme – gemessen an der Laufzeit – weder zu noch ab. Versteht man die Verpflichtung des Stillhalters eher abstrakt und vom Hauptvertrag losgelöst, führt dies zu keiner anderen Beurteilung, da mit Ablauf der Optionsfrist zwar der Zeitwert der Stillhalterverpflichtung – also des Optionsrechts – sinkt, aber ihr innerer Wert diesem Verlust möglicherweise kompensierend gegenübersteht.

Betrachtet man sich das Optionsgeschäft als eines, welches ein Vertragspartner mit Spekulationsabsicht, der andere indes mit der Absicht abschließt, eine Risikoposition abzusichern, so ähnelt die Prämienzahlung entfernt der Zahlung einer Versicherungsprämie.[511] Versicherungsunternehmen bilden gem. § 341e Abs. 2 Nr. 1 HGB für vereinnahmte Prämien, die auf das künftige Geschäftsjahr entfal-

---

506 Vgl. MüKoBilR/*Hennrichs*, HGB § 250 Rn. 10 m.w.N.

507 Vgl. MüKoBilR/*Hennrichs*, HGB § 250, ebd.

508 *Breker*, S. 49 f.

509 BFHE 141, 31, 34 f.; BFHE 133, 363, 367.

510 BFHE 201, 234, 239; *Treuberg/Scharpf*, DB 1991, 661, 665; *Dreyer/Broer*, DStR 2002, 1590, 1593 f.; *Bieg*, StB 2003, 324, 325; *Breker*, S. 129.

511 Auch *Treuberg/Scharpf*, DB 1991, 661 sprechen von einer gewissen Vergleichbarkeit mit Versicherungsgeschäften. Untersucht auch von *Lindner*, S. 89 ff. sowie *Uszczapowski*, S. 111 ff. der sich mit dem Sinn und Zweck auseinandersetzt.

len, entsprechende Rechnungsabgrenzungsposten.[512] Der Norm kommt indes nur deklaratorische Bedeutung zu, da bereits nach den allgemeinen Vorschriften ein Rechnungsabgrenzungsposten gebildet werden müsste.[513]

Das versicherte Risiko eines plötzlich auftretenden schädigenden Ereignisses – also die Gefahr des Schadenseintritts – ist mathematisch zu jedem Zeitpunkt und über jede Zeitspanne immer gleich hoch. Man spricht auch von einem gleichmäßigen Risikoverlauf. Diesem Risiko stehen somit feste, im Voraus berechenbare, periodisch auftretende Kosten gegenüber. Aus diesem Grund kann grundsätzlich „von einer im Zeitablauf gegebenen Proportionalität zwischen Gewährung von Versicherungsschutz und Beitrag, ausgegangen werden".[514] Folglich ist die periodengerechte Verteilung der Versicherungsprämie gerechtfertigt, denn anders als der Stillhalter, erbringt der Versicherungsgeber eine kontinuierliche zeitraumbezogene Dauerleistung.[515] Die

---

512 Vgl. *Gros/Kölschbach/Böcking*, in: Ebenroth/Boujong/Joost/Strohn, HGB § 341e Rn. 17. Eine analoge Anwendung der Vorschriften für Versicherungsunternehmen auf die Passivierung der Stillhalterverpflichtung ist indes ausgeschlossen. Voraussetzung hierfür wäre das Vorhandensein einer planwidrigen Regelungslücke, die wertungsmäßige Vergleichbarkeit der geregelten und ungeregelten Interessenlage, d. h. zwischen Versicherungsverhältnis und Optionsgeschäft sowie das Fehlen eines Analogieverbots, statt vieler *Larenz*, Methodenlehre der Rechtswissenschaft, S. 401. Während es bedingten Forderungen aus Versicherungsverträgen am realisierbaren Marktwert fehlt und den Parteien außerdem jede Spekulationsabsicht fernliegt, verfolgt vor allem der Versicherungsnehmer ein „echtes" Absicherungsinteresse. Er „verliert" nicht, sollte der Versicherungsfall nicht eintreten, vgl. *Reiner/Schacht*, WM 2010, 385 f.; *Reiner*, S. 153 f. Es fehlt daher bereits an einer vergleichbaren Interessenlage. Darüber hinaus handelt es sich hierbei um Spezialvorschriften zum allgemeinen Bilanzrecht, unter besonderer Berücksichtigung versicherungstechnischer Abläufe, MüKoHGB/*Hommel/Pauly-Grundmann/Feist*, HGB Vorb. §§ 341 bis 341l Rn. 1. Ablehnend such *Lindner*, S. 92 wegen des unterschiedlichen zugrundeliegenden stochastischen Prozesses.

513 Vgl. MüKoHGB/*Hommel/Bonin/Schulte*, HGB § 341e Rn. 25.

514 Zum Vorstehenden vgl. *Gros/Kölschbach/Böcking*, in: Ebenroth/Boujong/Joost/Strohn, HGB § 341e Rn. 21; MüKoHGB/*Hommel/Bonin/Schulte*, HGB § 341e Rn. 29; Vertiefend zum Risiko und der modelltheoretischen Grundlage der Aufwandsverteilung bei Versicherungsprämien siehe *Lindner*, S. 89 ff. Es existieren auch Versicherungsmodelle, die nicht zeit-, sondern leistungsproportional sind, bei denen bspw. der Gesamtschadensverlauf großen Schwankungen unterliegt, MüKoHGB/*Hommel/Bonin/Schulte*, HGB § 341e Rn. 30, z. B. steigt bei einer Bauwesenversicherung das Schadensrisiko mit fortschreitender Vertragsdauer. Aber auch ein solches Modell lässt sich nicht auf den Optionsvertrag anwenden, weil der Risikoverlauf der Stillhalterverpflichtung nicht zeitabhängig ist.

515 Vgl. MüKoHGB/*Hommel/Bonin/Schulte*, HGB § 341e Rn. 23.

Zahlung der Optionsprämie sichert hingegen einen anderen Risikoverlauf ab. Der zukünftige Marktpreis des Basiswerts entwickelt sich zwar kontinuierlich, aber nicht proportional während der Laufzeit. Durch diese Entwicklung ist es nicht möglich, die Prämie periodengerecht zuzuordnen oder aufzuteilen.[516] Der Zweck der Bildung eines Rechnungsabgrenzungspostens, den Ertrag auf den Zeitraum zu verteilen, auf den er entfällt, kann also schlechterdings nicht erfüllt werden, da die Stillhalterverpflichtung nicht in periodisch zu erbringende Teilleistungen zerlegbar ist.[517]

(6) Zwischenergebnis

Der Trennungstheorie folgend, ist die Bildung einer Rückstellung für ungewisse Verbindlichkeiten der Passivierung einer Verbindlichkeit vorzugswürdig, während vom Blickwinkel eines einheitlichen Vertrags die Passivierung einer Anzahlung nahe liegt. Sowohl die sofortige erfolgswirksame Vereinnahmung der Stillhalterprämie als auch deren Einstellung in einen Rechnungsabgrenzungsposten sind mit überzeugender Begründung abzulehnen. Diese Ansätze werden daher in der folgenden Bearbeitung vernachlässigt.

g. Bewertung der Stillhalterverpflichtung

Nachstehend werden die Unterschiede und Gemeinsamkeiten hinsichtlich der Bewertung oben diskutierter Bilanzposten betrachtet.

(1) Bewertung einer Verbindlichkeit(-srückstellung)

Verbindlichkeiten sind gem. § 253 Abs. 1 S. 2 HS 1 HGB mit ihrem Erfüllungsbetrag zu passivieren.[518] Bei Sach- oder Dienstleistungsverpflichtungen ist hierunter der Betrag zu verstehen, welcher am Erfüllungstag zur Erbringung der Leistung voraus-

---

516 Zum gleichen Ansatz siehe auch *Lindner*, S. 90, die einen Analogieschluss zwischen der bilanziellen Behandlung von Options- und Versicherungsprämien ausschließt, *Lindner*, S. 92; Zur Abhängigkeit des Risikos von der Wertentwicklung des Basiswerts siehe *Dreyer/Broer*, DStR 2002, 1590, 1593 f.

517 Vgl. BFHE 201, 234, 239; BFHE 219, 129, 133; *Eisele/Knobloch*, DStR 1993, 577, 584; *Windmöller/Breker*, WPg 1995, 389, 395; *Kupka/Süß*, FR 2002, 438, 444; *Wolf/Beckenhaub*, DB 2002, 1617, 1620; *Bieg*, StB 2003, 377; *Breker*, S. 128; *Rabenhorst*, S. 71; *Schick*, S. 119; *Scharpf/Luz*, S. 414; *Bauer*, in: Kirchhof/Söhn/Mellinghoff, EStG § 5 Rn. F 310; *Dreyer/Broer*, DStR 2002, 1590, 1593 f.

518 Erfüllungsbetrag ist der Betrag, der zur Erfüllung der Verpflichtung (Geld-, Sach- oder Sachwertverpflichtung) aufgebracht werden muss, *Baetge/Kirsch/Thiele*, Bilanzen, Kapitel IV 41, S. 216 f.; *Schubert*, in: BeBiKo § 253 Rn. 51. Dieser durch das BilMoG eingeführte Begriff hat daher nur deklaratorische Bedeutung, MüKoBilR/

sichtlich aufgewendet werden muss.[519] Folglich können, unter Berücksichtigung des Stichtagsprinzips, künftige Preissteigerungen berücksichtigt werden.[520] Rückstellungen sind gem. § 253 Abs. 1 S. 2 HS 2 HGB i.H.d. notwendigen Erfüllungsbetrags anzusetzen der sich nach vernünftiger kaufmännischer Beurteilung ergibt.[521]

Zum Zeitpunkt des Vertragsschlusses spiegelt die Optionsprämie die von den Parteien prognostizierte künftige Wertentwicklung wider, also das was der Stillhalter voraussichtlich aufwenden muss, wenn er aus dem Optionsrecht in Anspruch genommen wird. Die Zugangsbewertung der Verbindlichkeit bzw. Rückstellung erfolgt folglich mit dem Nennwert der Optionsprämie.

Diese Prognose kann zum Bilanzstichtag aufgrund neuer Erkenntnisse überholt sein, so dass eine Neubewertung vorgenommen werden muss. Zu dieser Frage entwickelten sich zwei unterschiedliche Bewertungsmethoden.[522] Nach der sog. Ausübungsfiktion erfolgte die Neubewertung durch Heranziehung des Marktpreises des Basiswerts abzüglich Basispreis und Optionsprämie.[523] Faktisch wurde also die Optionsrechtsausübung bzw. der Verfall am Bilanzstichtag unterstellt.[524] Anders

---

Tiedchen, HGB § 253 Rn. 20. Handelsrechtlich werden Verbindlichkeiten grundsätzlich nicht abgezinst, *Gelhausen/Fey/Kämpfer*, Abschnitt I, Rn. 13.

519 MüKoBilR/*Tiedchen*, HGB § 253 Rn. 20; MüKoHGB/*Ballwieser*, HGB § 253 Rn. 66.

520 Siehe *Schubert*, in: BeBiKo § 253 Rn. 51, 158; Baumbach/Hopt/*Merkt*, HGB § 253 Rn. 2. Auch die Gesetzesbegründung enthält einen ausdrücklichen Hinweis auf die Berücksichtigung zukünftiger, nach vernünftiger kaufmännischer Beurteilung, Preis- und Kostensteigerungen bei Sachleistungs- oder Sachwertverpflichtungen, BT-Drucks.16/10067, S. 52.

521 Bis zur Einführung des BilMoG lautete die Bewertungsnorm des § 253 Abs. 1 S. 2 HGB a. F. (BGBl. I 1985, 2355, 2358): „Rückstellungen [sind] nur in Höhe des Betrags anzusetzen, der nach vernünftiger kaufmännischer Beurteilung notwendig ist". Eine solche zukunftsgerichtete Rückstellungsbewertung ist nach der Gesetzesbegründung notwendig und war auch schon vor der Gesetzesänderung durch das BilMoG, entgegen der Finanzrechtsprechung, in der Handelsbilanz bereits teilweise geduldet, siehe BT-Drucks. 16/10067, S. 52.

522 Die Ansätze bildeten sich bei der Frage der Bewertung von Drohverlustrückstellungen heraus. Zusammenfassend zum Stand der damaligen Diskussion siehe *Breker*, S. 145 ff. und *Schick*, S. 128 ff.

523 Vgl. *IDW/BFA*, WPg 1987, 682, 683 und *Eisele/Knobloch*, DStR 1993, 577, 584; aber auch *Popp*, DStR 1976, 87, 91; *Häuselmann*, DB 1987, 1745, 1748; welche jedoch die vereinnahmte Prämie vernachlässigen.

524 *Breker*, ebd. m.w.N.; *Popp*, DStR 1976, 87, 91. *Eisele/Knobloch* führen zur Begründung an, dass es bei der Bewertung der Rückstellung allein darauf ankomme, was der Schuldner zur Erfüllung seiner Pflicht aufzuwenden habe. Zur Erfüllung dieser Pflicht genüge es, den Optionsgegenstand am Bewertungsstichtag zum Marktpreis zu erwerben. Demgegenüber

hingegen erfolgte die Bewertung nach der Glattstellungsmethode.[525] Nach dieser wurde der Abschluss eines Gegengeschäfts unterstellt und der Wert angesetzt, den der Stillhalter aufwenden müsste, um sich aus seiner Verpflichtung zu lösen.[526] Während nach der Ausübungsfiktion lediglich der innere Wert abzüglich der Optionsprämie berücksichtigt wird, erfasst die Glattstellungsmethode zusätzlich den Zeitwert des Optionsrechts und berücksichtigt damit auch das Risiko künftiger Preissteigerungen.[527] Da der Begriff des Erfüllungsbetrags auch zukünftige Kosten- und Preisänderungen erfasst, ist der Glattstellungsmethode der Vorzug zu geben.

Eine Aufstockung des Erfüllungsbetrags ist regelmäßig geboten, wenn dieser sich erhöht.[528] Da der BFH die Passivierung einer sonstigen Verbindlichkeit befürwortet, müsste ein, die Prämie übersteigendes Risiko durch eine Wertberichtigung auf den höheren Erfüllungsbetrag erfolgen.[529] Die Beantwortung dieser Frage ließ der BFH

---

sei der Erwerb eines Optionsrechts teurer, diese Mehrkosten seien nicht notwendig aufzubringen und daher nicht zu berücksichtigen, *Eisele/Knobloch*, DStR 1993, 577, 584 f.

525 So u. a. *Häuselmann/Wiesenbart*, DB 1990, 641, 645; *Windmöller/Breker*, WPg 1995, 389, 396; *Kupka/Süß*, FR 2002, 438, 444; *Knoll/Steeg*, StuB 2002, 989, 990; *Wolf/Beckenhaub*, DB 2002, 1617, 1622.

526 *IDW/BFA*, WPg 1995, 421, 422; nachfolgend wohl auch *IDW* RS BFA 6 Rn. 18; *Gebhardt*, BFuP 1996, 557, 568, *Bieg*, StB 2003, 377, 379; *Häuselmann*, Ubg 2008, 391, 394; für die Anwendung der Glattstellungsmethode bei der Bewertung einer Verbindlichkeit siehe *Kraft/Mohr*, RdF 2011, 406, 415. Auch *Dreissig* in BB 1989, 1511, 1516 geht davon aus, dass sich der Stillhalter durch den Erwerb einer entsprechenden Kaufoption aus seiner Verpflichtung lösen kann. Eine ähnliche Variante wählt *Holterhus*, Die Bank 1987, 154, 156, er setzt die Differenz des Marktpreises der Stillhalterverpflichtung und der als Rückstellung verbuchten Optionsprämie an.

527 *Treuberg/Scharpf*, DB 1991, 661, 666; *Breker*, S. 149. Daraus folgt, dass der Betrag der Rückstellung regelmäßig höher sein wird als bei der Ausübungsfiktion, *Prätzler*, DStR 2001, 927, 928. Handelt es sich bei der zu bewertenden Verpflichtung nicht um eine börslich gehandelte Option, kann auch der Marktwert eines vergleichbaren Gegengeschäfts herangezogen oder mittels Optionspreismodellen berechnet werden.

528 MüKoBilR/*Tiedchen*, HGB § 253 Rn. 24. Es handelt sich hierbei um eine Folge aus dem Vorsichts- und Imparitätsprinzip. Ob die Verbindlichkeit zum Anlage- oder Umlaufvermögen gehört, kann dabei regelmäßig vernachlässigt werden, eine entsprechende Unterscheidung lässt sich aus dem Gesetzeswortlaut nicht herleiten, siehe zum Vorgenannten MüKoBilR/*Tiedchen*, HGB § 253 ebd.

529 So auch *Bertsch/Kärcher*, Hdb. Derivativer Instrumente, S. 596; *Haarmann*, JbFStR 2005/2006, 205, 208; *Bogenschütz*, FS Schaumburg, S. 222; *Wehrheim/Krause*, BB 2003, 1552, 1556; *Hoffmann*, DStR 2004, 625, 626; *Hahne*, BB 2005, 819, 821; *Hahne/Liepolt*, DB 2006, 1329, 1330; *Kraft/Mohr*, RdF 2011, 406, 414.

bisher offen.[530] Soweit u. a. die Finanzverwaltung hieraus schließt, es müsse eine Drohverlustrückstellung gebildet werden,[531] überzeugt dies nicht. Nach dem Verständnis der Trennungstheorie ist der Hauptvertrag weder aufschiebend bedingt, noch bereits geschlossen und damit gerade noch nicht in der Schwebe. Zum anderen wird der Stillhalterleistung eine wirtschaftliche und rechtliche Eigenständigkeit zugesprochen, so dass diese selbständige Verbindlichkeit auch der selbständigen Bewertung unterliegt.

Eine Minderung der Verbindlichkeit unter die Höhe der Zugangsbewertung ist grundsätzlich durch das Realisationsprinzip gesperrt.[532] Folgt man der Ansicht, dass die Stillhalterleistung auch darin besteht, aus dem Hauptvertrag in Anspruch genommen zu werden, so hat dies zur Konsequenz, dass eine teilweise oder vollständige Realisation der Prämie möglich ist, soweit mit der Ausübung des Optionsrechts nicht mehr zu rechnen ist. Ist etwa auf Grund der konkreten Umstände des Einzelfalls mit einer Inanspruchnahme durch den Optionsnehmer mit an Sicherheit grenzender Wahrscheinlichkeit nicht mehr zu rechnen, so darf eine Verbindlichkeit bzw. Rückstellung nicht mehr gebildet werden.[533] Bei einer für den Stillhalter günstigen Marktwertentwicklung würde folglich die Differenz zwischen Prämie und Verbindlichkeit bzw. Rückstellung zu Ertrag führen.[534] Die weitere Leistungserbringung stellt für den Stillhalter keine wirtschaftliche Belastung mehr dar. Die Schwäche dieses Ansatzes liegt darin, dass sich die tragenden Feststellungen auf mathematische Berechnungsmethoden stützen, die den Verlauf ebenfalls nur mit Variablen errechnen können. Diese Variablen werden zwar nicht willkürlich definiert, sie beruhen dennoch lediglich auf Prognosen. Somit eröffnet sich dem Stillhalter bei entsprechender Begründung – i.R. gewisser Grenzen – ein Gestaltungsspielraum hinsichtlich des Realisationspunktes. Da die Stillhalterverpflichtung aber bis zum Ende der Optionsfrist besteht und so lange auch mit

530 BFHE 201, 234, 241. Auch offen gelassen in BFHE 219, 129, 135 f. jedoch mit erkennbarer Tendenz zur Ablehnung der Bildung einer Drohverlustrückstellung.

531 BMF-Schreiben v. 12.01.2004 – IV A 6 – S 2133–17/03, BStBl. I 2004, 192; aber auch *Assmann/Schütze*, Hdb. KapitalanlageR/*Sagasser*, § 27 Rn. 757; auch *Häuselmann*, Ubg 2008, 391, 394; *Hahne/Sievert*, DStR 2003, 1992, 1995.

532 Vgl. *Schubert*, in: BeBiKo § 253 Rn. 52.

533 Vgl. *Schubert*, in: BeBiKo § 247 Rn. 207. Auch *Knoll/Steeg*, StuB 2002, 989, 992 f., die in dieser partiellen Gewinn- und Verlustrealisation die wirtschaftlich zutreffende Erfassung der Prämie erkennen. **A.A.** wohl *Günkel*, der davon ausgeht, dass die auf der Option beruhende Verbindlichkeit erst Gewinnauswirkungen entfaltet, wenn der Optionsnehmer diese ausübt oder verfallen lässt, *Günkel*, StBJb 2011/2012, 295, 329 auch *Hoffmann*, Anmerkung zum Urteil des BFH vom 18.12.2002, DStR 2003, 681.

534 So *Knoll/Steeg*, ebd.

einem Risiko behaftet ist, sollte sie unter Beachtung des Vorsichtsprinzips gem. § 252 Abs. 1 Nr. 4 HGB nicht realisiert und damit ausgeschüttet werden können.

(2) Bewertung einer Anzahlung

Wird die Optionsprämie als Anzahlung behandelt, so ist sie mit dem Nennbetrag zu bewerten.[535] Da die Passivierung der erhaltenen Anzahlung wirtschaftlich die eventuelle Rückzahlungsverpflichtung des Stillhalters bis zur Gewinnrealisierung ausdrückt,[536] wirken sich ungünstige Marktentwicklungen lediglich in Form von Drohverlustrückstellungen aus. Wird die Prämie mithin als Anzahlung passiviert, bleibt ihr Wert bis zum Realisationszeitpunkt, d.h. bis zur wesentlichen Erbringung der Sach- bzw. Dienstleistungsverpflichtung[537] unverändert.

(3) Drohverlustrückstellung

Voraussetzung für die Bildung einer Drohverlustrückstellung ist das Übersteigen[538] des Werts der zu erbringenden Leistung aus einem schwebenden Geschäft über den Wert der zu erwarteten Gegenleistung.[539] Insbesondere die Finanzverwaltung, aber auch Teile der Literatur, erfassen das Risiko des Stillhalters durch Bildung einer Drohverlustrückstellung gem. § 249 Abs. 1 S. 1 2. Alt. HGB.[540]

---

535 BFHE 164, 448, 452; *Schubert*, in: BeBiKo § 253 Rn. 94; *Krumm*, in: Blümich, EStG § 5 Rn. 765.

536 *Krumm*, in: Blümich, EStG § 5 Rn. 766.

537 Vgl. *Knobbe-Keuk*, § 4 VII S. 145; *Bauer*, S. 213. MüKoHGB/*Ballwieser*, HGB § 246 Rn. 30 f., wonach Vorleistungen als Anzahlungen oder als Rechnungsabgrenzungsposten in die Bilanz aufgenommen werden.

538 Sog. Verpflichtungsüberhang, siehe BFHE 152, 250, 253; BFHE 166, 222, 232; BFHE 170, 149, 157; BFHE 183, 199, 205; BFHE 184, 422, 423. Dem Ausweis einer Verbindlichkeit, die erst nach Beendigung des Schwebezustandes erfüllt werden muss, steht der Grundsatz der Nichtbilanzierung schwebender Geschäfte nicht entgegen, BFHE 198, 420,425; *Weber-Grellet*, BB, 2003, 37, 39.

539 So BFHE 170, 247, 250; BFHE 208, 116, 123. Dieser Grundsatz leitet sich aus dem Imparitätsprinzip ab, *Siepe*, S. 31, 34. Dieses ist wiederum Teil des handelsrechtlichen Prinzips der Vorsicht, wonach nicht realisierte Verluste, im Gegensatz zu nichtrealisierten Gewinnen, bereits im Jahr ihrer wirtschaftlichen Verursachung, bilanziell erfasst werden müssen, vertiefend hierzu *Winkeljohann/Büssow*, in: BeBiKo § 252 Rn. 34 ff. Durch die Bildung einer Drohverlustrückstellung wird faktisch verhindert, dass Gewinne ausgeschüttet werden, die aus Gründen des Gläubigerschutzes im Unternehmen verbleiben sollen, *Weber-Grellet*, DStR 1996, 896, 905.

540 BMF-Schreiben v. 12.01.2004 – IV A 6 – S 2133–17/03, BStBl. I 2004, 192; aber auch *Assmann/Schütze*, Hdb. KapitalanlageR/*Sagasser*, § 27 Rn. 757; *Cyrankiewicz/Wend-*

Bereits gezeigt wurde, dass bei Einstellung der Stillhalterverpflichtung als Verbindlichkeit die Bildung einer Drohverlustrückstellung abzulehnen ist, weil die Werterhöhung der Stillhalterverbindlichkeit vorgeht.[541] Weiterhin liegt nach dem Verständnis der Trennungstheorie noch kein schwebender Vertrag vor.[542] Wie bereits gezeigt wurde, fehlt es einem aufschiebend bedingten Vertrag an der Entstehung sowie der erforderlichen Gewissheit einer Verbindlichkeit. Erst wenn mit an Sicherheit grenzender Wahrscheinlichkeit von der Ausübung des Optionsrechts ausgegangen werden kann, so dass es gerechtfertigt erscheint, die Verpflichtung aus dem Hauptvertrag wie eine bereits entstandene Verbindlichkeit zu behandeln, wäre die Bildung einer Drohverlustrückstellung gerechtfertigt. Ein Verlust droht nach der Rechtsprechung des BFH, wenn am Bilanzstichtag konkrete Anzeichen dafür vorliegen, dass die eigene Verpflichtung den Wert des Anspruchs auf die Gegenleistung übersteigt, die bloße Möglichkeit einen Verlust zu erleiden, reicht hingegen nicht aus.[543] Folglich ist eine solche Rückstellung zu bilden, soweit sich der Marktwert des Basisobjekts zu Ungunsten des Stillhalters entwickelt hat, diese Entwicklung nicht durch die erhaltene Optionsprämie kompensiert[544] wird und mit einer weiteren Verschlechterung des Marktwerts gerechnet werden muss.[545]

---

land, ZfgK 1990, 1026, 1028; auch *Häuselmann*, Ubg 2008, 391, 394; *Hahne/Sievert*, DStR 2003, 1992, 1995.

541 MüKoHGB/*Ballwieser*, HGB § 253 Rn. 3; *Reiner*, S. 282.

542 Nach der Zweivertragstheorie ist der Hauptvertrag noch nicht existent, so *Rönitz*, JbFfSt 80/81 S. 49, auch *Dreissig*, BB 1989, 1511, 1516. **A.A.** *Reiner* der i.R.d. Einheitstheorie keinen Raum für ein schwebendes Geschäft sieht, da dies im Widerspruch zur Behandlung des Optionsvertrags auf Seiten des Optionsnehmers stünde, *Reiner*, S. 280.

543 BFHE 208, 116, 123; *Schubert*, in: BeBiKo § 249 Rn. 60.

544 Für die Ermittlung der Höhe der Verlustrückstellung ist eine auf den Abwicklungszeitpunkt des Geschäfts bezogene Prognose zu erstellen, *Knobbe-Keuk*, § 4 VII S. 144. Als Drohverlust wird nur eingestellt, was bei der Durchführung des Geschäfts nicht kompensiert wird, vgl. BFHE 183, 199, 206; *Schubert*, in: BeBiKo § 249 Rn. 63 f. Es handelt sich hierbei um einen Saldoposten, dessen Ziel nicht der Ausweis einzelner Ansprüche, sondern der Ausweis des vollumfänglichen schwebenden Geschäfts ist, *Siepe*, S. 31, 35. Daher ist es nicht erforderlich, dass es sich um eine konkrete Gegenleistung handelt, vielmehr gilt eine wirtschaftliche Betrachtungsweise, vgl. BFHE 183, 199, 206.

545 Für die Bildung einer Rückstellung u. a. *Popp*, DStR 1976, 87, 91; *Häuselmann*, DB 1987, 1745, 1748; *Niemeyer*, BB 1990, 1022, 1026; *Eisele/Knobloch*, DStR 1993, 577, 584; *Winter*, BB 1995, 1631, 1632; *Coenenberg/Haller/Schultze*, S. 291; *Bieg*, StB 2003, 377, 378; *Schick*, S. 134 f.; **a.A.** *Kupka/Süß*, FR 2002, 438, 444.

h. Zusammenfassung

Gerade bei der Analyse der Passivierung der Stillhalterverpflichtung zeigen sich die Schwächen der Ein- und Zweivertragstheorie. Die unterschiedlichen Ansichten über den Inhalt der Stillhalterverpflichtung führen zu unterschiedlichen Ergebnissen im Bilanzansatz dem Grunde und der Höhe nach.

Sofern im Anschluss an BFHE 201, 234 ff. zunehmend die Ansicht vertreten wird, die Stillhalterverpflichtung sei als Verbindlichkeit zu passivieren, wird regelmäßig angenommen, dass die als eigenständig betrachtete Leistung Bestandteil des einseitig erfüllten Optionsvertrags sei und vom Zustandekommen des Hauptvertrags losgelöst betrachtet werden müsse. Dem ist nicht zu folgen. Wie gezeigt werden konnte, stützt sich der Grundsatz der Nichtbilanzierung schwebender Geschäfte auch auf das Realisationsprinzip. Solange der Stillhalter seine Leistungspflicht aus dem Optionsvertrag nicht vollständig erbracht hat, wird das schwebende Geschäft nicht beendet. Auch die vollständige Erbringung der Gegenleistung ändert hieran nichts. Selbst wenn man aber der Rechtsprechung folgte und den Erhalt der Prämie durch die Passivierung einer Verbindlichkeit neutralisierte, bestehen noch immer ernstliche Zweifel an der Theorie. Hierzu zählt die Möglichkeit einer partiellen Gewinn- und Verlustrealisation, verursacht durch eine Neubewertung der Stillhalterverpflichtung am Bilanzstichtag. Dieser Effekt tritt gleichsam dann ein, wenn man die Bildung einer Rückstellung für ungewisse Verbindlichkeiten bejaht. Dies sollte, ungeachtet der mathematischen Risikobewertung bereits aus Gründen des Gläubigerschutzes ausgeschlossen sein. Soweit die Finanzverwaltung die Ansicht vertritt, es sei bei ungünstiger Wertentwicklung eine Drohverlustrückstellung zu bilden, verkennt sie, dass eine Werterhöhung der Verbindlichkeit einer solchen Rückstellung grundsätzlich vorgeht. Weiterhin können auch Vertreter der Trennungstheorie nicht ohne Widerspruch das Verlustpotential eines Optionsgeschäfts allein auf den Hauptvertrag abwälzen, denn auch sie begreifen den Optionsvertrag als schuldrechtliche Grundlage für die Einräumung der Möglichkeit auf Kosten des Stillhalters zu spekulieren. Vom Blickwinkel einer einheitlichen Betrachtung dient die Prämie als Vorleistung auf die Stillhalterverpflichtung die entweder in der Übernahme des Risikos für die Optionslaufzeit oder in der Erfüllung des Hauptvertrags besteht. Unterstellt man hingegen den Abschluss eines einzigen bedingten Vertrags, dann wäre die Prämie als Verbindlichkeit mit Vorleistungscharakter zu passivieren. Verfiele das Optionsrecht, so fehlt es aus vertragsrechtlicher Sicht zwar an einem Rechtsgrund für das Behaltendürfen der Prämie. Sind die Parteien sich dennoch hierüber einig, so kann handelsrechtlich die Prämie in diesem Falle als Ertrag gebucht werden. Es widerspricht im Übrigen auch nicht dem Charakter der Vorleistung, dass deren genaue Zuordnung im Zeitpunkt der Vereinnahmung noch nicht möglich ist. Wertveränderungen zuungunsten des Stillhalters wirken sich bei dieser Betrachtung lediglich als Drohverlustrückstellungen aus, während Wertveränderungen zu seinen Gunsten bis zur vollständigen Erbringung der Stillhalterverpflichtung – aufgrund des Realisationsprinzips – unberücksichtigt bleiben.

i. Stellungnahme

Zentrales Ergebnis der bisherigen Untersuchung ist die Erkenntnis, dass die getrennte Betrachtung von Options- und Hauptvertrag auch nach Handelsbilanzrecht Widersprüche birgt, während sich die Einvertragstheorie zwar überzeugender umsetzen ließe, diese aber an der überkommenen vertraglichen Umsetzung scheitert. Nachfolgend soll daher untersucht werden, wie sich der hier vertretene Lösungsansatz des zusammengesetzten Vertrags in die handelsbilanzrechtlichen Vorschriften einfügt.

Bereits gezeigt werden konnte, dass der Stillhalter bei Abschluss des Optionsvertrags grundsätzlich so stehen will, wie er stünde, als wenn das Geschäft zum Ausübungs- bzw. Verfallszeitpunkt geschlossen würde. Unter Berücksichtigung der aktuellen und zu erwartenden Marktsituation setzt er den Optionspreis fest, wobei er davon ausgeht, dass er bei Optionsrechtsausübung diese Summe wird aufwenden müssen, um seiner Verpflichtung aus dem Hauptvertrag nachzukommen, ohne dabei einen Verlust zu erleiden. Ferner konnte gezeigt werde, dass der Optionsnehmer ohne eine entsprechende Verpflichtung des Stillhalters keine Prämie zahlen würde. Aus seiner Sicht bildet die Prämie das Minimum dessen, was der Optionsnehmer zusätzlich aufwenden müsste, wenn er den Hauptvertrag zum Ausübungstag abschließen würde. So finden die Parteien eine Basis auf welcher ein Konsens besteht, wobei mindestens einer von ihnen auf einen atypischen Gewinn hofft. Ebenfalls gezeigt werden konnte, dass das Optionsgeschäft – vertragsrechtlich betrachtet – einen zusammenhängenden Vertrag darstellt, der aus einem Stillhaltervertrag und einem aufschieben bedingt geschlossenen Hauptvertrag besteht.

Nach diesem Befund scheint fraglich, ob der handelsrechtliche Grundsatz der Einzelbewertung gem. § 252 Abs. 1 Nr. 3 HGB der einheitlichen Erfassung des Optionsgeschäfts in der Handelsbilanz des Stillhalters entgegensteht. Danach sind Vermögensgegenstände und Schulden zum Abschlussstichtag einzeln zu bewerten, d. h. Wertminderungen eines Postens dürfen nicht mit Werterhöhungen eines anderen Postens verrechnet werden.[546] Dies bedeutet indes nicht, dass auf die kleinste zivilrechtlich isolierbare Einheit abzustellen ist; maßgeblich ist vielmehr ein einheitlicher Nutzungs- und Funktionszusammenhang.[547] Nach dem hier vertretenen Verständ-

546 So MüKoBilR/*Tiedchen*, HGB § 252 Rn. 30.

547 Siehe *Adler/Düring/Schmaltz*, § 249 HGB Rn. 142; MüKoBilR/*Tiedchen*, HGB § 252 Rn. 31. Die Voraussetzungen für die Aktivierung oder Passivierung von Vermögens-

nis der vertraglichen Abrede der Parteien stehen Stillhalter- und Hauptvertrag in einem derart engen rechtlichen Zusammenhang, dass sie miteinander stehen und fallen sollen. Auch wirtschaftlich ist der Vorteil des einen Geschäfts ohne den Nachteil des anderen nicht denkbar, da beide Verträge dasselbe wirtschaftliche Risiko erfassen. Sie bilden somit einen einheitlichen Nutzungs- und Funktionszusammenhang. Besteht ein enger Zusammenhang zwischen den Verträgen, so sind diese auch bilanziell zu einem einzigen schwebenden Geschäft zusammenzufassen.[548] Innerhalb dieser Austauschverhältnisse sind nunmehr sämtliche Leistungen und Verpflichtungen zu saldieren.[549] Beide Phasen sind daher zusammenfassend darzustellen. Dies hat zur Folge, dass die Prämienzahlung niemals isoliert betrachtet wird, sondern immer i.V.m. dem Hauptvertrag. Andererseits bedeutet dies auch, dass die Prämie zunächst ungünstige Wertentwicklungen des Hauptvertrags kompensiert, so dass bei Vertragsabschluss die Bildung einer Drohverlustrückstellung ausscheidet.[550] Die Prämie ist somit als Vorleistung aus einem schwebenden Geschäft zu passivieren.[551] Nach der hier vertretenen Auffassung liegt ein solches bis zur vollständigen Erbringung der Stillhalterleistung vor. Unbeachtlich ist daher auch, ob in der Prämie lediglich eine Teilleistung oder bereits die vollständige Gegenleistung zu sehen ist. Der Schwebezustand endet demnach erst mit Verfall des Optionsrechts oder durch Abschluss eines Gegengeschäfts i.R. einer Glattstellung. Im Falle des Verfalles des Optionsrechts ist die Dienstleistungsverpflichtung des

---

gegenständen wird dabei vor allem durch Objektivierungsbedürfnisse determiniert, siehe hierzu vertiefend *Euler*, System ordnungsmäßiger Bilanzierung, S. 139 ff.

548 Vgl. *Adler/Düring/Schmaltz*, § 249 HGB Rn. 143.

549 Vgl. *Adler/Düring/Schmaltz*, § 249 HGB Rn. 142; *Winkeljohann/Büssow*, in: BeBiKo § 252 Rn. 23; auch *Moxter*, Grundsätze ordnungsgemäßer Rechnungslegung, S. 28; **A.A.** *Crezelius*, FS Döllerer, 81, 92. Ähnlich auch die Fragen zur Bilanzierung von Mehrkomponentengeschäften, bei denen es sich meist um gemischte Verträge, bei denen die Leistungen miteinander stehen und fallen sollen (bspw. Softwarelieferung und Mitarbeiter- oder Kundenschulung), *Wüstemann/Kierzek*, ZfbF 2007, 882, 884. Die Frage der Teilbarkeit stellt sich hierbei immer vor dem Hintergrund des Realisationsprinzips und der damit zusammenhängenden Frage, ob bereits ein Teil des Geschäfts realisiert wurde der als Ertrag auszuweisen ist, vertiefend zu den Abgrenzungsmethoden siehe *Wirth*, S. 70 ff.

550 Zum gleichen Ansatz siehe *Bieg*, StB 2003, 377, i.E. wohl auch *Breker*, S. 130. Allerdings ist die Bewertung der Schulden am Abschlussstichtag erneut vorzunehmen, *Winkeljohann/Büssow*, in: BeBiKo § 252 Rn. 27. Bis zu diesem Zeitpunkt können sich bereits Änderung ergeben haben, die der aktuellen Marktsituation geschuldet sind.

551 So auch *Hahne/Sievert*, DStR 2003, 1992, 1994. Ähnlich auch *FG München* das in der Stillhalterprämie nach wirtschaftlicher Beurteilung eine Anzahlung auf den Basiswert erkennt, *FG München* EFG 2009, 2035, 2036.

Stillhalters erbracht und die erhaltende Anzahlung führt direkt zu Ertrag. Gleiches gilt, wenn sich der Stillhalter durch Glattstellung von seiner Verpflichtung befreit. Dies widerspricht auch nicht der Natur der Anzahlung, denn sie wird grundsätzlich auch dann passiviert, wenn sie auf nicht aktivierungsfähige Leistungen geleistet wird.[552] Wird das Optionsrecht ausgeübt, befindet sich das Optionsgeschäft grundsätzlich bis zur Erfüllung der Sach- oder Dienstleistungspflicht aus dem bedingten Hauptvertrag in der Schwebe. Die Ausübung des Rechts entfaltet danach zunächst keine Wirkung auf die passivierte Anzahlung. Nach dessen Erfüllung geht die Prämie – worauf an gegebener Stelle noch näher einzugehen sein wird – als Gegenleistung i.R.d. Hauptvertrags auf.[553] Lediglich im Falle eines vereinbarten Barausgleichs führt die Ausübung des Optionsrechts zur sofortigen Realisation, weil hierdurch eine Zahlungsverpflichtung des Stillhalters ohne weitere Gegenleistung durch den Optionsnehmer begründet wird.[554] Eine vorherige Realisation von Ertrag kommt nicht in Betracht, da die Optionsprämie nicht auf Wertschwankungen des Basiswerts reagiert. Sie verkörpert vielmehr die Rückzahlungsverbindlichkeit des Stillhalters, falls dieser seine Verpflichtung nicht erfüllt. Ungünstige Wertentwicklungen des Hauptvertrags werden in der Bilanz als Drohverlustrückstellungen abgebildet.

2. Meinungsstand zur Bilanzierung beim Optionsberechtigten

Sofern in Literatur und Rechtsprechung ganz einhellig die Ansicht vertreten wird, dass der Optionsnehmer für die Prämienzahlung das Optionsrecht als Vermögensgegenstand zu aktivieren habe, ist die hieran selten geäußerte Kritik durchaus berechtigt, wie die folgende Untersuchung zeigen soll.

a. Das Optionsrecht als aktivierungsfähiger Vermögensgegenstand

Bereits festgestellt wurde, dass jeder Kaufmann dazu verpflichtet ist, sämtliche Vermögensgegenstände im Jahresabschluss auszuweisen. Nach h.M. versteht man unter einem Vermögensgegenstand[555] ein materielles oder immaterielles Gut[556],

552 *Schubert/F. Huber*, in: BeBiKo § 247 Rn. 545.

553 Vgl. *Schubert*, in: BeBiKo § 253 Rn. 94.

554 I.d.S. wohl *Schubert/Usinger*, in: BeBiKo § 254 Rn. 77.

555 Eine Legaldefinition dieses Begriffs ist im HGB nicht zu finden, *Adler/Düring/Schmaltz*, § 246 HGB Rn. 9. Aus § 266 Abs. 2 HGB folge indes, dass hierunter u. a. Sachen, Rechte und andere Werte fallen, so *Adler/Düring/Schmaltz*, § 246 HGB Rn. 10.

556 Immaterielle Güter können rechtliche oder tatsächliche Positionen sein, welche von wirtschaftlichem Wert sind, vgl. *Schubert/Waubke*, in: BeBiKo § 247 Rn. 10; *Crezelius*,

welches selbständig be- und verwertbar bzw. verkehrsfähig ist.[557] Da der Optionsnehmer das Recht erhält, ein vorher festgelegtes Vertragsverhältnis einzugehen, ist er nunmehr Inhaber einer rechtlich vorteilhaften – über eine bloße Abschlusschance[558] hinausgehenden – Position, i.H.d. Werts der gezahlten Optionsprämie. Folglich handelt es sich um ein Gut im vorgenannten Sinne. Dieses müsste weiterhin verkehrsfähig sein. Es ist unterdessen umstritten, was genau unter diesem Begriff zu verstehen ist.[559] Nach einer Ansicht komme es allein darauf an, dass die Möglichkeit besteht, das konkrete Gut isoliert zu veräußern, was jedenfalls dann ausgeschlossen sei, wenn die Übertragbarkeit durch Gesetz oder Vertrag ausgeschlossen werde.[560] Nach diesem Verständnis dürfen aus Gläubigerschutzgründen nur solche Güter in der Bilanz erfasst werden, die bei einer gedachten Zerschlagung der Gesellschaft den Gläubigern auch zugutekämen.[561] Dies hätte zur Folge, dass OTC-Optionsrechte i. d. R. nicht als Vermögensgegenstände zu bilanzieren wären, weil bei diesen standardmäßig die Übertragbarkeit auf Dritte ausgeschlossen wird.[562] Indes ist eine mittelbare Verwertung des Optionsrechts in der Weise denkbar, dass sich der Optionsnehmer einem Dritten gegenüber verpflichtete, die Ausübung des Optionsrechts sowie die anschließende Verwertung nach dessen Anweisung durchzuführen oder auf dessen Weisung hin ein Closing-Geschäft abzuschließen und den jeweils generierten Gewinn an diesen

---

ZGR 1987, 1, 14. Vertiefend zur Frage der Aktivierung rein wirtschaftlicher Werte siehe *Tiedchen*, S. 5 ff.

557 Siehe *Böcking/Gros*, in: Ebenroth/Boujong/Joost/Strohn, § 246 HGB Rn. 3; *Morck*, in: Koller/Kindler/ Roth/Morck, HGB § 246 Rn. 2.

558 Bloße Erwerbschancen sind keine Vermögensgegenstände, vgl. Baumbach/Hopt/*Merkt*, HGB § 246 Rn. 3; *Schubert/Waubke*, in: BeBiKo § 247 Rn. 10.

559 *Ballwieser* unterscheidet nochmals zwischen Einzelverkehrsfähigkeit, Einzelverwertbarkeit und Einzelvollstreckbarkeit, MüKoHGB/*Ballwieser*, HGB § 246 Rn. 14 ff. Der Gesetzgeber geht wohl indes von einer Einzelverwertbarkeit aus, siehe BT-Drucks. 16/10067 S. 50.

560 Vgl. *Adler/Düring/Schmaltz*, § 246 HGB Rn. 18; *Baetge/Kirsch/Thiele*, Bilanzen, Kapitel III 212, S. 160 f.; *Tiedchen*, S. 28 f. zur konkreter Verkehrsfähigkeit.

561 Kritische Würdigung *Tiedchen*, S. 32 f.; mit gleicher Argumentation ablehnend *Winter*, BB 1996, 2083, 2084 f.

562 So *Rönitz*, JbFfSt 80/81 S. 42 f. Dieser Ansicht ist auch *Niemeyer*, S. 46 f., welcher in diesem Zusammenhang die Meinung vertritt, dass „Individual-Optionsrechte“ nicht aktivierungsfähig seien. Die Vertreter dieser Ansicht müssen denklogisch zu dem Ergebnis kommen, dass die Prämie sofort aufwandswirksam zu erfassen ist oder als Rechnungsabgrenzungsposten in der Bilanz ausgewiesen wird.

auszukehren.[563] Folglich besteht auch bei einem schuldrechtlich vereinbarten Abtretungsausschluss die Möglichkeit einer mittelbaren Verwertung.[564] Von einem vom Gläubigerschutz unbeeinflussten Standpunkt reicht es für die Annahme der Einzelveräußerbarkeit aus, wenn die Möglichkeit – unabhängig von vertraglichen Grenzen der Übertragung – der selbständigen Übertragung der „Natur der Sache" nach besteht.[565] Wie bereits festgestellt, ist die Übertragung des Optionsrechts grundsätzlich möglich, so dass hiernach die Vermögensgegenstandsqualität zu bejahen wäre. Da nach beiden Ansichten die Verkehrsfähigkeit des Optionsrechts zu bejahen ist, kann dahinstehen, welcher Ansicht der Vorzug zu geben wäre. Das Optionsrecht ist daher – der h.M. folgend – ein Vermögensgegenstand im handelsrechtlichen Sinne.[566] Da ein einzeln verwertbarer Vermögensgegenstand auch stets einzeln bewertbar ist, liegt auch diese Voraussetzung vor.[567]

---

563 Siehe hierzu auch *Breker*, S. 52 f.; *Niemeyer*, S. 42.

564 *Breker*, S. 53; *Dreissig*, BB 1989, 1511, 1515; *Häuselmann*, DB 1987, 1745, 1746.

565 Sog. abstrakte Einzelveräußerbarkeit und wohl h.M.: *Knobbe-Keuk*, § 4 IV S. 87 f.; *Adler/Düring/Schmaltz*, § 246 HGB Rn. 19, wonach eine gesetzliche oder vertragliche Verfügungsbeschränkung denknotwendig eine Veräußerbarkeit voraussetzt. *Baetge/Kirsch/Thiele*, Bilanzen, Kapitel III 212, S. 161. Baumbach/Hopt/*Merkt*, HGB § 246 Rn. 5; *Breker*, S. 51 f.; *Pfeiffer*, StuW 1984, 327, 335; *Crezelius*, ZGR 1987, 1, 14 f.; *Dreissig*, BB 1989, 1511, 1515; **a.A.** *Winter*, BB 1996, 2083, 2085 und *Tiedchen*, S. 30 ff. Die Interpretation der Einzelverkehrsfähigkeit als abstrakte Eigenschaft, führt nach Ansicht *Ballwiesers* zu unscharfen Abgrenzungen und teilweise willkürlichen Ergebnissen. Daher hält dieser das Kriterium der Einzelverkehrsfähigkeit für nicht zielführend, MüKoHGB/*Ballwieser*, HGB § 246 Rn. 15. Der BFH lässt in ständiger Rechtsprechung – worauf später noch einzugehen sein wird – die Übertragbarkeit mit dem Unternehmen im Ganzen genügen, so bspw. BFHE 82, 461, 465; BFHE 136, 222, 223; BFHE 166, 472, 474.

566 So u. a. *Baetge/Kirsch/Thiele*, Bilanzen, Kapitel VI 5, S. 338; *Schmidt/Usinger*, in: BeBiKo § 254 Rn. 72; *Adler/Düring/Schmaltz*, § 246 HGB Rn. 372 m.w.N.; *Cyrankiewicz/Wendland*, ZfgK 1990, 1026; *Philipowski*, DStR 2011, 1298, 1299; *Beckenhaub*, S. 165. Noch weiter geht eine Literaturmeinung, die nach dem Kriterium der selbständigen Verwertbarkeit geht. Danach liegt auch dann ein Vermögensgegenstand vor, wenn das Gut, auf irgendeine Weise außerhalb des eigenen Unternehmens gegenüber Dritten wirtschaftlich verwertet werden kann, *Baetge/Kirsch/Thiele*, Bilanzen, Kapitel III 212, S. 162; *Adler/Düring/Schmaltz*, § 246 HGB Rn. 28. Letztlich gibt es noch einen Teil in der Literatur, der auf die Einzelvollstreckbarkeit abstellt, d. h. ob, das Gut einzeln gepfändet werden kann, so *Tiedchen*, S. 44 ff.; *Winter*, BB 1996, 2083, 2086; *Siegel* BB 1994, 2237, 2238; *Ekkenga* ZGR 1997, 262, 268.

567 *Breker*, S. 53; *Häuselmann*, DB 1987, 1745, 1746; *Winter*, BB 1996, 2083, 2084; i.E. wohl auch *Raesch*, StBp 1973, 52, 54.

Fraglich ist, ob das Optionsrecht auch als Vermögensgegenstand zu aktivieren ist. Dies ist dann der Fall, wenn es dem Kaufmann objektiv und subjektiv zuzurechnen ist und kein Bilanzierungsverbot besteht oder ein Aktivierungswahlrecht ausgeübt wurde.[568] Während die objektive und subjektive Zuordnung zum Betriebsvermögen des Kaufmanns in dieser Arbeit vorausgesetzt wird, ist fraglich, ob ein Bilanzierungsverbot der Aktivierung des Optionsrechts entgegenstünde. In Betracht käme auch hier der Grundsatz ordnungsmäßiger Buchführung, schwebende Geschäfte nicht zu bilanzieren.[569] Wie die Untersuchung gezeigt hat, liegt aus Sicht des Stillhalters ein schwebendes Geschäft vor, woraus jedoch nicht geschlossen werden kann, dass dieses in der Bilanz des Optionsnehmers entsprechend zu behandeln wäre, da ein generelles Korrespondenzprinzip weder im Handelsrecht noch im Steuerrecht existiert.[570]

Folglich ist zu untersuchen, ob auch aus Sicht des Optionsnehmers ein schwebendes Geschäft vorliegt. Demnach ist auch hier zu fragen, ob der zur Dienstleistung verpflichtete Stillhalter seine Hauptleistung bereits vollständig erbracht hat. Allein vom Standpunkt der Trennungstheorie aus könnte man argumentieren, dass ausnahmsweise die Aktivierung des Optionsrechts als Vermögensgegenstand deshalb gerechtfertigt sei, weil sich nach Abschluss des Optionsvertrags zunächst keine wechselseitigen Leistungsverpflichtungen mehr gegenüberstehen.[571] Es konnte aber bereits gezeigt werden, dass sich die Stillhalterleistung nicht in der Einräumung des Optionsrechts erschöpft. Dabei kann dahinstehen, ob sie sich – der Einvertragstheorie folgend – in der späteren Erfüllung des Hauptvertrags fortsetzt oder – der Trennungstheorie des BFH folgend – jedenfalls über die Optionslaufzeit hin erstreckt. Nach beiden Ansichten hat der Stillhalter seine Verpflichtung noch nicht vollständig erbracht. Folglich ist auch auf Seiten des Optionsnehmers der Optionsvertrag zunächst als schwebendes Geschäft zu behandeln. Unter Berücksichtigung der hier

---

568 So MüKoBilR/*Hennrichs*, HGB § 246 Rn. 13.

569 *Krumm*, in: Blümich, EStG § 5 Rn. 244c zum Verbot der Bilanzierung eines Vermögensgegenstandes während des Schwebezustandes. Zum Verbot der Aktivierung von Teilleistungen allgemein siehe *Knobbe-Keuk*, § 4 VII S. 145.

570 *Dreyer/Broer*, DStR 2002, 1590, 1595; *Schulze-Osterloh*, FS Forster S. 662 f. m.w.N. Auch steuerrechtlich gibt es kein allgemeines Korrespondenzprinzip, welches eine Gleichbehandlung „anordnen“ könnte, aber für die Beendigung des Schwebezustandes gelten für beide Parteien dieselben Regelungen, *Hahne/Sievert*, DStR 2003, 1992, 1994.

571 So *Hahne/Sievert*, DStR 2003, 1992, 1994, die damit argumentieren, dass aus Sicht des Optionsnehmers, der Optionsvertrag mit der Einräumung des Optionsrechts erfüllt sei.

vertretenen Theorie des zusammengesetzten Vertrags steht vorgenannter Annahme bereits entgegen, dass der Erwerb des Optionsrechts Teil eines zusammengesetzten Vertrags ist, der handelsrechtlich in seiner Gesamtheit als schwebend zu betrachten ist.[572] Da das Optionsrecht der Verpflichtung aus dem aufschiebend bedingten Vertrag entspricht, besteht folglich eine – über die Duldung der Ausübung des Optionsrechts hinausgehende – künftige Leistungspflicht des Stillhalters. Somit liegt aus Sicht des Optionsnehmers eine Vorleistung auf den zusammengesetzten Vertrag und somit eine geleistete Anzahlung vor. Da die Anzahlung einem schwebenden Kreditgeschäft ähnelt, ist sie auch dann zu aktivieren, wenn die Gegenleistung, auf welche sie gezahlt wird, selbst nicht aktiviert werden könnte.[573] Es steht einer Aktivierung daher nicht entgegen, dass im Falle des Verfalls des Optionsrechts eine erfolgswirksame Ausbuchung als Aufwand für erhaltende Stillhalterleistung erfolgen würde. Die Zahlung wird demnach ergebnisneutral aktiviert, ohne den Schwebezustand des Geschäfts zu beeinträchtigen.[574]

Ungeachtet welcher der vorgenannten Ansichten man den Vorzug einräumen möchte, liegt beiden das Verständnis zugrunde, dass die Zahlung der Optionsprämie nicht als Sofortaufwand erfolgswirksam abzugsfähig ist.[575] Auch die Bildung eines Rechnungsabgrenzungspostens ist aus bereits genannten Gründen abzulehnen.[576]

---

572 Ähnlich auch BFHE 183, 484, 487 zur Aktivierung eines durch Mietvertrag eingeräumten Nutzungsrechts.

573 Vgl. *Schubert/F. Huber*, in: BeBiKo § 247 Rn. 545. Mit dieser Betrachtung wird man auch der Forderung von *Schmid/Renner*, gerecht: „Prämien für die Kaufoption sind entweder vorweggenommene Anschaffungskosten des Basiswerts oder sie sind es nicht.“, *Schmid/Renner*, DStR 2005, 815, 817. Ausdrücklich gegen eine geleistete Anzahlung *Niemeyer*, BB 1990, 1022, 1024.

574 Vgl. *Adler/Düring/Schmaltz*, § 246 HGB Rn. 184; auch *Lindner*, S. 71 f.; ebenfalls den Vorleistungscharakter bejahend *Voss*, DStR 1964, 576, 577; **kritisch** zu ihrer These *Beckenhaub*, S. 329.

575 Ganz h.M.: *Assmann/Schütze*, Hdb. KapitalanlageR/*Sagasser*, § 27 Rn. 756; *Breker*, S. 48; *Reiner*, S. 274; *Rabenhorst*, S. 73; Schmidt/*Kulosa*, EStG § 6 Rn. 140; *IDW*, RS BFA 6 Rn. 12; *Günkel*, JbFfSt 98/99 S. 219; *Raesch*, StBp 1973, 52, 53; *Holterhus*, Die Bank 1987, 154, 155; *Häuselmann*, DB 1987, 1745, 1746; *Dreissig*, BB 1989, 1511, 1515; *Häuselmann/Wiesenbart*, DB 1990, 641; *Cyrankiewicz/Wendland*, ZfgK 1990, 1026; *Treuberg/Scharpf*, DB 1991, 661, 663 f.; *Eisele/Knobloch*, DStR 1993, 577, 582; *Windmöller/Breker*, WPg 1995, 389, 393; *Gebhardt*, BFuP 1996, 557, 567; *Häuselmann/Wagner*, BB 2002, 2170; *Schmid/Renner*, DStR 2005, 815; *Häuselmann*, Ubg 2008, 391; *Kraft/Mohr*, RdF 2011, 406, 408; *Johannemann/Herr*, RdF 2011, 267;. *Hossfeld* und *Bieg* gehen sogar soweit unverbriefte EUREX-Optionen unter den Wertpapieren ausweisen zu wollen, *Hossfeld*, DB 1997, 1241, 1243; *Bieg*, StB 2003, 324, 325.

576 Siehe hierzu III. Kapitel A. 1. Buchst. f. (5).

b. Bewertung des Optionsrechts

Sowohl die Aktivierung eines immateriellen Vermögensgegenstandes als auch die Aktivierung einer Anzahlung führen somit zu einem erfolgsneutralen Aktivtausch. Unterschiede ergeben sich jedoch in der Bewertung der gewählten Bilanzposten.

(1) Bewertung des Optionsrechts als Vermögensgegenstand

Vermögensgegenstände sind gem. § 253 Abs. 1 HGB höchstens mit den Anschaffungs- oder Herstellungskosten, vermindert um planmäßige und zwingend vorzunehmende außerplanmäßige Abschreibungen anzusetzen.[577]

(a) Zugangsbewertung

Anschaffungsvorgänge sind ergebnisneutral und führen zu einer Vermögensumschichtung.[578] Zu den Anschaffungskosten gehört nach § 255 Abs. 1 HGB all das, was der Erwerber aufgewendet hat, um den Vermögensgegenstand zu erwerben inklusive aller Aufwendungen – sog. Anschaffungsnebenkosten – die getätigt wurden, um den Gegenstand in einen betriebsbereiten Zustand zu versetzen, soweit sie diesem einzeln zugeordnet werden können.[579] Zu den Anschaffungskosten des Optionsrechts gehören neben der gezahlten Optionsprämie folglich auch Transaktionskosten, Makler-, Bank- und Provisionsgebühren.[580]

(b) Folgebewertung

Nach dem Zugang eines Vermögensgegenstands ist dieser an jedem Bilanzstichtag innerhalb der handelsrechtlichen Grundsätze neu zu bewerten.[581] Wie bereits gezeigt wurde, unterliegt das Optionsrecht ständigen Wertschwankungen. Bei börs-

---

577 Vgl. *Schubert/Andrejewski/Roscher*, in: BeBiKo § 253 Rn. 1. Zum Anschaffungswertprinzip vgl. *Schubert/Gadek*, in: BeBiKo § 255 Rn. 1.

578 Vgl. *Schubert/Gadek*, in: BeBiKo § 255 Rn. 20.

579 Vgl. *Knobbe-Keuk*, § 5 IV S. 162.

580 Vgl. *Häuselmann*, DB 1987, 1745, 1747; *Treuberg/Scharpf*, DB 1991, 661, 663; *Popp*, DStR 1976, 87, 90; *Cyrankiewicz/Wendland*, ZfgK 1990, 1026, 1028; *Rabenhorst*, S. 79; *Bieg*, StB 2003, 324, 325; *Assmann/ Schütze*, Hdb. KapitalanlageR/*Sagasser*, § 27 Rn. 756; *Krumm*, in: Blümich, EStG § 5 Rn. 1097; Eine sofort aufwandwirksame Verrechnung der Nebenkosten wird aus Vereinfachungsgründen für möglich gehalten, so *Breker*, S. 48. Bestehen hinsichtlich der Zahlung der Optionsprämie vertragliche Absprachen, wie ratierliche Zahlung, dann ist der Barwert der vereinbarten Zahlung anzusetzen, *Häuselmann*, Ubg 2008, 391.

581 Vgl. MüKoHGB/*Ballwieser*, HGB § 253 Rn. 10.

lich gehandelten Optionskontrakten entspricht der Wert des Optionsrechts – der herrschenden Meinung folgend – dem letztverfügbaren Preis am Abschlussstichtag zzgl. etwaiger Transaktionskosten.[582] Da es bei OTC-Optionsgeschäften i. d. R. an einem Börsen- oder Marktpreis fehlt, kann deren Wert mittels Vergleich von börslich gehandelten Optionskontrakten mit ähnlichen Ausstattungsmerkmalen bestimmt[583] oder aber mittels sog. Optionspreismodelle berechnet werden.[584] Zu untersuchen ist daher, wie sich diese Wertveränderungen in der Bewertung des Vermögensgegenstands widerspiegeln.

i. Zuordnung zum Anlage- oder Umlaufvermögen

Da die Anschaffungskosten die Bewertungshöchstgrenze bilden, sind Wertsteigerungen grundsätzlich nicht zu berücksichtigen.[585] Ist indes der Wert des Optionsrechts zum Bilanzstichtag niedriger, so ist zu unterscheiden, ob das Recht dem Anlage- oder Umlaufvermögen zugerechnet wird. Für ersteres gilt das aus dem Vorsichtsprinzip abgeleitete gemilderte Niederstwertprinzip gem. § 252 Abs. 1 Nr. 4 i.V.m. § 253 Abs. 3 S. 5 HGB[586] während für Vermögensgegenstände des Umlaufvermögens das strenge Niederstwertprinzip § 253 Abs. 4 HGB gilt.[587]

---

582 Vgl. *Breker*, S. 82; *Niemeyer*, S. 92 f.; *Schick*, S. 99; *Scharpf/Luz*, S. 399; *Popp*, DStR 1976, 87, 90; *Windmöller/Breker*, WPg 1995, 389, 394; *Bieg*, StB 2003, 324, 326.

583 *Breker*, S. 82 ff. mit näheren Erläuterungen; *Niemeyer*, S. 93; *Schick*, S. 99 f.; **a.A.** *Scharpf/Luz*, die eine Schätzung ablehnen, wenn die Ausstattungsmerkmale (Basiswert, Basispreis, Restlaufzeit, Ausübungsmodalitäten) nur teilweise übereinstimmen, *Scharpf/Luz*, S. 407.

584 *Scharpf/Luz*, S. 407; *Bieg*, StB 2003, 324, 326; *Dreissig*, BB 1989, 1511, 1516; *Breker*, S. 85 m.w.N, obwohl dieser der Anwendung von Optionspreismodellen skeptisch gegenüber steht, jedenfalls dann, wenn nicht alle zur Berechnung benötigten Eingabeparameter bekannt sind. Vertiefend zu Optionspreismodellen siehe *Rieger*, Optionen, Derivate und strukturierte Produkte, Rn. 1.7.1 ff.; *Steiner/Bruns/Stöckl*, Tz. 5.2.1 ff.

585 Vgl. *Adler/Düring/Schmaltz*, Vorb. §§ 252–256 HGB Rn. 21.

586 Vgl. MüKoBilR/*Tiedchen*, HGB § 253 Rn. 71. Nach dem gemilderten Niederstwertprinzip beruht die Notwendigkeit von Abschreibungen auf der Einschätzung der voraussichtlichen Dauerhaftigkeit einer Wertminderung des bilanzierenden Unternehmers, MüKoBilR/*Tiedchen*, HGB § 253 Rn. 120.

587 Nach dem strengen Niederstwertprinzip ist eine Abschreibung dann notwendig, wenn der Wert des Vermögensgegenstandes unter die Anschaffungskosten sinkt, ohne dass es auf eine Dauerhaftigkeit der Wertminderung ankäme, MüKoBilR/*Tiedchen*, HGB § 253 Rn. 133. Seit der Bilanzrechtsmodernisierung im Jahr 2009 gilt rechtsformunabhängig ein Wertaufholungsgebot, sollten die Voraussetzungen der außerplanmäßigen Abschreibung nicht mehr vorliegen § 253 Abs. 5 HGB.

Umstritten ist, ob Optionsrechte dem Anlage- oder Umlaufvermögen zugerechnet werden. Während gem. § 247 Abs. 2 HGB zum Anlagevermögen solche Vermögensgegenstände gerechnet werden, die dazu bestimmt sind, dauerhaft dem Betrieb zu dienen,[588] werden Vermögensgegenstände, die dem Betrieb für einen einmaligen Nutzungsvorgang dienen, im Umkehrschluss dem Umlaufvermögen zugerechnet[589]. Einerseits könnte man danach abgrenzen, auf welchen Basiswert sich das Optionsrecht bezieht. Nach dieser Abgrenzung wären rein auf Differenzzahlung gerichtet Optionsrechte dem Umlaufvermögen und auf Finanzanlagen oder physisch lieferbare Vermögensgegenstände gerichtete Optionsrechte dem Anlagevermögen zuzuordnen. Da das Optionsrecht nach der herrschenden Meinung aber ein eigenständiger Vermögensgegenstand ist, der seiner Art nach auch eigenständig betrachtet werden muss, wäre eine Abgrenzung nach dem Basiswert verfehlt.[590] Unterstellt man hingegen, ein Optionsrecht sei dann dem Anlagevermögen zuzuordnen, wenn die Optionslaufzeit mehr als ein Jahr beträgt, dann stellt sich die Frage, ob solche Rechte anders zu behandeln sind, wenn deren Ausübung nicht am Ende, sondern während der gesamten Laufzeit möglich ist. So wird vertreten, dass letztere dann dem Umlaufvermögen zuzuordnen seien, wenn die Absicht bestünde, diese durch Veräußerung oder Glattstellung zu beenden.[591] Gestützt auf diese Überlegung wäre ebenfalls eine Abgrenzung in der Weise denk-

---

588 Der Begriff der „Dauer“ ist dabei nicht als absoluter Zeitbegriff zu verstehen, vgl. *Schubert/F. Huber*, in: BeBiKo § 247 Rn. 353; *Werndl*, in: Kirchhof/Söhn/Mellinghoff, EStG § 6 Rn. B 12; *Breker*, S. 73. Eine Mindestverweildauer existiert nicht. Entscheidend ist vielmehr die dienende Funktion im Betrieb. Das bedeutet, dass sie derart in die Betriebsabläufe eingegliedert werden, dass sie auf Dauer, also zur wiederholten Nutzung zur Verfügung stehen, was grundsätzlich für Finanzanlagen zu bejahen ist, vgl. hierzu *Schubert/F. Huber*, in: BeBiKo § 247 Rn. 353 f.; *Werndl*, in: Kirchhof/Söhn/Mellinghoff, EStG § 6 Rn. B 13 f.

589 Vgl. *Schubert/F. Huber*, in: BeBiKo § 247 Rn. 352. Es handelt sich hierbei um sog. Komplementärbegriffe, *Werndl*, in: Kirchhof/Söhn/Mellinghoff, EStG § 6 Rn. B 6.

590 Vgl. *Rabenhorst*, S. 78.

591 So *Breker*, S. 73 f.; i.E. wohl auch *Treuberg/Scharpf*, DB 1991, 661, 664 die aufgrund der Kurzlebigkeit börsengehandelter Optionskontrakte eine Zuordnung zum Umlaufvermögen vornehmen. Gleichermaßen *Cyrankiewicz/Wendland*, ZfgK 1990, 1026, 1027 und *Schick*, S. 93. Ähnlich auch *Bieg*, der mehrjährige europäische Optionsrechte zwingend dem Anlagevermögen zuordnet, wenn diese nicht kurzfristig veräußert werden können, *Bieg*, StB 2003, 324, 325. Gleichsam *Johannemann/Herr*, RdF 2011, 267, 268 die eine Zuordnung allein unter Berücksichtigung der Laufzeit bestimmen. Gegen eine Zuordnung nach dem Zeitmoment siehe *Niemeyer*, BB 1990, 1022, 1023.

bar, dass Optionsrechte, die nicht ausgeübt, sondern glattgestellt werden sollen, stets dem Umlaufvermögen zuzuordnen seien.[592] Auch wenn börslich gehandelte Optionskontrakte i. d. R. glattgestellt werden, so wird sich dies einerseits nicht ohne gesetzliche Grundlage typischerweise unterstellen und andererseits eine abweichende Absicht des Kaufmanns kaum anhand objektiver Kriterien nachvollziehen lassen, so dass sich für diesen wiederum ein Gestaltungsspielraum eröffnete.[593] Doch gerade objektiv nachvollziehbare Kriterien schaffen Rechtssicherheit und Vergleichbarkeit. Geht man indes davon aus, dass durch die einmalige wirtschaftlich rentable Ausübung eines Optionsrechts für den Betrieb Erträge erzielt werden können, so handelte es sich um Umlaufvermögen.[594]

ii. Planmäßige Abschreibung

Vermögensgegenstände des Anlagevermögens, deren Nutzung zeitlich begrenzt ist, sind gem. § 253 Abs. 3 S. 1 und 2 HGB planmäßig, d. h. auf die voraussichtliche Dauer der Nutzung abzuschreiben. Diese planmäßige Abschreibung ist zwingend vorzunehmen, auch wenn der Wert des Vermögensegenstandes konstant geblieben ist oder sich gar erhöht hat.[595] Sinn und Zweck dieser Regelung ist es, den planmäßigen Wertverzehr, der sich aus der Nutzung des Vermögensgegenstandes ergibt, zu erfassen und periodengerecht zu verteilen.[596] Fraglich ist daher, ob die begrenzte Laufzeit eines Optionsrechts als zeitlich begrenzte Nutzung i.d.S. zu verstehen ist. Hierfür könnte sprechen, dass der Zeitwert des Optionsrechts mit

592 *Niemeyer*, S. 134; *ders.*, BB 1990, 1022, 1023; i.E. wohl auch *Häuselmann*, DB 1987, 1745, 1746. *Rönitz*, JbFfSt 80/81 S. 45 zieht insoweit eine Parallele zwischen Ausübung und Gebrauch. Der Bankenfachausschuss geht bei Kreditinstituten von einer Zuordnung zum Handelsbestand, also zum Umlaufvermögen aus, *IDW*, RS BFA 6 Rn. 11; i.E. wohl auch *Coenenberg/Haller/Schultze*, S. 290, die auf die Spekulationsabsicht abstellen. Für die Abgrenzung nach Gebrauchs- und Verbrauchsgut auch *Rönitz*, JbFfSt 80/81 S. 45.

593 Vgl. *Rabenhorst*, S. 77.

594 Vgl. *Rabenhorst*, S. 78; i.E. wohl auch *Kraft/Mohr*, RdF 2011, 406, 408, welche davon ausgehen, dass Optionsrechte dem Betrieb nicht dauerhaft dienen. Diese Unterscheidung richtete sich nach der Qualifikation als Gebrauchs- oder Verbrauchsgut. Ein Gebrauchsgut und damit Anlagevermögen liegt vor, wenn die Absicht mehrmaliger betrieblicher Verwendung besteht, während ein Verbrauchsgut dem Betrieb nur für einen einmaligen Akt, sofortigen Verkauf oder Verbrauch dienen soll und somit zum Umlaufvermögen rechnet, BFHE 152, 108, 110; *Schubert/F. Huber*, in: BeBiKo § 247 Rn. 352; *Werndl*, in: Kirchhof/Söhn/Mellinghoff, EStG § 6 Rn. B 11.

595 *Schubert/Andrejewski/Roscher*, in: BeBiKo § 253 Rn. 202.

596 *Schubert/Andrejewski/Roscher*, in: BeBiKo § 253 Rn. 202.

Ablauf der Optionsfrist sinkt, so dass es sich hierbei um einen – von vornherein zu erwartenden – wirtschaftlichen Wertverzehr handelt.[597] Dem steht entgegen, dass der Zeitwert lediglich die Chance widerspiegelt einen unbegrenzten Gewinn aus dem Optionsgeschäft zu erzielen.[598] Diese Chance verringert sich zwar mit Ablauf der Optionsfrist, hierin ist aber kein vorhersehbarer Wertverzehr im oben genannten Sinne zu verstehen. Weiterhin ist der innere Wert, der keiner technischen oder wirtschaftlichen Abnutzung unterliegt, Bestandteil des Zeitwerts. Er kann während der Laufzeit steigen und so den Zeitwertverlust kompensieren. Dies würde bei einer planmäßigen Abschreibung völlig vernachlässigt. Genauer gesagt, würde hierdurch sogar unrichtigerweise unterstellt, dass Optionsrechte am Ende ihrer Laufzeit typischerweise wertlos seien.[599]

iii. Außerplanmäßige Abschreibung

Demgegenüber werden außerplanmäßige Abschreibungen weitestgehend bejaht.[600] Bei Vermögensgegenständen des Umlaufvermögens ist gem. § 253 Abs. 4

---

597 So *Niemeyer*, S. 56. Das Optionsrecht behalte zwar seine volle Wirksamkeit, nicht aber seinen vollen Nutzen. Ungeachtet des nichtabnutzbaren inneren Werts, sei das Optionsrecht – als einheitlich zu betrachtender Vermögensgegenstand, da es einem zu erwartenden Wertverzehr unterliegt – planmäßig abzuschreiben, *Niemeyer*, S. 56 f. Zustimmend auch *Schick*, S. 97 und *Popp*, DStR 1976, 87, 89 wobei letzterer zwar von einem Wertverzehr ausgeht, aber die Abschreibung bei Optionsrechten mit einer Laufzeit unter 12 Monaten ablehnt. **A.A.** hingegen *Breker*, S. 79 f.

598 Vgl. *Eisele/Knobloch*, DStR 1993, 577, 584. Mit abnehmender Restlaufzeit sinkt die Chance der gewünschten Wertentwicklung, so dass gegen Ende der Optionslaufzeit der Zeitwert beschleunigt abnimmt, *Steiner/Bruns/Stöckl*, Tz. 5.2.

599 Ganz herrschende Meinung *Scharpf/Luz*, S. 408; *Briesemeister*, S. 285; *Haisch*, in: Herrmann/Heuer/Raupach, § 5 EStG Rn. 1072; *Haisch/Helios*, in: Haisch/Helios, Rechtshandbuch der Finanzinstrumente, § 2 Rn. 108; *Raesch*, StBp 1973, 52, 53; *Popp*, DStR 1976, 87, 90; *Häuselmann* DB 1987, 1745, 1746; *Cyrankiewicz/Wendland*, ZfgK 1990, 1026, 1027; *Eisele/Knobloch*, DStR 1993, 577, 583; *Windmöller/Breker*, WPg 1995, 389, 392; *Fleischer*, DB 1995, 1780, 1782; *Bieg*, StB 2003, 324, 326; *Johannemann/Herr*, RdF 2011, 267; *Kraft/Mohr*, RdF 2011, 406, 408. Auch *Lindner*, S. 79 f. mit der Begründung, dass Wertänderungen modelltheoretisch zufällig eintreten und daher kein geregelter wirtschaftlicher Wertverzehr in diesem Sinne vorliegt.

600 Wohl herrschende Meinung *Raesch*, StBp 1973, 52, 53; *Popp*, DStR 1976, 87, 90; *Häuselmann*, DB 1987, 1745, 1747; *Eisele/Knobloch*, DStR 1993, 577, 583; *Haisch*, in: Herrmann/Heuer/Raupach, § 5 EStG Rn. 1072; *Baetge/Kirsch/Thiele*, Bilanzen, Kapitel VI 5, S. 340; *Schubert/Roscher*, in: BeBiKo § 253 Rn. 606. **A.A.** *Scharpf/Luz*, S. 407, die jedenfalls eine Vollabschreibung ablehnen, weil hierbei die Wertschätzung anderer Marktteilnehmer über den Vermögensgegenstand „Optionsrecht" vernachlässigt würde.

S. 1 HGB eine Abschreibung zwingend dann vorzunehmen, wenn der Wert des Gegenstandes am Bilanzstichtag unter dem Buchwert liegt.[601] Soweit also der Börsen- oder Marktpreis des Optionsrechts am Abschlussstichtag niedriger ist als die historischen Anschaffungskosten, so wäre eine Abschreibung zwingend vorzunehmen.[602]

Bei Vermögensgegenständen des Anlagevermögens kommt gem. § 253 Abs. 3 S. 5 HGB eine Abschreibung auf einen niedrigeren Wert andererseits nur – dann aber obligatorisch – in Betracht, wenn dieser von Dauer ist. Ob eine Wertminderung dauerhaft ist, hängt vom zu bewertenden Vermögensgegenstand im Einzelfall ab.[603] Gerade bei Finanzanlagen, die ständigen Kursschwankungen unterliegen, sind Verluste die sich im Bereich des Üblichen bewegen, nicht geeignet, die geforderte Dauerhaftigkeit zu begründen.[604] Das *IDW* hat daher handelsrechtliche Schwellenwerte definiert. Dabei gilt eine Finanzanlage dauerhaft im Wert gemindert, wenn deren Buchwert in den letzten sechs Monaten vor dem Bilanzstichtag permanent um mehr als 20 % unterschritten oder der Durchschnittswert der täglichen Börsen- oder Marktpreise der letzten zwölf Monate um mehr als 10 % unterschritten wurde.[605] Hat sich der Börsen- oder Marktpreise bis zum Aufstellungszeitpunkt der Bilanz wieder normalisiert, liegt regelmäßig keine dauerhafte Wertminderung vor.[606] Finanzanlagen dürfen indes gem. § 253 Abs. 3 S. 6 HGB ausnahmsweise auch bei nur vorübergehenden Wertminderungen abgeschrieben werden, sog. Abwertungswahlrecht.[607] Fraglich ist allerdings, ob diese

601 Strenges Niederstwertprinzip, vgl. MüKoHGB/*Ballwieser*, HGB § 247 Rn. 53.

602 Die Wertmaßstäbe sind in dieser Reihenfolge zugrunde zu legen, *Windmöller/Breker*, WPg 1995, 389, 393 f. Gibt es keinen Börsenkurs, so ist der Marktpreis heranzuziehen. Wenn auch ein Marktpreis nicht festzustellen ist, so ist gem. § 253 Abs. 4 S. 2 HGB der beizulegende Wert, d. h. die Wiederbeschaffungskosten (zzgl. Nebenkosten) bzw. der Verkaufswert (abzüglich der bis zum Verkauf anfallenden Kosten) anzusetzen, vertiefend hierzu siehe *Schubert/Roscher*, in: BeBiKo § 253 Rn. 510 ff.

603 Vgl. *Schubert/Andrejewski/Roscher*, in: BeBiKo § 253 Rn. 312.

604 Vgl. *Schubert/Andrejewski/Roscher*, in: BeBiKo § 253 Rn. 314.

605 Vgl. *IDW*, WPg 2002, 475, 476 i.V.m. der Stellungnahme IDW RS VFA 2 in der 149. Sitzung, http://www.idw.de/idw/download/Aktuell_02.10.2002_Download_Nr.2.pdf?id=332528&property=Datei, abgerufen am 18.02.2015.

606 Vgl. *IDW*, ebd. Vertiefend zur Annahme einer dauerhaften Wertminderung bei Finanzanlagen siehe *Küting*, DB 2005, 1121, 1125 ff.

607 *Schubert/Andrejewski/Roscher*, in: BeBiKo § 253 Rn. 460. Macht eine Kapitalgesellschaft von ihrem Wahlrecht keinen Gebrauch, so muss sie die Gründe hierfür nach § 285 Nr. 18 HGB im Anhang angeben, siehe vertiefend *Grottel*, in: BeBiKo § 285 Rn. 530 ff.

Vorschrift auch auf unverbriefte Optionsverträge Anwendung findet, da unter den Begriff der Finanzanlagen nach einhelliger Ansicht die in § 266 Abs. 2 A. III. HGB genannten Anlagen fallen, zu denen – bezogen auf Optionsrechte – lediglich Optionsscheine zählen.[608] Hierfür spricht, dass unverbriefte Optionsrechte grundsätzlich die gleichen charakterlichen Eigenschaften besitzen wie Optionsscheine, so dass die Anwendung der Vorschrift gerechtfertigt erscheint.[609]

Sowohl für Anlage- als auch für Umlaufvermögen gilt gem. § 253 Abs. 5 HGB ein strenges Wertaufholungsgebot, wonach der niedrigere Wertansatz dann nicht weiter beizubehalten ist, wenn die Voraussetzungen für eine außerplanmäßige Abschreibung nicht mehr gegeben sind.

(2) Bewertung einer Anzahlung

Die Bewertung einer Anzahlung der Höhe nach wird von anderen Faktoren beeinflusst als die Bewertung eines Vermögensgegenstands. Betrachtet man die Prämie unter dem Einfluss der Einheitstheorie bzw. der Theorie des zusammengesetzten Vertrags als Anzahlung, so ergeben sich gerade im Rahmen der Folgebewertung erhebliche Unterschiede zur Bewertung eines Vermögensgegenstands.

(a) Zugangsbewertung

Die geleistete Anzahlung wird der Höhe nach mit ihrem geleisteten Betrag angesetzt, d. h. sie wird mit dem Nennwert aktiviert.[610] Die geleistete Anzahlung umfasst grundsätzlich auch all das, was begrifflich unter den Anschaffungskostenbegriff fällt, so dass sich hinsichtlich der Zugangsbewertung keine Unterschiede zur Aktivierung des Optionsrechts ergeben.

(b) Folgebewertung

Außerplanmäßige Abschreibungen sind denkbar, da Anzahlungen wie Forderungen zu bewerten sind.[611] Obwohl nicht der Sachleistungsanspruch aktiviert wird,

---

608 Vgl. MüKoBilR/*Kessler*, HGB § 285 Rn. 206.

609 Vgl. *Breker*, S. 81. Anders hingegen *Bieg*, StB 2003, 324, 326, da dieser auch unverbriefte Optionsverträge wie Wertpapiere behandeln will.

610 Vgl. MüKoBilR/*Tiedchen*, HGB § 253 Rn. 3. Anzahlungen auf Anlage- und Umlaufvermögen werden grundsätzlich getrennt ausgewiesen, *Köhler*, StBp 1998, 320, 324.

611 *Schubert/Andrejewski/Roscher*, in: BeBiKo § 253 Rn. 447, 450 für geleistete Anzahlungen für Anlagevermögen; *Schubert/Roscher*, in: BeBiKo § 253 Rn. 559 für geleistete Anzahlungen auf Umlaufvermögen; *Köhler*, StBp 1998, 320, 324. Eine geleistete Anzahlung ist ihrer Natur nach nicht abnutzbarer, so dass eine planmäßige Abschreibung ausscheidet, vgl. *Köhler*, StBp 1999, 8; *Krumm*, in: Blümich, EStG § 5

lässt ein Teil der Literatur eine außerordentliche Abschreibung dann zu, wenn der Wert des Vermögensgegenstandes, auf welches die Anzahlung geleistet wurde, unter den Wert der Anzahlung gesunken ist.[612] Handelsbilanzrechtlich können Verluste durch die Bildung einer Drohverlustrückstellung oder durch außerordentliche Abschreibungen auf den niedrigeren beizulegenden Wert berücksichtigt werden. Das HGB regelt das Konkurrenzverhältnis von aktivischer und passivischer Verlustauswirkung nicht, die wohl herrschende Meinung geht jedoch vom Vorrang der außerordentlichen Abschreibung aus.[613] Der Einheitstheorie folgend hieße dies, dass die Prämie dann außerplanmäßig abgeschrieben werden könnte, wenn sich der Basiswert nicht zur Zufriedenheit des Optionsnehmers entwickelt. Doch auch nach dem Verständnis dieser Theorie darf nicht vernachlässigt werden, dass die Prämie nicht allein auf den Basiswert gezahlt wurde, sondern gleichwohl Gegenleistung für die Verpflichtung des Stillhalters darstellt, sich trotz bestehender Unsicherheiten an den Hauptvertrag zu binden. Daher ist fraglich, ob die Anzahlung wirklich an Wert verliert, nur weil sich der Basiswert nicht in die gewünschte Richtung entwickelt. Dies ist nach der bisherigen Untersuchung gerade zu verneinen. Verfällt das Optionsrecht und kommt der Hauptvertrag nicht zur Durchführung, dann hat der Stillhalter die Optionsprämie dennoch dadurch verdient, dass er durch die Bindung an den Hauptvertrag eine Spekulation auf sein Risiko ermöglicht hat. Der Wert der Anzahlung ist daher nicht allein an die Wertentwicklung des Basiswerts gekoppelt. Eine außerplanmäßige Abschreibung bei Verlusten des Basiswerts ist somit nicht gerechtfertigt. Lediglich für den Fall, dass der Anspruch des Optionsnehmers aus seinem Recht gefährdet wäre, weil der Stillhalter bspw. wegen einer Insolvenz seine Verpflichtung nicht wird erfüllen können, wäre eine außerplanmäßige Abschreibung denkbar. Entwickelt sich der Basiswert zuungunsten des Optionsnehmers, hat dies folglich keinerlei bilanzielle Auswirkung. Da der Optionsberechtigte außerdem nicht verpflichtet ist das Optionsrecht auszuüben, kann er negative Folgen aus dem Hauptvertrag durch „Verfallenlassen" vermeiden. Folglich scheidet die Bildung einer Rückstellung nach § 249 Abs. 1 S. 1 Alt. 2 HGB mangels ernsthaft bevorstehenden

---

Rn. 502 f.; *Schubert/Andrejewski/Roscher*, in: BeBiKo § 253 Rn. 449. Diese kommt erst in Betracht, wenn ein abnutzbarer Vermögensgegenstand des Anlagevermögens geliefert oder fertiggestellt wurde, *Köhler*, StBp 1999, 8.

612 *Köhler*, StBp 1999, 8, 9. **A.A.** *Schubert/Andrejewski/Roscher*, in: BeBiKo § 253 Rn. 453, die bei Wertminderung der zu erwerbenden Vermögensgegenstandes lediglich eine Drohverlustrückstellung zulassen.

613 So BFHE 211, 168, 179; statt vieler *Hofer*, DStR 2001, 635, 637 m.w.N.

Verlusts aus.[614] Der Hauptvertrag bleibt daher bis zur Optionsausübung in der Bilanz des Optionsnehmers unberücksichtigt.[615]

c. *Zwischenergebnis*

Die Aktivierung des Optionsrechts als Vermögensgegenstand führt zu den typischen Ansatz- und Bewertungsproblemen von Vermögensgegenständen. Soweit außerplanmäßige Abschreibungen vorgenommen werden können, wirken sich diese ebenfalls erfolgswirksam aus, was allerdings vor dem Hintergrund der Wertung des Imparitätsprinzips weniger ins Gewicht fällt als dies beim Stillhalter der Fall ist. Für die Aktivierung als Anzahlung spricht, dass diese nicht auf die Wertveränderungen des Basiswerts reagiert. Dogmatisch ist dieser Ansatz auch deshalb vorzugswürdig, weil – entgegen der höchstrichterlichen Rechtsprechung – noch immer ein schwebendes Geschäft vorliegt.

B. Die Beendigung des Optionsrechts

Nach positiver Optionsrechtsausübung liegt, unabhängig davon, ob man der Zweivertrags- oder der Einvertragstheorie folgt, nach handelsrechtlichen Gesichtspunkten hinsichtlich des Hauptvertrags nunmehr ein schwebendes Vertragsverhältnis vor. Aus dem schwebenden Hauptvertrag ist die Neubildung einer Rückstellung für drohende Verluste denkbar bzw. die Neubewertung einer bereits bestehenden Rückstellung.[616] Ein schwebendes Geschäft liegt nicht mehr vor, wenn der Sach- bzw. Dienstleistungsverpflichtete, welcher auch der Optionsberechtigte sein kann, seine Hauptleistungspflicht erbracht hat. Lediglich im Falle eines Barausgleichs kann – unter Berücksichtigung des Realisationsprinzips – ohne weiteres die Forderung beim Optionsberechtigten und die Verbindlichkeit beim Stillhalter eingebucht werden.

1. Meinungsstand und Kritik zur Bilanzierung beim Stillhalter

Ist den vorgenannten Grundsätzen folgend bei der Betrachtung des Hauptvertrags nicht mehr von einem schwebenden Geschäft auszugehen, so gilt allgemein und ungeachtet des Optionstyps, dass der Stillhalter eine bereits gebildete Rückstellung

---

614 Ein Verlust droht, wenn Anzeichen vorliegen, die den Eintritt eines Verlusts im konkreten Fall als ernsthaft bevorstehend erscheinen lassen, vgl. *Adler/Düring/Schmaltz*, § 249 HGB Rn. 144 m.w.N.

615 So auch *Breker*, S. 54 f.; *Lindner*, S. 94; *Schick*, S. 90; *Bieg*, StB 2003, 324, 327.

616 Vgl. *Niemeyer*, S. 126.

für drohende Verluste aus schwebenden Geschäften erfolgswirksam aufzulösen und mit dem realisierten Verlust zu verrechnen hat.[617]

a. Ausübung einer Kaufoption

Nach Ausübung einer Kaufoption ist der Stillhalter verpflichtet, den Basiswert zu liefern. Da dieser – nach den definierten Untersuchungsparametern – eine ungedeckte Position eingegangen ist, muss er den Basiswert beschaffen. Dieses Anschaffungsgeschäft ist – dem allgemeinen Grundsatz der Erfolgsneutralität von Anschaffungsvorgängen folgend – ein erfolgsneutraler Aktivtausch, ohne Einfluss auf das Optionsgeschäft. Liefert er den Basiswert nunmehr an den Optionsnehmer, so aktiviert er im Gegenzug die Basispreisforderung bzw. den erhaltenen Basispreis. Die als sonstige Verbindlichkeit passivierte Optionsprämie wird – der herrschenden Meinung folgend – erfolgswirksam aufgelöst und mindert den Veräußerungsverlust.[618]

b. Ausübung einer Verkaufsoption

Hat der Optionsberechtigte eine Verkaufsoption ausgeübt, so hat er den Basiswert an den Stillhalter zu liefern. Der Stillhalter seinerseits ist verpflichtet den Basispreis – der i. d. R. über dem Marktpreis liegen wird – zu zahlen. Uneinigkeit besteht vor allem darüber, wie sich die Höhe der Anschaffungskosten zusammensetzt. Folgt man dem Verständnis, dass grundsätzlich ein Zusammenhang zwischen der vereinnahmten Prämie und dem durch den Hauptvertrag bedingten Anschaffungsvorgang besteht, dann mindert die Prämie die für den Basiswert aufgewendeten

---

617 Vgl. *IDW/BFA*, WPg 1995, 421, 422; *Holterhus*, Die Bank 1987, 154, 157; *Bieg*, StB 2003, 377, 379; *Breker*, S. 168 ff.; *Scharpf/Luz*, S. 423 ff.; *Schick*, S. 142 ff.; differenzierend *Treuberg/Scharpf*, DB 1991, 661, 667. Sollte der Rückstellungsbetrag dabei nicht aufgebraucht werden, so ist der Restbetrag erfolgswirksam aufzulösen, *Windmöller/Breker*, WPg 1995, 389, 396 f. Allgemein zur Auflösungspflicht siehe MüKoHGB/*Ballwieser*, HGB § 249 Rn. 86.

618 Vgl. *Eisele/Knobloch*, DStR 1993, 577, 584; *Coenenberg/Haller/Schultze*, S. 291; *Scharpf/Luz*, S. 423 f., mit dem Hinweis, dass die vorher vertretene Ansicht der Bruttoverbuchung (so vorher *Treuberg/Scharpf*, DB 1991, 661, 667) nicht mehr aufrechterhalten wird; *Dreyer/Broer*, DStR 2002, 1590, 1591; *Schick*, S. 145; *IDW*, RS BFA 6 Rn. 24, früher bereits *IDW/BFA*, WPg 1995, 421, 422 mit dem Hinweis, dass die in der Praxis generell erfolgswirksame Vereinnahmung i.R.d. Grundsatzes der Wesentlichkeit nicht zu beanstanden ist. *Schubert/Usinger*, in: BeBiKo § 254 Rn. 77; **a.A.** im Bereich privater Vermögensverwaltung BMF-Schreiben v. 18.01.2016, IV C 1 – S 2252/08/10004, Tz. 26, BStBl. I 2016, 85, 90.

Anschaffungskosten.[619] Dem wird entgegengehalten, dass dies nicht gerechtfertigt sei, da die Optionsprämie auch im Falle des Verfalls beim Stillhalter verbliebe, es fehle deshalb an einer handelsrechtlichen Grundlage diese als Anschaffungspreisminderung zu qualifizieren.[620] Vielmehr sei der Marktwert des Basiswerts anzusetzen, d. h. der Basispreis abzüglich des inneren Werts der Option.[621] Doch auch nach dieser Auffassung läge eine Anschaffungspreisminderung vor. Dem wird entgegnet, dies sei nicht der Fall, weil es sich hier um ein zweiaktiges Geschehen handele: die Befreiung von der Stillhalterverpflichtung durch eine gedachte Zahlung des inneren Werts an den Optionsnehmer einerseits und den Erwerb des Basisobjekts andererseits.[622] Ganz ähnlich führen die Autoren *Schmid/Renner* aus, die Ausübung des auf Lieferung gerichteten Optionsrechts führe zunächst zu einem Barausgleich. Nach *Schmid/Renner* werde das Optionsgeschäft durch Abwicklung in bar beendet,

---

619 Wohl herrschende Meinung: *Holterhus*, Die Bank 1987, 154, 156; *Dreyer/Broer*, DStR 2002, 1590, 1591; *Bieg*, StB 2003, 377, 379; *Haisch/Danz*, DStZ 2005, 850, 854; *Kraft/ Mohr*, RdF 2011, 406, 410; *IDW*, RS BFA 6 Rn. 24; *Coenenberg/Haller/Schultze*, S. 291; *Scharpf/Luz*, S. 424 f.; *Schubert/Usinger*, in: BeBiKo § 254 Rn. 79. **A.A.** *Niemeyer*, S. 127, mit der Begründung, dass es am finalen Zusammenhang der Einnahmen zum Erwerbsvorgang fehle. Der Stillhalter habe kein Interesse am Erwerb des Gegenstandes, vielmehr werde lediglich die Verpflichtung zur Abnahme hiermit gekauft, was der Qualifikation als Anschaffungskosten widerspreche, *Niemeyer*, S. 127 f. Nach *Niemeyer*, S. 127, erfolge eine Abschreibung auf den Marktwert erst in einem zweiten Schritt und damit zum folgenden Bilanzstichtag. I.E. wohl **auch** BMF-Schreiben v. 18.01.2016, IV C 1 – S 2252/08/10004, Tz. 33 f., BStBl. I 2016, 85, 90, wonach bei Ausübung der Verkaufsoption im Bereich privater Vermögensverwaltung zwar zunächst ein erfolgsneutrales Anschaffungsgeschäft vorliege, die Prämie aber bei der späteren Veräußerung des Basiswerts nicht berücksichtigt werde.

620 So *Breker*, S. 171.

621 So *Breker*, S. 170 f.

622 So *Breker*, S. 172; ihm folgend *Schick*, S. 149. Dieser schließt sich *Brekers* Ansicht an, weil bei der Ausübung der Verkaufsoption mit einem Basispreis, der kleiner ist als die Summe von Marktpreis und Prämie, der Optionsgegenstand zu niedrig in der Bilanz zu erfassen wäre, sich hierdurch also stille Reserven bilden würden. Hierbei handelt es sich jedoch nicht um ein unerwünschtes Ergebnis. Im Gegenteil – bei den Anschaffungskosten handelt es sich um die Bewertungsobergrenze, *Schubert/Gadek*, in: BeBiKo § 255 Rn. 1. Der von *Schick* beschriebene Fall zeigt die Konstellation, in der der Optionsnehmer die Option ausübt, um seinen Verlust zu minimieren. Der Stillhalter indes erwirtschaftet aus dem Geschäft dennoch einen Gewinn i.H.d. „abgeschmolzenen" Prämie. Diesen darf er nach den Grundsätzen des Realisationsprinzips jedoch erst ausweisen, wenn er den physisch gelieferten Basiswert weiterveräußert.

wobei der Ausgleichsbetrag mit dem Kaufpreis des Basiswerts verrechnet werde, während die Anschaffungskosten des Basiswerts dem Marktpreis entsprächen. Als Konsequenz aktiviert der Stillhalter den Basiswert mit dem Marktpreis und realisiert gleichzeitig einen Gewinn oder Verlust aus dem Optionsvertrag.[623] Hierdurch werde dem wirtschaftlichen Gehalt des Optionsvertrags besser Rechnung getragen, da hierdurch berücksichtigt werde, dass jeder Marktteilnehmer den Basiswert eben nur zum Marktpreis erwerben bzw. veräußern könne.[624] Vorgenannte Ansichten folgen dem Verständnis, dass die Prämienzahlung und der nachfolgende Hauptvertrag in keinem Zusammenhang stünden, so dass auch der Realisationszeitpunkt für beide Geschäfte unterschiedlich zu beurteilen sei.

Als Befürworter einer rechtlich wie wirtschaftlich einheitlichen Behandlung wäre eine Realisation eines Gewinnes aus dem Optionsvertrag – unabhängig vom Hauptvertrag – überhaupt nicht denkbar. Dies widerspräche dem Verständnis, dass der Stillhalter sich aus seiner Verpflichtung durch Erfüllung des Hauptvertrags löst und nicht durch eine gedachte Leistung des inneren Werts des Optionsrechts. Darüber hinaus ist der Anschaffungsvorgang des Basiswerts im konkreten Fall allein auf die Ausübung des Optionsrechts zurückzuführen. Diese Ansicht verkennt außerdem, dass der innere Wert des Optionsrechts gerade die Verpflichtung des Stillhalters, den Basiswert zu erwerben, widerspiegelt und nicht losgelöst von diesem zu betrachten ist. Die Prämie soll gerade die wirtschaftlichen Risiken des Hauptvertrags abdecken. Die erwartete Marktpreisentwicklung des Basiswerts ist daher Kalkulationsgrundlage für die Höhe der Prämie. Da die Prämie folglich das wirtschaftliche Risiko begrenzen soll, besteht auch aus wirtschaftlicher Perspektive für die Vertreter einer einheitlichen Betrachtungsweise ein Zusammenhang zwischen Anschaffung des Optionsrechts und Anschaffung des Wirtschaftsguts. Da die Folge der Ausübung einer Verkaufsoption in der Durchführung eines Kaufvertrags besteht, folgt dieser den allgemeinen Regeln zur Bilanzierung schwebender Geschäfte. Für den Optionsnehmer, der den Basiswert liefert, realisiert sich damit der Gewinn im Zeitpunkt der Leistungserbringung, während für den Stillhalter ein erfolgsneutraler Anschaffungsvorgang vorliegt. Vor allem aber spricht gegen vorgenannte Ansicht, dass ein Gewinn des Stillhalters bereits ohne Veräußerung des Basiswerts auszuweisen wäre, also zu einem Zeitpunkt, an dem sich der Gewinn oder Verlust aus dem gesamten Geschäft noch

623 Dies gelte in gleicher Weise für den Optionsnehmer, der den Abgang des Vermögensgegenstandes zum Marktpreis erfasse während die Differenz zum erzielten Preis als Ertrag aus dem Optionsvertrag – gemindert um die gezahlte Optionsprämie – in seinen Büchern erfasst werden solle, *Schmid/Renner*, DStR 2013, 2734, 2737.

624 Zum Vorstehenden siehe *Schmid/Renner*, DStR 2013, 2734, 2737.

nicht realisiert hat.[625] Verbleibt der überbewertete Basiswert im Vermögen des Stillhalters, so wirkt sich ein Verlust erst durch außerordentliche Abschreibung am folgenden Bilanzstichtag aus.[626]

Die angesprochene Theorie stützt sich auf eine vollständige Trennung von Options- und Hauptvertrag. Gerade weil sie scheinbar konsequent – entgegen der herrschenden Meinung – den Zusammenhang zwischen Ausübung des Optionsrechts und Erwerb des Basiswerts verneint, verdient sie Anerkennung. Aus rechtlicher Perspektive vermag sie aber nicht zu überzeugen. Obwohl der Optionsnehmer ausdrücklich die Durchführung des Hauptvertrags und Lieferung des Basiswerts verlangt, wird die Leistung eines Barausgleichs zwischen den Parteien fingiert. Dies entspricht derweil nicht dem rechtlichen Fundament des Vertrags. Betrachtet man sich unterdessen die wirtschaftliche Ebene, so fügt sich zunächst die sofortige Gewinnrealisierung in das Bild. Besieht man sich den Optionsvertrag isoliert, so erlischt die Stillhalterverpflichtung mit der Optionsrechtsausübung. Aus diesem Blickwinkel heraus, ließe sich jedenfalls die erfolgswirksame Ausbuchung der Optionsprämie erklären, betrachten die Vertreter der Trennungstheorie die Prämie doch lediglich als Bindungsentgelt.[627] Fraglich ist hingegen, ob der innere Wert der Option nach wirtschaftlicher Betrachtungsweise ebenfalls zu realisieren wäre. Hierfür könnte das von *Schmid/Renner* vorgebrachte Argument, der Basiswert könne von jedem Marktteilnehmer nur zum Marktwert gekauft und verkauft werden, sprechen.[628] Diese Aussage ist jedoch missverständlich. Den Autoren ist insoweit zuzustimmen, dass ein Basiswert einen erzielbaren Marktpreis[629] haben kann. Eine zwingende Übereinstimmung mit der vertraglich vereinbarten Gegenleistung kann hieraus aber nicht hergeleitet werden. Auf genau diese im Rechtsverkehr immer wieder vorkommenden Unstimmigkeiten nehmen die Bewertungsvorschriften des Handelsbilanz- und Steuerbilanzrechts Bezug. Sie regeln, nach welchen Grundsätzen eine Bewertung in der Bilanz zu erfolgen

625 Vgl. *Scharpf/Luz*, S. 424 f.

626 *Holterhus*, Die Bank 1987, 154, 157; *Treuberg/Scharpf*, DB 1991, 661, 667; *Windmöller/Breker*, WPg 1995, 389, 397.

627 Vgl. u. a. BFHE 163, 175, 178; BFHE 201, 234, 237.

628 *Schmid/Renner*, DStR 2013, 2734, 2737.

629 Steuerrechtlich vermag gem. § 9 Abs. 2 BewG hierin der gemeine Wert zu erkennen sein, der im gewöhnlichen Geschäftsverkehr nach der Beschaffenheit des Wirtschaftsguts bei einer Veräußerung zu erzielen wäre, sog. Verkehrswert, siehe *Halaczinsky* in Rössler/Troll BewG, § 9 Rn. 8.

hat, wenn der Wert des bilanzierten Gegenstandes vom Verkehrswert abweicht.[630] Des Weiteren ist nicht einzusehen, warum die Autoren eine vollständige Ertragsrealisation aus der Ausübung des Verkaufsoptionrechts fordern, im Falle eines Kaufoptionsrechts aber die Bildung stiller Reserven des beim Optionsnehmer bilanzierten Basiswerts in voller Höhe, ohne Abzug der gezahlten Prämie, zulassen.[631] Die Verneinung der Auflösung stiller Reserven könnte auf das Realisationsprinzip zurückzuführen sein. Betrachtet man aber den Optionsvertrag isoliert, so wäre eben der Ausweis eines Gewinns aus diesem nach dem Realisationsprinzip gerechtfertigt, da der Leistungsverpflichtete seine Leistung erbracht hat. Dann aber lässt sich die Inkongruenz zum Kaufoptionsrecht abermals nicht erklären.

Soweit die Autoren *Schmid/Renner* argumentieren, unter einer wirtschaftlichen Betrachtungsweise sei unter den Parteien ein – wenngleich fingierter – Barausgleich anzunehmen, so müsste dies doch gleichwohl bedeuten, das Optionsrecht verkörpere vor allem das Recht auf Zahlung eines Barausgleiches. Dies wird indes nicht konstatiert, das Optionsrecht sei vielmehr als Berechtigung des Optionsnehmers anzusehen, an den Stillhalter über Marktpreis zu verkaufen.[632] Der Barausgleich selbst ist lediglich eine Form der Erfüllung, wenn eine Lieferung des Basiswerts entweder nicht möglich oder nicht gewollt ist, wobei der Betrag ausgezahlt wird, um den der Optionsnehmer „bereichert" wäre, wenn er den Basiswert erworben und ihn weiterveräußert hätte.[633] Fingierte man einen Barausgleich, dann stellte man die Parteien folglich so, als sei bereits erfüllt worden und führt dennoch im Anschluss den Hauptvertrag durch. Dies lässt sich auch unter wirtschaftlichen Gesichtspunkten nicht begründen. Das Optionsrecht setzt sich gerade im Hauptvertrag fort, der nach Ansicht der Vertreter der Trennungstheorie erst und aufgrund der Ausübung des Optionsrechts zustande kommt.

Die vorgenannte Ansicht vermag daher aus den oben genannten Gründen nicht zu überzeugen. In dem durch Ausübung des Optionsrechts nunmehr durchzuführenden Hauptvertrag, setzt sich der Optionsvertrag letztlich fort. Die Prämie selbst entspricht nach den Vorstellungen der Parteien im Zeitpunkt des Vertragsschlusses dem inneren Wert des Optionsrechts und soll gerade dessen

---

630 So z. B. die Folgewertungsvorschriften nach § 253 Abs. 3–5 HGB aber auch die Vorschriften zur Teilwertabschreibung nach § 6 Abs. 1 Nr. 1 S. 2 EStG sowie § 6 Abs. 1 Nr. 2 S. 2 EStG, die Poolabschreibung gem. § 6 Abs. 2a ESG oder die Vorschriften über die Absetzung für Abnutzung nach § 7 EStG.

631 So aber *Schmid/Renner*, DStR 2013, 2734, 2736.

632 *Schmid/Renner*, DStR 2013, 2734, 2737.

633 Siehe hierzu I. Kapitel A. 2. Buchst. b. (3).

Wertschwankungen ausgleichen. Die Prämie ist folglich Teil der Gegenleistung und daher i.R.d. Anschaffungskosten mindernd zu berücksichtigen.

c. Ausübung einer sonstigen Option

Inhalt des Hauptvertrags kann jede denkbare Leistungspflicht sein, so dass eine pauschale Behandlung dieser Verpflichtung nicht statuiert werden kann. Dennoch wird die Ansicht vertreten, dass in allen anderen – als den bisher genannten – Fällen die Prämie erfolgswirksam zu erfassen sei.[634] Dem ist nicht zuzustimmen. Während nach überkommener Ansicht im Falle der Ausübung von Kauf- und Verkaufsoption der Zusammenhang zwischen der vereinnahmten Prämie zum veräußerten oder erworbenen Basiswert hergestellt wird, fehlt es nach vorgenannter Ansicht an einer solchen Verbindung in allen anderen Fällen. Indes ist kein Grund ersichtlich, der es rechtfertigen würde, die Prämie i.R.d. Ausübung einer Kauf- oder Verkaufsoption anders zu behandeln. Soweit den Stillhalter nunmehr eine Verpflichtung aus dem Hauptvertrag trifft, ist die Prämie aber i.R.d. Gegenleistung immer erhöhend zu berücksichtigen. Ohne Befund bleibt zwar die Analyse der handelsrechtlichen Erfassung der Barausgleichsverpflichtung, denn in einem solchen Falle wird grundsätzlich i.H.d. Differenz von Ausgleichszahlung und Optionsprämie ein Gewinn oder Verlust erzielt[635], aber dieses Ergebnis würde rechnerisch in der Gewinn- und Verlustrechnung auch dann erzielt, wenn man einen Zusammenhang der Verträge ablehnte. Dennoch geht man auch in der Literatur davon aus, dass weitere Ausnahmen von der erfolgswirksamen Auflösung denkbar und von den Umständen des Einzelfalls abhängig sind. So wäre im Falle eines als Hauptvertrag geschlossenen Kreditgeschäfts die Prämie als vorweggenommene Zinsen zu berücksichtigen, die entweder die vom Stillhalter künftig zu zahlenden Zinsen anteilig mindern oder künftig erhaltene Zinsen anteilig erhöhen, so dass ein entsprechender Rechnungsabgrenzungsposten gem. § 250 HGB zu bilden wäre.[636] Für den Fall, dass der Hauptvertrag selbst ein Optionsgeschäft mit gleicher Rollenverteilung wäre, würde die Prämie des ausgeübten

634 Vgl. *IDW*, RS BFA 6 Rn. 24.

635 *Scharpf/Luz*, S. 426; *Haisch/Helios*, in: Haisch/Helios, Rechtshandbuch der Finanzinstrumente, § 2 Rn. 120; *Schick*, S. 151; *Bieg*, StB 2003, 377, 379; *Kraft/Mohr*, RdF 2011, 406, 410.

636 So auch *Windmöller/Breker*, WPg 1995, 389, 396 f.; *Scharpf/Luz*, S. 426. Die Prämie würde im Falle einer Kreditgewährung den Ausgabebetrag des Darlehens erhöhen, so dass letztlich der Rückzahlungsbetrag überstiegen würde, i.H.d. Differenz wäre ein passiver Rechnungsabgrenzungsposten zu bilden, vgl. *Windmöller/Breker*, WPg 1995, 389, 396 f.

Optionsrechts somit die Prämie des nachfolgenden Optionsrechts erhöhen bzw. bei einem Rollentausch die nun vom Stillhalter zu zahlende Prämie mindern. In jedem Fall sollte aber deutlich werden, dass die vereinnahmte Optionsprämie Gegenleistungscharakter des nachfolgend durchgeführten Hauptvertrags hat.

d. Verfall und Glattstellung

Unter allen Ansichten herrscht indes Einigkeit darüber, dass im Falle des Verfalls des Optionsrechts die Prämie erfolgswirksam vereinnahmt werden kann, da der Stillhalter keine weitere Verpflichtung zu erfüllen hat.[637]

Wird das Optionsgeschäft durch Abschluss eines Gegengeschäfts glattgestellt, erlöschen die Rechte und Pflichten des Glattstellenden. Da dieser hierdurch den Zeitwert seiner Verpflichtung realisiert,[638] wird die Glattstellung von der überwiegenden Meinung als wirtschaftliche Veräußerung der eingegangenen Position verstanden.[639] Der Stillhalter zieht die bei der Glattstellung aufgewendeten Kosten für das Gegengeschäft vom Ertrag aus der Auflösung der passivierten Prämie ab. Der sich hierbei ergebende Saldo ist sonstiger Ertrag oder Aufwand.[640] Auch hier ist folglich unbeachtlich, in welcher Weise die Optionsprämie Eingang in die Bilanz gefunden hat.

2. Meinungsstand und Kritik zur Bilanzierung beim Optionsberechtigten

a. Ausübung einer Kaufoption

Erwirbt der Optionsnehmer nach Ausübung eines Kaufoptionsrechts den Basiswert gegen Zahlung des Basispreises, besteht Streit darüber, wie die vorher

---

637 *Treuberg/Scharpf*, DB 1991, 661, 667; *Eisele/Knobloch*, DStR 1993, 577, 584; *Windmöller/Breker*, WPg 1995, 389, 397; *Kraft/Mohr*, RdF 2011, 406, 410; *Scharpf/Luz*, S. 427; *Coenenberg/Haller/Schultze*, S. 290; *IDW*, RS BFA 6 Rn. 25.

638 Vgl. zur Realisation durch Glattstellung *Scharpf/Luz*, S. 237.

639 Wohl herrschende Meinung BFHE 202, 351, 355; BFHE 206, 418, 421; *Breker*, S. 122 f.; *Schick*, S. 103 f.; *Häuselmann*, Ubg 2008, 391, 393; *Scharpf/Luz*, S. 412 f. Zum Veräußerungscharakter siehe auch *Heuermann*, DB 2004, 1848, 1849; *Hossfeld*, DB 1997, 1241, 1243; *Buge*, in: Herrmann/Heuer/Raupach, § 20 EStG Rn. 485. **Anders** vor allem die steuerrechtliche Literatur, die im Bereich privater Vermögensverwaltung die Anschauung vertreten, dass Eröffnungs- und Gegengeschäft eine Einheit seien, so dass letztlich ein Differenzausgleich anzunehmen sei, siehe *Heuer*, StuW 1992, 313, 326; *Hamacher*, WM 1995, 777, 782; *ders.* WM 1990, 1441, 1444.

640 *Breker*, S. 176 ff; *Windmöller/Breker*, WPg 1995, 389, 397; *IDW/BFA*, WPg 1995, 421, 422; *Kraft/Mohr*, RdF 2011, 406, 410; *Scharpf/Luz*, S. 427.

gezahlte Prämie respektive das aktivierte Optionsrecht in diesem Fall zu behandeln ist. Nach überkommener Ansicht, erhöht der Buchwert des – gleichfalls ausscheidenden – Optionsrechts die Anschaffungskosten des Basiswerts, da ein mindestens kausaler Zusammenhang[641] zwischen den Aufwendungen für das Optionsrecht und der Anschaffung des Basiswerts aufgrund des Optionsrechts anerkannt wird.[642] Soweit ein Einfluss der Prämie auf die Anschaffungskosten des Basiswerts verneint wird, wenn dieser zum Basispreis am Markt hätte erworben werden können,[643] verkennt diese Ansicht, dass für die Qualifikation von Aufwand als Anschaffungskosten lediglich deren Veranlassung und nicht deren Sinnhaftigkeit oder Notwendigkeit entscheidend ist.[644] Entgegen der ganz allgemeinen Ansicht sei ein unmittelbarer Zusammenhang mit der Anschaffung des Basiswerts zu verneinen, da die Prämie einzig ein Bindungsentgelt für den Stillhalter sei, so dass der Buchwert des Optionsrechts keine Berücksichtigung in der Bewertung

641 Lediglich final zum Erwerb aufgewendete Kosten sind Anschaffungskosten i.S.v. § 255 Abs. 1 S. 1 HGB, indes reicht für die Zuordnung als Anschaffungsnebenkosten i.S.v. § 255 Abs. 1 S. 1 HGB ein kausaler und/oder zeitlicher Zusammenhang mit der Anschaffung aus, vgl. *Schubert/Gadek*, in: BeBiKo § 255 Rn. 21.

642 Vgl. RFH RStBl. 1933, 651; *Rönitz*, WM 1971, Beilage 2, S. 5 f.; *Häuselmann*, DB 1987, 1745, 1747; *Niemeyer*, BB 1990, 1022, 1024; *Treuberg/Scharpf*, DB 1991, 661, 664; *Eisele/Knobloch*, DStR 1993, 577, 583; *Häuselmann/Wagner*, BB 2002, 2170; *Bieg*, StB 2003, 324, 327; *Kraft/Mohr*, RdF 2011, 406, 409; *Johannemann/Herr*, RdF 2011, 267, 270; *Rabenhorst*, S. 86; *Coenenberg/Haller/Schultze*, S. 289; *Scharpf/Luz*, S. 409; *Haisch/Helios*, in: Haisch/Helios, Rechtshandbuch der Finanzinstrumente, § 2 Rn. 109; *Assmann/Schütze*, Hdb. KapitalanlageR/*Sagasser*, § 27 Rn. 756; *Haisch*, in: Herrmann/Heuer/Raupach, § 5 EStG Rn. 1072; *Krumm*, in: Blümich, EStG § 5 Rn. 1101; auch im Bereich privater Vermögensverwaltung siehe BMF-Schreiben v. 18.01.2016, IV C 1 – S 2252/08/10004, Tz. 22, BStBl. I 2016, 85, 89. **Differenzierter** hingegen das *IDW*: dieses berücksichtigt die ursprüngliche Prämie und nicht den Buchwert, *IDW/BFA*, WPg 1995, 421, *Holterhus*, Die Bank 1987, 154, 155. Dies hat zur Folge, dass etwaige Abschreibungen auf das Optionsrecht im Zuge der Ausübung ertragswirksam rückgängig gemacht werden. Damit erhöht sich das Abschreibungsvolumen des angeschafften Gegenstands, *Windmöller/Breker*, WPg 1995, 389, 394; *Haisch/Danz*, DStZ 2005, 850, 854, **gegen eine Wertaufholung** *Häuselmann*, Ubg 2008, 391, 400; *Helios/Niedrig*, DStR 2012, 1301, 1303; *Johannemann/Herr*, RdF 2011, 267, 270 m.w.N. da es an einer gesetzlichen Grundlage für die Durchbrechung des Grundsatzes der Erfolgsneutralität von Anschaffungsvorgängen fehle, so auch *Helios/Niedrig*, DStR 2012, 1301, 1305.

643 So *Adler/Düring/Schmaltz*, § 255 HGB Rn. 74.

644 Vgl. im Allgemeinen: BFHE 150, 558, 559 f. und im Besonderen: *Häuselmann*, DB 1987, 1745, 1747; *Treuberg/Scharpf*, DB 1991, 661, 664; *Johannemann/Herr*, RdF 2011, 267, 270.

des angeschafften Gegenstands findet. Vielmehr sei das Optionsrecht nach seiner Ausübung immer erfolgswirksam auszubuchen.[645] Die durch den günstigen Anschaffungspreis entstandenen stillen Reserven würden somit vollständig in den angeschafften Vermögensgegenstand übertragen und realisieren sich erst bei dessen Verkauf, während die Kosten des Optionsrechts im Jahr der Ausübung erfolgswirksam als Aufwand zu berücksichtigen wären.[646] Die aufgezeigten Unstimmigkeiten gehen in erster Linie auf das Verständnis einer absoluten Trennung von Options- und Hauptvertrag zurück. Die Negierung eines Zusammenhangs zum Anschaffungsgeschäft vermittelt den Eindruck, als handele es sich um zwei völlig zusammenhanglose Geschäfte. Wie aber unbestreitbar sein dürfte, findet der Erwerb nur infolge der Optionsrechtsausübung statt. Weiterhin unbestreitbar ist, dass der vereinbarte Kaufpreis nur aufgrund des Optionsrechts gezahlt wird, gerade wenn dieser unter dem eigentlichen Marktpreis liegt.[647] Ohne weiteres ist somit ersichtlich, dass ein Zusammenhang zwischen Prämienzahlung und dem jetzigen Anschaffungsgeschäft besteht, auch wenn bei Zahlung noch keine feste Anschaffungsabsicht bestand. Folglich handelt es sich bei diesen Kosten um Anschaffungsnebenkosten.[648] Gegen die aufwandswirksame Ausbuchung spricht auch, dass dadurch der Eindruck entsteht, dass das Optionsrecht wertlos sei, obwohl wirtschaftlich genau das Gegenteil vorliege.[649]

Eine weitere weniger verbreitete These verhindert die Übertragung stiller Reserven aus dem Optionsvertrag, indem diese mit der Ausübung des Optionsrechts realisiert werden. Dies geschieht dadurch, dass die Durchführung des Hauptvertrags als **Realtausch** – Basiswert gegen Optionsrecht mit Baraufgabe – qualifiziert wird.[650] Handelsrechtlich besteht ein Bewertungswahlrecht, wonach

645 *Dreissig*, BB 1989, 1511, 1515 f.; *Schmid/Renner*, DStR 2005, 815, 817. **A.A.** wohl *Schultze/Grelck*, DStR 2003, 2103, 2104, die bei EUREX gehandelten Optionen gerade den Bindungscharakter der Prämie negieren.

646 So auch *Rabenhorst*, S. 85 f.

647 *Eisele/Knobloch*, DStR 1993, 577, 583; auch *Treuberg/Scharpf*, DB 1991, 661, 664 die erkennen, dass das Optionsrecht eingesetzt wurde um den Basiswert zu erwerben.

648 Vgl. *Eisele/Knobloch*, DStR 1993, 577, 583; allgemein *Schubert/Gadek*, in: BeBiKo § 255 Rn. 70.

649 *Dinkelbach*, DB 2006, 1642, 1644.

650 Vgl. *Breker*, S. 107; *Dinkelbach*, RdF 2012, 270, 271; *ders.*, DB 2006, 1642, 1644, 1648; *Bogenschütz*, FS Schaumburg, S. 236; **a.A.** *Häuselmann*, Ubg 2008, 391, 397; *Haisch/Helios*, in: Haisch/Helios, Rechtshandbuch der Finanzinstrumente, § 2 Rn. 109; *Johannemann/Herr*, RdF 2011, 267, 270, denn die Gegenleistung bestehe in der Zahlung des Basispreises und nicht in der Hingabe des Optionsrechts. Ein Tausch im bilanzrechtlichen Sinne liegt nur vor, wenn für den Erwerb eines Ver-

der hineingetauschte Vermögensgegenstand erfolgsneutral mit dem Buchwert des hingegebenen Vermögensgegenstands bewertet werden kann, soweit dieser den Zeitwert des erhaltenen Vermögensgegenstands nicht übersteigt oder die Bewertung erfolgt erfolgswirksam durch den Ansatz des Zeitwerts des hingegebenen Vermögensgegenstandes abzüglich Baraufgabe.[651] Eine Übertragung stiller Reserven in den angeschafften Basiswert findet nach letzterer Methode daher nicht oder anteilig, i.H.d. den Zeitwert des Basiswerts überschießenden Werts statt. Da im letztgenannten Fall der Zeitwert des Optionsrechts abzüglich des Basispreises, den Zeitwert des Basiswerts übersteigen müsste, ist die anteilige Übertragung stiller Reserven wohl ein Ausnahmefall. Durch die Bewertung mit dem Zeitwert werden die im Optionsrecht ruhenden stillen Reserven realisiert.[652] Da das Optionsrecht ein immaterieller Vermögensgegenstand ist, wäre ein Tausch zwar grundsätzlich denkbar, doch könnten sich insoweit Darstellungsprobleme auf Seiten des Stillhalters ergeben, da dieser in dessen Bilanz nicht dargestellt werden kann. Dem könnte entgegnet werden, dass es nicht erforderlich sei, dass aus Sicht des Stillhalters auch ein Tausch vorliege.[653] Allein entscheidend sei, dass für den Erwerb eines Vermögensgegenstandes ein bewertbarer Vermögensgegenstand hergegeben würde.[654] Dass der Stillhalter für die Hingabe des Basiswerts keinen aktivierungsfähigen Vermögensgegenstand erwerbe, sondern lediglich seine Verpflichtung aus dem Optionsvertrag erlösche, ändere daher hieran nichts.[655] Doch letztlich vermag dieser Ansatz nicht zu überzeugen. Von einem Recht, wozu auch die Ausübung des Optionsrechts gehört, wird herkömmlicherweise Gebrauch gemacht – es wird weder weggegeben noch umgewandelt noch eingetauscht. Weiterhin widerspricht diese Ansicht auch der Tatsache, dass aus dem Recht überhaupt erst der Anspruch auf den Basiswert folgt. Wie bereits bei dem Versuch der Aufspaltung des Anschaffungsvorgangs nach Ausübung eines Kaufoptionsrechts auf Stillhalterseite in zwei unterschiedliche Transaktionen, führt auch die Zerteilung der Anschaffung beim Optionsnehmer in einen Tausch, zu einem „Matroschkaeffekt“. Die immer weitere Zerteilung des Geschäfts, in immer klei-

---

mögensgegenstandes ein anderer Vermögensgegenstand oder eine Dienstleistung hingegeben wird, *Schubert/Gadek*, in: BeBiKo § 255 Rn. 39.

651 Vgl. *Schubert/Gadek*, in: BeBiKo § 255 Rn. 40; *Adler/Düring/Schmaltz*, § 255 HGB Rn. 91; *Breker*, S. 108.

652 Vgl. *Adler/Düring/Schmaltz*, § 255 HGB ebd.

653 So *Breker*, S. 107.

654 Vgl. *Breker*, ebd.

655 So *Breker*, ebd.

ner werdende Einheiten, lässt letztlich das Geschäft als sinnvolles Ganzes völlig in den Hintergrund rücken.

b. Ausübung einer Verkaufsoption

Der aufgrund der Ausübung einer Verkaufsoption zu erfüllende Kaufvertrag schwebt solange, bis der Optionsberechtigte seiner Lieferverpflichtung nachgekommen ist. Mit Erfüllung des Hauptvertrags wird das Optionsrecht erfolgswirksam ausgebucht. Der Buchwert des Optionsrechts wird nach h.M. i.R.d. Veräußerungskosten erlösmindernd berücksichtigt.[656] Soweit der Basispreis abzüglich der Optionsprämie den Buchwert des Basiswerts in der Bilanz des Optionsnehmers übersteigt, führt dies zur Auflösung stiller Reserven und damit zu Ertrag.

c. Ausübung einer sonstigen Option

Wie bereits aus Sicht des Stillhalters festgestellt, fließt auch beim Optionsberechtigten die Optionsprämie als Gegenleistung des durchzuführenden Hauptvertrags in der Weise ein, als sie die hieraus erhaltene Leistungen mindert oder die selbst zu erbringenden Verpflichtungen erhöht. Doch auch hier wird die Ansicht vertreten, dass die Prämie grundsätzlich bei sonstigen Hauptverträgen aufwandswirksam auszubuchen sei.[657] Dies ist indes aus oben genannten Gründen auch hier abzulehnen. Für das oben genannte Beispiel einer Kreditaufnahme, käme auch für den Optionsnehmer die Bildung eines Rechnungsabgrenzungspostens

---

656 Vgl. *Eisele/Knobloch*, DStR 1993, 577, 583; *IDW*, RS BFA 6 Rn. 22; *Scharpf/Luz*, S. 410; *Bieg*, StB 2003, 324, 328; *Schmidt/Usinger*, in: BeBiKo § 254 Rn. 79; *Krumm*, in: Blümich, EStG § 5 Rn. 1102; *Haisch*, in: Herrmann/Heuer/Raupach, § 5 EStG Rn. 1072; *Popp*, DStR 1976, 87, 90; *Kraft/Mohr*, RdF 2011, 406, 409; *Haisch/Helios*, in: Haisch/Helios, Rechtshandbuch der Finanzinstrumente, § 2 Rn. 109; *Pung*, in: Dötsch/Pung/Möhlenbrock, KStG § 8b Rn. 140; auch im Bereich privater Vermögensverwaltung BMF-Schreiben v. 18.01.2016, IV C 1 – S 2252/08/10004, Tz. 29, BStBl. I 2016, 85, 90; *Häuselmann*, Ubg 2008, 391, 398; *Häuselmann/Wagner*, BB 2002, 2170; *Assmann/Schütze*, Hdb. KapitalanlageR/*Sagasser*, § 27 Rn. 756; *Johannemann/Herr*, RdF 2011, 267, 270. **A.A.** *Treuberg/Scharpf*, DB 1991, 661, 665; *Niemeyer*, S. 146 f., *ders.*, BB 1990, 1022, 1025; *Schmid/Renner*, DStR 2005, 2059, 2060 f., mit der Begründung, es fehle an der unmittelbaren sachlichen Beziehung zum Veräußerungsgeschäft.

657 *Windmöller/Breker*, WPg 1995, 389, 395.

in Betracht soweit die Prämie vorweggenommene Zinsen darstellt respektive die Zinserträge mindert.[658]

Findet nach der Optionsrechtsausübung ein Differenzausgleich statt, mindert die aufwandswirksame Ausbuchung des Optionsrechts den Differenzgewinn, welcher in der laufenden Periode erfolgswirksam zu erfassen ist.[659]

d. *Verfall und Glattstellung*

Lässt der Optionsnehmer sein Optionsrecht verfallen, so ist am Tage des Fristablaufs das Optionsrecht mit seinem Buchwert erfolgswirksam auszubuchen.[660] Wie bereits bei der Untersuchung der Stillhalterposition erläutert, führt der Saldo aus dem durch die erfolgswirksame Ausbuchung des Optionsrechts entstandenem Aufwand und der für das Gegengeschäft vereinnahmten Optionsprämie, bei der Glattstellung der Position des Optionsberechtigten zu Ertrag oder Aufwand.[661]

3. Zwischenergebnis

Während im Falle der Ausübung einer Kauf- oder Verkaufsoption nach herrschende Meinung die gezahlte/erhaltene Optionsprämie in die erhaltene/geleistete Gegenleistung aus dem Kaufvertrag einbezogen wird, soll diese bei sonstigen

---

658 *Windmöller/Breker*, WPg 1995, 389, 394 f.; *Scharpf/Luz*, S. 411. Weitere Beispiele hierzu siehe *Breker*, S. 115 ff.

659 *Scharpf/Luz*, S. 412, *Eisele/Knobloch*, DStR 1993, 577, 583; *Windmöller/Breker*, WPg 1995, 389, 395; *Schick*, S. 110, *Bieg*, StB 2003, 324, 328; *Kraft/Mohr*, RdF 2011, 406, 409.

660 Ganz herrschende Meinung *Häuselmann*, DB 1987, 1745, *Treuberg/Scharpf*, DB 1991, 661, 664; 1748; *Eisele/Knobloch*, DStR 1993, 577, 583; *Windmöller/Breker*, WPg 1995, 389, 395; *IDW*, RS BFA 6 Rn. 23; i.E. auch *Holterhus*, Die Bank 1987, 154, 155; *Häuselmann/Wagner*, BB 2002, 2170, 2171; *Dreyer/Broer*, DStR 2002, 1590, 1591; *Haisch/Danz*, DStZ 2005, 850, 854; *Schmid/Renner*, DStR 2005, 815; *Assmann/Schütze*, Hdb. KapitalanlageR/*Sagasser*, § 27 Rn. 756; *Kraft/Mohr*, RdF 2011, 406, 409; *Haisch/Helios*, in: Haisch/Helios, Rechtshandbuch der Finanzinstrumente, § 2 Rn. 112; *Krumm*, in: Blümich, EStG § 5 Rn. 1101.

661 *Windmöller/Breker*, WPg 1995, 389, 395; Die Bank 1990, 211, 212; *IDW/BFA*, WPg 1995, 421, 422; *Kraft/Mohr*, RdF 2011, 406, 409; *Bieg*, StB 2003, 324, 328 f.; **A.A.** *Treuberg/Scharpf*, DB 1991, 661, 664, kritisieren wiederum einen Verstoß gegen das Saldierungsverbot aus § 246 Abs. 2 HGB. *Scharpf/Luz*, S. 413 weisen darauf hin, dass diese Auffassung nicht weiter vertreten wird. Allerdings wird für den Fall der Glattstellung bei OTC-Optionen eine solche Saldierung weiterhin abgelehnt. Beide Verträge seien danach bis zur Ausübung in der Bilanz zu halten, jedoch kompensierend zu betrachten, *Scharpf/Luz*, S. 413.

Optionsverträgen gesondert zu behandeln sein und vom Hauptvertrag unabhängig erfolgswirksam ausgebucht werden. Hingegen wäre im Falle einer verbuchten Anzahlung die Prämie in jedem Fall mit der Gegenleistung zu verrechnen. Verfällt das Optionsrecht, ist grundsätzlich unbeachtlich, ob es als Vermögensgegenstand beim Optionsnehmer, Verbindlichkeit beim Stillhalter oder allgemein als Anzahlung verbucht wurde, da in allen Fällen eine erfolgswirksame Ausbuchung erfolgt. Sollten aber Wertveränderungen durch Neubewertung des Vermögensgegenstands oder der Verbindlichkeit Eingang in die Bilanz gefunden haben, kann die Verrechnung bzw. Auflösung dieser Positionen in allen Fällen unterschiedliche Gewinnauswirkungen der Höhe nach zur Folge haben.

C. Ergebnis

Die bisherige Untersuchung hat gezeigt, dass die Trennungstheorie in bilanztechnischen Fragen nicht überzeugen kann. Dies ist vor allem darauf zurückzuführen, dass die Trennung zwischen Haupt- und Optionsvertrag wegen des bestehenden innerlichen Zusammenhangs zwangsläufig zu Widersprüchen führt. Darüber hinaus konnten auch nicht alle Erklärungsversuche von Vertretern der Einvertragstheorie überzeugen, die meist mit ganz ähnlicher Begründung zum gleichen Ergebnis führten.

Unter den Vertretern der **Trennungstheorie** werden unterschiedliche Ansätze der bilanziellen Darstellung diskutiert, die alle auf das – mehr oder weniger stark ausgeprägte – Verständnis der Trennung von Haupt- und Optionsvertrag zurück zu führen sind. Soweit die Ansicht vertreten wurde, es handele sich bei der Einräumung des Optionsrechts um die Erfüllung des Optionsvertrags, wurde dies damit begründet, dass der Optionsvertrag durch die Einräumung des Rechts erfüllt worden sei. Es konnte aber gezeigt werden, dass sich die Leistung des Stillhalters nicht in der „Begebung des Optionsrechts“ i.R.e. Veräußerung erschöpft, was maßgeblich gegen die sofortige erfolgswirksame Vereinnahmung spricht. Auch unter dem Aspekt, der Schwerpunkt der Stillhalterleistung liege in der Bindung des Stillhalters während der Optionslaufzeit, woraus zu schließen sei, dass die vereinnahmte Prämie in einen Rechnungsabgrenzungsposten einzustellen und ratierlich aufzulösen sei, wurde abgelehnt. Ungeachtet dessen, dass die Stillhalterleistung über den Zeitraum der Optionsfrist andauert, so ist sie nicht in der Weise teilbar, dass sie dem einem oder anderen Geschäftsjahr zugeordnet werden könnte, was gegen einen Verpflichtungsüberhang oder die Bildung eines Rechnungsabgrenzungspostens spricht. Die Rechtsprechung folgert hieraus, dass die isolierte Stillhalterverpflichtung i.H.d. Optionsprämie als Verbindlichkeit zu passivieren sei. Wie aber gezeigt werden konnte, wohnt dem Optionsvertrag das Risiko des Hauptvertrags inne. Eine darüber hinausgehende Verpflichtung gibt es nicht. Wegen des vorgenannten Zusammenhangs, ist die Verbindlichkeit somit starken Veränderungen unterworfen, was gegen eine Bilanzierung i.H.d. erhaltenen Gegenleistung spricht. Folglich ist die Stillhalterverpflichtung der Höhe nach ungewiss und daher nicht als Verbindlichkeit zu erfassen. Doch auch die Einstellung der Prämie als Rückstellung ist abzulehnen, da – auch den Grundsätzen der Trennungstheorie folgend – der Optionsvertrag noch immer als schwebendes Geschäft zu qualifizieren ist. Die Anhänger der Trennungstheorie, die eine Erfassung als Verbindlichkeit oder Rückstellung favorisieren, eröffnen darüber hinaus die Möglichkeit einer erfolgswirksamen Neubewertung vor Ablauf der Optionsfrist, was aus Gläubigerschutzgründen abzulehnen ist. Überdies sollen sich Wertveränderungen zu Ungunsten des Stillhalters in der Bilanz durch eine Drohverlustrückstellung darstellen lassen. Da die Vertreter der Trennungstheorie aber gerade das Bestehen eines Hauptvertrags bis zur Ausübung des Optionsrechts negieren, ist die Bildung einer Drohverlustrückstellung zu versagen.

Der Optionsnehmer hingegen erwirbt nach ganz herrschender Meinung – unbeachtlich ob der Einvertrags- oder der Trennungstheorie folgend – den Vermögensgegenstand „Optionsrecht". Die Aktivierung dieses Rechts in der Bilanz des Optionsnehmers wird indes kaum in Frage gestellt. Sowohl der Optionsvertrag nach der Trennungstheorie als auch der bedingte Hauptvertrag nach der Einvertragstheorie, sind schwebende Geschäfte i.S.d. Handelsrechts. Gleiches gilt auch für die hier vertretene Theorie des zusammengesetzten Vertrags. Für das Optionsrecht als Teil dieses schwebenden Geschäfts, gilt damit ein Aktivierungsverbot. Von besonderem Interesse sind die Ergebnisse hinsichtlich der Ausübung des Optionsrechts. Obwohl die Vertreter der Trennungstheorie die Stillhalterleistung als eine selbständige bezeichnen, befürwortet die überwiegende Mehrheit die Einbeziehung der Optionsprämie in den nachfolgenden Hauptvertrag, jedenfalls dann, wenn es sich bei diesem um einen Kaufvertrag handelt. Dass die Optionsprämie im Falle einer Kauf- bzw. Verkaufsoption Gegenleistungscharakter entfaltet, verwundert aus vorgenannten Gründen. Darüber hinaus ist nicht zu verstehen, warum dies bisher weitgehend unkritisch akzeptiert wurde, wo doch einerseits der Gegenleistungscharakter der Prämie auf andere Hauptverträge pauschal verneint wird, andererseits die Stillhalterleistung – für welche die Optionsprämie gezahlt werde – eine eigenständige Leistung sein soll.

Darüber hinaus kamen Vertreter der **Einvertragstheorie** in gleicher Weise zu dem Ergebnis, die Einräumung des Optionsrechts führe zur sofortigen erfolgswirksamen Vereinnahmung der Optionsprämie. Auch sie verneinen einen Bezug zum bedingten Hauptvertrag und sehen in der Zahlung ebenfalls die Abgeltung für die Optionseinräumung durch den Stillhalter. Diese Ansicht war daher ebenfalls aus oben genannten Gründen abzulehnen. Aus den oben genannten Gründen war auch die Meinung abzulehnen, die Leistung des Stillhalters sei zeitlaufbezogen und die Gegenleistung daher als Rechnungsabgrenzungsposten über die Optionslaufzeit zu verteilen, während gleichzeitig eine bestehende bedingte Verpflichtung gegenüber dem Optionsnehmer bejaht wurde. Vor allem die Vertreter der Einvertragstheorie vertreten indes der Ansicht, es läge ein Erfüllungsrückstand vor, so dass der Ausweis einer Verbindlichkeitsrückstellung geboten wäre. Da dieser die Gegenleistung periodengerecht verteilen soll, die Stillhalterleistung als solche aber weder teilbar noch ausschließlich zeitraumbezogen ist, wird dieser Ansatz dem Charakter der Leistung nicht gerecht.

Die Erfassung des Optionsgeschäfts – aus der Perspektive der **Theorie des zusammengesetzten Vertrags** – durch die Bilanzierung einer Anzahlung sowohl beim Stillhalter als auch beim Optionsnehmer, kann indes aus unterschiedlichen Gründen überzeugen. Einerseits vermag sich so die bereits bestehende Bindung an den Hauptvertrag – von dessen Ausübung beide Parteien bei Vertragsschluss ausgehen – überzeugend darzustellen. Andererseits ist sie buchungstechnisch derart anpassungsfähig, dass sie am Ende der Laufzeit entweder als Gegenleistung im erfüllten Hauptvertrag aufgehen kann oder zu Ertrag bzw. Aufwand führt, falls der Optionsnehmer das Recht verfallen lässt bzw. sich von diesem durch Gegengeschäft löst. Dies entspricht letztlich auch dem wirtschaftlichen Gehalt der Prämie, deren Wert vor allem das Risiko der prognostizierten Wertentwicklung des Basiswerts widerspiegelt. Versteht man die Prämie als Vorleistung, dann entfällt jede Notwendigkeit diese nach dem Höchst- oder Niederstwertprinzip zum Bilanzstichtag neu zu bewerten. Zwar ist einerseits eine außergewöhnliche erfolgswirksame Abschreibung auch auf Anzahlungen denkbar, aber andererseits wird – anders als bei der Bewertung der Stillhalterverpflichtung oder des Optionsrechts – deren Werthaltigkeit nicht durch die Marktpreisveränderungen des Basiswerts determiniert, sondern lediglich dadurch, ob der Stillhalter seiner Verpflichtung aus dem Optionsgeschäft möglicherweise nicht mehr nachkommen kann.

IV. Kapitel: Optionsgeschäfte in der Steuerbilanz und im Steuerrecht

Das vorliegende Kapitel setzt sich im Besonderen mit der Rechtsprechung des BFH zu Optionsverträgen sowie deren Darstellung in der Steuerbilanz auseinander. Aufgrund des Maßgeblichkeitsprinzips werden nur die – von der Handelsbilanz abweichende – steuerrechtliche Gesetzesvorbehalte und deren Folgen in der Steuerbilanz betrachtet. Danach widmet sich die Arbeit besonderen, im Zusammenhang mit Optionsgeschäften stehenden, steuerrechtlichen Vorschriften zur Verlustabzugsbeschränkung bei Termingeschäften sowie dem Anwendungsbereich der Begünstigungstatbestände hinsichtlich der Veräußerung von Anteilen an andere Körperschaften. Dieses Kapitel findet seinen Abschluss in der Untersuchung, ob vom Blickwinkel der wirtschaftlichen Betrachtungsweise aus betrachtet, dennoch an der Trennungstheorie festgehalten werden sollte.

A. Das Maßgeblichkeitsprinzip

Der steuerliche Gewinnbegriff ist für Unternehmen aller Rechtsformen eine zentrale Größe und Grundlage für die Ermittlung des steuerpflichtigen Einkommens.[662] Steuerpflichtige die nach handelsrechtlichen Vorschriften verpflichtet sind Bücher zu führen und Abschlüsse zu machen, sind auch zur Aufstellung einer Steuerbilanz verpflichtet gem. den §§ 4 Abs. 1, 5 Abs. 1 EStG (§ 8 Abs. 1 KStG) i.V.m. § 140 AO i.V.m. §§ 238 ff. HGB.[663] Gewerbetreibende die nicht kraft Gesetzes buchführungspflichtig sind, dürfen freiwillig Bücher führen und müssen dann ihren Gewinn im Wege des qualifizierten Betriebsvermögensvergleichs ermitteln.[664]

---

662 *Knobbe-Keuk*, § 1 S. 11. Für die Gewinnermittlung von Einzelkaufleuten und Personengesellschaften gelten die §§ 4 bis 7 k i.V.m. 2 Abs. 2 S. 1 Nr. 2 EStG. Die nach dem EStG vorgenommene Gewinnermittlung gilt gem. § 8 Abs. 1 S. 1 KStG mit Modifikationen auch für die Körperschaftsteuer, *Hennrichs*, in: Tipke/Lang, Steuerrecht § 9 Rn. 4.

663 Nach § 238 Abs. 1 HGB sind alle Kaufleute nach den §§ 1 ff. HGB verpflichtet, Bücher zu führen. Ausgenommen sind lediglich Kleingewerbetreibende, die nach § 241a HGB von der Buchführungspflicht befreit sind sowie Nichtkaufleute die zu Unrecht in das Handelsregister eingetragen sind, vgl. Baumbach/Hopt/*Merkt*, HGB § 238 Rn. 7.

664 *Kempermann*, in: Kirchhof/Söhn/Mellinghoff, EStG § 5 Rn. B 29.

Nach § 5 Abs. 1 S. 1 EStG – dem sog. Maßgeblichkeitsprinzip[665] – ist für die Ermittlung des steuerlichen Gewinns das Betriebsvermögen zum Ende des Wirtschaftsjahres anzusetzen, welches nach den handelsrechtlichen Grundsätzen ordnungsmäßiger Buchführung anzusetzen ist. Hierdurch wird auf die normierten und die ungeschriebenen GoB, die formellen Anforderungen, die äußere Form des Jahresabschlusses sowie auf den materiellen Inhalt, also auf die Ansatz-, Bewertungs- und Gliederungsvorschriften des Jahresabschlusses verwiesen, vorbehaltlich vorrangiger abweichender oder deckungsgleicher einkommensteuerrechtlicher Normen und teleologischer Grenzen.[666] Somit sind die im vorigen Kapitel untersuchten bilanziellen Ansätze grundsätzlich maßgebend für die Steuerbilanz. Das Maßgeblichkeitsprinzip wiederum, wird durch steuerrechtliche Gesetzesvorbehalte eingeschränkt, wodurch handelsrechtliche Vorschriften unberücksichtigt bleiben, wenn steuerliche Wahlrechte ausgeübt wurden oder spezielle steuerliche Vorschriften gelten.[667] Es wird daher im Folgenden zu untersuchen sein, welche Unterschiede sich, unter Berücksichtigung steuerrechtlicher Vorschriften, bei der bilanziellen Erfassung „dem Grunde oder der Höhe nach“ ergeben.

B. Erfassung von Optionsgeschäften in der Steuerbilanz

Die Antwort auf die Frage, wie das Optionsgeschäft in der Steuerbilanz „dem Grunde nach“ zu erfassen ist, findet sich im Handelsrecht, da der Bilanzansatz, den der Steuerpflichtige dort gewählt hat, in die Steuerbilanz übernommen wird, wenn nicht ein Aktivierungs- oder Passivierungsverbot besteht.[668] Eine Durchbrechung

---

665 Vgl. *Fehrenbacher*, Steuerrecht § 2 Rn. 72 ff. Dieser Grundsatz der Maßgeblichkeit verdankt seine Existenz in erster Linie der Vermeidung einer sonst notwendigen zweifachen Rechnungslegung; er ist somit aus Gründen der Vereinfachung und Praktikabilität entstanden, BVerfGE 123, 111, 123 f. Für die steuerliche Gewinnermittlung ist dennoch vordergründig auf das Prinzips der wirtschaftlichen Leistungsfähigkeit – auf welches noch näher einzugehen sein wird – abzustellen, welches die handelsrechtlichen Grundsätze dahingehend modifiziert, dass sie mit ihm in Einklang zu bringen sind, *Lambrecht*, in: Kirchhof/Söhn/Mellinghoff, EStG § 5 Rn. D 39.

666 Vgl. Schmidt/*Weber-Grellet*, EStG § 5 Rn. 29; *Mathiak*, in: Kirchhof/Söhn/Mellinghoff, EStG § 5 Rn. A 5. Zur Rechtfertigung und Zukunft des Maßgeblichkeitsprinzips siehe *Hennrichs*, in: Tipke/Lang, Steuerrecht § 9 Rn. 45 ff.; *Günkel*, FS Herzig S. 509 ff. Zum Unterschied zwischen formeller und materieller Maßgeblichkeit siehe *Fehrenbacher*, Steuerrecht § 2 Rn. 72.

667 Vgl. hierzu *Mathiak*, in: Kirchhof/Söhn/Mellinghoff, EStG § 5 Rn. A 6 ff.

668 Vgl. Schmidt/*Weber-Grellet*, EStG § 5 Rn 34.

des Maßgeblichkeitsprinzips durch steuerrechtliche Ansatzvorbehalte ist weder auf Stillhalterseite, der eine sonstige Verbindlichkeit, eine Rückstellung oder einer Anzahlung passivieren könnte noch beim Optionsnehmer auf der anderen Seite, der eine Anzahlung oder ein Wirtschaftsgut aktivieren könnte, ersichtlich.[669] Diese Ansätze werden in der folgenden Untersuchung unter steuerlichen Gesichtspunkten beleuchtet. Die Möglichkeit der Einstellung eines Rechnungsabgrenzungspostens und der sofort erfolgswirksamen Vereinnahmung wird indes ausgeklammert, da beide Alternativen – wie bereits untersucht – evident ausscheiden.

1. Bilanzierung in der Steuerbilanz des Stillhalters

Zwar gilt auch hinsichtlich handelsrechtlicher Bewertungsvorschriften das Maßgeblichkeitsprinzip, aber das EStG enthält größtenteils eigene Regelungen zur Bewertung von Wirtschaftsgütern gem. den §§ 4 Abs. 1 S. 8, 5 Abs. 6 i.V.m. §§ 6, 7 EStG, die den handelsrechtlichen Vorschriften vorgehen.[670] Auch in der Steuerbilanz werden gem. § 6 Abs. 1 S. 1 EStG Wirtschaftsgüter einzeln bewertet. Als steuerbilanzielles Bewertungsobjekt wird „die Betrachtung des kleinsten Sachverhalts [...] der nach der Verkehrsanschauung als selbständig realisier- und bewertbar angesehen wird" gefordert,[671] um durch die Darstellung rechtlicher und wirtschaftlicher Zusammenhänge eines Rechtsverhältnisses die Vermögens-

---

669 Der Anwendungsbereich des Aktivierungsverbots für selbstgeschaffene immaterielle Wirtschaftsgüter des Anlagevermögens gem. § 5 Abs. 2 EStG ist hinsichtlich des Optionsrechts in der Bilanz des Optionsnehmers nicht eröffnet, da dieser das Recht entgeltlich erworben hat. Soweit handelsrechtlich Bilanzierungswahlrechte bestehen, legt der BFH in ständiger Rechtsprechung den Verweis des § 5 Abs. 1 EStG derart aus, dass handelsrechtliche Aktivierungswahlrechte zu einem steuerlichen Aktivierungsgebot und handelsrechtliche Passivierungswahlrechte zu einem steuerlichen Passivierungsverbot führen, grundlegend hierzu BFHE 95, 31, 36, da die handelsrechtlichen GoB in § 5 EStG allenfalls eine Bindung des Steuerrechts an handelsrechtliche Aktivierungsverbote und Passivierungsgebote herzuleiten vermögen. Kritisch hierzu *Kempermann*, in: Kirchhof/Söhn/Mellinghoff, EStG § 5 Rn. B 115. Von den derzeit bestehenden Bilanzierungswahlrechten ist gleichwohl keines auf die hier zu betrachtenden Fälle einschlägig. Zu den verbliebenen Anwendungsfällen siehe *Kempermann*, in: Kirchhof/Söhn/Mellinghoff, EStG § 5 Rn. B 120.

670 Vgl. *Hennrichs*, in: Tipke/Lang, Steuerrecht § 9 Rn. 230; vertiefend zum Maßgeblichkeitsgrundsatzes im Verhältnis zum Bewertungsvorbehalt *Meurer*, in: Lademann, EStG, § 6 EStG, Rn. 21.

671 *Christiansen*, DStR 2003, 264, 265; ihm folgend auch *H. Richter*, in: Herrmann/Heuer/Raupach, § 6 EStG Rn. 106; ebenfalls abstellend auf einen einheitlichen Nutzungs- und Funktionszusammenhang *Briesemeister*, S. 221.

und Ertragslage zutreffend auszuweisen[672]. Soweit man mit der Theorie des zusammengesetzten Vertrags vom Vorliegen zweier Verträge ausgeht, sind diese wegen des bestehenden Nutzungs- und Funktionszusammenhangs[673] auch in der Steuerbilanz als Einheit zu betrachten. Für den von § 6 EStG vorausgesetzten Grundbegriff der Anschaffungskosten stellt das Steuerrecht keine Legaldefinition bereit. Die Finanzgerichte entnehmen daher in ständiger Rechtsprechung den handelsrechtlichen Begriff der Anschaffungskosten einheitlich für das gesamte Steuerrecht, unter Bezugnahme auf § 255 Abs. 1 HGB.[674]

a. Bewertung der Stillhalterverpflichtung als sonstige Verbindlichkeit

Folgt man der Rechtsprechung des BFH, so ist die Stillhalterverpflichtung „der Höhe nach" in der Steuerbilanz als sonstige Verbindlichkeit zu bewerten.

(1) Zugangsbewertung

Verbindlichkeiten sind gem. § 6 Abs. 1 Nr. 3 EStG unter sinngemäßer Anwendung der Vorschriften über Wirtschaftsgüter des Umlaufvermögens und Beteiligung nach § 6 Abs. 1 Nr. 2 EStG anzusetzen. Das bedeutete, dass Verbindlichkeiten mit den Anschaffungs- oder Herstellungskosten oder dem an deren Stelle tretenden Wert passiviert werden müssen. Einen Anschaffungs- oder Herstellungsvorgang gibt es faktisch weder bei derivativen noch bei originär entstandenen Verpflichtungen, so dass § 6 Abs. 1 Nr. 2 EStG keine direkte Anwendung findet.[675] Die Rechtsprechung leitet aus dem Grundsatz der erfolgsneutralen Behandlung von Anschaffungsvorgängen ein entsprechendes Gebot der erfolgsneutralen Behandlung von Passivposten ab, und bewertet Verbindlichkeiten grundsätzlich mit dem Erfüllungsbetrag.[676] Demnach werden in Geld zu erfüllende Verbindlichkeiten mit dem Nennbetrag passiviert, während bei auf Sach- oder Dienstleistung ge-

672 Vgl. BFHE 184, 439, 443, *Christiansen*, DStR 2003, 264.

673 Siehe hierzu bereits III. Kapitel A. 1. Buchst. i.

674 Ständige Rechtsprechung des BFH, siehe BFHE 194, 182, 184 m.w.N.; BFHE 211, 112, 114; *Hennrichs*, in: Tipke/Lang, Steuerrecht § 9 Rn. 232.

675 Vgl. BFHE 121, 318, 320; BFHE 123, 20, 25 f.; *Ehmcke*, in: Blümich, EStG § 6 Rn. 942 auch *Kiesel*, in: Herrmann/Heuer/Raupach, § 6 EStG Rn. 692.

676 Zu Optionsverpflichtungen siehe BFHE 201, 234, 241, zu Verbindlichkeiten im Allgemeinen BFHE 121, 318, 320; BFHE 204, 135, 142. Zu übernommenen Verbindlichkeiten siehe BFHE 227, 478, 480; BFHE 240, 22, 32. Zum erfolgsneutralen Anschaffungsvorgang auch *Ehmcke*, in: Blümich, EStG § 6 Rn. 942 f. Die Finanzverwaltung geht weiterhin von der Bildung einer Drohverlustrückstellung aus, BMF-Schreiben vom 12.01.2004 – IV A 6 – S 2133–17/03, BStBl. I 2004, 192.

richteten Verbindlichkeiten, der Geldwert der zu erwartenden Aufwendungen für deren Bewirkung anzusetzen ist.[677] Versteht man unter der Stillhalterverpflichtung allein die Ausübung des Optionsrechts zu ermöglichen und zu dulden, so wären keine Aufwendungen für die Bewirkung der Verpflichtung zu erwarten. Da mit Eingehung der Verbindlichkeit gleichzeitig der Zufluss von Ertrag in unmittelbarem Zusammenhang steht, behilft sich die Rechtsprechung, indem sie die Anschaffungs"kosten" durch diesen Anschaffungs"ertrag" bestimmt.[678]

(2) Folgebewertung

Auch im Steuerrecht findet das Stichtagsprinzip Anwendung, so dass nachträgliche Änderungen der Wertverhältnisse am folgenden Bilanzstichtag entsprechend in der Steuerbilanz zu berücksichtigen sind.[679] Eine Abzinsung der Stillhalterverpflichtung mit einem Zinssatz von 5,5 % gem. § 6 Abs. 1 Nr. 3 EStG für unverzinsliche Verbindlichkeiten und deren Laufzeit am Bilanzstichtag mehr als zwölf Monate beträgt,[680] wird einhellig abgelehnt, da die Prämie bereits einen Zinsanteil enthält.[681] Die Höhe der Optionsprämie bildet den von den Parteien zu erwartenden Aufwand ab. Bei der Berechnung der Prämie der Höhe nach wird – wie bereits gezeigt werden konnte – der risikolose Zinssatz bereits berücksichtigt; eine Abzinsung kommt daher nicht in Betracht.

(a) Teilwerterhöhung

Der möglicherweise erforderliche Erfüllungsbetrag der Verpflichtung des Stillhalters entspricht der Höhe der Optionsprämie, d. h. die Höhe seiner Verpflichtung am Bilanzstichtag ist nach der Glattstellungsmethode zu ermitteln.[682] Dies

---

677 Vgl. *Ehmcke*, in: Blümich, EStG § 6 Rn. 944.

678 Vgl. BFHE 201, 234, 241, später auch BFHE 219, 129, 135, BFHE 232, 80, 85. Diese Behandlung folgt letztlich aus dem Grundsatz der erfolgsneutralen Behandlung von Anschaffungsvorgängen. Das hiermit verbundene Realisationsprinzip steht dem Ausweis eines Anschaffungs"gewinns" entgegen, BFHE 213, 374, 377. Dabei sollten hiervon vor allem Fälle erfasst werden, bei denen ein Wirtschaftsgut zusammen mit einer Zuzahlung an den Erwerber veräußert wird, BFHE 213, 374, 377.

679 Vgl. Schmidt/*Weber-Grellet*, EStG § 5 Rn. 81 sowie Schmidt/*Kulosa*, EStG § 6 Rn. 9.

680 Es handelt sich hierbei um ein Abzinsungsgebot für Geld- und Sachleistungsverpflichtungen, *Hennrich*, in: Tipke/Lang, Steuerrecht § 9 Rn. 287.

681 *Kiesel*, in: Herrmann/Heuer/Raupach, § 6 EStG Rn. 711; *Haisch*, in: Herrmann/Heuer/Raupach, § 5 EStG Rn. 1073 m.w.N.; *IDW* RS BFA 6 Rn. 9; *Hahne/Liepolt*, DB 2006, 1329, 1332 mit ausführlicher Untersuchung.

682 Hierzu bereits III. Kapitel A. 1. Buchst. g. (1).

bedeutet bei unterstellter Preisentwicklung des Basiswerts zuungunsten des Stillhalters, dass der Wert seiner Verpflichtung, wie auch das Risiko über die erhaltene Prämie hinaus Verluste zu erleiden, steigt. Bei Verbindlichkeiten führt dies unter sinngemäßer Anwendung des § 6 Abs. 1 Nr. 2 EStG i.V.m. dem Imparitätsprinzip zum Ansatz des dauerhaft höheren Teilwerts.[683] Obwohl der BFH über die Behandlung der Stillhalterverpflichtung i.R.d. Folgebewertung nicht entschieden hat, konnte bereits gezeigt werden,[684] dass im gerade beschriebenen Szenario handelsrechtlich die Bildung einer Drohverlustrückstellung nicht in Betracht kommt.[685] Im Übrigen schlagen sich wertbeeinflussende Umstände vorrangig auf die Wirtschaftsgüter nieder, die hiervon unmittelbar betroffen sind.[686] Dies gilt gleichermaßen für die Stillhalterverpflichtung, die unmittelbar von den Wertschwankungen betroffen ist.

(b) Dauerhaftigkeit

Wegen des handelsrechtlich geltenden Vorsichts- und Imparitätsprinzips ist die Aufstockung regelmäßig geboten, wenn sich der Erfüllungsbetrag erhöht.[687] Aufgrund des steuerrechtlichen Gesetzesvorbehaltes ist ein höherer Teilwert unter sinngemäßer Anwendung des § 6 Abs. 1 Nr. 2 S. 2 EStG indes nur dann auszuweisen, wenn er von voraussichtlicher Dauer ist, was letztlich zu unterschiedlichen Ansätzen zwischen Handels- und Steuerbilanz „der Höhe nach" führen kann.

---

683 Vgl. *Kiesel*, in: Herrmann/Heuer/Raupach, § 6 EStG Rn. 693; *Ehmcke*, in: Blümich, EStG § 6 Rn. 943; Bei Geldleistungsverpflichtungen ist der Nennbetrag, bei Sachleistungsverpflichtungen der Erfüllungsbetrag anzusetzen, *Ehmcke*, in: Blümich, EStG § 6 Rn. 944. Der Erfüllungsbetrag entspricht dabei dem anzusetzenden höheren Teilwert zum maßgeblichen Bilanzstichtag, BFHE 204, 135, 142.

684 Offen gelassen BFHE 201, 234, 241 mit Tendenz zur Erfassung des höheren Wertes siehe auch BFHE 232, 80, 84 f. Zu Verbindlichkeiten allgemein BFHE 204, 135, 142. Auch *Haisch*, in: Herrmann/Heuer/Raupach, § 5 EStG Rn. 1073.

685 Ebenfalls gegen die Erfassung als Drohverlustrückstellung Schmidt/*Kulosa*, EStG § 6 Rn. 140; **a.A.** Finanzverwaltung, BMF-Schreiben v. 12.01.2004 – IV A 6 – S 2133–17/03, BStBl. I 2004, 192 die weiterhin von der Bildung einer Drohverlustrückstellung ausgeht. Auch *Krumm*, in: Blümich, EStG § 5 Rn. 920, mit der Begründung, der Risikoübergang realisiere sich erst mit wirtschaftlicher Erfüllung des Hauptvertrags und sei daher ihm zuzuordnen.

686 Vgl. *Werndl*, in: Kirchhof/Söhn/Mellinghoff, EStG § 6 Rn. D 66.

687 Vgl. MüKoBilR/*Tiedchen*, HGB § 253 Rn. 24 f. Dabei liegt es grundsätzlich im Verantwortungsbereich des Steuerpflichtigen, die Dauerhaftigkeit gegenüber der Finanzverwaltung zu beweisen, vgl. *Kiesel*, in: Herrmann/Heuer/Raupach, § 6 EStG Rn. 696.

(c) Teilwerterhöhung als steuerliches Wahlrecht

Da die Vorschrift der Teilwertabschreibung nach § 6 Abs. 1 Nr. 1 S. 3 EStG für die Bewertung von Verbindlichkeiten gem. § 6 Abs. 1 Nr. 3 S. 1, Nr. 2 S. 2 EStG entsprechend anzuwenden ist, führt dies möglicherweise zu einem steuerlichen Bewertungswahlrecht. Seit der Aufgabe des Grundsatzes der umgekehrten Maßgeblichkeit durch das BilMoG[688] wird in der Literatur diskutiert, ob die unabhängige Ausübung steuerlicher Wahlrechte nach § 5 Abs. 1 S. 1 2. Hs EStG auch für die Teilwertabschreibung gilt, so dass dieser Streit auch für eine Teilwerterhöhung nach § 6 Abs. 1 Nr. 3 S. 1, Nr. 2 S. 2 EStG von Bedeutung ist.

i. Auslegung nach dem Wortlaut

Vor der Bilanzrechtsmodernisierungsreform wurde das in § 6 Abs. 1 Nr. 1 S. 2 EStG normierte Wahlrecht systematisch dahingehend ausgelegt, dass – unter Berücksichtigung der formellen Maßgeblichkeit gem. § 5 Abs. 1 EStG – eine Abschreibungspflicht bestand.[689] Denn aufgrund des handelsrechtlichen Niederstwertprinzips müssen gem. § 253 Abs. 3 S. 5 HGB Vermögensgegenstände des Anlagevermögens, unabhängig ob abnutzbar oder nicht, bei einer voraussichtlich dauernden Wertminderung auf den niedrigeren Wert abgeschrieben werden.[690] Nach wohl herrschender Meinung bestünde keine Veranlassung an dieser Auslegung weiterhin festzuhalten, da nach neuer Rechtslage steuerliche Wahlrechte abweichend von der Handelsbilanz ohne besondere Voraussetzungen[691] ausgeübt werden, so dass auch Ansätze gewählt werden können, die nicht den handelsrechtlichen Grundsätzen ordnungsmäßiger Buchführung entsprechen.[692] In konsequenter Anlehnung an den

---

688 Gesetz zur Modernisierung des Bilanzrechts Art. 3 Nr. 1 BGBl. I 2009, 1102, 1120.

689 Vgl. *Wehrheim/Fross*, DStR 2010, 1348, 1349. Zur Auslegung des Wortes „kann“ als Grenze für die Abschreibung auf einen niedrigeren Wert siehe *Schulze-Osterloh*, DStR 2011, 534, 538.

690 Vgl. *Küting*, DB 2009, 1121, 1125; *Gabert*, in: Herrmann/Heuer/Raupach, § 6 EStG Rn. 410.

691 Gem. § 5 Abs. 1 S. 2 EStG hat lediglich eine gesonderte Aufnahme in besondere, laufend zu führende Verzeichnisse zu erfolgen. Gesonderte Anforderungen an die Verzeichnisform werden nicht gestellt, vgl. *Herzig/Briesemeister*, DB 2010, 917, 923.

692 Vgl. *Schulze-Osterloh*, DStR 2011, 534, 535. Zu den Folgen der Aufgabe der umgekehrten Maßgeblichkeit und der immer weitergehenden Auflösung des Maßgeblichkeitsprinzips siehe auch *Niemeyer/Froitzheim*, DStR 2011, 538 ff.; BMF-Schreiben v. 12.03.2010, IV C 6 – S 2133/09/10001, Tz. 13, 15, BStBl. I 2010, 239, 240, wonach die Ausübung steuerliche Wahlrechte nicht durch die Maßgeblichkeit der handelsrechtlichen Grundsätze ordnungsmäßiger Buchführung beschränkt sei.

Wortlaut bedarf die Annahme eines steuerlich autonomen Wahlrechts weder einer besonderen Begründung noch ist die Wahlrechtsausübung an handelsrechtliche Grundsätze gekoppelt oder wird durch diese eingeschränkt.[693] Folglich könnten sogar Zwischenwerte angesetzt werden.[694] Andererseits könnte man den Wortlaut der Norm auch eng interpretieren. So könnten von der Regelung ebenso nur solche Wahlrechte erfasst sein, die nach alter Rechtslage den GoB nicht entsprachen, aber über die handelsrechtlichen Öffnungsklauseln in der Handelsbilanz abgebildet wurden.[695] Dies ließe sich damit begründen, dass Ziel des BilMoG die Eliminierung der steuerbilanziellen Einflüsse auf die Handelsbilanz war und nicht, eine darüber hinausgehende Entbindung aller steuerlichen Wahlrechte von den Grundsätzen ordnungsmäßiger Buchführung.[696]

ii. Der Wille des Gesetzgebers

Die Gegner einer weiten Auslegung stützen sich u. a. auf das Gesetzgebungsverfahren, da die Frage der Teilwertabschreibung ausdrücklich diskutiert wurde.[697] In der Stellungnahme des Bundesrates zum Entwurf des BilMoG bat dieser zu prüfen, ob die vorgesehene Regelung zur Maßgeblichkeit der Handels- für die Steuerbilanz, konkreter ausgestaltet werden könne, da nach der Entwurfsregelung nicht erkennbar sei, ob hinsichtlich des Ansatzes eines dauerhaft niedrigeren Teilwertes ein steuer-

---

693 So *Dörfler/Adrian*, DB 2009, Beilage 5, 58; *Förster/Schmidtmann*, BB 2009, 1342, 1345 f.; *Meurer*, BB 2010, 820, 822; *Kaminski*, DStR 2010, 771; *Zwirner*, DStR 2010, 591, 592; *Herzig/Briesemeister*, DB 2010, 917; *dies.* WPg 2010, 63, 65; *Prinz*, DB 2010, 2069, 2071; auch die Ansicht der Finanzverwaltung BMF-Schreiben v. 12.03.2010, IV C 6 – S 2133/09/100001, BStBl. I 2010, 239, 240; *Ehmcke*, in: Blümich, EStG § 6 Rn. 561b; Schmidt/*Kulosa*, EStG § 6 Rn. 361; *Werndl*, in: Kirchhof/Söhn/Mellinghoff, § 6 EStG Rn. B 419; *Günkel*, FS Herzig, 509, 513; *Fehrenbacher*, Steuerrecht § 2 Rn. 100. *Werth*, DStZ 2009, 508, 510 mit der Begründung der objektive Wille des Gesetzgebers habe in der Neuregelung keinen Anknüpfungspunkt gefunden. **Kritisch** zur objektiven Auslegung *Schenke/Risse*, DB 2009, 1957, 1958 die in der neueren rechtsmethodischen Literatur eine Rückkehr zur Theorie der subjektiven Auslegung jedenfalls dann erkennen lassen, wenn der Wille des Gesetzgebers zum Ausdruck gekommen ist.

694 Vgl. *Ehmcke*, in: Blümich, EStG § 6 Rn. 561c; Schmidt/*Kulosa*, EStG § 6 Rn. 361 m.w.N. **A.A.** *Herzig/Briesemeister*, DB 2010, 917, 919 da die gesetzliche Regelung lediglich das Wahlrecht beinhaltet, die Anschaffungskosten fortzuführen oder den niedrigeren Teilwert anzusetzen.

695 Vgl. *Fischer/Kalina-Kerschbaum*, DStR 2010, 399 m.w.N.; ähnlich *Schenke/Risse*, DB 2009, 1957.

696 Vgl. *Anzinger/Schleiter*, DStR 2010, 395, 396; *Schenke/Risse*, ebd.

697 So u. a. *Anzinger/Schleiter*, DStR 2010, 395, 397; *Schenke/Risse*, ebd.

liches Wahlrecht bestünde.[698] Die Bundesregierung äußerte hierzu ausdrücklich, dass ein steuerliches Wahlrecht nicht bestehe.[699] Dies reicht indes nicht, um eine Auslegung nach dem Zwecke und den **Normvorstellungen des historischen Gesetzgebers** in der Weise zu begründen, dass die Aufhebung der umgekehrten Maßgeblichkeit auf die bisherige Behandlung keinen Einfluss haben solle.[700] Als Wille des Gesetzgebers ist nur das zu berücksichtigen, was als Grundabsicht des Gesetzgebers zu erkennen ist sowie Vorstellungen über Bedeutung und Reichweite einzelner Bestimmungen, welche sich aus den Beratungen ergeben haben und die nicht ohne Widerspruch gewesen sind.[701] Nicht überzeugen kann daher zu unterstellen, die Ansicht der Bundesregierung sei die Vorstellung des Parlaments.[702] Insbesondere vor dem Hintergrund, dass trotz ausdrücklichen Hinweises auf die „Unklarheit" der Regelung keine Anpassung des Wortlauts des § 6 Abs. 1 Nr. 1 S. 2 EStG von einem „kann" in ein „muss" erfolgte, entkräftet diese Ansicht. Es wäre daher ebenso gut vertretbar anzunehmen, dass aus diesem Grund die Auswirkungen durch die Aufhebung der umgekehrten Maßgeblichkeit vollumfänglich in Kauf genommen wurden. Wie die Untersuchung zeigen konnte, führt die Erforschung der gesetzgeberischen Tendenz zu keinem klaren Ergebnis.[703] Darüber hinaus sieht nunmehr auch der Bundesrat die Regelung zur Teilwertabschreibung als steuerliches Wahlrecht, das unabhängig von handelsrechtlichen Wertansätzen ausgeübt werden könne.[704]

iii. Entstehungsgeschichte der Norm

Die umgekehrte Maßgeblichkeit gem. § 5 Abs. 1 S. 2 EStG a. F.[705] schrieb vor, dass die Ausübung eines steuerrechtlichen Wahlrechts durch einen entsprechenden Ansatz in der Handelsbilanz zu erfolgen hatte. Ursprünglich sollte hierdurch korrespondierend zum Aufschub der Besteuerung eine Ausschüttung oder Entnahme

---

698 Vgl. BT-Drucks. 16/10067, S. 120.

699 BT-Drucks. 16/10067, S. 124. Sowohl die Stellungnahme als auch der Gesetzeswortlaut waren Gegenstand der parlamentarischen Debatten und der Beratungen in den Ausschüssen, *Anzinger/Schleiter*, DStR 2010, 395, 397.

700 So auch *Schenke/Risse*, DB 2009, 1957, 1958 mit Bezug auf *Werth*, DStZ 2009, 508, 510.

701 Vgl. *Larenz*, Methodenlehre der Rechtswissenschaft, S. 329.

702 So bereits BVerfGE 1, 299, 312, wonach die subjektive Vorstellung der am Gesetzgebungsverfahren beteiligten Organe oder einzelner ihrer Mitglieder über die Bedeutung der Bestimmung nicht entscheidend sein kann.

703 **A.A.** wohl *Schenke/Risse*, DB 2009, 1957, 1959, die von einem Redaktionsversehen ausgehen.

704 Siehe BT-Drucks. 17/2823, S. 6.

705 Eingeführt durch Art. 1 Nr. 4 des Wohnungsbauförderungsgesetzes vom 22.12.1989, BGBl. I 1989, 2408.

solcher Gewinne verhindert werden.[706] Vor dem BilMoG war die gesetzlich als Wahlrecht formulierte Teilwertabschreibung gem. § 6 Abs. 1 Nr. 1 S. 2 EStG von der Reglung der umgekehrten Maßgeblichkeit nicht erfasst. Nach herrschender Meinung wurde das steuerliche Wahlrecht zur Teilwertabschreibung bereits durch den Maßgeblichkeitsgrundsatz gem. § 5 Abs. 1 S. 1 HS 2 EStG dahingehend eingeschränkt, dass aufgrund des handelsrechtlichen Niederstwertprinzips bei einer dauerhaften Wertminderung eine Abschreibung auf den niedrigeren Wert geboten war.[707] Dieses Abschreibungswahlrecht lief somit nicht allein deshalb leer, weil es keine entsprechende Öffnungsklausel in den handelsrechtlichen Vorschriften gab. Vielmehr wurde das Wahlrecht nach § 6 Abs. 1 Nr. 1 S. 2 EStG zur Abschreibung auf den Teilwert bereits aufgrund des Maßgeblichkeitsprinzips einschränkend ausgelegt, so dass es bei einer dauernden Wertminderung zwischen der Handels- und Steuerbilanz nicht zu einem abweichenden Wertansatz kam. Es mochte daher nicht recht einzusehen sein, dass die Abschaffung der umgekehrten Maßgeblichkeit diese gefestigte steuerliche Bewertung beeinflusst.[708]

Betrachtet man darüber hinaus die Grundabsicht des Gesetzgebers, also die Abschaffung der umgekehrten Maßgeblichkeit, so bestand diese in der vollständigen Bereinigung der Handelsbilanz von Einflüssen der Steuerbilanz,[709] um hierdurch ein bessere Vergleichbarkeit der Handelsbilanz im Verhältnis zu den internationalen Rechnungslegungsstandards herzustellen und gleichwohl steuerliche Subventionstatbestände – auch wenn diese nicht im Einklang mit den handelsrechtlichen Grundsätzen ordnungsmäßiger Buchführung stehen – unangetastet zu lassen.[710] Dies jedenfalls lasse darauf schließen, dass Änderungen mit Auswirkung auf die Steuerbilanz gerade nicht beabsichtigt waren.[711] Darüber

---

706 Zum Vorstehenden vgl. *Günkel*, FS Herzig S. 509, 510; *Anzinger/Schleiter*, DStR 2010, 395, 396.

707 Vgl. *Fischer/Kalina-Kerschbaum*, DStR 2010, 399, 400; *Anzinger/Schleiter*, DStR 2010, 395, 396 m.w.N.

708 I.d.S. wohl auch *Fischer/Kalina-Kerschbaum*, DStR 2010, 399, 400.

709 Steuerrechtlich zulässige Abschreibungen, die aufgrund der umgekehrten Maßgeblichkeit auch in der Handelsbilanz vorgenommen wurden, führten nach Ansicht des Gesetzgebers zu „erheblichen Verzerrungen in der Darstellung der Vermögens-, Finanz- und Ertragslage", BT-Drucks. 16/10067, S. 32, 59. I.d.S. auch *Günkel*, FS Herzig S. 509, 512; *Förster/Schmidtmann*, BB 2009, 1342; *Schenke/Risse*, DB 2009, 1957, 1959; *Anzinger/Schleiter*, DStR 2010, 395.

710 Siehe BT-Drucks. 16/10067, S. 34 f., 124; *Anzinger/Schleiter*, DStR 2010, 395.

711 Vgl. *Hennrichs*, GmbHR 2010, 17, 21; *Schenke/Risse*, DB 2009, 1957; *Fischer/Kalina-Kerschbaum*, DStR 2010, 399, 400 f.; *Wehrheim/Fross*, DStR 2010, 1348, 1349; *Schulze-Osterloh*, DStR 2011, 534, 535 ff.; MüKoBilR/*Tiedchen*, HGB § 253 Rn. 131;

hinaus wird in der Gesetzesbegründung ausdrücklich darauf hingewiesen, dass der Grundsatz der Maßgeblichkeit unangetastet bleiben und die Eckpfeiler der handelsrechtlichen Rechnungslegung, wie das System der GoB, für die steuerliche Gewinnermittlungbestehen bleiben sollen.[712] Vor dem Hintergrund der Entstehungsgeschichte der Norm, erscheint somit eine enge Auslegung vorzugswürdig.[713]

iv. Teleologische Auslegung

Fraglich ist, ob die Auslegung des § 5 Abs. 1 S. 1 HS 2 EStG nach dem Sinn und Zweck gleichfalls zu vorgenanntem Ergebnis führt. Nach dem Wortlaut ist für die Gewinnermittlung das Betriebsvermögen anzusetzen, das nach den handelsrechtlichen Grundsätzen ordnungsmäßiger Buchführung auszuweisen ist, es sei denn, im Rahmen der Ausübung eines steuerlichen Wahlrechts wird oder wurde ein anderer Ansatz gewählt. Hieraus lässt sich schließen, dass im Regelfall die Ermittlung des Wertes des Betriebsvermögens den handelsrechtlichen Regeln folgen soll, wenn nicht ausnahmsweise ein steuerlicher Ansatz- oder Bewertungsvorbehalt besteht.[714] Letztere soll folglich eine Ausnahme zum Grundsatz der Anwendung des Maßgeblichkeitsprinzips sein.[715] Da sich der Wortlaut des § 5 Abs. 1 S. 1 HS 2 EStG nicht auf solche Wahlrechte beschränkt, die nicht mit den Grundsätzen ordungsmäßiger Buchführung im Einklang stehen oder die diesen Grundsätzen entsprechend ausgeübt werden können,

---

Hennrichs, in: Tipke/Lang, Steuerrecht § 9 Rn. 106; *Anzinger /Schleiter*, DStR 2010, 395, 397 f. begründen ihre Auffassung damit, dass unter Berücksichtigung des Leistungsfähigkeitsprinzips, steuerliche Wahlrechte nur dann als Durchbrechung des Maßgeblichkeitsprinzips zugelassen werden, wenn ihnen ein besonderes Lenkungs- oder Subventionsziel zugrunde liege. Hieran fehle es aber im Falle der Teilwertabschreibung, i.d.S. auch *Schulze-Osterloh*, DStR 2011, 534, 537. Vgl. zum Ansatz der teleologischen Reduktion *Schenke/Risse*, DB 2009, 1957, 1959; *Wehrheim/Fross*, DStR 2010, 1348, 1350; **a.A.** *Prinz*, DB 2010, 2069, 2071, der wegen des klaren Gesetzeswortlautes hierfür keinen Raum sieht.

712 So BT-Drucks. 16/10067, S. 32; *Hennrichs*, in: Tipke/Lang, Steuerrecht § 9 Rn. 106; *Anzinger/Schleiter*, DStR 2010, 395, 396 m.w.N. zur Absicht des Gesetzgebers, das Maßgeblichkeitsprinzip beizubehalten.

713 Zur teleologischen Reduktion siehe *Hennrichs*, in: Tipke/Lang, Steuerrecht § 9 Rn. 106; ähnlich auch MüKoBilR/*Tiedchen*, HGB § 253 Rn. 131; *Fischer/Kalina-Kerschbaum*, DStR 2010, 399, 400; *Schenke/Risse*, DB 2009, 1957, 1958; *Arbeitskreis Bilanzrecht der Hochschullehrer Rechtswissenschaft*, DB 2009, 2570, 2571.

714 Vgl. BMF-Schreiben v. 12.03.2010, IV C 6 – S 2133/09/10001, Tz. 1 f, BStBl. I 2010, 239.

715 So wohl auch *Anzinger/Schleiter*, DStR 2010, 395, 397.

ist der Anwendungsbereich dieser Ausnahmeregelung sehr weit. Dies führt zu einer weitgehenden Preisgabe der materiellen Maßgeblichkeit.[716] Während das Maßgeblichkeitsprinzip ursprünglich aus Gründen der Praktikabilität und der Vereinfachung zur steuerlichen Gewinnermittlung herangezogen wurde, weil es dem Kaufmann erspart werden sollte, seinen Gewinn zweifach zu ermitteln, könne der Vereinfachungszweck aufgrund der vielen bestehenden Durchbrechungen im Gesetz dem vorgenannten Ergebnis nicht mehr entgegengehalten werden.[717] Dieser erheblichen Abwendung von der materiellen Maßgeblichkeit könnte aber entgegengehalten werden, dass die Anknüpfung an die GoB aufgrund des Maßgeblichkeitsprinzips im konkreten Fall berücksichtigt werden sollte, da sie geeignet ist, die wirtschaftliche Leistungsfähigkeit sachgerecht abzubilden.[718]

Es ist daher zu fragen, ob die Teilwertabschreibung unter Einfluss des Maßgeblichkeitsprinzips gem. den §§ 6 Abs. 1 Nr. 1 S. 2 i.V.m. 5 Abs. 1 S. 1 HS 2 EStG zu einer, am Prinzip der Leistungsfähigkeit gemessenen, sachgemäßen Besteuerung führen

v. Auslegung unter Berücksichtigung des Leistungsfähigkeitsprinzips

Das Maßgeblichkeitsprinzip ist nur dann geeignet die steuerliche Leistungsfähigkeit richtig zu erfassen, wenn die Handels- und die Steuerbilanz dasselbe Ziel verfolgen.[719] Das Niederstwertprinzip kann daher im Rahmen der steuerlichen Vorschriften zur Teilwertabschreibung nur Geltung beanspruchen, wenn es sich in das System der Besteuerung nach der Leistungsfähigkeit einfügt.

Der Teilwert gem. § 6 Abs. 1 Nr. 1 S. 3 EStG ist ein steuerrechtlich geprägter Begriff, der dazu dient, Reinvermögensveränderungen periodengerecht zu erfassen. Zugleich dient er aber auch als Schranke gegen Unterbewertungen und verhindert dadurch die willkürliche Bildung von stillen Reserven.[720] Bei alledem beschränkt sich der Regelungsgehalt nicht allein auf das Leistungsfähigkeits- und das Periodizitätsprinzip, sondern auf die Vorschrift des § 6 Abs. 1 Nr. 1 und 2

716 Vgl. *Hey*, in: Tipke/Lang, Steuerrecht, 20. Auflage, § 17 Rn. 42; ihr folgend *Günkel*, FS Herzig S. 509, 515.

717 Zu diesem Ergebnis wohl *Hey*, in: Tipke/Lang, Steuerrecht, 20. Auflage, § 17 Rn. 42 f.; i.E. wohl auch *Günkel*, FS Herzig S. 509, 511; ähnlich auch *Hennrichs*, in: Tipke/Lang, Steuerrecht § 9 Rn. 45; **a.A.** wohl *Fischer/Kalina-Kerschbaum*, DStR 2010, 399.

718 Vgl. *Hennrichs*, in: Tipke/Lang, Steuerrecht § 9 Rn. 47; wohl auch *Anzinger/Schleiter*, DStR 2010, 395, 397.

719 Vgl. *Hennrichs*, in: Tipke/Lang, Steuerrecht § 9 Rn. 47.

720 Zum Vorstehenden vgl. *Werndl*, in: Kirchhof/Söhn/Mellinghoff, EStG § 6 Rn. B 321.

EStG bildet gemeinsam mit den handelsrechtlichen Bewertungsgrundsätzen die positivrechtliche Grundlage des handelsrechtlichen Vorsichtsprinzips, aus dem das Niederstwertprinzip resultiert.[721]

Durch Anwendung des Niederstwertprinzip wird ein nicht realisierter Verlust ausgewiesen. Dieser Verlustausweis könnte mit dem Leistungsfähigkeitsprinzip nicht zu vereinbaren sein, da der Steuerpflichtige diesen noch nicht realisiert hat.[722] Dies vermag indes nicht zu überzeugen. Wertschwankungen im Betriebsvermögen wirken sich nur unter ganz bestimmten Bedingungen auf das steuerrechtliche Ergebnis aus. Eine Teilwertabschreibung ist lediglich dann zulässig, wenn die Wertminderung hinreichend konkretisiert, d. h. von Dauer ist. In diesem Fall ist es gerade mit Blick auf das Übermaßverbot gerechtfertigt und geboten, den Verlust in dem Jahr zu erfassen, in dem er verursacht wurde. Gerade im Hinblick auf die nur eingeschränkte Möglichkeit des Verlustrücktrags nach § 10d Abs. 1 S. 1 EStG lässt sich dies mit dem Leistungsfähigkeitsprinzip vereinbaren.[723]

Insgesamt lässt sich festhalten, dass die Abschreibung auf den dauerhaft niedrigen Teilwert – gestützt auf das Vorsichtsprinzip – nicht gegen das Prinzip der Besteuerung nach der steuerlichen Leistungsfähigkeit verstößt. Darüber hinaus schließt sich die Frage an, ob das uneingeschränkte steuerliche Wahlrecht zur Abschreibung auf den dauerhaft niedrigen Teilwert nicht selbst gegen den Gleichbehandlungsgrundsatz,[724] d. h. gegen das Prinzip gleichmäßiger Besteuerung nach der Leistungsfähigkeit verstößt[725] und daher einschränkend ausgelegt werden sollte.

Zwischen steuerlichen Wahlrechten und dem Prinzip einer gleichmäßigen Besteuerung nach der Leistungsfähigkeit besteht allgemein ein Spannungsverhältnis. Dies liegt darin begründet, dass der Steuerpflichtige grundsätzlich seine Steuerlast nicht nach eigenem Belieben steuern darf.[726] Im Interesse steuerlicher

---

721 Vgl. *Werndl*, in: Kirchhof/Söhn/Mellinghoff, EStG § 6 Rn. B 449.

722 Im Gesetzesentwurf zum Steuerentlastungsgesetz 1999/2000/2002 wurde die Abschaffung der Vorschriften zur Teilwertabschreibung aus diesem Grund vorgeschlagen, siehe BT-Drucks. 14/23, S. 5, 171.

723 Zum Vorstehenden vgl. *Hennrichs*, in: Tipke/Lang, Steuerrecht § 9 Rn. 104.

724 Zur Auffassung, dass nur subventionelle Wahlrechte eigenständig ausgeübt werden dürfen siehe *Anzinger/Schleiter*, DStR 2010, 395, 398; **a.A.** *Herzig/Briesemeister*, DB 2010, 917.

725 Ähnlich auch *Tiedchen*, die in diesem Wahlrecht einen Verstoß gegen die – auch im Steuerrecht geltenden – GoB, insbesondere gegen das Imparitätsprinzip erkennt, MüKoBilR/*Tiedchen*, HGB § 253 Rn. 131.

726 Vgl. *Weber-Grellet*, BB 1999, 2659, 2661; ihm folgend *Anzinger/Schleiter*, DStR 2010, 395, 397; ähnlich auch *Arbeitskreis Bilanzrecht der Hochschullehrer Rechtswissenschaft*, DB 2009, 2570, 2572.

Lastengleichheit sollte jeder Steuerpflichtige bei gleicher Leistungsfähigkeit auch gleich hoch besteuert werden, sog. horizontale Steuergerechtigkeit.[727] Die Steuerbilanz, als Mittel der steuerlichen Gewinnermittlung, muss daher ebenfalls dem Grundsatz der Besteuerung nach der Leistungsfähigkeit und dem Grundsatz der Gleichbehandlung gerecht werden.[728] Nach diesem Funktionsverständnis sollten Grundlage der Besteuerung nur solche Positionen sein können, die willkürfrei ansetzbar, objektiv feststellbar und einfach berechenbar sind, denn diese sind letztlich Hilfsmittel zur Ermittlung des Gewinns und damit der Leistungsfähigkeit.[729] Wird dem Steuerpflichtigen die Wahl überlassen, so tritt er insoweit an die Stelle des Gesetzgebers.[730] Das kann deshalb nicht sachgerecht sein, weil auf diese Weise zwei Steuerpflichtige ihre wirtschaftliche Leistungsfähigkeit durch Verwirklichung des gleichen Sachverhalts in gleichem Maße steigern oder reduzieren könnten, sich aber nach ihrer Wahl unterschiedlich hoher Besteuerung unterziehen würden.[731] Nach einhelliger Auffassung bedarf es daher einer Rechtfertigung für die Einführung eines steuerlichen Wahlrechts.[732] Würde man ein Wirtschaftsgut des Anlage- oder Umlaufvermögens, welches dauerhaft im Wert gemindert oder eine Verbindlichkeit, die dauerhaft höher ist, unberücksichtigt lassen, so verstieße das gegen das Leistungsfähigkeitsprinzip.

Fraglich ist, ob dieser Verstoß gerechtfertigt ist. An diesem Punkt könnte angeführt werden, dass gerade die Unsicherheit der wirtschaftlichen Verursachung zu einem Abwertungswahlrecht führt, verbunden mit einem zwingenden Wert-

---

727 BVerfGE 123, 111, 120.

728 Vgl. *Weber-Grellet*, BB 1999, 2659, 2660.

729 Vgl. *Weber-Grellet*, BB 1999, 2659, 2661; *Arbeitskreis Bilanzrecht der Hochschullehrer Rechtswissenschaft*, DB 2009, 2570, 2572. Der Grundsatz der Objektivierung in der Rechnungslegung wird auch gleichgesetzt mit den Begriffen: „Rechtsgleichheit, Willkürfreiheit, Manipulationsfreiheit und Rechtssicherheit", *Kuhner*, BFuP 2001, 523, 528.

730 *Tipke*, Die Steuerrechtsordnung Bd. I, § 9 S. 515.

731 Vgl. *Tipke*, Die Steuerrechtsordnung Bd. I, § 9 S. 515.

732 Vgl. *Tipke*, Die Steuerrechtsordnung Bd. I, § 9 S. 516; *Arbeitskreis Bilanzrecht der Hochschullehrer Rechtswissenschaft*, DB 2009, 2570, 2572; *Anzinger/Schleiter*, DStR 2010, 395, 397. Etwas anderes würde nur dann gelten, wenn es sich hierbei um eine Lenkungsnorm handeln würde, da sich diese nicht am Leistungsfähigkeitsprinzip messen lassen muss, vgl. *Tipke*, Die Steuerrechtsordnung Bd. I, §§ 7, 9 S. 340, 495 f., 515. Solche müssen im Interesse des Gemeinwohls ein Bedürfnis befriedigen oder ein bestimmtes Verhalten belohnen wollen, *Tipke*, Die Steuerrechtsordnung Bd. I, § 7 S. 340. Ein solcher Lenkungszweck ist indes in der Vorschrift über das Teilwertabschreibungswahlrecht nicht zu erkennen, vgl. *Anzinger/Schleiter*, DStR 2010, 395, 398.

aufholungsgebot. Diese Begründung stützt sich aber wohl eher auf ein praktisches, als auf ein rechtliches Problem. Praktisch ist der Teilwertbegriff schwer zu fassen, so dass steuerlich mit einer Vielzahl von Fiktionen gearbeitet wird.[733] Soweit sich bei der Bewertung ein Schätzungsspielraum ergibt, handelt es sich nicht um ein Wahlrecht im vorgenannten Sinne.[734] Gleiches gilt hinsichtlich der Prognoseentscheidung, ob tatsächlich eine dauernde Wertminderung vorliegt. Dies bleibt letztlich eine Tatfrage. Demgegenüber ist es indes nicht einzusehen, warum es bei der positiven Prognose einer dauerhaft vorliegenden Wertminderung der Wahl des Steuerpflichtigen benommen sein soll, eine Abschreibung vorzunehmen. So ist der Verlust doch in dem Wirtschaftsjahr verursacht, in welchem positiv die dauerhafte Wertminderung festgestellt wird. Die Pflicht zur Abschreibung auf diesen dauerhaft niedrigen Teilwert wird dem Leistungsfähigkeits- und dem Periodizitätsprinzip sowie dem handelsrechtlichen Vorsichtsprinzip gerecht. Überdies ist kein Grund ersichtlich, der es gerechtfertigt erscheinen ließe, diesen Verlust nicht auszuweisen.[735]

vi. Zwischenergebnis

Aus der vorgehenden Untersuchung folgt, dass die Vorschriften über die Teilwertabschreibung teleologisch zu reduzieren sind. Soweit § 5 Abs. 1 S. 1 HS 2 EStG nach seinem Wortsinn dem steuerrechtlichen Wahlrecht uneingeschränkt Vorrang einräumt, geht dieser über den Regelungszweck und Sinngehalt der Vorschrift, unter Berücksichtigung des Gleichbehandlungsgrundsatzes und der

---

733 Vgl. *Hennrichs*, in: Tipke/Lang, Steuerrecht § 9 Rn. 261.

734 Vgl. *Hennrichs*, in: Tipke/Lang, Steuerrecht § 9 Rn. 107.

735 Vgl. zum Vorstehenden *Anzinger/Schleiter*, DStR 2010, 395, 398. Die Verschiebung steuerlichen Aufwands in die Zukunft, kann für den Steuerpflichtigen in verschiedenen Konstellationen interessant sein. Denn letztlich sind diverse Situationen denkbar, in denen ein höherer bilanzieller Verlust im aktuellen Wirtschaftsjahr unerwünscht sein kann. So kann ein höherer Verlust ungewollt sein, wenn sich dieser ohnedies nicht oder zuungunsten des Steuerpflichtigen auf das steuerliche Ergebnis auswirken würde. Bspw. wären solche Konstellation denkbar, bei denen dem Verlust keine positiven verrechenbaren Einkünfte des laufenden oder des vorangegangenen Wirtschaftsjahres gegenüberstünden oder positive Einkünfte gerade für den Verlustvortrag gem. § 10d Abs. 2 EStG der vorangegangenen Wirtschaftsjahre verbleiben sollen oder wenn aufgrund der abzuziehenden Verluste bei der Veranlagung die Möglichkeit des Sonderausgabenabzugs oder der Abzug von außergewöhnlichen Belastungen beschnitten würde, vgl. zum Vorstehenden mit weiteren Beispielen siehe *Günkel*, FS Herzig S. 509, 514.

Entstehungsgeschichte, hinaus.[736] Die §§ 6 Abs. 1 Nr. 1 S. 2 i.V.m. 5 Abs. 1 S. 1 HS 2 EStG sind folglich teleologisch dahingehen zu reduzieren, dass – entgegen der Ansicht der Finanzverwaltung und der herrschenden Lehre – die Pflicht zur Abschreibung auf den dauerhaft niedrigen Teilwert besteht. Erfasst werden von § 5 Abs. 1 S. 1 HS 2 EStG demnach nur solche Wahlrechte, die abweichend von der Handelsbilanz nicht in Übereinstimmung mit den GoB ausgeübt werden können.[737] Eine Teilwertabschreibung bzw. -erhöhung ist daher zwingend vorzunehmen, wenn sich diese als dauerhaft erweist. Aufgrund des uneingeschränkten Verweises der Bewertungsvorschriften für Verbindlichkeiten gilt auch für diese ein strenges Wertminderungsgebot, sollten die Voraussetzungen der Teilwerterhöhung am Bilanzstichtag nicht mehr vorliegen.[738]

b. Bewertung der Stillhalterverpflichtung als Rückstellung

Die steuerrechtlichen Vorschriften zur Rückstellungsbewertung gem. § 5 Abs. 6 i.V.m. § 6 Abs. 1 Nr. 3a EStG sind zwar umfangreich, aber nicht abschließend, so dass auch hier ein Anwendungsbereich der handelsrechtlichen GoB verbleibt.[739]

(1) Zugangsbewertung

Rückstellungen werden in der Steuerbilanz höchstens unter Berücksichtigung der Grundsätze nach § 6 Abs. 1 Nr. 3a lit. a-f EStG angesetzt. Folglich ist bei mehreren in Betracht kommenden Werten immer der niedrigere zu wählen, und zwar auch

---

736 Vgl. zu den Voraussetzungen einer teleologischen Reduktion *Larenz*, Methodenlehre der Rechtswissenschaft, S. 391 f.

737 Vgl. u.a. *Tiedchen*, die in diesem Wahlrecht einen Verstoß gegen die – auch im Steuerrecht geltenden – Grundsätze ordnungsmäßiger Buchführung erkennt, MüKoBilR/*Tiedchen*, HGB § 253 Rn. 131; *Schenke/Risse*, DB 2009, 1957, 1959; *Fischer/Kalina-Kerschbaum*, DStR 2010, 399, 400; *Anzinger/Schleiter*, DStR 2010, 395, 397; i.E. auch *Meurer*, in: Lademann, EStG, § 6 EStG, Rn. 374.

738 Vgl. *Kiesel*, in: Herrmann/Heuer/Raupach, § 6 EStG Rn. 697; *Ehmcke*, in: Blümich, EStG § 6 Rn. 953. In den „Anschaffungskosten" des Passivpostens ist gleichwohl die Untergrenze der Abschreibung zu sehen, da sonst ein noch nicht realisierter Gewinn ausgewiesen würde. Nur wenn mit an Sicherheit grenzender Wahrscheinlichkeit nicht mehr mit der Inanspruchnahme der Verbindlichkeit zu rechnen ist, darf diese ausgebucht werden, vgl. BFHE 155, 322, 325; *Kiesel*, in: Herrmann/Heuer/Raupach, § 6 EStG Rn. 697; *Werndl*, in: Kirchhof/Söhn/Mellinghoff, EStG § 6 Rn. D 7.

739 BFHE 186, 388, 390; *Werndl*, in: Kirchhof/Söhn/Mellinghoff, EStG § 6 Rn. Da 2. Die Vorschrift bezieht sich, mangels steuerrechtlicher Rückstellungsdefinition, auf alle Rückstellungen, die nach § 5 Abs. 1 EStG i.V.m. § 249 HGB einen Ansatz in der Steuerbilanz gefunden haben, *Werndl*, in: Kirchhof/Söhn/Mellinghoff, EStG § 6 Rn. Da 4.

dann, wenn sich dieser aus den handelsrechtlichen Bewertungsgrundsätzen ergibt.[740] Folglich bildet der durch handelsrechtliche Grundsätze ermittelte Wert die Höchstgrenze und wird ggf. durch die Vorschrift des § 6 Abs. 1 Nr. 3a lit. a-f EStG nach unten korrigiert.[741] Somit wird auch in der Steuerbilanz der Betrag angesetzt, den der Schuldner im Erfüllungszeitpunkt voraussichtlich zur Erfüllung der ungewissen Verpflichtung aufbringen muss.[742] Der Stillhalter muss daher grundsätzlich eine – auf objektive Verhältnisse gestützte – Risikoeinschätzung seiner Inanspruchnahme aus dem Optionsvertrag vornehmen.[743] Das kaufmännisch objektive Risiko des eingegangenen Optionsgeschäfts spiegelt sich – wie bereits gezeigt werden konnte – in der Optionsprämie wieder, so dass auf deren Höhe abzustellen wäre. Weiterhin hätte der Steuerpflichtige gem. § 6 Abs. 1 Nr. 3a lit. a) EStG zu berücksichtigen, ob es erfahrungsgemäß zu einer Inanspruchnahme kommt.[744] Auf solches Wissen wird man indes bei Optionsverträgen kaum zurückgreifen können, da diese größtenteils stark marktabhängig und/oder stark individualisiert sind.[745]

(2) Folgebewertung

Die Bewertung von Sachleistungsrückstellungen erfolgt gem. § 6 Abs. 1 Nr. 3a lit. b) EStG mit den Einzelkosten sowie den angemessenen Teilen der notwendigen Gemeinkosten unter Berücksichtigung möglicher zukünftiger Vorteile nach

---

740 Umstritten vgl. *Ehmcke*, in: Blümich, EStG § 6 Rn. 976a m.w.N.; kritisch hierzu auch Schmidt/*Kulosa*, EStG § 6 Rn. 473, der letztlich die inkonsequente Umsetzung der Finanzverwaltung rügt.

741 Vgl. MüKoBilR/*Schlotter*, HGB § 253 Rn. 11.

742 Vgl. BFHE 208, 116, 123 f.; BFHE 212, 83, 93; *Schubert*, in: BeBiKo § 253 Rn. 153. Da es früher an einer ausdrücklichen Bewertungsvorschrift für Rückstellungen fehlte, folgte diese den Vorschriften über Verbindlichkeiten, BFHE 186, 388, 391. Zwar baut § 6 Abs. 1 Nr. 3a EStG noch immer auf die Bewertung von Verbindlichkeiten auf, eine Abweichung ergibt sich allerdings hinsichtlich der normierten Höchstgrenze für Rückstellungen aus dem Einleitungssatz des § 6 Abs. 1 Nr. 3a EStG, vgl. *Kiesel*, in: Herrmann/Heuer/Raupach, § 6 EStG Rn. 720.

743 Vgl. im Allgemeinen bereits BFHE 88, 204, 206; Schmidt/*Kulosa*, EStG § 6 Rn. 472.

744 Vgl. *Werndl*, in: Kirchhof/Söhn/Mellinghoff, EStG § 6 Rn. Da 14. Gleichartige Verpflichtungen sind typischerweise bei einer Vielzahl jeweils kleinerer Einzelrisiken gegeben, Schmidt/*Kulosa*, EStG § 6 Rn. 474. Ziel der Regelung, die vor allem ungewisse Verbindlichkeiten und Kulanzverpflichtungen erfasst, ist die faktische Milderung des Einzelbewertungsgrundsatzes bei bestehenden Erfahrungswerten des Steuerpflichtigen, vgl. *Kiesel*, in: Herrmann/Heuer/Raupach, § 6 EStG Rn. 725 f.

745 Allenfalls könnte man Finanzdienstleistungsinstituten solche Erfahrungswerte unterstellen. Diese werden vorliegend jedoch nicht behandelt.

§ 6 Abs. 1 Nr. 3a lit. c) EStG.[746] Angesetzt werden die voraussichtlich tatsächlichen buchmäßigen Aufwendungen ohne kalkulatorische Kostenbestandteile.[747] Es sind somit allein die Wertverhältnisse am Bilanzstichtag entscheidend, künftige Preis- und Kostensteigerungen werden gem. § 6 Abs. 1 Nr. 3a lit. f) EStG nicht berücksichtigt.[748] Folglich wäre die Stillhalterverpflichtung – in Abweichung zur Handelsbilanz – nach der Ausübungsmethode[749] zu bewerten.

Eine Abzinsung nach § 6 Abs. 1 Nr. 3a lit. e) EStG scheidet wegen des Verweises in § 6 Abs. 1 Nr. 3a lit. e) S. 1 2. Hs EStG auf die Vorschriften über die Abzinsung von Verbindlichkeiten aus oben genannten Gründen aus.

c. *Bewertung der Stillhalterverpflichtung als Anzahlung*

Ein steuerlicher Gesetzesvorbehalt zur Bewertung von Anzahlungen fehlt, so dass Ansatz und Bewertung – unter Anwendung des Maßgeblichkeitsprinzips – dem der Handelsbilanz entspricht.[750] Anzahlungen sind somit mit dem Nennwert zu passivieren.[751] Eine Abzinsung scheidet aus, wenn es sich um eine Anzahlung handelt, die auf eine eigene noch zu erbringende Leistung gezahlt wurde § 6 Abs. 1 Nr. 3 S. 2 Alt. 3 EStG.[752] Ob man an dieser Stelle der Ein- oder Zweivertragstheorie oder der Theorie des zusammengesetzten Vertrags folgt ist ohne Bedeutung, da bei allen in vertretbarer Weise die Prämienzahlung unter den Begriff der Anzahlung subsumiert werden kann. Der Optionsnehmer leistet danach entweder auf die künftig zu erbringende Stillhalterleistung aus dem Optionsvertrag oder den (bedingten) Hauptvertrag. Sollte ein Verlust aus dem schwebenden Geschäft drohen, so wirkt sich dieser nicht auf die Bewertung des Anzahlungspostens aus.

---

746 Unter den Begriff der Sachleistung werden auch Rückstellungen für Dienstleistungsverpflichtungen subsumiert; lediglich Geldleistungsverpflichtungen fallen nicht hierunter, vgl. *Werndl*, in: Kirchhof/Söhn/Mellinghoff, EStG § 6 Rn. Da 18, Schmidt/*Kulosa*, EStG § 6 Rn. 475.

747 Vgl. Schmidt/*Kulosa*, EStG § 6 Rn. 475.

748 Vgl. *Hennrichs*, in: Tipke/Lang, Steuerrecht § 9 Rn. 288; Schmidt/*Kulosa*, EStG § 6 Rn. 484.

749 Zu den Begriffen der Ausübungs- und Glattstellungsmethode siehe III. Kapitel A. 1. Buchst. g. (1).

750 Eine Ausnahme hiervon bildet die Behandlung von in Anzahlungen enthaltene Umsatzsteuer gem. § 5 Abs. 5 S. 2 Nr. 2 EStG, die vorliegend aber nicht von Belang ist.

751 Vgl. BFHE 131, 57, 59; Schmidt/*Weber-Grellet*, EStG § 5 Rn. 550; *Werndl*, in: Kirchhof/Söhn/Mellinghoff, EStG § 6 Rn. D 120.

752 Hierdurch wird verhindert, dass ein Gewinn aus einem noch schwebenden Geschäft realisiert wird, Schmidt/*Kulosa*, EStG § 6 Rn. 463.

Vielmehr ist im Falle eines schwebenden Geschäfts, das noch keinen Eingang in die Bilanz gefunden hat, an die Bildung einer Rückstellung für drohende Verluste zu denken.[753]

d. *Verbot der Bildung einer Drohverlustrückstellung*

Geht man nach dem eben Gesagten von der Bildung einer Drohverlustrückstellung in der Handelsbilanz aus, so ist diese gleichwohl nicht in der Steuerbilanz zu passivieren, da gem. § 5 Abs. 4a EStG ein Passivierungsverbot kodifiziert wurde.[754] Die Handels- und die Steuerbilanz weichen somit in diesem Punkt ebenfalls voneinander ab, der Steuerpflichtige kann den drohenden Verlust, solange er ihn noch nicht realisiert hat, nicht gewinnmindernd geltend machen.[755] Sollte aus dem Hauptvertrag also ein Verlust drohen, so ist dieser erst im Jahr seiner Realisation, also nach Ausübung des Optionsrechts, zu berücksichtigen.

e. *Beendigung des Optionsgeschäfts*

Wie der Erwerb folgt auch die Beendigung des Optionsgeschäfts der handelsbilanziellen Behandlung. Es konnte bereits gezeigt werden, dass die im Handelsbilanzrecht herrschende Auffassung im Falle der Ausübung einer Kaufoption die Prämie den Erlös aus dem Veräußerungsgeschäft erhöht und im Falle der Ausübung einer Verkaufsoption die Anschaffungskosten des Basiswerts mindert, während bei der Ausübung sonstiger Optionsrechte die Prämie gewinnerhöhend

---

753 Vgl. *Hahne/Sievert*, DStR 2003, 1992 f.

754 Eingeführt durch das Gesetz zur Fortsetzung der Unternehmenssteuerreform vom 29.10.1997, Art. 1 Nr. 2, BGBl. I 1997, 2590. Letztmalig konnten danach Drohverlustrückstellungen für den Veranlagungszeitraum 1996 gebildet werden, § 52 Abs. 6a EStG, Gesetz zur Fortsetzung der Unternehmenssteuerreform Art. 1 Nr. 8 lit. c) BGBl. I 1997, 2590, 2591. Das steuerliche Verbot wirkt sich nicht auf die Bildung von Drohverlustrückstellungen in der Handelsbilanz aus, *Lambrecht*, in: Kirchhof/Söhn/Mellinghoff, EStG § 5 Rn. Ea 12. Zur aktuellen und früheren Diskussion über Drohverlustrückstellungen in der Steuerbilanz siehe u. a.: *Meurer*, BB 2011, 1259 ff.; *Prinz/Adrian*, BB 2011, 1646 f. und *Lambrecht*, in: Kirchhof/Söhn/Mellinghoff, EStG § 5 Rn. Ea 10 ff.

755 *Baetge/Kirsch/Thiele*, Bilanzen, Kapitel IX 52, S. 456 f. Zur Abgrenzung von Verlustrückstellung zur Verbindlichkeitsrückstellung anhand der Grundsätze des Realisationsprinzips siehe *Crezelius* in: Kirchhof, EStG § 5 Rn. 139; *Hahne/Sievert*, DStR 2003, 1992, 1993.

verbucht wird.[756] Das steuerliche Schrifttum folgt grundsätzlich dieser Ansicht.[757] Nach der hier vertretenen Auffassung sollte indes buchungstechnisch der Zusammenhang von Prämienvereinnahmung und Hauptvertrag zum Ausdruck kommen. Wie gezeigt werden konnte, sind zu diesem Zweck die für Kauf- und Verkaufsoption entwickelten Grundsätze entsprechend auf die Ausübung aller Optionsrechte anzuwenden.[758]

f. Zwischenergebnis

Unabhängig davon, welcher Bilanzansatz „dem Grunde nach" gewählt wird, richtet sich die Zugangsbewertung in jedem Fall nach der vereinnahmten Optionsprämie. Erst i.R.d. Folgebewertung werden die Unterschiede sowohl unter den einzelnen Bilanzposten als auch zur Handelsbilanz erkennbar. Im Unterschied zur Passivierung einer Verbindlichkeit werden bei einer Rückstellung künftige Preis- und Kostensteigerungen nicht berücksichtigt, wohl aber die bis dahin eingetretenen Veränderungen zum Bilanzstichtag. Im Gegensatz dazu verändert sich die passivierte erhaltene Anzahlung grundsätzlich nicht. Eingetretene Wertänderungen zuungunsten des Stillhalters wären i.R. einer Drohverlustrückstellung zu erfassen, welche in der Steuerbilanz keinen Eingang findet. Dies hat zur Folge, dass Verluste aus dem Stillhaltergeschäft steuerbilanziell dem Wirtschaftsjahr der Realisation zugeordnet werden, während in der Handelsbilanz der Gewinn durch den Ansatz einer Drohverlustrückstellung im Jahr der Veranlassung gemindert wird. Vertritt man hingegen die Ansicht, eine Verbindlichkeit sei zu passivieren, so wären Wertveränderungen zuungunsten des Stillhalters ebenfalls im Jahr der Veranlassung zu erfassen, da insoweit eine Pflicht des Stillhalters zur Teilwerterhöhung bestünde. Darüber hinaus folgt die Beendigung des Optionsrechts den handelsrechtlichen Grundsätzen.

g. Die Stillhalterprämie im System privater Vermögensverwaltung

Neben den bereits dargestellten Überlegungen, die sowohl durch die handels- als auch die steuerbilanzrechtliche Sicht geprägt waren, soll nunmehr überprüft werden, ob die Besteuerung der Stillhalterprämie im Bereich privater Vermögens-

---

756 Zu den Folgen der Beendigung des Optionsrechts in der Handelsbilanz des Stillhalters siehe III. Kapitel B. 1.

757 So bspw. *Haisch*, in: Herrmann/Heuer/Raupach, § 5 EStG Rn. 1073; Schmidt/*Weber-Grellet*, EStG § 5 Rn. 144; *Schnitger*, in: Schnitger/Fehrenbacher, KStG § 8b Rn. 281, 344 m.w.N.; *Schumacher*, DStR 1997, 1236 f.

758 Zur Entwicklung dieser These siehe III. Kapitel B. 1. Buchst. c.

verwaltung von den bisher gefundenen Ergebnissen abweicht. Dies ist vor allem deshalb von besonderem Interesse, weil seit Einführung der Abgeltungsteuer im Jahr 2009[759] eine Abkehr von der Quellentheorie hinsichtlich der Kapitaleinkünfte stattgefunden hat und eine Unterscheidung zwischen Nutzungs- und Vermögensebene hinfällig geworden ist.[760] Kapitaleinkünfte sind nunmehr auf beiden Ebenen steuerverhaftet. Vor diesem Hintergrund wäre eine abweichende Besteuerung der Stillhalterprämie im Bereich privater Vermögensverwaltung wohl kaum rechtmäßig. Die Geltung des Zu- und Abflussprinzips nach § 11 EStG[761] begünstigt derweil die Besteuerung nach den Grundsätzen der Trennungstheorie, weil die erste Phase des Optionsgeschäfts mit der Prämienzahlung endet. Es verwundert daher zunächst nicht, dass – wie gleich zu zeigen sein wird – die Finanzverwaltung für die Beurteilung der Stillhalterprämie derzeit noch konsequent an der Trennungstheorie festhält und die vereinnahmte Prämie völlig losgelöst vom zukünftigen Hauptvertrag behandelt. Ziel der nachfolgenden Untersuchung ist es, die derzeit bestehenden Wertungswidersprüche bei der Besteuerung von Stillhalterprämien im Bereich privater Vermögensverwaltung aufzuzeigen. Diese Kritik wird zum Anlass genommen, die bisherige Praxis vor allem unter dem Gesichtspunkt einer einheitlichen Betrachtung in Frage zu stellen. Darüber hinaus wird, zur Festigung der Theorie des zusammengesetzten Vertrags untersucht, ob und wie sich ein einheitlicher Ansatz in die bestehenden steuergesetzlichen Regelungen einfügt.

(1) <u>Ansicht der Finanzverwaltung</u>

Die Stillhalterprämie wird im Zeitpunkt des Zuflusses von § 20 Abs. 1 Nr. 11 EStG[762] erfasst und unterliegt dem Kapitalertragsteuerabzug gem. § 43 Abs. 1 S. 1 Nr. 8 EStG.[763] **Übt** der Optionsnehmer eine **Kaufoption aus**, so liegt beim Still-

759 Eingeführt mit dem Unternehmensteuerreformgesetz 2008, BGBl. I 2007, 1912 ff.

760 Vgl. Schmidt/*Weber-Grellet*, EStG § 20 Rn. 3.

761 § 11 EStG regelt die zeitliche Zuordnung von Einnahmen und Aufwendungen zum Zwecke der Besteuerung im Kalenderjahr nach § 25 Abs. 1 EStG, *Glenk*, in: Blümich, EStG § 11 Rn. 4.

762 Diese Zuordnung zu den Kapitaleinkünften wurde i.R.d. Unternehmenssteuerreform 2008 beschlossen, Unternehmensteuerreformgesetz 2008, BGBl. I 2007, 1912, 1916. Der Gesetzesbegründung lässt sich lediglich entnehmen, dass zukünftig alle Finanzinstrumente einheitlich i.R.d. § 20 EStG besteuert werden sollen, BT-Drucks. 16/4841 S. 54.

763 Dabei anfallende Nebenkosten sind negativer Kapitalertrag und fließen in den Verlustverrechnungstopf nach § 43a Abs. 3 S. 2 EStG, BMF-Schreiben v. 18.01.2016, IV C 1 – S 2252/08/10004, Tz. 25, BStBl. I 2016, 85, 90. Verfällt das eingeräumte Optionsrecht, so findet auf Seiten des Stillhalters keine weitere Besteuerung statt.

halter ein Veräußerungsgeschäft vor, wobei bei der Ermittlung des Veräußerungsgewinns die vereinnahmte Prämie unberücksichtigt bleibt.[764] Bei **Ausübung einer Verkaufsoption** liegt auf Seiten des Stillhalters ein erfolgsneutrales Anschaffungsgeschäft vor und auch hier wird die vereinnahmte Prämie nicht erfasst.[765] Da die Prämie bereits nach § 20 Abs. 1 Nr. 11 EStG besteuert wurde, sei sie nach Ansicht der Finanzverwaltung kein zweites Mal zu berücksichtigen. Im Falle eines vom Stillhalter zu leistenden **Barausgleichs** werden dessen Einnahmen aus Stillhaltergeschäften nicht gemindert, vielmehr handele es sich hierbei – noch immer – um einen unbeachtlichen Vermögensschaden.[766] Einzig i.R. einer Glattstellung lässt die Finanzverwaltung einen verrechnungsfähigen negativen Kapitalertrag zu.[767] Dies ist allerdings auf die ausdrückliche Erfassung von Glattstellungsgeschäften durch § 20 Abs. 1 Nr. 11 EStG zurückzuführen.

Vom Standpunkt der Trennungstheorie, die einen Zusammenhang zwischen Options- und Hauptvertrag verneint und die Optionsprämie ausschließlich als Gegenleistung für eine selbständige Stillhalterleistung versteht, ist vorgenannte Behandlung durchaus sinnig, denn nach ihrem Verständnis wird die Stillhalterleistung gerade durch die Prämienzahlung abgegolten und hat insofern auch die Leistungsfähigkeit des Stillhalters gesteigert. Es ist nachvollziehbar, dass die Finanzverwaltung die Prämie bei der Ermittlung des Veräußerungsgewinns also nicht berücksichtigt, obwohl dies die vollständige Besteuerung bei gleichwohl eingegangener Verpflichtung bedeutet, welche diesen Vermögenszuwachs möglicherweise ganz oder teilweise wieder abzuschmelzen vermag. Neuen Auftrieb erfuhr diese Diskussion, durch eine Entscheidung des BFH zur mittelbaren Erfassung der Prämie i.R. des begünstigten Veräußerungsgewinns nach § 8b Abs. 2 KStG, so dass die Diskussion

---

764 Vgl. BMF-Schreiben v. 18.01.2016, IV C 1 – S 2252/08/10004, Tz. 26, BStBl. I 2016, 85, 90.

765 Vgl. BMF-Schreiben v. 18.01.2016, IV C 1 – S 2252/08/10004, Tz. 33, BStBl. I 2016, 85, 90.

766 So noch BMF-Schreiben v. 18.01.2016, IV C 1 – S 2252/08/10004, Tz. 26, 34, BStBl. I 2016, 85, 90; dieser Ansicht folgend auch *Haisch/Krampe*, FR 2010, 311, 314.

767 BMF-Schreiben v. 18.01.2016, IV C 1 – S 2252/08/10004, Tz. 25, BStBl. I 2016, 85, 90. In der Literatur ist es umstritten, ob hierunter auch die wirtschaftliche Glattstellung fällt, verneinend bspw. *Jachmann/Lindenberg*, in: Lademann, EStG, § 20 EStG, Rn. 489; *Buge*, in: Herrmann/Heuer/Raupach, § 20 EStG Rn. 401; wohl auch Schmidt/*Weber-Grellet*, EStG § 20 Rn. 120; **bejahend** *Zanzinger*, DStR 2010, 149, 151; *Jochum*, in: Kirchhof/Söhn/Mellinghoff, EStG § 20 Rn. C/11 8; *von Beckerath* in: Kirchhof, EStG § 20 Rn. 116; *Haisch*, DStZ 2007, 762, 765; *Wagner*, DStZ 2007, 748, 752. Problematisch ist insoweit, dass bei einer wirtschaftlichen Glattstellung die Rechte und Pflichten aus dem Optionsgeschäft nicht erlöschen, vgl. *Briesemeister*, S. 236.

daher an gegebener Stelle fortzusetzen sein wird. Nicht ganz zu überzeugen vermag allerdings die Unbeachtlichkeit eines geleisteten Barausgleichs aufgrund der Ausübung des Optionsrechts als Vermögensschaden.[768]

(2) *Umsetzung einer einheitlichen Betrachtung in das System der Abgeltungsteuer*

Im Lichte der aktuellen Rechtsprechung des BFH wird die Steuerverwaltung ihre bisherige Besteuerungspraxis nicht aufrechterhalten können. Neben der Abzugsfähigkeit verfallener Optionsprämien für Optionsnehmer[769] hat das oberste Finanzgericht nunmehr den Weg zur Abzugsfähigkeit der Barausgleichsverpflichtung des Stillhalters frei gemacht[770]. Diese Entscheidung ist, worauf später noch näher einzugehen seien wird, nicht kritiklos geblieben, denn die Zuordnung der Barausgleichsverpflichtung zur Regelung über das Terminengagement des Optionsnehmers gem. §§ 22 Nr. 2 i.V.m. 23 Abs. 1 S. 1 Nr. 4, Abs. 3 S. 5 EStG a. F. bzw. § 20 Abs. 2 S. 1 Nr. 3 Buchst. a) EStG[771] ist folgenschwer.[772]

Auch wenn der BFH in seiner Begründung auf die gebotene wirtschaftliche Betrachtungsweise abstellt, so lässt er doch keinen Zweifel daran, dass die einheitliche Betrachtung des Optionsgeschäfts, nur auf die neue Rechtslage nach Einführung der Abgeltungsteuer anzuwenden sei.[773]

Dies ist insoweit irreführend, als er letztlich auch den Abzug der Barausgleichsverpflichtung für die vorher geltende Rechtslage seit dem StEntlG

---

768 I.R.d. Überschusseinkünfte gilt grundsätzlich die Quellentheorie, d.h. nur die Früchte des Vermögens sind steuerbar, während die Anschaffung der Quelle, also Wertveränderungen im Vermögen selbst, ohne Bedeutung sind, vgl. *Fehrenbacher*, Steuerrecht § 2 Rn. 44. Hiervon gibt es nicht wenige Ausnahmen. So partizipiert der Fiskus bspw. an diversen privaten Veräußerungsgeschäften nach den §§ 17; 20 Abs. 2; 22 Nr. 2; 23 EStG und unterwirft so Wertsteigerungen/-verluste der Steuerbarkeit, *Hey*, in: Tipke/Lang, Steuerrecht § 8 Rn. 352. Die Einkünfte werden durch Überschuss der Einnahmen über die Werbungskosten gem. den §§ 2 Abs. 2 Nr. 2 i.V.m. den §§ 8 ff. EStG unter Berücksichtigung des Zu- und Abflussprinzips gem. § 11 EStG ermittelt, wobei Vermögensumschichtungen grundsätzlich außer Betracht bleiben, *Fehrenbacher*, Steuerrecht § 2 Rn. 123. Freilich gibt es hiervon ebenfalls Ausnahmen – so verweist bspw. § 9 Abs. 1 S. 3 Nr. 7 EStG in die Vorschriften der Absetzung für Abnutzung, *Hey*, in: Tipke/Lang, Steuerrecht § 8 Rn. 351.

769 Siehe BFHE 252, 423, 427 f.

770 BFH, BStBl. II 2017, 264 ff.

771 BFH, BStBl II 2017, 264, 266.

772 Vertiefend hierzu *Philipowski*, DStR 2017, 1362, 1364 ff.

773 BFH, BStBl II 2017, 264, 266.

1999/2000/2002[774] zulässt, obwohl er diese unter Berufung auf die Trennungstheorie vormals versagte[775]. Widersprüchlich ist auch, dass das Urteil des BFH gerade nicht dazu führt, dass der Stillhalter die aus seiner Barausgleichsverpflichtung resultierenden Verluste mit vorher vereinnahmten Stillhalterprämien verrechnen kann, da letztere gerade nicht unter den Tatbestand von §§ 22 Nr. 2 i.V.m. 23 Abs. 1 S. 1 Nr. 4, Abs. 3 S. 5 EStG a. F. bzw. § 20 Abs. 2 S. 1 Nr. 3 Buchst. a) EStG subsumiert werden können. Für die aktuelle Rechtslage hat dieser dogmatische Bruch zurzeit keine Auswirkungen, da Verluste aus § 20 Abs. 2 S. 1 Nr. 3 Buchst. a) EStG nach § 20 Abs. 6 EStG mit den positiven Einnahmen aus § 20 Abs. 1 EStG verrechnet werden können.

Nach alter Rechtslage galt indes eine Verlustverrechnungsbeschränkung für private Veräußerungsgeschäfte gem. des § 23 Abs. 3 S. 7 EStG a. F. Folglich ist eine steuerliche Verrechnung mit positiven sonstigen Einkünften aus Stillhalterprämien, die unter den Tatbestand des § 22 Nr. 3 EStG a. F. fallen, ausgeschlossen.[776] Die Bezugnahme auf die gebotene wirtschaftliche Betrachtungsweise, wonach Options- und Hauptvertrag grundsätzlich als Einheit betrachtet werden müssen, steht mit dem aus dem Urteil resultierenden Ergebnis nicht im Einklang. Daher ist *Philipowskis* Kritik durchaus berechtigt. Dieser führt an, dass der Stillhalter bereits mit Abschluss des Optionsvertrags aufschiebend bedingt verpflichtet ist, den Barausgleich zu zahlen. Folglich handele es sich bei der Barausgleichszahlung um die Erfüllung des Optionsvertrages, sie müsse somit ebenfalls von § 22 Nr. 3 EStG erfasst sein.[777] In dem vom BFH zu entscheidenden Fall führte dies dazu, dass der Steuerpflichtige die Barausgleichsverluste aus privaten Veräußerungsgeschäften i.H.v. EUR 165.791 nicht mit seinen im Vorjahr eingenommen Stillhalterprämien i.H.v. EUR 168.952 verrechnet werden konnten und diese darüber hinaus voll versteuert wurden.[778]

Philipowski setzte sich in der Vergangenheit bereits mehrfach mit der finanzgerichtlichen Rechtsprechung zur Besteuerung von Optionsgeschäften auseinander. Dabei entwickelte er die These, dass § 20 Abs. 1 Nr. 11 EStG lediglich ein Auffangtatbestand sei, der nur greife, wenn die durch den Optionsvertrag begründete Lieferverpflichtung aufschiebend bedingt bleibe und dann erlösche.[779]

---

774 In der Fassung des StEntlG 1999/2000/2002, Art. 1 Nr. 31, BGBl. I 1999, 402, 410.

775 BFH-Beschluss vom 25.05.2012 - IX B 179/09, FR 2010, 1052 f.

776 Sehr kritisch hierzu *Philipowski*, DStR 2017, 1362, 1364 f.

777 Zum vorstehenden vertiefend *Philipowski*, DStR 2017, 1362, 1366 f.

778 BFH, BStBl II 2017, 264 ff.

779 Vgl. *Philipowski*, DStR 2011, 1298, 1300. Kritisch zur Auffassung der Finanzverwaltung auch Schmidt/*Weber-Grellet*, EStG § 20 Rn. 136.

Diese Auffassung basiert auf dem Grundverständnis, dass es sich beim Optionsgeschäft um ein einheitliches Geschäft handelt.

Die Besonderheit im Kontext einer einheitlichen Betrachtung liegt gerade in dem veränderlichen Wesen der Stillhalterverpflichtung. Diese kann in der Erfüllung eines beliebigen gegenseitigen Vertrags zu sehen sein, dem die Prämie dann prioritär als Gegenleistung zugeordnet würde. Verfällt das Optionsrecht allerdings, dann stellt die Prämie die Gegenleistung für die unbedingte Verpflichtung des Stillhalters den aufschiebend bedingten Vertrag auf Verlangen des Optionsnehmers zu erfüllen bzw. einen Barausgleich zu zahlen. Folglich ist es bei Erhalt der Prämie noch nicht möglich, diese einem Steuertatbestand einwandfrei zuzuordnen. Nach diesem Verständnis würde die Prämie also nur dann allein zum Zwecke der Einräumung eines Optionsrechts vereinnahmt, wenn dieses am Ende der Laufzeit verfällt.[780] Hiergegen wendet *Buge* – der die Vorschrift im Übrigen für systemwidrig hält – ein, einer solchen Auslegung stünde der Wortlaut entgegen, da dieser ausdrücklich auf die Vereinnahmung abstelle.[781] Diesem Einwand kann im Ergebnis nicht gefolgt werden, weil den eben geschilderten Grundsätzen folgend, dem Stillhalter die Prämie zwar zugeflossen ist, sie aber vor dem Verfall des Optionsrecht, vor dessen Ausübung oder vor einer anderweitigen Verwertung keinem steuerlichen Tatbestand zugeordnet werden kann. Auf den ersten Blick könnte man hierin einem Verstoß gegen das Zu- und Abflussprinzip gem. § 11 EStG i.V.m. dem Prinzip der Leistungsfähigkeit vermuten, denn grundsätzlich reicht allein der Zufluss wirtschaftlicher Leistungsfähigkeit für die Besteuerung aus und zwar unabhängig davon, ob diese Vorteile zu einem späteren Zeitpunkt zurückzugewähren sind.[782] Danach wäre bei Zufluss der Prämie mithin die Steigerung der wirtschaftlichen Leistungsfähigkeit zu bejahen und

780 Vgl. *Philipowski*, DStR 2011, 1298, 1300.

781 Vgl. *Buge*, in: Herrmann/Heuer/Raupach, § 20 EStG Rn. 401, danach sind Stillhalterprämien weder Entgelt für die Überlassung von Kapital zur Nutzung auf Zeit i.S.d. § 20 Abs. 1 Nr. 4–8 EStG noch Abfluss eines Mitgliedschaftsrechts aus der Beteiligung an einer Kapitalgesellschaft i.S.d. § 20 Abs. 1 Nr. 1, 2, 9 und 10 EStG. Auch die gesetzlich geregelte Abzugsfähigkeit von Glattstellungsaufwendungen nach § 20 Abs. 1 Nr. 11 EStG a.E. verstoße gegen das seit 2009 geltende Prinzip der Bruttobesteuerung. Glattstellungsaufwendungen gehören zu den Werbungskosten – ihr Abzug sei daher nach Abs. 9 S. 1 EStG ausgeschlossen, *Buge*, in: Herrmann/Heuer/Raupach, § 20 EStG, ebd.

782 BFHE 59, 266, 269; BFHE 112, 348, 350 ein über den Zufluss von wirtschaftlicher Leistungsfähigkeit hinausgehender bürgerlich-rechtlicher oder wirtschaftlicher Grund für ein „Behaltendürfen“ ist nicht Teil des Tatbestandes von § 11 EStG. So auch weite Teile des Schrifttums, statt vieler *Glenk*, in: Blümich, EStG § 11 Rn. 18.

deren eventuelle spätere Abschmelzung erst bei Durchführung des Hauptvertrags zu erfassen. Indes ist die Frage, die sich hier stellt, eine ganz andere: beim Stillhalter steht nicht der Zufluss infrage, sondern ob überhaupt eine Einnahme nach § 8 Abs. 1 EStG vorliegt. Der Tatbestand des Zuflusses setzt diese voraus und begründet nicht deren Qualität.[783] Dies klingt zunächst abwegig, doch bedenkt man, dass eine Einnahme nur dann vorliegt, wenn sie dem Steuerpflichtigen i.R. einer der Einkunftsarten nach § 2 Abs. 1 S. 1 Nr. 4–7 EStG gem. § 8 Abs. 1 EStG a.E. zufließt, scheint die Annahme durchaus begründet. Die hieraus zu ziehende Schlussfolgerung lautet daher: Solange nicht feststeht, welcher Einkunftsart diese Einnahme zuzurechnen ist, ist die Besteuerung aufgeschoben. Im vorliegenden Falle ist dies dementsprechend bis zur Beendigung des Optionsrechts der Fall, da erst zu diesem Zeitpunkt die Zuordnung zu einer Einkunftsart möglich ist. Bei Abschluss eines Vertrags wäre die Prämie letztendlich als Gegenleistung in diesen einzubeziehen. Käme es mit Ausübung zu einer Barzahlung des Stillhalters an den Optionsnehmer, könnte der Saldo des Geschäfts – wie später noch zu zeigen sein wird – unter § 20 Abs. 2 Nr. 3 lit. a) EStG subsumiert werden.

Vorstehende Kontroverse offen gelassen, führt die derzeitige Besteuerung des Stillhalters außerdem zu weiteren Nachteilen. So erleidet dieser bei Ausübung einer Aktienkaufoption i. d. R. einen Verlust, der erstens ohne Berücksichtigung der vereinnahmten Prämie höher ausfällt, und zweitens gem. § 20 Abs. 6 S. 5 EStG nur mit Gewinnen aus der Veräußerung von Aktien verrechnet werden kann.[784]

h. Stellungnahme

Die Rechtsprechung interpretiert die Stillhalterverpflichtung als eine eigenständige Dienstleistung. Ohne Bedeutung sei, ob das Optionsrecht ausgeübt werde und welche Verpflichtung der Stillhalter hierdurch zu erfüllen habe. Dennoch überzeugt die Passivierung einer Verbindlichkeit i.H.d. Anschaffungs"ertrags"[785] nicht, denn der Ausweis eines solchen soll gerade durch die Anwendung des Grundsatzes der Nichtbilanzierung schwebender Geschäfte verhindert werden.

Die Trennungstheorie führt auch bei der Passivierung einer Rückstellung zu keinem stimmigen Ergebnis, da nach dieser zwischen dem Risiko aus dem Options- und dem Hauptvertrag zu trennen wäre. Wie aber bereits gezeigt werden konnte, handelt es sich bei dem Risiko, aus dem Optionsvertrag in Anspruch genommen zu werden, um das Risiko, den Hauptvertrag zu erfüllen. Eine Trennung

---

783 I.d.S. wohl auch *Kube/Schmomäcker*, in: Kirchhof/Söhn/Mellinghoff, EStG § 11 Rn. B 1.

784 Vgl. *Philipowski*, DStR 2011, 1298.

785 Siehe BFHE 201, 234, 241, BFHE 219, 129, 134.

ist somit schlechthin nicht möglich. Aus der Perspektive der Einheitstheorie führt der Ansatz einer Verbindlichkeitsrückstellung zur Abbildung der Verpflichtung aus dem Hauptvertrag, ebenfalls zu Differenzen. Rückstellungen können gem. § 5 Abs. 4b S. 1 EStG nur für Aufwendungen, die in künftigen Wirtschaftsjahren nicht als Anschaffungs- oder Herstellungskosten eines Wirtschaftsguts zu aktivieren sind, gebildet werden. Bei einem Hauptvertrag, der einen vermögensumschichtenden Geschäftsvorfall zum Inhalt hat, schiede die Möglichkeit einer Verbindlichkeitsrückstellung – wie in der Handelsbilanz – aus. Verluste aus diesem Vertrag wären i.R. einer Drohverlustrückstellung zu erfassen. Bei auf Barausgleich gerichteten Hauptverträgen wäre eine Rückstellungsbildung grundsätzlich möglich. Zu Bedenken wäre aber auch hier der Gegenleistungscharakter der Prämie i.R.d. Hauptvertrags. Sie kompensiert zunächst das eingegangene Risiko, d.h. bei der Ermittlung des Erfüllungsbetrags würde die erhaltene Prämie mit der Verpflichtung des Stillhalters verrechnet. Der umgekehrte Einsatz der Rückstellung zur Neutralisation einer bereits erhaltenen Zahlung wird der Rechtsnatur der Rückstellung nicht gerecht.

Soweit die Prämie im Falle der Ausübung eines Kauf- oder Verkaufsoptionsrechts i.R.d. Veräußerungs- bzw. Anschaffungsvorganges berücksichtigt wird, müsste dies gerade den Vertretern der Trennungstheorie unvereinbar erscheinen, verneinen diese doch gerade einen Zusammenhang zwischen Optionsprämie und Verpflichtung aus dem Hauptvertrag. Kritisch setzen sich hier aber nur wenige Literaturstimmen mit der offensichtlich herrschenden Praxis auseinander.[786] Überdies ist kein Grund ersichtlich der es rechtfertigen würde, die Beendigung von Kauf- und Verkaufsoptionen anders zu behandeln als die Beendigung anderer Optionsgeschäfte.

Betrachtet man sich im Gegensatz hierzu die Behandlung der Stillhalterverpflichtung im Bereich privater Vermögensverwaltung, so wird die Trennungstheorie von der Finanzverwaltung i.E. besser umgesetzt. Sie führt indes zu unbilligen Ergebnissen, da der Stillhalter geleistete Barausgleichsverpflichtungen nicht von seinen vereinnahmten Prämien abziehen kann, während die Kompensation mit Werbungskosten aus dem Glattstellungsgeschäft gesetzlich zugelassen wird. Unterstellte man i.R.d. privaten Vermögensverwaltung die Einheitstheorie, so würde sich diese gleichwohl in das bestehende System der Besteuerung von Optionsgeschäften einfügen und ungerechte Ergebnisse vermeiden.

---

786 So *Niemeyer*, S. 127, *Breker*, S. 107; *Dreissig*, BB 1989, 1511, 1515 und *Schmid/Renner*, DStR 2005, 815, 817.

Nach der hier entwickelten Theorie des zusammengesetzten Vertrags bestätigt sich das für die Handelsbilanz gefundene Ergebnis auch für die Steuerbilanz. Hierdurch ergeben sich weniger Abweichungen zur Handelsbilanz, denn die Anzahlung dient einzig der Neutralisation der Vorleistung. Darüber hinaus werden Zweifelsfragen hinsichtlich der Folgebewertung eliminiert, was dem Prinzip einer gleichmäßigen Besteuerung besser gerecht wird, da hieraus ergebende Spielräume des Steuerpflichtigen ausgeklammert werden. Lediglich bei Wertveränderungen zuungunsten des Stillhalters wiche die Steuerbilanz ab, da Rückstellungen für drohende Verluste aus schwebenden Geschäften in dieser nicht gebildet werden dürfen.

2. Bilanzierung in der Steuerbilanz des Optionsnehmers

Betrachtet man sich die Position des Optionsnehmers, so konnte bereits gezeigt werden, dass die handelsrechtliche Literatur weitestgehend die Vermögensgegenstandsqualität des Optionsrechts bejaht. Dies wird in der Bilanz als erfolgsneutraler Aktivtausch dargestellt, indem die Optionsprämie sowie die entstandenen Nebenkosten als Anschaffungskosten des Optionsrechts zu aktivieren sind. Zunächst soll daher untersucht werden, ob unter steuerlichen Gesichtspunkten das Optionsrecht ebenfalls als Wirtschaftsgut zu qualifizieren ist und welche steuerbilanziellen Folgen sich hieraus ergeben. Gegenüberstellend wird die Aktivierung einer Anzahlung behandelt.

a. *Der Begriff des Wirtschaftsguts*

Das Steuerrecht wird vom Begriff des „Wirtschaftsguts“ determiniert[787] für dessen Auslegung aber nach § 5 Abs. 1 EStG der handelsrechtliche Begriff des Vermögensgegenstands maßgebend ist.[788] Unter einem Wirtschaftsgut sind dabei nicht nur Sachen und Rechte i.S.d. BGB, sondern auch tatsächliche Zustände und konkrete Möglichkeiten, d. h. sämtliche Vorteile für den Betrieb, deren Erlangung sich der Kaufmann etwas kosten lässt, die nach der Verkehrsauffassung

787 So z. B. in den §§ 4 Abs. 1; 4g; 5 Abs. 4b; 6; 6b Abs. 2, 5; 7 usw. EStG. Der Begriff Wirtschaftsgut wurde von der Rechtsprechung des Reichsfinanzhofs als „Zweckschöpfung des Steuerrechts“ entwickelt und fand letztlich 1934 Eingang in das EStG, BFHE 192, 339, 345. Vertiefend zur Rechtsentwicklung siehe *Tiedchen*, in: Herrmann/Heuer/Raupach, § 5 EStG Rn. 550 ff. Zur Auslegung des Begriffs im Steuerrecht siehe vertiefend *Pfeiffer*, StuW 1984, 327 ff.

788 Vgl. *Fehrenbacher*, Steuerrecht § 2 Rn. 76; **differenzierend** *Hennrichs*, in: Tipke/Lang, Steuerrecht § 9 Rn. 122.

einer selbständigen Bewertung zugänglich sind und die i. d. R. einen Nutzen für mehrere Jahre bringen, zu verstehen.[789] Das Kriterium der Einzelveräußerbarkeit bzw. Verkehrsfähigkeit wird im Steuerrecht vernachlässigt. Es reicht vielmehr aus, dass der Vorteil zumindest mittelbar verwertbar ist oder i.R. eines gedachten Erwerbes gemeinsam mit dem Betrieb übertragen werden kann.[790] Für die steuerrechtliche Auslegung steht daher die Bewertungsfähigkeit im Vordergrund,[791] so dass hier das handelsrechtlich umstrittene Kriterium der Einzelveräußerbarkeit des Optionsrechts vernachlässigt werden kann. Die herrschende Meinung bejaht folglich auch die Wirtschaftsgutqualität.[792]

b. Bilanzierung einer Anzahlung

Fraglich ist, ob der Aktivierung des Wirtschaftsguts Optionsrecht auch hier der Grundsatz der Nichtbilanzierung schwebender Geschäfte entgegensteht. Unbeachtlich wäre dies dann, wenn bereits erhaltene Wirtschaftsgüter trotz des noch schwebenden Geschäfts vorrangig zu aktivieren seien. Dies wird indes einhellig von Rechtsprechung und Literatur abgelehnt.[793] Solange sich Rechte und Pflichten aus einem schwebenden Vertrag als gleichwertige Leistungen gegenüberstehen, sind diese nicht zu bilanzieren, was im Ergebnis zu einem faktischen Aktivierungsverbot für bestimmte Rechte führt.[794] Gestützt hierauf und auf die weitere Überlegung, dass der Schwebezustand erst mit der Beendigung des Optionsrechts

---

789 Vgl. BFHE 82, 461, 464 f.; Schmidt/*Weber-Grellet*, EStG § 5 Rn. 94; *Hennrichs*, in: Tipke/Lang, Steuerrecht § 9 Rn. 125.

790 Vgl. BFHE 136, 222, 223; BFHE 166, 472, 474; *Hennrichs*, in: Tipke/Lang, Steuerrecht § 9 Rn. 125; *Haisch/Helios*, in: Haisch/Helios, Rechtshandbuch der Finanzinstrumente, § 2 Rn. 10.

791 *Fehrenbacher*, Steuerrecht § 2 Rn. 76; *Tiedchen*, in: Herrmann/Heuer/Raupach, § 5 EStG Rn. 560.

792 Vgl. BFHE 209, 423, 430; BFHE 192, 339, 345; auch für börslich gehandelte Optionskontrakte BFHE 206, 418, 422; *Bauer*, in: Kirchhof/Söhn/Mellinghoff, EStG § 5 Rn. F 247; Schmidt/*Weber-Grellet*, EStG § 5 Rn. 144; *Haisch*, in: Herrmann/Heuer/Raupach, § 5 EStG Rn. 1072; *Johannemann/Herr*, RdF 2011, 267. Auch im privaten Bereich der Vermögensverwaltung geht man vom Erwerb des Wirtschaftsguts „Optionsrecht" durch den Optionsnehmer aus, vgl. BMF-Schreiben v. 18.01.2016, IV C 1 – S 2252/08/10004, Tz. 21, 28, BStBl. I 2016, 85, 89 f.

793 BFHE 183, 484, 487 zur Bilanzierung eines Nutzungsrechts, dem ein schwebendes Geschäft zugrunde lag. *Wolffgang*, in: Kirchhof/Söhn/Mellinghoff, EStG § 5 Rn. C 37; *Krumm*, in: Blümich, EStG § 5 Rn. 524.

794 BFHE 138, 53, 55 f. Allgemein zum Grundsatz der Nichtbilanzierung schwebender Geschäfte siehe bereits III. Kapitel A. 1. Buchst. f. (2) (b).

durch Verfall, Ausübung oder Glattstellung endet, wird klar, dass für Optionsrechte damit de facto ein Aktivierungsverbot gilt. Ausgehend davon, dass die Optionsprämie Vorleistungscharakter besitzt, ist folglich beim Optionsnehmer eine geleistete Anzahlung zu aktivieren.[795]

c. *Steuerliche Bewertungsvorschriften*

Welche Unterschiede sich bei der Aktivierung eines Wirtschaftsguts zur Handelsbilanz einerseits, und einer Anzahlung andererseits ergeben, soll nunmehr anhand der geltenden Bewertungsvorschriften untersucht werden.

(1) *Bilanzierung eines Wirtschaftsguts*

Die Bewertung des Optionsrechts erfolgt unter Anwendung des § 6 Abs. 1 Nr. 1 EStG als abnutzbares oder nach § 6 Abs. 1 Nr. 2 EStG als nicht abnutzbares Wirtschaftsgut.

(a) Zugangsbewertung

Ausgehend von der Ansicht, das Optionsrecht sei als immaterielles Wirtschaftsgut in der Bilanz des Optionsnehmers zu aktivieren, erfolgt dies mit den Anschaffungskosten gem. den § 6 Abs. 1 Nr. 1, 2; § 5 Abs. 1 S. 1 EStG i.V.m. § 255 Abs. 1 HGB, die der Höhe der gezahlten Prämie sowie eventuell anfallender Transaktionskosten entsprechen.[796]

(b) Folgebewertung

Wie bereits gezeigt werden konnte, scheidet eine planmäßige Abschreibung eines Optionsrechts aus, da es an einem regelmäßigen Wertverzehr fehlt,[797] so dass auf die Mindestlänge der Optionsfrist gem. § 7 Abs. 1 S. 1 EStG nicht mehr einzugehen ist.

Ob es sich um ein nichtabnutzbares Wirtschaftsgut des Anlage- oder ein solches des Umlaufvermögens[798] handelt, kann zunächst dahinstehen, da beide Al-

---

795 Zur Aktivierung von geleisteten Anzahlungen vgl. Schmidt/*Kulosa*, EStG § 6 Rn. 41.

796 Vgl. *Johannemann/Herr*, RdF 2011, 267.

797 Vgl. III. Kapitel A. 2. Buchst. b. (1) (b) ii. m.w.N.; **a.A.** wohl *Bauer*, in: Kirchhof/Söhn/Mellinghoff, EStG § 5 Rn. F 247.

798 Für die Abgrenzung von Anlage- und Umlaufvermögen gelten die handelsrechtlichen Vorschriften, vgl. BFHE 160, 361, 362; BFHE 211, 137, 139; *Hennrichs*, in: Tipke/Lang, Steuerrecht § 9 Rn. 280, so dass an dieser Stelle auf III. Kapitel A. 2. Buchst. b. (1) (b) i. verwiesen werden kann.

ternativen unter den Anwendungsbereich von § 6 Abs. 1 Nr. 2 EStG fallen.[799] Eine außerplanmäßige Abschreibung auf den niedrigeren Teilwert ist gem. § 6 Abs. 1 Nr. 2 S. 2 i.V.m. Nr. 1 S. 3 EStG bei einer dauernden Wertminderung am Bilanzstichtag vorzunehmen.[800] Unterschiede bestehen indes hinsichtlich der anzuwendenden Teilwertvermutung.[801] Während für nicht abnutzbare Wirtschaftsgüter des Anlagevermögens die Vermutung gilt, dass der Teilwert den Anschaffungskosten entspricht, wird für Wirtschaftsgüter des Umlaufvermögens von einem niedrigeren Teilwert bereits dann ausgegangen, wenn die Wiederbeschaffungskosten gesunken sind.[802] Dies bedeutet für Optionsrechte des Anlagevermögens, dass widerlegt werden muss, dass der Wert des Optionsrechts den Anschaffungskosten entspricht. Unterdessen werden Optionsrechte des Umlaufvermögens[803] bereits bei der bloßen Änderung des Markt- bzw. Börsenpreises abgeschrieben. Widerlegt werden kann die Vermutung, wenn der Nachweis erfolgt, dass der Wert des Wirt-

---

799 Die Spezialvorschrift zur Bewertung von Finanzinstrumenten nach § 6 Abs. 1 Nr. 2b EStG findet keine Anwendung, da diese nur Finanzinstrumente des Handelsbestandes bei Kreditinstituten gem. § 340 HGB erfasst, Schmidt/*Kulosa*, EStG § 6 Rn. 427. Auch das handelsrechtlich geltende Abwertungswahlrecht für Finanzanlagen nach § 253 Abs. 3 S. 6 HGB, dessen entsprechende Anwendung auf unverbriefte Optionsrechte diskutiert wurde, findet keine Anwendung, da es steuerrechtlich zu einem Abwertungsverbot führt, *Ehmcke*, in: Blümich, EStG § 6 Rn. 561a; *Grottel/Kreher*, in: BeBiKo § 253 Rn. 353.

800 Zur Diskussion, ob es sich hierbei um ein von der Handelsbilanz unabhängig auszuübendes Wahlrecht handelt, siehe oben, IV. Kapitel B. 1. Buchst. a. (2).

801 Zur Schätzung des Teilwerts entwickelte die höchstrichterliche Rechtsprechung verschiede widerlegbare Teilwertvermutungen und Teilwertgrenzen, vgl. *Hennrichs*, in: Tipke/Lang, Steuerrecht § 9 Rn. 260 f.; *Gabert*, in: Herrmann/Heuer/Raupach, § 6 EStG Rn. 445 f. Ist der vermutete Wert tatsächlich niedriger, so trägt der Steuerpflichtige hierfür die Darlegungs- und Nachweispflicht, BMF-Schreiben v. 16.07.2014 - IV C 6 - S 2171-b/09/10002, Tz. 27, BStBl. I 2014, 1162, 1166; auch *Gabert*, in: Herrmann/Heuer/Raupach, § 6 EStG Rn. 452.

802 Vgl. BFHE 164, 61, 64; BFHE 166, 472, 475 m.w.N.; *Werndl*, in: Kirchhof/Söhn/Mellinghoff, EStG § 6 Rn. B 377 f. Die Ungleichbehandlung ist dadurch gerechtfertigt, dass sich Wertschwankungen im Umlaufvermögen schneller auswirken als bei dem Betrieb auf Dauer zugeordneten Wirtschaftsgütern, *Werndl*, in: Kirchhof/Söhn/Mellinghoff, EStG § 6 Rn. B 379. Soweit bei Wirtschaftsgütern des Umlaufvermögens die Wertminderung noch im Zeitpunkt der Bilanzaufstellung anhält, reicht dies nach Ansicht der Finanzverwaltung zur Annahme der Dauerhaftigkeit aus, vgl. BMF-Schreiben v. 16.07.2014 - IV C 6 - S 2171-b/09/10002, Tz. 22, BStBl. I 2014, 1162, 1165.

803 Zur Zuordnung zum Umlaufvermögen bspw. Schmidt/*Kulosa*, EStG § 6 Rn. 140.

schaftsguts dauerhaft unter die historischen Anschaffungskosten gesunken ist.[804] Der Nachweis erfolgt bei börslichen Optionsrechten mit dem am Bilanzstichtag geltenden Preisen und kann sonst durch Vergleich oder mittels Optionspreismodells ermittelt werden.

Die Wertminderung ist von voraussichtlicher Dauer, wenn der Steuerpflichtige mit deren Nachhaltigkeit aufgrund objektiver Anzeichen am Bilanzstichtag ernsthaft zu rechnen hat, d.h. aus der Sicht eines sorgfältigen und gewissenhaften Kaufmanns mehr Gründe für als gegen eine nachhaltige Wertminderung sprechen.[805] Hierfür bedarf es einer einzelfallbezogenen Zukunftsprognose unter besonderer Berücksichtigung der Eigenart des zu bewertenden Wirtschaftsguts.[806] Nach einer Ansicht sei bei OTC-Optionsrechten auf das Sinken des inneren Wertes abzustellen.[807] Der innere Wert ändert sich relational zum Marktwert der Stillhalterverpflichtung, da er die Differenz zwischen Basispreis und Marktwert des Basisobjekts anzeigt. Diese Ansicht vernachlässigt daher, dass der innere Wert kein Indikator für die zukünftige Dauerhaftigkeit der Wertminderung ist. Er bildet lediglich die aktuelle Marktlage ab, nicht aber, ob die Prognose für die Ausübung des Optionsrechts weiterhin positiv ist oder nicht.[808] Folglich ist Indikator für die voraussichtliche Dauerhaftigkeit der Optionspreis selbst, da dieser auf einer Prognoseentscheidung beruht. Unter sinngemäßer Anwendung der Rechtsprechung zur Dauerhaftigkeit von Wertminderungen bei börsennotierten Aktien,[809] wäre dann auch eine Wertveränderung bis zum Zeitpunkt der Bilanzaufstellung unbeachtlich,[810] da diese als wertbegründende Tatsache nicht berücksichtigt werden

804 Vgl. BFHE 166, 472, 475 m.w.N; *Werndl*, in: Kirchhof/Söhn/Mellinghoff, EStG § 6 Rn. B 388. Der Steuerpflichtige kann i.d.R. wahlweise den Verkaufs- oder den Wiederbeschaffungspreis des Wirtschaftsguts ansetzen, vgl. Schmidt/*Kulosa*, EStG § 6 Rn. 252 ff.

805 Vgl BFHE 219, 100, 102; BFHE 224, 564, 567; BFHE 235, 263, 266 f. m.w.N.; BMF-Schreiben v. 16.07.2014 – IV C 6 – S 2171-b/09/10002, Tz. 6, BStBl. I 2014, 1162. Ob eine unstreitig eingetretene Wertminderung von Dauer ist, ist anhand einfacher und leicht nachprüfbarer Kriterien zu beurteilen, vgl. BFHE 219, 100, 102.

806 Vgl. BFHE 212, 526, 529; BFHE 219, 100, 102; BFHE 235, 263, 266; BFHE 239, 275, 278 m.w.N.

807 So Schmidt/*Kulosa*, EStG § 6 Rn. 140.

808 Zu den, durch die Wahl der Bewertungsmethode, entstehenden Unterschieden siehe Berechnungsbeispiel von *Holterhus*, Die Bank 1987, 154, 156.

809 Vgl. auch *Johannemann/Herr*, RdF 2011, 267, 268, der den Regelungsrahmen auch auf OTC-Geschäfte ausweitet, wenn diese börsennotierte Optionsrechte replizieren.

810 Nach dem Stichtagsprinzip sind grundsätzlich die Wertverhältnisse zum Bilanzstichtag maßgebend, jedoch sind auch werterhellende Erkenntnisse, die bis zum

dürfte.[811] Wie bei börsengehandelten Aktien, besteht auch bei Optionsrechten grundsätzlich die Möglichkeit einer Wertsteigerung. Ist mit einer solchen aber in absehbarer Zeit nicht zu rechnen, dann liegen die Voraussetzungen einer Teilwertabschreibung vor.[812] Der Börsenkurs einer Aktie bildet gerade die „Einschätzung einer großen Zahl von Marktteilnehmern über die künftigen Risiken und Erfolgsaussichten des jeweiligen Unternehmens" ab und ist zugleich Ausdruck der Erwartung, dass der jetzt gefundene Kurs voraussichtlich dauerhaften Charakter besitzt".[813] Diese Faktoren sind es auch, die den Preis eines Optionsrechts als Verkörperung der Stillhalterverpflichtung bestimmen.[814]

Hat der Steuerpflichtige eine Teilwertabschreibung vorgenommen, so ist an den folgenden Bilanzstichtagen zu prüfen, ob deren Voraussetzungen weiterhin vorliegen. Auch im Steuerrecht gilt ein, auf die fortgeführten Anschaffungs- bzw. Herstellungskosten begrenztes, strenges Wertaufholungsgebot gem. den § 6 Abs. 1 Nr. 1 S. 4 EStG und § 6 Abs. 1 Nr. 2 S. 3 EStG.[815] So ist ggf. auch bei Ausübung des

---

Zeitpunkt der Bilanzaufstellung bekannt geworden sind, zu berücksichtigen, vgl. BMF-Schreiben v. 16.07.2014 – IV C 6 – S 2171-b/09/10002, Tz. 6, BStBl. I 2014, 1162, Schmidt/*Weber-Grellet*, EStG § 5 Rn. 81. Folglich könnte man bei einer Wertaufholung des Wirtschaftsguts an der Nachhaltigkeit der Wertminderung zweifeln.

811 BFHE 235, 263, 267 – dieser Ansicht nunmehr auch die Finanzverwaltung folgend, siehe BMF-Schreiben v. 16.07.2014 – IV C 6 – S 2171-b/09/10002, Tz. 22, BStBl. I 2014, 1162, 1165.

812 Der BFH wies nochmals ausdrücklich darauf hin, dass auch Wirtschaftsgüter, bei denen die Möglichkeit einer Wertsteigerung besteht, die Anwendung der Vorschriften über die Teilwertabschreibung nicht entgegensteht, wenn Anhaltspunkte für eine baldige Wertsteigerung nicht vorliegen, BFHE 235, 263, 267, zuvor bereits BFHE 219, 100, 102.

813 BFHE 235, 263, 268. Bei Aktien begründet grundsätzlich jede Minderung des Kurswerts unter die historischen Anschaffungskosten die Annahme einer voraussichtlich dauernden Wertminderung, es sei denn, der Kurswert wurde manipuliert, so BFHE 235, 263, 267, 269. Es gilt aber eine Bagatellgrenze von 5 % der Notierung bei Erwerb, bis zu welcher eine Abschreibung nicht erfolgt, BFHE 235, 263, 271; BFHE 235, 273, 275.

814 Ähnlich auch *Aigner/Balbinot*, DStR 2015, 198, 201. Zu den Faktoren der Optionspreisbildung siehe I. Kapitel A. 2. Buchst. d. Der BFH hat seine Rechtsprechung auch auf nicht börsengehandelte Investmentanteile angewandt, obwohl diese Wertpapiere selbst nicht an der Börse gehandelt wurden; entscheidend hierfür sei gewesen, dass sich deren Vermögen hauptsächlich aus börsengehandelten Aktien zusammensetze, BFHE 235, 273, 276.

815 Vgl. *Rade/Gabert/Gaber*, in: Herrmann/Heuer/Raupach, § 6 EStG Rn. 470; Die Bewertung mit dem höheren Teilwert wirkt sich gewinnerhöhend aus, *Ehmcke*, in: Blümich, EStG § 6 Rn. 579d.

Optionsrechts eine Wertaufholung vorzunehmen, da der Buchwert der Prämie in den Anschaffungskosten des erworbenen Basiswerts aufgeht.[816]

(c) Zwischenergebnis

Die Höhe des aktivierten Optionsrechts kann also von der Handelsbilanz abweichen. Die Unterschiede sind davon abhängig, ob die Wertminderung als dauerhaft eingestuft wird und ob handelsrechtlich ggf. Wahlrechte in Anspruch genommen wurden.[817] Bei Vorliegen einer dauerhaften Wertminderung ist – nach der hier vertretenen Ansicht – zwingend eine Teilwertabschreibung vorzunehmen. Unterstellt man eine sinngemäße Anwendung der Rechtsprechung zur dauernden Wertminderung börsengehandelter Aktien, dann kann dies zu abweichenden Wertansätzen führen, da handelsrechtlich andere Schwellenwerte gelten.[818]

(2) Bilanzierung einer Anzahlung

Gestützt auf die Überlegung, dass die Prämie als geleistete Anzahlung zu aktivieren ist, erfolgt dies grundsätzlich erfolgsneutral mit dem Nennwert.[819] Aktivierte Anzahlungen können ebenfalls nach den allgemeinen Regeln auf den dauerhaft niedrigeren Teilwert abgeschrieben werden,[820] da es sich bei diesen im Kern um eine Forderung gegen den Stillhalter handelt. Sollte dieser seiner Verpflichtung aus dem Vertrag nicht nachkommen können, wäre die Anzahlung nicht mehr werthaltig. Ebenso wie im Handelsrecht, wäre dies bei einer Insolvenz

---

816 Vgl. Schmidt/*Kulosa*, EStG § 6 Rn. 140; **a.A.** *Häuselmann*, Ubg 2008, 391, 391; *Helios/Niedrig*, DStR 2012, 1301, 1303, siehe hierzu bereits III. Kapitel B. 2. a.

817 In Betracht käme ggf. das handelsrechtliche Abschreibungswahlrecht bei einer nur vorübergehenden Wertminderung von Finanzanlagen nach § 253 Abs. 3 S. 6 HGB. Dieses ist steuerrechtlich aber ohne Bedeutung, da es zu einem Abschreibungsverbot führt, *Ehmcke*, in: Blümich, EStG § 6 Rn. 561a; *Grottel/Kreher*, in: BeBiKo § 253 Rn. 353.

818 Vgl. *Grottel/Kreher*, in: BeBiKo § 253 Rn. 352; *Baetge/Kirsch/Thiele*, Bilanzen, Kapitel VI 22, S. 324.

819 Vgl. *Krumm*, in: Blümich, EStG § 5 Rn. 504. Dabei gilt – wie auch in der Handelsbilanz, siehe hierzu bereits III. Kapitel A. 1. i. –, dass es auf die Aktivierungsfähigkeit der zu erwartenden Leistung nicht ankommt.

820 *Krumm*, in: Blümich, EStG § 5 Rn. 506. Nach vereinzelten steuerlichen Sondervorschriften war es früher möglich, Sonderabschreibungen auf bestimmte Anzahlungen vorzunehmen. Daher rührt noch § 7a Abs. 2 EStG, für den nach der aktuellen Rechtslage kein Anwendungsbereich mehr besteht, Schmidt/*Kulosa*, EStG § 7a Rn. 3.

des Stillhalters der Fall.[821] Die nachteilige Marktentwicklung des Basiswerts bzw. der Stillhalterverpflichtung hat jedenfalls auf den Wert der Anzahlung keinen Einfluss. Sie ist nicht nur Vorleistung auf den bedingten Hauptvertrag, sondern auch Gegenleistung für die Bindung des Stillhalters an den Hauptvertrag, der auch bei nachteiliger Entwicklung des Basiswerts nicht an Wert verliert.

(3) Zwischenergebnis

Die Übereinstimmung der Wertansätze zwischen Handels- und Steuerbilanz ist nur denkbar, wenn man der Prämienzahlung Vorleistungscharakter unterstellt und in Höhe der geleisteten Prämie eine geleistete Anzahlung in der Bilanz des Optionsnehmers aktiviert. Deren außerordentliche Abschreibung bzw. Teilwertabschreibung folgt jeweils den gleichen Regeln. Anders hingegen verhält es sich, wenn das Optionsrecht als Wirtschaftsgut Eingang in die Steuerbilanz des Optionsnehmers findet. Abweichungen der einzelnen Wertansätze sind dann der Regelfall.[822]

Diese unterschiedliche Behandlung in Handels- und Steuerbilanz ist bedingt durch die steuergesetzliche Durchbrechung des Maßgeblichkeitsprinzips. Daher ist aus rechtlicher Sicht keine der vorgeschlagenen Lösungen der anderen vorzuziehen. Letztlich kann es nicht darum gehen, Bewertungsvorschriften zu umgehen oder zu vermeiden. Die Bilanzierung einer Anzahlung überzeugt indes durch ihre Schlichtheit in Verbindung mit größtmöglicher Flexibilität, die dem Ergebnis des Optionsgeschäfts am ehesten gerecht wird. Die Bewertung der geleisteten Zahlung mit dem Nennwert ist einfach, nachvollziehbar und folglich mühelos zu überprüfen. Dies wiederum gewährleistet eine bessere Vergleichbarkeit durch objektive Bewertungskriterien und führt somit zu höherer Rechtssicherheit, vor allem für die Folgebewertung der gezahlten Optionsprämie zum nachfolgenden Bilanzstichtag. Die Bewertung des Optionsrechts als Anzahlung verhindert die Beeinflussung des steuerbilanziellen Ergebnisses durch Marktschwankungen des Basiswertes bis zur Ausübung oder zum Verfall des Optionsrechts. Folglich werden Risiken, die bei der Bewertung des Optionsrechts als Wirtschaftsgut auch auf die Steuerbilanz Einfluss nehmen, eliminiert. Da lediglich ein bevorstehender

---

821 Siehe hierzu III. Kapitel A. 2. Buchst. b. (2) (b). Beispiele für eine Teilwertabschreibung wären der Abfall des Wiederbeschaffungspreises eines bestellten Wirtschaftsguts unter die Anzahlung oder die Insolvenz des Anzahlungsempfängers, so *Krumm*, in: Blümich, EStG § 5 Rn. 506 m.w.N.

822 Ein Kurzüberblick hierzu findet sich bei *Johannemann/Herr*, RdF 2011, 267, 268.

Ausfall des Stillhalters auf das bilanzierte Ergebnis Einfluss nimmt, wird diese Lösung auch dem Prinzip einer gleichmäßigen Besteuerung besser gerecht.

d. Beendigung des Optionsrechts

Auch für den Fall der Beendigung des Optionsrechts folgt das Steuerrecht wegen des Maßgeblichkeitsprinzips den handelsrechtlichen Ausführungen. Im Falle der Ausübung einer Kaufoption erhöht die Prämie die Anschaffungskosten des Basiswerts, im Falle der Ausübung einer Verkaufsoption mindert sie den vereinnahmten Veräußerungserlös.[823] Bei einem auf Barausgleich gerichteten Optionsgeschäft führt die Ausübung des Optionsrechts zur Aktivierung der Forderung gegen den Stillhalter, so dass nur i.H.d. Differenz zwischen Prämienzahlung und Barausgleichszahlung ein vermögens- und erfolgswirksamer Umsatz entsteht. War das Optionsgeschäft ursprünglich auf den Erwerb von Aktien gerichtet und erhält der Optionsnehmer nach Ausübung lediglich die Differenz zwischen vereinbarten Basispreis und aktuellem Marktpreis, so bestehen zwar durchaus Parallelen zur Erzielung eines Veräußerungsgewinns aus dem Verkauf der Aktie selbst. Das Optionsrecht stellt aber gerade keinen Anteil „an einer Kapitalgesellschaft“ dar, so dass die Differenzzahlung nicht i.R.v. § 8b Abs. 2 KStG begünstigt wird.[824] Vielmehr führen solche Einkünfte, wie noch zu zeigen sein wird, zu einem verrechnungsfähigen Gewinn bzw. abzugsbeschränktem Verlust nach § 15 Abs. 4 S. 3 EStG.[825]

---

823 Vgl. Schmidt/*Kulosa*, EStG § 6 Rn. 140; *Krumm*, in: Blümich, EStG § 5 Rn. 1101 f. m.w.N; *Pung*, in: Dötsch/Pung/Möhlenbrock, KStG § 8b Rn. 140; *Haisch*, in: Herrmann/Heuer/Raupach, § 5 EStG Rn. 1072, der im Übrigen auch die Einordnung als Tauschgeschäft oder Veräußerung ablehnt, genauso wie *Häuselmann*, Ubg 2008, 391, 397 f.; *Häuselmann/Wagner*, BB 2002, 2170 und *Johannemann/Herr*, RdF 2011, 267, 270. **A.A.** *Dreissig*, BB 1989, 1511, 1515 und *Schmid/Renner*, DStR 2005, 815, 817, die das Optionsrecht in jedem Fall erfolgswirksam ausbuchen ohne Berücksichtigung des durchgeführten Hauptvertrags. Kritisch zur Erfassung der Prämie bei der bei Ausübung einer Verkaufsoption *Schmid/Renner*, DStR 2005, 2059, 2060.

824 Vgl. BFHE 220, 352, 353 f.; BFHE 240, 357, 358 f., Rn. 8 f.; *Johannemann/Herr*, RdF 2011, 267, 268. Lediglich im Bereich des § 17 Abs. 1 S. 3 EStG ist an die Anwendung von § 3 Nr. 40 lit. c) EStG zu denken. Diese Normen betreffen allerdings im Privatvermögen gehaltene Optionsrechte; zum sachlichen Anwendungsbereich siehe Schmidt/*Weber-Grellet*, EStG § 17 Rn. 1.

825 *Häuselmann*, Ubg 2008, 391, 397.

Nach der These, bei Ausübung eines Kaufoptionsrechts komme es zu einem Realtausch[826], weicht das Steuerrecht insoweit von den handelsrechtlichen Regelungen ab, als § 6 Abs. 6 EStG als Realisationstatbestand ausgestaltet ist.[827] Während danach der Tausch ebenfalls in ein Veräußerungs- und ein Anschaffungsgeschäft zerlegt wird, werden durch die Veräußerung stille Reserven realisiert und nicht auf den neu erworbenen Gegenstand übertragen, da der Optionsnehmer den hineingetauschten Gegenstand mit dem gemeinen Wert des Hingegebenen bewerten muss.[828] Da hier kein Bewertungswahlrecht vorliegt, wird eine Gewinnverlagerung aus dem Optionsvertrag in einen steuerbegünstigten Bereich verhindert. Wie indes bereits gezeigt wurde, ist die Ansicht aus oben genannten Gründen abzulehnen.[829] Dennoch findet sich ein ähnlicher Ansatz in der Rechtsprechung zur Ausübung eines Bezugsrechts für junge Aktien. In diesem Zusammenhang spricht der BFH ebenfalls von einem Tausch.[830] Allerdings geht das Bezugsrecht gewinnneutral in den Anschaffungskosten der Anteile auf, weil es sich in diesen fortsetzt.[831] Folgt man für schuldrechtlich eingeräumte Bezugsrechte der Theorie

---

826 *Breker*, S. 107; *Dinkelbach*, RdF 2012, 270, 271; *ders.*, DB 2006, 1642, 1644, 1648; *Bogenschütz*, FS Schaumburg, S. 236. Obwohl *Bogenschütz* hinsichtlich des Kaufs von Optionen die Einvertragstheorie unter Berücksichtigung der wirtschaftlichen Betrachtungsweise für die zutreffendere Auslegung hält, gibt er letztlich der Zweivertragstheorie den Vorzug, da nur durch sie Optionsgeschäfte mit Barausgleich und physischer Lieferung steuerrechtlich einheitlich behandelt werden könnten, *Bogenschütz*, FS Schaumburg, S. 226 f.

827 BT-Drucks. 14/265, S. 174.

828 Vgl. *Werndl*, in: Kirchhof/Söhn/Mellinghoff, EStG § 6 Rn. M 1 ff.; *Ehmcke*, in: Blümich, EStG § 6 Rn. 1388, 1405. Veräußerungsentgelt ist in diesem Falle der Sachwert oder die im Tausch hingegebene Dienstleistung, *Hennrichs*, in: Tipke/Lang, Steuerrecht § 9 Rn. 417.

829 Siehe hierzu III. Kapitel B. 2. Buchst. a. Ähnlich auch *Johannemann/Herr*, die im Zusammenhang mit der Bewertung des Anschaffungsvorgangs von einem „Verzehr" sprechen. Sie lehnen die Einordnung als Tauschgeschäft ab, weil allein die Zahlung des Basispreises und nicht die Übertragung des Optionsrechts die Gegenleistung für den Erwerb des Basisobjektes sein soll, *Johannemann/Herr*, RdF 2011, 267, 270.

830 Der Inhaber tausche den Bezugsrechtsanspruch gegen den Teil der jungen Aktien, der den Substanzwert verbriefe, siehe BFHE 207, 543, 548.

831 Auch wenn sich BFHE 207, 543, 547 f. auf die damals geltenden Grundsätze des „Tauschgutachtens" bezog, wonach dann kein Veräußerungs- oder Erwerbstatbestand anzunehmen sei, wenn die getauschten Wirtschaftsgüter wirtschaftlich hinsichtlich ihrer Wert-, Art- und Funktionsgleichheit identisch waren (so BFHE 68, 78, 86), so gelten die aufgestellten Grundsätze zur Aufteilung der Anschaffungskosten und der gewinnneutralen Einbeziehung des Bezugsrechts noch heute fort,

des zusammengesetzten Vertrags, kann die These des Tausches gleichwohl nicht überzeugen. Da die Prämienzahlung nach diesem Verständnis die Funktion einer Vorleistung erfüllt und somit Gegenleistungscharakter für die Übernahme der Verpflichtung aus dem Hauptvertrag sowie dessen mögliche Erfüllung hat, besteht schon rein tatsächlich keine Möglichkeit der Bildung stiller Reserven. Stille Reserven können folglich nur dem Hauptvertrag zugerechnet werden.

Interessanterweise qualifiziert die Finanzverwaltung im Bereich privater Vermögensverwaltung die Kosten der Anschaffung eines Kaufoptionsrechts ebenfalls als Anschaffungskosten des Basiswerts,[832] wie sie auch die Kosten eines Verkaufsoptionsrechts in die Feststellung des Veräußerungserlöses einbezieht[833] bzw. bei der Ermittlung des Gewinns aus einem Barausgleich nach den § 20 Abs. 2 S. 1 Nr. 3 lit. a) EStG i.V.m. § 20 Abs. 4 S. 5 EStG die Kosten zum Abzug zulässt[834]. Die konsequente Umsetzung der Trennungstheorie erfolgt daher offenbar nur auf Seiten des Stillhalters.

C. Die Verlustverrechnungsbeschränkung gemäß § 15 Abs. 4 S. 3–5 EStG

Für Termingeschäfte i.R.d. Einkünfte aus Gewerbebetrieb gilt gem. § 15 Abs. 4 S. 3–5 EStG eine Verlustverrechnungsbeschränkung. Danach kann der Steuerpflichtige Verluste aus Termingeschäften nur mit Einkünften derselben Art im laufenden Jahr, im vorangegangenen Jahr oder in den Folgejahren verrechnen.

1. Verfassungsmäßigkeit der Vorschrift

Verlustausgleichsbeschränkende Vorschriften sind regelmäßig Gegenstand gerichtlicher Verfahren, so auch § 15 Abs. 4 S. 3–5 EStG. Mit dessen Verfassungsmäßigkeit befasste sich unlängst der 10. Senat des *FG Baden Württemberg.*[835]

---

vgl. *Vogt*, in: Blümich, EStG § 17 Rn. 723; *Eilers/R.Schmidt*, in: Herrmann/Heuer/Raupach, § 17 EStG Rn. 207; *Schneider*, in: Kirchhof/Söhn/Mellinghoff, EStG § 17 Rn. C 163 ff.

832 Siehe BMF-Schreiben v. 18.01.2016, IV C 1 – S 2252/08/10004, Tz. 22, BStBl. I 2016, 85, 89.

833 Siehe BMF-Schreiben v. 18.01.2016, IV C 1 – S 2252/08/10004, Tz. 29, BStBl. I 2016, 85, 90.

834 Vgl. BMF-Schreiben v. 18.01.2016, IV C 1 – S 2252/08/10004, Tz. 23, 30, BStBl. I 2016, 85, 89 f.

835 *FG Baden-Württemberg*, DStRE 2015, 270 ff. Revision anhängig unter Az. des BFH: IV R 20/13. Zu den verfassungsrechtlichen Bedenken hinsichtlich der nor-

Dieser hatte darüber zu entscheiden, ob ein Verstoß gegen das Leistungsfähigkeitsprinzip[836] vorliege, wenn der Steuerpflichtige einen verrechenbaren Verlust aus Termingeschäften nicht mehr nutzen könne, weil dieser vorher liquidiert und aufgelöst werde und somit faktisch ein endgültiges Abzugsverbot entstünde (sog. Definitiveffekt).[837] Das Finanzgericht verneinte die Verfassungswidrigkeit der Norm. In Anwendung der Grundsätze des Bundesverfassungsgerichts[838] begründete es seine Entscheidung u. a. damit, dass § 15 Abs. 4 S. 3 EStG kein Ausschlusstatbestand, sondern lediglich eine Ausgleichs- und Abzugsbeschränkung für Verluste sei. Solche verstießen gerade nicht gegen das Prinzip der wirtschaftlichen Leistungsfähigkeit, weil sie keinen vollständigen Ausschluss begründen, sondern lediglich den Verlustverrechnungszeitraum erweitern.[839] Soweit dies im Einzelfall dazu führt, dass Verluste endgültig nicht verrechnet werden könnten, sei dies hinzunehmen und ggf. im Billigkeitswege zu korrigieren.[840] Der BFH bestätigte die Verfassungsmäßigkeit der Vorschrift mit der Begründung, dass soweit es nicht zu einer Definitivbelastung komme, kein Verstoß gegen Art. 3 Abs. 1 GG vorliege.[841] Der weitreichende Entscheidungsspielraum des Gesetzgebers werde insbesondere im Bereich des Einkommensteuerrechts vor allem durch das Gebot der Leistungsfähigkeit und das Gebot der Folgerichtigkeit begrenzt. Nur soweit die Nutzung der Verluste aus Termingeschäften i.S.d. § 15 Abs. 4 S. 3 EStG endgültig nicht mehr möglich wäre, läge ein Verstoß gegen das aus dem allgemeinen Gleichheitssatz abgeleitete Leistungsfähigkeitsprinzip nach Art. 3 GG vor.[842]

---

mierten Ausnahmetatbestände siehe u. a. *Reiner*, S. 406 f.; *Intemann*, in: Herrmann/Heuer/Raupach, § 15 EStG Rn. 1506.

836 Zum Inhalt des Leistungsfähigkeitsprinzips und dessen Bedeutung im Bereich des Steuerrechts siehe unten IV. Kapitel E. 2.

837 Zum Definitiveffekt siehe BFHE 246, 27, 35 f. Rn. 23, 26.

838 BVerfG, HFR 1978, 293, 294; BVerfG, HFR 1992, 423, 424.

839 Vgl. *FG Baden-Württemberg*, DStRE 2015, 270, 271. Im Weiteren führt die Entscheidung aus, dass Verluste einkommensteuerrechtlich seit jeher im Verhältnis zu positiven Einkünften unterschiedlich behandelt wurden und dass die gleichlautende Regelung für den Bereich privater Vermögensverwaltung gem. § 23 Abs. 3 S. 8, 9 EStG sowie die Regelung des § 15 Abs. 4 S. 1, 2 EStG vom BFH bereits als verfassungsgemäß erachtet wurden, siehe *FG Baden-Württemberg*, ebd.

840 Vgl. *FG Baden-Württemberg*, DStRE 2015, 270, 271 f.

841 Vgl. BFHE 253, 260, 263.

842 Zum Vorgenannten siehe BFHE 253, 260, 263 f. Hiermit bestätigte der Gerichtshof seine Linie, der er auch zur derzeit geltenden Regelung zur Mindestbesteuerung gefolgt war, siehe BFHE 230, 445, 449 f. Soweit es jedoch zu einem Definitiveffekt komme, könne der Verstoß gegen das Leistungsfähigkeitsprinzip nicht dadurch

2. Persönlicher Anwendungsbereich

Die Vorschrift bietet durch die vielfältige Verwendung unbestimmter Rechtsbegriffe vor allem in der Literatur ein nicht ganz unerhebliches Konfliktpotential. § 15 Abs. 4 S. 3–5 EStG erfasst „Verluste aus Termingeschäften, durch die der Steuerpflichtige einen Differenzausgleich [...] erlangt".[843] In der Literatur wird diskutiert, ob hierunter allein Verluste des Optionsnehmers oder auch die des Stillhalters fallen.

Der Wortlaut der Norm ist eindeutig, denn das Recht auf einen Differenzausgleich kann letztlich nur der Optionsnehmer erlangen.[844] Etwas anderes lässt sich auch nicht aus der Entstehungsgeschichte des Gesetzes sowie den Gesetzesmaterialien ableiten. Die vertikale Verlustabzugsbeschränkung fand mit dem StEntlG 1999/2000/2001 Eingang in das EStG,[845] um die Lücke zur wortgleichen Regelung im Bereich privater Vermögensverwaltung zu schließen. Der Gesetz-

---

kompensiert werden, dass einzelfallbezogene sachliche Billigkeitsmaßnahmen der Verwaltung möglich wären, siehe BFHE 246, 27, 41 Rn. 36. Daher haben die Bundesrichter am BFH das Verfahren ausgesetzt und diese Frage dem Bundesverfassungsgericht vorgelegt, Az. des BVerfG: 2 BvL 19/14. Seit 2012 ist in einem anderem Verfahren ebenfalls die Überprüfung der Mindestbesteuerung i.R.e. Verfassungsbeschwerde anhängig: Az.: 2 BvR 2998/12.

843 Als Ausnahme normiert § 15 Abs. 4 S. 4–5 EStG die uneingeschränkte Ausgleichs- und Abzugsfähigkeit von Verlusten, soweit sie zum gewöhnlichen Geschäftsbetrieb von Kreditinstituten, Finanzdienstleistungsinstituten und Finanzunternehmen i.S.d. KWG gehören (sektoral-funktionale Ausnahme) oder die der Absicherung von Geschäften des gewöhnlichen Geschäftbetriebs dienen (funktionale Ausnahme), wenn und soweit diese nicht der Absicherung von Aktiengeschäften dienen, bei denen der Veräußerungsgewinn teilweise oder vollständig gem. der § 3 Nr. 40 Buchst. a und b EStG oder § 8b Abs. 2 KStG steuerfrei ist. Im Einzelnen kann es strittig sein, ob Geschäfte zum gewöhnlichen Geschäftsbetrieb gehören und ob diese abgesichert werden, Schmidt/*Wacker*, EStG § 15 Rn. 904. Dies ist jedoch nicht Gegenstand der vorliegenden Untersuchung. Vertiefend zu den Ausnahmeregelungen *Schmittmann/Wepler*, DStR 2001, 1783, 1786 f. *Sorgenfrei*, DStR 1999, 1928, 1930 f., setzt sich mit den Beweggründen des Gesetzgebers auseinander und kritisiert vor allem die aus der Regelung zu lesende Wertung, es gäbe „gute" (Hedginggeschäfte) und „böse" (Tradinggeschäfte) Termingeschäfte. I.E. auch *Reiner*, S. 404. Denn diese Einschätzung vernachlässige, dass Hedger an einem Markt ohne Spekulanten kaum in der Lage wären, Geschäfte abzusichern, i. d. R. werden gerade diese beiden miteinander das Optionsgeschäft schließen, vgl. *Wotschofsky/Thomas*, FB 2003, 31, 34.

844 So auch BFH BFH/NV 2014, 1021, 1024 Rn. 40.

845 Eingeführt durch das StEntlG 1999/2000/2002, Art. 1 Nr. 25 lit. b) bb), BGBl. I 1999, 402, 409; kritische Würdigung *Raupach/Böckstiegel*, FR 1999, 617 ff.; kritische Aus-

geber bezeichnete § 15 Abs. 4 S. 3 EStG als „Folgeänderung zur Besteuerung der Termingeschäfte als steuerpflichtige Tatbestände i.S. des § 23 EStG".[846] Diese Begründung ist indes kritisch zu betrachten, weil kein Gleichlauf hinsichtlich der Einkünfteermittlung im privaten und betrieblichen Bereich besteht. Es bleibt daher nicht ohne Widerspruch, dass der Gesetzgeber eine Parallelität für negative Einkünfte verlangt, ohne auch für positive Einkünfte eine solche zu schaffen.[847] Diese Diskrepanz vernachlässigend, folgerte das *FG Baden-Württemberg* aus der Gesetzesbegründung, es handele sich bei § 15 Abs. 4 S. 3–5 EStG um eine Missbrauchsvermeidungsvorschrift mit Lenkungscharakter. Sie solle einerseits eine Verlagerung riskanter Geschäfte vom Bereich privater Vermögensverwaltung in den betrieblichen Bereich und damit eine Umgehung der Verlustausgleichsbeschränkung des § 23 Abs. 3 S. 8, 9 EStG a. F. verhindern; andererseits habe sie auch Lenkungsfunktion, soweit sie besonders risikobehaftete Geschäfte, die mit Spekulationsabsicht geschlossen werden, aus dem betrieblichen Bereich fernzuhalten versucht.[848] Nach anderer Ansicht fehle es indes am vorgenannten Lenkungscharakter, weil gerade Geschäfte, die zum gewöhnlichen Geschäftsbetrieb von Unternehmen i.S.d. KWG gehören, hiervon ausgenommen sind. Folglich handele es sich vielmehr um eine spezielle Missbrauchsvermeidungsvorschrift.[849] Letztgenannter Ansicht folgend, wäre der Anwendungsbereich der Vorschrift somit eng auf die Fälle missbräuchlicher Gestaltung beschränkt, da der Normzweck die Schranke einer weiten Auslegung bildet.[850] Rückt man das

---

einandersetzung mit der gesetzgeberischen Begründung sowie zu verfassungsrechtliche Bedenken *Sorgenfrei*, DStR 1999, 1928, 1933 ff.; kritisch auch *Reiner*, S. 406 f.

846 BT-Drucks. 14/443, S. 28. Auch Verluste sollten im Bereich privater Vermögensverwaltung nach § 23 Abs. 3 S. 4 EStG der Entwurfsfassung – nur mit Gewinnen aus solchen Geschäften ausgeglichen werden können, siehe BT-Drucks. 14/442, S. 16.

847 Vgl. *Reiner*, S. 403; *Sorgenfrei*, DStR 1999, 1928, 1935.

848 Vgl. *FG Baden-Württemberg*, DStRE 2015, 270, angelehnt vor allem an die Argumentation von *Sorgenfrei*, DStR 1999, 1928 1934. Gleicher Ansicht auch *Reiner*, S. 404. **A.A.** *Intemann*, in: Herrmann/Heuer/Raupach, § 15 EStG Rn. 1506, der davon ausgeht, dass es sich hier vielmehr nur um eine Missbrauchsbekämpfungsvorschrift handelt und Lenkungszwecke gerade nicht verfolgt werden. Er begründet dies damit, dass ein solcher Lenkungszweck weder dem Gesetz selbst noch der Gesetzesbegründung zu entnehmen sei, *Intemann*, in: Herrmann/Heuer/Raupach, § 15 EStG ebd.

849 Vgl. BFHE 245, 59, 65 Rn. 18; *Intemann*, in: Herrmann/Heuer/Raupach, § 15 EStG Rn. 1506; ähnlich *Wagner*, DStZ 2003, 798 und *Ebel*, DB 2013, 2112. **A.A.** *Reiner*, S. 404, da sich hiernach nicht erklären ließe, weshalb die Norm auch für Kapitalgesellschaften gelte, bei denen sich die Verlagerungsproblematik gar nicht stellt.

850 Vgl. *Ebel*, DB 2013, 2112, 2115; *ders.*, FR 2013, 882, 888.

Gesetzgebungsverfahren als Ganzes in den Fokus, so ergibt sich, dass lediglich der Optionsnehmer von der Neuregelung erfasst werden sollte. Vor dieser Reform waren auf Differenzausgleich gerichtete Optionsrechte überhaupt nicht steuerbar.[851] Ziel der Neuregelung war es, Differenzgeschäfte aus dem Bereich privater Vermögensverwaltung der Einkommensteuer zu unterwerfen, für welche zugleich eine Verlustabzugsbeschränkung galt.[852] Um nun zu verhindern, dass **diese** bisher privat abgeschlossenen Termingeschäfte in den betrieblichen Bereich verlagert wurden, weil dort die Verluste vollständig geltend gemacht werden konnten, wurde § 15 Abs. 4 S. 3 EStG eingeführt.[853] Der Gesetzgeber hatte somit von Beginn an der Norm als Missbrauchsvermeidungsvorschrift nur einen kleinen Anwendungsbereich zugedacht.[854]

Folgt man indes der Ansicht, die Norm habe Lenkungscharakter, so wäre für die Auslegung maßgeblich, wer von dieser Regelung betroffen werden sollte und warum.[855] Unterstellt man also den Zweck, eine Verlagerung riskanter Termingeschäfte in den betrieblichen Bereich zu verhindern, dann wäre von dieser Regelung auch der Stillhalter betroffen. Daher fordern einige Autoren, die die Trennung zwischen Stillhalter und Optionsnehmer nicht überzeugt, die Einbeziehung von Stillhaltergeschäften in § 15 Abs. 4 S. 3 EStG.[856] Diese Ansicht vermag

851 Nach der Rechtsprechung des BFH wurde das Vorliegen eines Spekulationsgeschäfts verneint, solange das Differenzgeschäft eine schuldrechtlichen Vereinbarungen über die Anschaffung oder den Erwerb und über die Veräußerung von Wirtschaftsgütern, mithin über die Lieferung von Gegenständen vermissen ließ, BFHE 135, 426, 429.

852 BT-Drucks. 14/23, S. 180.

853 Vgl. *Ebel*, DB 2013, 2112, 2115.

854 Es ist davon auszugehen, dass auch nach dem Unternehmensteuerreformgesetz 2008 (BGBl. I 2007, 1912 ff.) an dieser Auslegung festzuhalten ist, da § 15 Abs. 4 S. 3–5 EStG keine Änderung erfahren habe, so *Ebel*, DB 2013, 2112, 2117 mit Verweis auf eine entsprechende Rechtsprechung zur historischen Auslegung des Begriffs des Termingeschäfts i.R.d. § 15 Abs. 4 S. 3 EStG des *FG Köln* EFG 2012, 49, 55, Revision eingelegt Az. des BFH: IV R 53/11; **a.A.** i.E. wohl *Reiß* in: Kirchhof, EStG § 15 Rn. 418b, welcher gerade aus den Gesetzesänderungen auf einen geänderten Anwendungsbereich der Norm schließt. Andererseits wurde zwar das System der Kapitaleinkünfte – wie später noch zu zeigen sein wird – grundlegend geändert, die Besteuerung der Optionsgeschäfte sei aber grundsätzlich gleich geblieben, so *Hensel*, RdF 2014, 308, 312.

855 Vgl. *Wernsmann*, S. 73.

856 So bspw. *Reiß* in: Kirchhof, EStG § 15 Rn. 418b; *Intemann*, in: Herrmann/Heuer/Raupach, § 15 EStG Rn. 1550, da auch die Stillhalterprämie, als Teil eines einheitlichen Termingeschäfts zu qualifizieren und daher unter den Anwendungsbereich des § 15 Abs. 4 S. 3 EStG zu fassen sei. Zur Einbeziehung der Barausgleichsverpflichtung des

jedoch nicht über den klaren Wortlaut des Gesetzes hinweghelfen. Aus einem völlig anderen Grund würde auch die Rechtsprechung die geforderte Einbeziehung in den Anwendungsbereich von § 15 Abs. 4 S. 3 EStG verneinen, denn nach ihrem Verständnis ist in der Einräumung des Optionsrechts schon kein Termingeschäft zu erkennen.[857] Ein solches liegt nach dem Wortlaut des § 15 Abs. 4 S. 3 EStG nur vor, wenn der Steuerpflichtige hierdurch einen Differenzausgleich oder einen durch den Wert einer veränderlichen Bezugsgröße bestimmten Geldbetrag oder Vorteil erlangt. Folglich sei lediglich der Erwerb des Optionsrechts vom Wortlaut der Norm erfasst, die Begebung eines solchen hingegen nicht.[858] Die Trennungstheorie des BFH führt somit zu dem paradoxen Ergebnis, dass beim Optionsnehmer ein Termingeschäft vorliegt, beim Stillhalter aber nicht. Andererseits konstatierte der BFH für die fast wortgleiche Regelung des § 20 Abs. 2 S. 1 Nr. 3 Buchst. a) EStG, diese sei als Definition der zu erfassenden Geschäfte zu verstehen und nicht als die Beschränkung des Anwendungsbereichs auf die Gewinne des Optionsnehmers.[859] Grund hierfür sei die Erweiterung des Anwendungsbereichs der Vorschrift über die Besteuerung der Kapitaleinkünfte, bei welcher der Gesetzgeber eine Erweiterung des Tatbestandes vorgesehen habe. Anhaltspunkte dafür, dass sich diese Erweiterung auch auf den bereits bestehenden Tatbestand des § 15 Abs. 4 S. 3 EStG auswirken sollte bestehen indes keine. Darüber hinaus ist es nicht abwegig, wie nachfolgend noch zu zeigen sein wird, dass der Gesetzgeber tatsächlich nur die Erfassung der Verluste des Optionsnehmers im Blick hatte. Eine solche Schlussfolgerung lässt sich aber vielmehr damit begründen, dass es bei den hier zu betrachtenden Optionsgeschäften allein der Optionsnehmer ist, der sich in der Position desjenigen befindet, der einen Differenzausgleich verlangen kann.

3. Der Begriff des Termingeschäfts

Der Gesetzgeber bezieht sich in der Gesetzesbegründung ausdrücklich auf den Gleichlauf des § 15 Abs. 4 S. 3 EStG zu § 23 Abs. 1 S. 1 Nr. 4 EStG a. F.[860], der seinerseits explizit auf die wertpapier- und bankenrechtliche Begriffsdefinition

Stillhalters im Bereich der privaten Vermögensverwaltung unter den § 20 Abs. 2 Nr. 3 lit. a) EStG nach der aktuellen Rechtsprechung des BFH siehe unten IV. Kapitel E. 3.

857 Vgl. BFHE 217, 566, 569; BFH BFH/NV 2014, 1021, 1023 f. Rn. 35, 39 sowie die teilweise wortgleiche Parallelentscheidung hierzu BFH BFH/NV 2014, 1025 ff.

858 Vgl. BFHE 217, 566, 569; BFH BFH/NV 2014, 1021, 1024 Rn. 35, 39 f. zustimmend i.R.v. § 15 Abs. 4 S. 3 EStG siehe *Häuselmann*, Ubg 2008, 391, 400; *Johannemann/Herr*, RdF 2011, 267, 270, i.E. wohl auch *Helios/Niedrig*, DStR 2012, 1301, 1302.

859 Vgl. BFHE 252, 423, 427.

860 In der Fassung des StEntlG 1999/2000/2002, Art. 1 Nr. 31, BGBl. I 1999, 402, 410.

abstellte.[861] Der Begriff des Termingeschäfts sei steuerrechtlich - unter Bezugnahme auf die zivilrechtliche Rechtsprechung - in Abgrenzung zum Begriff des Kassageschäfts zu sehen.[862] Daher unterscheide sich dieses vom Kassageschäft hauptsächlich dadurch, dass der Erfüllungszeitpunkt beim Termingeschäft hinausgeschoben wird.[863] Termingeschäfte sind demnach Verträge über Wertpapiere, vertretbare Waren oder Devisen nach gleichartigen Bedingungen, die von beiden Seiten erst zu einem bestimmten späteren Zeitpunkt zu erfüllen sind und die zudem eine Beziehung zu einem Terminmarkt haben, der es ermöglicht, jederzeit ein Gegengeschäft abzuschließen.[864] Demgegenüber ist auch eine Abgrenzung nach den Typusmerkmalen denkbar.[865] Optionsgeschäfte im hier behandelten Sinne fallen folglich unzweifelhaft unter § 15 Abs. 4 S. 3 EStG,[866] da sowohl

---

861 BT-Drucks. 14/443, S. 28 f.; so auch BFHE 248, 57, 62. Für die Abgrenzung zu unverbindlichen Differenzgeschäften nach § 764 BGB a. F., BT-Drucks. 14/443, S. 28. Zur historischen Entwicklung des Begriffs des Termingeschäfts siehe I. Kapitel A. 1., und *Intemann*, in: Herrmann/Heuer/Raupach, § 15 EStG Rn. 1541, 1545; *Wagner*, DStZ 2003, 798, 799.

862 So BFHE 248, 57, 62.

863 So BFHE 248, 57, 62 unter Bezugnahme auf BGHZ 160, 58.

864 So BFHE 248, 57, 62 unter Bezugnahme auf BGHZ 114, 177.

865 So *FG Köln* EFG 2012, 49 ff.; i.E. wohl auch BFHE 248, 57, 62 f., wonach die Rechtsprechung zunächst Termingeschäfte von Kassageschäften abgrenzt, anschließend aber auch die Typusmerkmale eingeht; auch *Haisch/Danz* halten eine Abgrenzung nach Handelstechnik (Kassa- oder Terminmarkt) oder nach den Typusmerkmalen zielführend, *Haisch/Danz*, DStZ 2005, 850, 851, differenzierend *Dahm/Hamacher*, DStR 2014, 455, 456, die dafür plädieren dem Gesichtspunkt des Anlagerschutzes steuerrechtlich kein Gewicht beizumessen. Zu den Typusmerkmalen, die der Gesetzgeber zugrunde gelegt hat, siehe BT-Drucks. 14/8017, S. 85. Aufgrund des ausdrücklichen Bezugs auf § 23 EStG folgt für *Reiner*, S. 404, dass die Verlustabzugsbeschränkung nur auf Geschäfte Anwendung finden soll, deren Laufzeit weniger als ein Jahr beträgt. Diese Einschränkung gilt seit der Novellierung der Kapitaleinkünfte nicht mehr, da für Optionsgeschäfte gem. § 20 EStG keine Spekulationsfrist gilt, ähnlich *Reiß* in: Kirchhof, EStG § 15 Rn. 418b. Zur Entstehungsgeschichte des § 15 Abs. 4 S. 3 ff. EStG siehe *FG Köln* EFG 2012, 49 ff.

866 Statt vieler *Intemann*, in: Herrmann/Heuer/Raupach, § 15 EStG Rn. 1550 m.w.N. **A.A.** *Schmid/Renner*, DStR 2005, 815, 818; *dies.*, DStR 2005, 2059, 2061, wonach bereits begrifflich die Zahlung einer Optionsprämie kein Termingeschäft i.d.S. sein kann und folglich der Verfall nicht unter § 15 Abs. 4 S. 3 EStG zu subsumieren sei, *dies.*, DStR 2013, 2734, 2739. Zu Optionsscheinen aus einer Optionsanleihe *Harenberg*, Kommentar zum BMF-Schreiben vom 27.11.2001 - IV C 3 – S 2256–265/01, FR 2002, 109, 111.

deren Erfüllungszeitpunkt in der Zukunft liegt, als auch die Typusmerkmale eines Termingeschäfts vorliegen.

4. Erlangen eines Differenzausgleichs oder Vorteils

Die Abzugsbeschränkung betrifft solche Verluste, die „aus Termingeschäften, durch die der Steuerpflichtige einen Differenzausgleich oder einen durch den Wert einer veränderlichen Bezugsgröße bestimmten Geldbetrag oder Vorteil erlangt", entstehen. Hierunter fallen unstreitig Optionsgeschäfte, die bei Ausübung des Optionsrechts nur mit Zahlung eines Differenzausgleichs erfüllt werden können.[867] Hingegen herrscht Streit darüber, ob die Vorschrift auch auf solche Verträge Anwendung findet, die mittels physischer Lieferung des Basiswerts erfüllt werden. Uneinigkeit besteht des Weiteren darüber, ob ein Differenzausgleich tatsächlich erlangt worden sein muss.

a. *Anwendung der Verlustverrechnungsbeschränkung bei physischer Erfüllung*

Die **Finanzverwaltung** legt den gesetzlich verwendeten Begriff „Vorteil" dahingehend aus, dass hierin jeder Vorteil, also auch die Lieferung des Basiswerts selbst, gesehen werden könne.[868] Eine solche Auslegung hieße, den Begriff des Vorteils regelrecht aus dem Satzgefüge zu reißen. Denn aus dem Gesamtzusammenhang ergibt sich, dass der Geldbetrag oder Vorteil, den der Steuerpflichtige erlangt, selbst von einer veränderlichen Bezugsgröße bestimmt wird. Es ist daher – der herrschenden Literatur folgend – begrifflich ausgeschlossen, dass es sich hierbei um die Bezugsgröße selbst handelt.[869] Die Auffassung der Finanz-

867 Vgl. *Intemann*, in: Herrmann/Heuer/Raupach, § 15 EStG Rn. 1542.

868 Finanzverwaltung BMF-Schreiben v. 23.09.2005 IV B 2 – S 2119–7/05, DStR 2005, 1900. Aufgehoben mit BMF-Schreiben v. 23.04.2010, IV 6 A – O 1000/09/10095, BStBl. I 2010, 391, wonach aber keine Aufgabe der bisherigen Rechtsauffassung der Verwaltung erfolgte – sie dient lediglich der Bereinigung der Weisungslage. **Differenzierend** *Intemann*, in: Herrmann/Heuer/Raupach, § 15 EStG Rn. 1545.

869 Vgl. *Danz/Kieninger/Patzner*, in: Zerey, Handbuch Finanzderivate, § 41 Rn. 87; *Bogenschütz*, FS Schaumburg, S. 218; *Beckenhaub*, S. 347; *Bünning/Kaligin/Naujok*, in: Lademann, EStG, § 15 EStG, Rn. 500/2; *Hamacher*, WM 2000, 1721, 1724; *Schmittmann/Wepler*, DStR 2001, 1783, 1785; *Tibo*, DB 2001, 2369, 2370 f.; *Häuselmann/Wagner*, BB 2002, 2170; *Wotschofsky/Thomas*, FB 2003, 31, 34; *Wagner*, DStZ 2003, 798, 800; *Haisch/Danz*, DStZ 2005, 850, 851 f., *dies.*, in: Haisch/Helios, Rechtshandbuch der Finanzinstrumente, § 5 Rn. 16, 852; *Schmid/Renner*, DStR 2005, 815, 818; *dies.*, DStR 2005, 2059, 2061; *Häuselmann*, Ubg 2008, 391, 393; *Johannemann/Herr*,

verwaltung überzeugt ferner aus systematischen Gründen nicht, da sie unter den wortgleichen Besteuerungstatbestand des § 20 Abs. 2 S. 1 Nr. 3 lit. a) EStG für Überschusseinkünfte lediglich Barausgleichsforderungen fasst.[870] Vermittelnd wird daher vertreten, dass solche Termingeschäfte unter den Anwendungsbereich zu subsumieren seien, welche in der Absicht eingegangen wurden, einen Differenzausgleich oder Vorteil zu erzielen.[871] Bedenken gegen diese Auffassung werden vor allem dadurch bestärkt, dass die „Absicht des Steuerpflichtigen" wegen ihres subjektiven Wesens, kein verlässliches und rechtssicheres Abgrenzungskriterium darstellt und immer einen Gestaltungsspielraum eröffnet. Die Absicht einen Barausgleich zu erzielen, kann indes dadurch indiziert sein, dass ein solcher ausdrücklich oder als Wahlschuld i.R.d. Optionsgeschäfts formuliert wurde. Stellt man also auf den Vertragsinhalt ab, dann läge der Erfassung ein objektives Kriterium zugrunde. Umgekehrt bedeutete dies, dass Verträge die keinen Barausgleich vorsehen, schon nicht unter den sachlichen Anwendungsbereich von § 15 Abs. 4 S. 3 EStG fielen.[872]

b. *Anwendungsbereich der wortgleichen Regelung des § 20 Abs. 2 S. 1 Nr. 3 lit. a) EStG*

Vorgenannte Ansicht misst der Tatsache, wie das Optionsgeschäft letztlich beendet wird, keine Bedeutung zu, denn es komme nicht darauf an, dass der Steuerpflichtige sein Ziel erreicht habe.[873] Nach überwiegender Ansicht in der Literatur ergebe sich bereits aus der Natur des Optionsgeschäfts, dass die Anwendbarkeit einer Vorschrift in Bezug auf bedingte – also ungewisse – Rechte nicht davon

RdF 2011, 267, 269, 271; *Ebel*, DB 2013, 2112, 2114; *ders.*, FR 2013, 882, 885 f.; für den Bereich privater Vermögensverwaltung siehe *Hamacher*, WM 2000, 1721, 1724 und *Helios/Philipp*, BB 2010, 95, 96 m.w.N.

870 Vgl. BMF-Schreiben v. 18.01.2016, IV C 1 – S 2252/08/10004, Tz. 23, BStBl. I 2016, 85, 89. Bezüglich dieser Behandlung besteht auch Einigkeit im Schrifttum, *Jochum*, in: Kirchhof/Söhn/Mellinghoff, § 20 EStG Rn. D/3 19; *von Beckerath* in: Kirchhof, EStG § 20 Rn. 130; ähnlich auch *Jachmann/Lindenberg*, in: Lademann, EStG, § 20 EStG, Rn. 576, allerdings unterscheiden diese nochmals in Geschäfte, bei welchen statt des Barausgleiches ein Wirtschaftsgut geliefert wird (cash settlement in kind bzw. net share settlement); solche Lieferungen seien unter die Vorteile zu subsumieren. Wird ein Basiswert erworben, dann wird dieser bei seiner späteren Veräußerung entweder nach § 23 Abs. 1 EStG, § 17 Abs. 1 EStG oder § 20 Abs. 2 EStG besteuert.

871 So *Intemann*, in: Herrmann/Heuer/Raupach, § 15 EStG Rn. 1545; *Haisch/Danz*, DStZ 2005, 850, 852.

872 *Intemann*, in: Herrmann/Heuer/Raupach, § 15 EStG ebd.

873 So *Intemann*, in: Herrmann/Heuer/Raupach, § 15 EStG ebd.; *Haisch/Danz*, ebd.

abhängig gemacht werden könne, dass der Steuerpflichtige den Vorteil tatsächlich erlange.[874] Diese These wird, wie es scheint, auch durch die jüngere Rechtsprechung zum wortgleichen § 20 Abs. 2 S. 1 Nr. 3 lit. a) EStG bestärkt, welcher nicht mehr auf das konkrete Erlangen des Vorteils abstellt.

Zu untersuchen ist daher, wie in diesem Zusammenhang die geänderte Rechtsprechung zu bewerten ist. Diese vertrat für die Anwendung des – ebenfalls mit § 15 Abs. 4 S. 3 EStG wortgleichen – § 23 Abs. 1 S. 1 Nr. 4 EStG a. F.[875], dass Verluste nur dann zur Verrechnung zugelassen wurden, wenn sie dadurch entstanden, dass der Steuerpflichtige durch die Beendigung des erworbenen Rechts auf Differenzausgleich tatsächlich einen Verlust erlitt.[876] Die Rechtsprechung folgte somit einem engen und streng am Wortlaut ausgerichteten Verständnis. Im Bereich der Überschusseinkunftsarten tangierte der Verfall von im Privatvermögen gehaltenen Optionsrechten folglich die steuerliche Sphäre nicht, während Gewinne aus dem Optionsgeschäft in Form des Differenzausgleichs der Einkommensteuer unterlagen.[877] Nur im letztgenannten Fall war es daher dem Optionsnehmer möglich, die Kosten des Optionsrechts als Werbungskosten zum Abzug zu bringen.[878] Hieran hält der BFH indes nicht mehr fest. Im Jahr 2012 hat er

---

874 Vgl. *Intemann*, in: Herrmann/Heuer/Raupach, § 15 EStG ebd.; *Haisch/Danz*, DStZ 2005, 850, 852 f. m.w.N.; i.E. wohl auch *Reislhuber/Bacmeister*, DStR 2010, 684, 685; **a.A.** *Schmid/Renner*, DStR 2005, 815, 818; *Ebel*, FR 2013, 882, 887.

875 StEntlG 1999/2000/2002, Art. 1 Nr. 31, BGBl. I 1999, 402, 410.

876 Vgl. BFHE 219, 574, 575.

877 Vgl. BFHE 219, ebd.

878 Um den Abzug der gezahlten Prämie trotz dieser Rechtsprechung zu ermöglichen, ließen Optionsnehmer ihre Rechte nicht verfallen, sondern veräußerten sie einen Tag vor Verfall an ihre Bank für einen symbolischen Wert von 0,001 €. Die *OFD Münster* war der Ansicht, dass es sich hierbei um einen Gestaltungsmissbrauch nach § 42 AO handeln müsse. Zwar liege tatsächlich ein entgeltliches Veräußerungsgeschäft vor, aus wirtschaftlicher Sicht bestünde aber überhaupt kein Grund für die Eingehung eines solchen Geschäfts, so dass solche Geschäfte wie der Verfall eines Optionsrechts zu behandeln seien, OFD Münster, DStR 2009, 1757, 1758, zustimmend i.E. *Meinert/Helios*, DStR 2013,508, 509. **Kritisch** hierzu *Jochum*, in: Kirchhof/ Söhn/Mellinghoff, EStG § 20 Rn. D/3 28; auch *Jachmann/Lindenberg*, in: Lademann, EStG, § 20 EStG, Rn. 634; *Philipowski*, DStR 2004, 978, 979; *Helios/Philipp*, BB 2010, 95, 98. Nunmehr versucht die Finanzverwaltung dieser Entwicklung entgegenzusteuern, als sie den Tatbestand der Veräußerung i.S.v. § 20 Abs. 2 EStG dann verneint, wenn der Veräußerungspreis die tatsächlichen Transaktionskosten nicht übersteigt, vgl. BMF-Schreiben v. 18.01.2016, IV C 1 – S 2252/08/10004, Tz. 59, BStBl. I 2016, 85, 94. **Kritisch** hierzu *Knoblauch*, DStR 2013, 798, 800 f.; *Haisch/Krampe*, FR 2010, 311, 316.

seine Rechtsprechung zur Rechtslage vor Einführung der Abgeltungsteuer aufgegeben und lässt nunmehr den Abzug der Optionsprämie auch dann zu, wenn das Optionsrecht verfällt.[879]

Die Entscheidung stützt sich darauf, dass § 23 Abs. 1 S. 1 Nr. 4 EStG a. F. nicht nur die Beendigung durch positiven, sondern auch durch negativen Differenzausgleich erfasse.[880] Unterstellte man die Ausübung des Optionsrechts, dann hätte der Optionsnehmer einerseits einen Verlust zu verzeichnen und könnte darüber hinaus auch die Kosten des Optionsrechts zum Abzug bringen. Den Grundsätzen des Leistungsfähigkeitsprinzips aus Art. 3 Abs. 1 GG folgend, muss andererseits aber auch im Falle der Nichtausübung die Abziehbarkeit der Prämie gewährleistet sein, da ein wirtschaftlich sinnloses Verhalten vom Gesetz gerade nicht gefordert werde.[881] Die Leistungsfähigkeit ist durch die Zahlung der Prämie gemindert, unabhängig davon, ob ein negativer Differenzausgleich erzielt oder durch Verfall des Optionsrechts vermieden wurde.[882] Nach Ansicht des BFH ist folglich auch bei Verfall des Optionsrechts der Einkunftstatbestand verwirklicht, so dass die Kosten des Optionsrechts als Werbungskosten und nicht als vergebliche Aufwendungen wegen gescheiterter Einkünfteerzielung abziehbar sind.[883]

Interessanterweise bezeichnet der BFH sein Urteil selbst lediglich als Ergänzung der bisherigen Rechtsprechung und verweist dabei auf zwei Urteile, die sich mit dem Abzug von Glattstellungsaufwand bei Stillhaltergeschäften befassten.[884]

---

879 Vgl. BFHE 239, 95 ff. In einer nachfolgenden Entscheidung bestätigte der BFH, an dieser Rechtsprechung festzuhalten, schloss aber eine Anwendung auf sog. Knock-Out-Optionen aus, da diese nicht aufgrund einer willensgetragenen Entscheidung des Steuerpflichtigen, sondern automatisch beim Überschreiten der vorher festgelegten Schwelle verfallen, BFH, BStBl. II 2016, 159, 162.

880 Vgl. BFHE 239, 95, 99 Rn. 16.

881 Vgl. BFHE 239, 95, 101, Rn. 25.

882 Vgl. BFHE 239, ebd.; ihm folgend nunmehr auch die Finanzverwaltung siehe BMF-Schreiben v. 16.06.2016, IV C 1 – S 2252/14/10001, Tz. 27, 32, BStBl. I 2016, 527; **a.A.** *Hensel*, RdF 2014, 308, 315 der das Urteil schlichtweg als falsch bezeichnet.

883 Vgl. *Heuermann*, DB 2013, 718, 719; **a.A.** wohl *Meinert/Helios*, DStR 2013, 508, 510 und *Moritz/Strohm*, DB 2013, 603, 606. Anders hingegen bei Prämienzahlungen, die den Einkünften aus nichtselbständiger Arbeit zugeordnet werden. Insoweit spricht der BFH von der Abziehbarkeit verlorener Aufwendungen, BFHE 218, 118, 121.

884 In der Entscheidung BFHE 217, 566 ff. beschäftigte sich dieser mit dem Verbot vereinnahmte Stillhalterprämien (§ 22 Nr. 3 EStG a. F.) mit Verlusten aus dem durchgeführten Hauptvertrag (§ 23 Abs. 1 Nr. 4 EStG a. F.) zu verrechnen, wobei er die Verrechnung aus Verlusten durch Glattstellungsgeschäfte zuließ, weil diese Aufwendungen mit Einnahmensicherungsabsicht getätigt würden; in der Entscheidung BFHE 220, 436 ff. wurde

Das Urteil erwähnt mit keinem Wort, dass die bisherige, völlig entgegensetzte Rechtsprechung zur Abzugsfähigkeit von verfallenen Optionsrechten nunmehr aufgegeben wird. Auch ist der Verweis auf die Weiterentwicklung der Urteile zur Abzugsfähigkeit von Glattstellungsaufwand im Gegensatz zum Differenzaufwand, völlig unverständlich. In der Zusammenschau dieser Unstimmigkeiten entsteht der Eindruck, als sei dies eine absichtliche Verwirrungstaktik[885], um die Tragweite des Urteils zu verschleiern[886]. Gerade der als „Ergänzung“ bezeichnete Hinweis lässt den unzutreffenden Eindruck entstehen, dass sich diese Entwicklung bereits angekündigt habe. Die vorgenannte Rechtsprechung hat der BFH anschließend auch für den Verfall eines Optionsrechts nach § 20 Abs. 2 S. 1 Nr. 3 Buchst. a) EStG bestätigt.[887] Dieser Rechtsprechung folgend, wendet die Finanzverwaltung vorgenannte Grundsätze nunmehr auch auf die neue Rechtslage an.[888]

Darüber hinaus hat der BFH entschieden, dass in den Anwendungsbereich des § 20 Abs. 2 S. 1 Nr. 3 Buchst. a) EStG auch die Verluste des Stillhalters fallen, welche dieser bei Zahlung eines Barausgleiches erleide.[889] Soweit hieraus gefolgert wird, dass nunmehr § 15 Abs. 4 S. 3–5 EStG auch vorgenannte Verluste des Stillhalters erfasse[890] verkennt die Ansicht, dass die sprachliche Differenzierung zwischen § 20 Abs. 2 S. 1 Nr. 3 Buchst. a) EStG und § 15 Abs. 4 S. 3–5 EStG einer solchen Auslegung entgegensteht. Soweit § 20 Abs. 2 S. 1 Nr. 3 Buchst. a) EStG Gewinne erfasst, die „bei Termingeschäften, durch die der Steuerpflichtige einen Differenzausgleich […]“ erlangt werden, stellt § 15 Abs. 4 S. 3–5 EStG weiterhin auf „Verluste, aus Termingeschäften, durch die der Steuerpflichtige einen Differenzausgleich […] erlangt“ ab. Eine Erweiterung des Tatbestandes, wie sie der

diese Rechtsprechung dahingehend weitergeführt, dass Verluste aus Barausgleichsverpflichtungen mangels einer solchen Einnahmensicherungsabsicht nicht zum Abzug von positiven Einkünften aus Prämien zuzulassen seien.

885 Ähnlich auch *Meinert/Helios*, DStR 2013, 508, 510, die diesen Verweis irritierend finden.

886 *Heuermann* nennt es einen sanften „Dreh“, *Heuermann*, Anmerkung zum Urteil des BFH vom 26.09.2012, HFR 2012, 1258. Von einer stillen Revolution sprechen indes *Moritz/Strohm*, DB 2013, 603. In diesem Sinne wohl auch *Hensel*, RdF, 2014, 308, 313, der von einer „180-Grad-Wende“ spricht.

887 Siehe hierzu BFHE 252, 423 ff.; BFHE 252, 430 ff. und BFHE 252, 436 ff. Für die Abzugsfähigkeit schon vor der Entscheidung des BFH *Haisch*, DStZ 2007, 762, 771 und *Helios/Philipp*, BB 2010, 95, 97 f.

888 Vgl. BMF-Schreiben v. 16.06.2016, IV C 1 – S 2252/14/10001, Tz. 27, 32, BStBl. I 2016, 527.

889 BFH, BStBl. II 2017, 264 ff.

890 So *Reiß* in: Kirchhof, EStG § 15 Rn. 418b.

BFH gerade mit dem neu gefassten Wortlaut des § 20 Abs. 2 S. 1 Nr. 3 Buchst. a) EStG begründet, lässt sich nicht unmittelbar auf § 15 Abs. 4 S. 3–5 EStG übertragen.

c. *Zwischenergebnis*

Bezugnehmend auf die Ausgangsfrage, wie sich diese Rechtsprechung im Zusammenhang mit § 15 Abs. 4 S. 3 EStG einordnen lässt, ist festzuhalten, dass auch hier der Verfall des Optionsrechts unter den Anwendungsbereich der Norm fällt.[891] Während im Bereich privater Vermögensverwaltung hierdurch die Verluste dem steuerbaren Bereich zugeordnet und dadurch nutzbar i.S.d. Steuerrechts gemacht wurden, führt dies im Bereich der Gewinneinkünfte dazu, dass diese nun nicht mehr uneingeschränkt abgezogen werden dürfen, sondern in den Verlustverrechnungstopf für Verluste aus Termingeschäften eingehen.[892]

5. Verluste aus Termingeschäften

§ 15 Abs. 4 S. 3 EStG erfasst grundsätzlich den negativen Saldo aus allen – unter die Regelung fallenden[893] – Termingeschäften eines Wirtschaftsjahres.[894] Nach den Ergebnissen der bisherigen Untersuchung wären dies somit Optionsgeschäfte des Optionsnehmers, die mindesten wahlweise durch Barausgleich erfüllt werden können und aus denen entweder ein positiver Differenzausgleich durch Ausübung oder ein negativer Differenzausgleich durch Verfall des Optionsrechts entstünde.

---

891 Ebenfalls für die uneingeschränkte Abzugsfähigkeit siehe *Intemann*, in: Herrmann/Heuer/Raupach, § 15 EStG Rn. 1550; i.E. wohl *Haisch/Danz*, DStZ 2005, 850, 852. Eine Ausnahme hiervon, stellt i.R.v. § 15 Abs. 4 S. 5 EStG der Verfall einer erworbenen Aktienverkaufsoption mit Barausgleichsverpflichtung dar, *Häuselmann/Wagner*, BB 2002, 2170, 2171. **A.A.** *Schmid/Renner*, DStR 2005, 2059, 2061; *Häuselmann*, Ubg 2008, 391, 393; *Johannemann/Herr*, RdF 2011, 267, 269.

892 So im Ergebnis wohl auch die Auffassung der Finanzverwaltung, vgl. *Haisch/Danz*, DStZ 2005, 850, 854 f.; **a.A.** *Schmid/Renner*, DStR 2005, 815, 818; *Briesemeister*, S. 286.

893 Vgl. *Reiner*, S. 404; *Assmann/Schütze*, Hdb. KapitalanlageR/*Sagasser*, § 27 Rn. 764; *Schmittmann/Wepler*, DStR 2001, 1783, 1786; **ungenau** insoweit *Haisch/Danz*, DStZ 2005, 850, 853; *Wagner*, DStZ 2003, 798, 801; *Bode*, in: Blümich, EStG § 15 Rn. 658; *Danz/Kieninger/Patzner*, in: Zerey, Hdb. Finanzderivate, § 41 Rn. 88.

894 Schmidt/*Wacker* EStG § 15 Rn. 903. Dies bedeutet also zunächst die Aufteilung sämtlicher, in allen Gewerbebetrieben des Steuerpflichtigen geschlossenen, Termingeschäfte in „schädliche“ und „unschädliche“, dann die Ermittlung der Einzelergebnisse dieser Geschäfte und deren anschließende Saldierung, *Bünning/Kaligin/Naujok*, in: Lademann, EStG, § 15 EStG Rn. 500/4.

Teilweise fordern Autoren aber auch die Einbeziehung von Veräußerungs- bzw. Glattstellungsaufwand und -ertrag.[895] Bei diesen Positionen handelt es sich indes nicht um Gewinne, die gem. § 15 Abs. 4 S. 3 EStG **aus** Termingeschäften resultieren.[896] Auch die Systematik des § 20 Abs. 2 S. 1 Nr. 3 EStG lässt darauf schließen, dass vorgenannte Beträge nicht von § 15 Abs. 4 S. 3 EStG erfasst werden sollen, da diese von § 20 Abs. 2 S. 1 Nr. 3 lit. b) EStG und nicht vom wortgleichen § 20 Abs. 2 S. 1 Nr. 3 lit. a) erfasst werden.[897] Offenbar unterscheidet das Gesetz zwischen Ausübung und Glattstellung. Versteht man die Vorschrift indes als Lenkungsnorm, welche die Verlagerung risikoreicher Geschäfte in den Bereich der betrieblichen Vermögenssphäre verhindern will, dann wäre es vertretbar zu argumentieren, dass die Verluste aus Optionsgeschäften, die in den Anwendungsbereich von § 20 Abs. 6 S. 1 EStG fallen, auf betrieblicher Ebene von § 15 Abs. 4 S. 3 EStG erfasst werden sollten. Danach wären nicht nur die Einkünfte aus § 20 Abs. 2 S. 1 Nr. 3 lit. b) EStG zu fassen, sondern auch Einkünfte aus Stillhaltergeschäften und deren Glattstellung nach § 20 Abs. 1 Nr. 11 EStG, was aber – wie bereits gezeigt werden konnte –, abzulehnen ist. Im Übrigen wäre die Einbeziehung der Glattstellungsgewinne für den Steuerpflichtigen durchaus vorteilhaft, bedenkt man, dass dieser i. d. R. aus der Veräußerung oder Glattstellung einen Gewinn erzielt, da er sonst

895 Vgl. *Intemann*, in: Herrmann/Heuer/Raupach, § 15 EStG Rn. 1550, der insofern seinen Lösungsansatz systematisch umsetzt.

896 Vgl. *Tibo*, DB 2001, 2369, 2370; *Haisch/Danz*, DStZ 2005, 850, 853; *dies.*, in: Haisch/Helios, Rechtshandbuch der Finanzinstrumente, § 5 Rn. 22; *Häuselmann/Wagner*, BB 2002, 2170; *Ebel*, FR 2013, 882, 887; i.E. wohl auch *Wagner*, DStZ 2003, 798, 801; *Danz/Kieninger/Patzner*, in: Zerey, Hdb. Finanzderivate, § 41 Rn. 88 f. Fraglich ist ebenfalls die Einbeziehung eines Verzichts einer Kapitalgesellschaft auf ihren Verlustausgleichsanspruch, welcher als verdeckte Gewinnausschüttung an den Gesellschafter zu qualifizieren ist. *Schmittmann/Wepler* gehen mangels Verlustes nicht von der Anwendbarkeit des § 15 Abs. 4 S. 3 ff. EStG aus, *Schmittmann/Wepler*, DStR 2001, 1783, 1786. **A.A.** *Intemann*, in: Herrmann/Heuer/Raupach, § 15 EStG Rn. 1550.

897 Vgl. BMF-Schreiben v. 18.01.2016, IV C 1 – S 2252/08/10004, Tz. 24, 31, BStBl. I 2016, 85, 89 f. Wie bereits gezeigt wurde, qualifiziert die herrschende Meinung die Glattstellung als wirtschaftliche Veräußerung der eingegangenen Position, vgl. BFHE 202, 351, 354, zustimmend *Buge*, in: Herrmann/Heuer/Raupach, § 20 EStG Rn. 485; i.E. wohl auch *Hensel*, RdF 2014, 308, 314. Ein Teil der Literatur betrachtete indes das Eröffnungs- und das Glattstellungsgeschäft als Einheit, so dass hierin der Glattstellungsgewinn als Differenzausgleich zu qualifizieren sei und gerade nicht als Veräußerung, siehe u. a. *Heuer*, StuW 1992, 313, 326; *Hamacher*, WM 1995, 777, 782; *Wagner*, DStZ 2007, 748, 749; *Glenk*, in Blümich, EStG, § 23 EStG Rn. 72; *Intemann*, in: Herrmann/Heuer/Raupach, § 15 EStG Rn. 1541 a.E.

das Optionsrecht einfach verfallen lassen könnte. Mit der Einbeziehung dieser positiven Einkünfte könnte er sein Verlustausgleichspotential erhöhen.

Vereinzelt wird auf den Wortlaut verweisend damit argumentiert, dass nur unmittelbar aus dem Barausgleich resultierende Verluste erfasst werden, d.h. buchhalterisch verursachte Verluste – wie Abschreibung, Verfall oder Veräußerung – vollständig auszuklammern seien.[898] Da die Vorschrift nach dem eben Gesagten daher nur im Falle eines Verlustes durch tatsächliche Ausübung des Optionsrechts greifen würde, wäre der Anwendungsbereich minimal. Sowohl die finanzgerichtliche Rechtsprechung als auch ein Teil der Literatur beziehen indes Teilwertabschreibungen auf Optionsrechte, Wertberichtigungen und Aufwendungen aufgrund der Ausbuchung von Optionsrechten im Wirtschaftsjahr, mit in die Berechnung ein.[899]

6. Ergebnis

Die Reichweite der Verrechnungsbeschränkung ist in der Rechtswissenschaft umstritten, weil § 15 Abs. 4 S. 3–5 EStG ursprünglich als Missbrauchsvermeidungsvorschrift konzipiert wurde, die Regelung i.R.d. nachfolgenden Reformen aber keine Änderung erfahren hat.[900] Der Gesetzgeber hatte bei deren Einführung nur ganz bestimmte Fälle im Blick und hat daher den Anwendungsbereich bewusst klein gehalten. Da es sich um eine Missbrauchsvermeidungsvorschrift handelt, sollen von ihr auch nur die missbräuchlichen Fälle erfasst und nicht der Anwen-

898 Vgl. *Johannemann/Herr*, RdF 2011, 267, 269. Nach *Häuselmann*, Ubg 2008, 391, 400, könne der Optionsnehmer nur bei Ausübung der Option mit Barausgleich einen Verlust i.d.S. erleiden. **A.A.** *Wagner*, DStZ 2003, 798, 801; *Haisch/Danz*, DStZ 2005, 850, 853. **Gegen die Erfassung** des Ausbuchungsaufwands für **verfallene Optionsrechte** siehe *Tibo*, DB 2001, 2369, 2371; *Schmid/Renner*, DStR 2005, 2059, 2061.

899 Vgl. *Wagner*, DStZ 2003, 798, 801; *Haisch/Danz*, DStZ 2005, 850, 853; *dies.*, in: Haisch/Helios, Rechtshandbuch der Finanzinstrumente, § 5 Rn. 21; *Danz/Kieninger/Patzner*, in: Zerey, Hdb. Finanzderivate, § 41 Rn. 88; *Intemann*, in: Herrmann/Heuer/Raupach, § 15 EStG Rn. 1550. Auch die finanzgerichtliche Rechtsprechung geht von der Anwendbarkeit der Verlustabzugsbeschränkung auf durch Teilwertabschreibung entstandene Verluste aus, vgl. *FG Köln*, EFG 2012, 49, 50.

900 Eingefügt wurde § 15 Abs. 4 S. 3 EStG mit sektoraler und funktionaler Ausnahme durch Art. 1 Nr. 25 lit. b) bb) des StEntlG 1999/2000/2002, BGBl. I 1999, 402, 409; später erweitert durch die Rückausnahme zur sektoralen und funktionalen Ausnahme, die nunmehr unter dem Vorbehalt steht, dass es sich bei dem Termingeschäft nicht um ein solches handelt, welches der Absicherung von Aktiengeschäften dient, eingefügt durch Art. 3 Nr. 4 des Gesetzes zur Änderung des Investitionszulagengesetzes 1999, BGBl. I 2000, 1850, 1853.

dungsbereich beliebig erweitert werden.[901] Der Wortlaut von § 15 Abs. 4 S. 3–5 EStG ist daher nachbesserungsbedürftig. Folgt der Gesetzgeber dem Verständnis, dass es sich hier um eine Lenkungsvorschrift handelt, dann sollte er den Anwendungsbereich der Vorschrift erweitern. Im Hinblick auf die neue Rechtsprechung des BFH sollte nicht auf die Erlangung eines Differenzausgleichs oder Vorteils abgestellt werden, sondern vielmehr auf die Absicht, einen solchen zu erzielen.[902]

D. Besonderheiten bei der Besteuerung von Wertpapieroptionen

Die folgende Untersuchung befasst sich mit den Besonderheiten bei der Besteuerung von Optionsgeschäften, deren Basiswert einen Anteil an einer Körperschaft oder Personenvereinigung i.S.v. § 8b Abs. 2 KStG oder § 3 Nr. 40 lit. a) EStG darstellt (im Folgenden Wertpapieroptionsgeschäft). Die Unterschiede resultieren nicht etwa aus einer abweichenden steuerlichen Behandlung von Wertpapieroptionsgeschäften, sondern aus der steuerlichen Privilegierung der Veräußerung von Anteilen an Körperschaften und Personenvereinigungen gem. § 8b Abs. 2 KStG oder § 3 Nr. 40 lit. a) EStG (im Folgenden verallgemeinernd „Halbeinkünfteverfahren").[903] Da sich die Optionsprämie bei Ausübung des Optionsrechts unmittelbar oder mittelbar auf den Veräußerungspreis auswirkt, eröffnet dies dem Optionsnehmer die Möglichkeit, die steuerliche Begünstigung des Basiswerts zu nutzen, obwohl er lediglich in ein Derivat investiert.

---

901 I.d.S. auch *Ebel*, FR 2013, 882 ff. Zu den Auswirkungen der Typisierung des Missbrauchs, *ders.*, DB 2013, 2114 ff. Auch könnte der Versuch der Einführung einer Legaldefinition des Begriffes des Termingeschäfts im Steuerrecht unternommen werden; dies forderte bereits vor Einführung der Abgeltungsteuer *Haisch*, DStZ 2007, 762, 766.

902 Zur Unzulässigkeit verfassungskonformer Auslegung des Begriffs „erlangt" gegen den Wortlaut und den klar erkennbaren Willen des Gesetzgebers siehe *Meinert/Helios*, DStR 2013, 508, 510.

903 Der Freistellung von Dividenden liegt der Gedanke zugrunde, dass die Einnahmen des Anteilseigners bereits mit Körperschaftsteuer vorbelastet sind; es handelt sich daher nicht um ein echtes Steuerprivileg, so *Intemann*, in: Herrmann/Heuer/Raupach, § 3 Nr. 40 EStG Rn. 7 f. Der Gesetzgeber wollte mit der Einführung des Halbeinkünfteverfahrens die Doppelbelastung ausgeschütteter Gewinne beseitigen und Reinvestitionen innerhalb der Unternehmen fördern, so BT-Drucks. 14/2683, S. 94 f. Zu einer Besteuerung solle es daher nur am Anfang und am Ende der Beteiligungskette kommen, BT-Drucks. 16/2196, S. 2.

1. Anwendungsbereich des § 8b Abs. 2 KStG

Gewinne aus der Veräußerung eines Anteils an einer Körperschaft oder Personenvereinigung, deren Leistungen beim Empfänger zu Einnahmen i.S.d. § 20 Abs. 1 Nr. 1, 2, 9 und 10 Buchst. a des EStG gehören, bleiben gem. § 8b Abs. 2, 3 KStG – bis auf 5 % nicht abzugsfähiger Betriebsausgaben –außer Ansatz.[904] § 8b Abs. 2 KStG findet auf Wertpapieroptionsgeschäfte keine unmittelbare Anwendung, da es sich bei Optionsgeschäften lediglich um Rechte auf den Erwerb der unter die Norm fallenden Anteile handelt, nicht jedoch um die Anteile selbst.[905] Eine andere Auffassung ließe sich auch nicht unter dem Gesichtspunkt der Verschaffung von wirtschaftlichem Eigentum vertreten, da das Optionsrecht als synthetisch begründete Rechtsposition, den Inhaber nicht gem. § 39 Abs. 2 Nr. 1 AO in die Lage versetzt, den zivilrechtlichen Eigentümer von der Einwirkung auf den Basiswert auszuschließen.[906] Folglich fallen weder Barausgleichszahlungen noch Gewinne aus der Glattstellung von Wertpapieroptionsgeschäften unter den Begünstigungstatbestand des § 8b Abs. 2 KStG.

---

904 Hierunter fallen Aktien, einschließlich eigener Aktien, GmbH-Anteile, Anteile an einer Organgesellschaft, Wandelschuldverschreibungen, Vereinsmitgliedschaftsrechte und Genussrechte i.S.v. § 8 Abs. 3 S. 2 KStG, *Rengers*, in: Blümich, KStG § 8b Rn. 211.

905 Vgl. BFHE 220, 352, 253 f. m.w.N.; hieran festhaltend BFHE 240, 357, 358 f., Rn. 8 f. Letztgenannte Entscheidung behandelte auch den möglichen Rückgriff auf die Anteilsdefinition des § 17 Abs. 1 S. 3 EStG. Da dem KStG aber gerade eine solche ausdrückliche Regelung fehle, wird dieser abgelehnt. Es handele sich hierbei um eine bewusste und gerechtfertigte Entscheidung des Gesetzgebers, weil § 8b Abs. 2 KStG über die einkommensteuerliche Regelung des Halbeinkünfteverfahrens hinaus auch die Vermeidung des Kaskadeneffektes bezwecke. Dieser Rechtsprechung hat sich auch die Finanzverwaltung angeschlossen, siehe BMF-Schreiben v. 28.04.2003, IV A 2 - S 2750a - 7/03, Tz. 24, BStBl. I 2003, 292, 295. Auch die herrschende Literatur sieht für eine unmittelbare Anwendung auf Optionsrechte keinen Raum, siehe *Gosch*, in: Gosch, KStG § 8b Rn. 162; *Frotscher, M.*, in: Frotscher/Drüen, KStG § 8b Rn. 192; *Pung*, in: Dötsch/Pung/Möhlenbrock, KStG § 8b Rn. 121; *Rengers*, in: Blümich, KStG § 8b Rn. 212; *Schnitger*, in: Schnitger/Fehrenbacher, KStG § 8b Rn. 281; *Briesemeister*, S. 278; *Häuselmann/Wagner*, BB 2002, 2170; *Rödder/Schumacher*, DStR 2003, 909, 911; *Häuselmann*, Ubg 2008, 391; *Johannemann/Herr*, RdF 2011, 267, 268; *Helios/Niedrig*, DStR 2012, 1301, 1303; **a.A.** Streck/*Binnewies*, KStG § 8b Rn. 52.

906 Zur Ablehnung der Qualifikation des Optionsgeschäfts als Veräußerungs- oder veräußerungsähnliches Geschäft siehe bereits BFHE 163, 175, 178; *Bogenschütz*, FS Schaumburg, S. 236.

a. Einflussbereich der Optionsprämie

Ausgangspunkt der Analyse ist die Feststellung, dass das Wertpapieroptionsgeschäft in unmittelbarem Zusammenhang mit dem durchgeführten Hauptvertrag, i. d. R. ein Kaufvertrag über vorgenannte begünstigte Anteile, steht. Bereits gezeigt wurde, dass die herrschende Meinung davon ausgeht, dass die Prämie auf Seiten des Veräußerers unmittelbaren Einfluss auf den Veräußerungserlös ausübt. Veräußert der Stillhalter die Anteile, so erhöht die Prämie dessen vereinnahmten Veräußerungspreis. Veräußert hingegen der Optionsnehmer, dann mindert sie seinen vereinnahmten Veräußerungspreis. Dieser ist eine unmittelbare Rechengröße für den nach § 8b Abs. 2 S. 2 KStG zu ermittelnden Veräußerungsgewinn – die Prämie beeinflusst den begünstigten Gewinn folglich direkt. Gleichwohl kann die Optionsprämie auch mittelbare Auswirkungen auf den steuerbegünstigten Veräußerungsgewinn haben und zwar immer dann, wenn sie i.R.d. Anschaffungskosten berücksichtigt wurde. Wird aufgrund der Optionsrechtsausübung ein Anteil angeschafft, so erhöht die Optionsprämie die Anschaffungskosten beim Optionsnehmer bzw. mindert diese beim Stillhalter. Wird der Anteil anschließend veräußert, so wird der Buchwert des Anteils gem. § 8b Abs. 2 S. 2 KStG berücksichtigt, so dass die Prämie mittelbar auf den begünstigten Veräußerungsgewinn wirkt.

b. Möglichkeiten der Steuergestaltung

Übt der Optionsnehmer sein Recht aus, dann erzielt er i. d. R. einen Gewinn. Während der Saldo aus Optionsprämie und Barausgleich bzw. Glattstellungserlös laufenden Gewinn darstellt,[907] könnte der Berechtigte durch geschickte Wahl der physischen Lieferung steuerbegünstigte Gewinne realisieren,[908] da die Durchführung des Hauptvertrags steuerbegünstigt wäre. Erweitert man nun den Fokus auf mögliche Verluste, dann zeigt sich, dass der Optionsnehmer es auch hier in der Hand hätte, Verluste steuerrelevant zu verwirklichen, indem er von der physischen Erfüllung absieht und stattdessen einen Barausgleich oder die Glattstellung zur Beendigung des Optionsrechts wählt.[909] Aus steuerlicher Sicht wäre daher der Erwerb von Optionsrechten – statt der tatsächlichen Anteile – besonders reizvoll,

907 Vgl. *Bode* in: Kirchhof, EStG § 4 Rn. 256.

908 Vgl. *Dinkelbach*, DB 2006, 1642, 1647 f.

909 Vgl. *Dinkelbach*, RdF 2012, 270, 271; *Hahne*, StuB 2008, 181, 185 ff. mit weiteren Beispielen aus dem Bereich der Risikoabsicherung. Zu den Gestaltungsanreizen durch Überführung stiller Reserven/Lasten in das Halbeinkünfteverfahren auch *Briesemeister*, S. 287.

da man einen steuerfreien Gewinn bei vollem Verlustabzug erzielen kann und gleichzeitig den Hebeleffekt nutzt und weniger Kapital investieren muss.[910]

Der Stillhalter hingegen profitiert von dieser Gestaltung nicht. Er generiert i. d. R. bei Optionsrechtsausübung einen Verlust. Wählt der Optionsnehmer die physische Lieferung, so ist der Verlust aus der Veräußerung von Anteilen steuerlich – als Folge der Freistellung von Gewinnen – nicht zu berücksichtigen.[911] In der Rechtswissenschaft besteht keine Einigkeit, ob die Nichtberücksichtigung von Verlusten systematisch bereits aus § 8b Abs. 2 S. 2 KStG folgt, oder ob diese vom Tatbestand des § 8b Abs. 3 S. 3 KStG erfasst werden.[912] Am Ergebnis ändert dieser dogmatische Streit freilich nichts, denn es besteht grundsätzlich Einigkeit über den Ansatz des Saldos, der sich aus § 8b Abs. 2 S. 2 KStG ergibt.[913]

In jüngster Vergangenheit wurden weitere Gestaltungsmodelle entwickelt, deren Ziel es ist, steuerbegünstigte gewinnbringende Veräußerungsgeschäfte mit Finanzinstrumenten zu kombinieren, deren Verluste – aus Verfall oder Erfüllung durch nicht steuerbegünstigte Surrogate – vollumfänglich abgezogen werden können und hierdurch ein weiterer Steuervorteil erzielt wird.[914] Hierauf reagierte die

---

910 Nach *Dinkelbach* sei es daher geradezu attraktiv, statt eines Anteilserwerbes, zuerst in Derivate zu investieren, *Dinkelbach*, DB 2006, 1642, 1648; zustimmend *Briesemeister*, S. 287 f.

911 Hintergrund der Regelung ist der Wille des Gesetzgebers, Verluste dann nicht zum Abzug zuzulassen, wenn bzw. soweit die Gewinne steuerfrei sind, *Gosch*, in: Gosch, KStG § 8b Rn. 261. Zur Verfassungsmäßigkeit eine solchen Abzugsverbots siehe BFHE 218, 251, 252 ff., wonach § 3c EStG mit dem GG vereinbar ist. Für § 15 Abs. 4 S. 3 EStG bleibt grundsätzlich kein Raum, es sei denn, es handelt sich um Aktien nach § 8b Abs. 7 KStG – dann werden i. d. R. die Voraussetzungen von § 15 Abs. 4 S. 4 EStG vorliegen; nicht anwendbar ist § 8 Abs. 3 S. 3 KStG aber im Falle der Glattstellung des Optionsgeschäfts oder des Verfalls des Optionsrechts, *Haisch/Danz*, DStZ 2005, 850, 854 f.

912 Dabei sprechen systematische Gründe für die Erfassung von Veräußerungsverlusten nach § 8b Abs. 2 S. 2 KStG auch wenn der Verstoß gegen das Leistungsfähigkeitsprinzip noch als verhältnismäßig anzusehen ist, vgl. *Gosch*, in: Gosch, KStG § 8b Rn. 267; *Schnitger*, in: Schnitger/Fehrenbacher, KStG § 8b Rn. 419; **a.A.** *Pung*, in: Dötsch/Pung/Möhlenbrock, KStG § 8b Rn. 190; *Frotscher, M.*, in: Frotscher/Drüen, KStG § 8b Rn. 261.

913 Vgl. *Schnitger*, in: Schnitger/Fehrenbacher, KStG § 8b Rn. 419; *Pung*, in: Dötsch/Pung/Möhlenbrock, KStG § 8b Rn. 190.

914 Angelehnt an das *FG Nürnberg*, EFG 2013, 966 ff., ähnlich *FG Niedersachsen*, EFG 2013, 328 ff. Bei dem Modell über welches das *FG Düsseldorf*, EFG 2012, 2055 ff., zu entscheiden hatte, wurde ein unbedingtes Termingeschäft über Aktien abgeschlossen, bei welchem ein steuerbegünstigter Gewinn durch den Verkauf am Markt

Rechtsprechung, die folgend noch zu erörtern sein wird, indem sie die Anschaffungskosten des Optionsrechts als Veräußerungskosten qualifizierte. Als solche sind die Kosten des Optionsrechts i.R.d. Berechnung des Veräußerungsgewinns vom Veräußerungserlös gem. § 8b Abs. 2 S. 2 KStG zum Abzug zu bringen, so dass sie den begünstigten Gewinn schmälern oder bei Übersteigen des Erlöses zu nicht abzugsfähigem Verlust führen.[915]

c. Teleologische Reduktion

In Anbetracht der dargestellten Gestaltungsmöglichkeiten ist es in der Rechtswissenschaft nicht unumstritten geblieben, ob § 8b Abs. 2 KStG auch die im Veräußerungsgewinn enthaltene Optionsprämie erfasst. Diesbezüglich wird vertreten, dass für die Ermittlung des Veräußerungsgewinns nach § 8b Abs. 2 S. 2 KStG die allgemeine steuerlichen Gewinnermittlungsvorschriften gem. § 8 Abs. 1 KStG i.V.m. den §§ 4 Abs. 1, 5 Abs. 1 EStG einschränkungslos gelten, so dass auch für die Erfassung der Optionsprämie keine Ausnahme zu machen sei.[916] In Betracht käme aber eine teleologische Reduktion der Norm, da diese zwar vom Wortsinn

---

realisiert wurde, während die Verpflichtung aus dem gegenläufigen Termingeschäft mit Aktienzertifikaten erfüllt werden konnte. Den Verlust hieraus wollte der Steuerpflichtige vollumfänglich abziehen. Auf diese Modelle wies die OFD Niedersachsen bereits 2011 hin, OFD Niedersachsen, DStR 2011, 1274 f. Kritisch zur Annahme eines Gestaltungsmissbrauchs siehe *Haisch*, RdF 2013, 222, 229.

915 Vgl. BFHE 245, 59 ff.; zustimmend *Pung*, in: Dötsch/Pung/Möhlenbrock, KStG § 8b Rn. 8; **a.A.** *Kröger*, RdF 2013, 259, 260; *Ebel*, FR 2014, 410, 415. **Kritisch** hierzu *Kröger*, RdF 2013, 259 und *Haisch*, RdF 2013, 222, 224. Lediglich das *FG Niedersachsen* ging in dem von ihm entschiedenen Fall von einem Gestaltungsmissbrauch nach § 42 AO aus, weil alleiniges Ziel der eingegangenen Verträge die Erlangung eines steuerlichen Vorteils gewesen sei, *FG Niedersachsen*, EFG 2013, 328, 330. **Kritisch** zu dieser Entscheidung ebenfalls *Haisch*, RdF 2013, 222, 229 und *Kröger*, RdF 2013, 259, 260, da es sich bei den durch den Fonds geschlossenen Absicherungsgeschäften um durchaus übliche Geschäfte handele.

916 Vgl. *Bogenschütz*, FS Schaumburg, S. 219; *Häuselmann/Wagner*, BB 2002, 2170, 2172; *Herzig*, DB 2003, 1459, 1462; *Rödder/Schumacher*, DStR 2003, 909, 912; *Haarmann*, JbFStR 2005/2006, 205, 209; *Häuselmann*, Ubg 2008, 391, 397 f.; *Hahne*, StuB 2008, 181, 185; *Johannemann/Herr*, RdF 2011, 267, 270; *Helios/Niedrig*, DStR 2012, 1301, 1302, 1304; **a.A.** *Schmid/Renner*, DStR 2005, 2059, 2060; *Dinkelbach*, DB 2006, 1642, 1645; *ders.*, RdF 2012, 270, 272; *Pung*, in: Dötsch/Pung/Möhlenbrock, KStG § 8b Rn. 140; *Briesemeister*, S. 295 Nach *Gosch* gelten die allgemeinen Gewinnermittlungsvorschriften grundsätzlich einschränkungslos aber er teilt die Auffassung des BFH, die Optionsprämie für die Zwecke des § 8b Abs. 2 KStG herauszurechnen, siehe *Gosch*, in: Gosch, KStG § 8b Rn. 195b, 198a.

her, den nach allgemeinen Vorschriften zu ermittelnden Veräußerungsgewinn erfasse, sich aus dem Regelungszweck und dem Sinnzusammenhang der Norm aber ergebe, dass nur solche Gewinne begünstigt werden sollen, die an die Stelle einer Dividende treten, also ihrerseits selbst zu Einnahmen aus § 20 Abs. 1 Nr. 1, 2, 9 und 10 lit. a) EStG führen. Rechtspositionen bei denen lediglich die „abstrakte“ oder allenfalls mittelbare wirtschaftliche Doppelerfassung droht, werden von der Freistellung gerade nicht erfasst.[917] Die Rechtfertigung der Freistellung liege gerade darin, dass der Gewinn aus der Veräußerung eine aufgesummte Ausschüttung von sonst freigestellten Dividenden sei. Optionsrechte lösten jedenfalls unmittelbar keine freigestellten Einkünfte aus.[918] Folglich gehörten Prämien, die der Veräußerer für Optionsgeschäfte im Zusammenhang mit dem Erwerb und der Veräußerung solcher Anteile vereinnahme, nicht zu § 8b Abs. 2 KStG.

d. Auswirkungen

Vor dem Hintergrund dieser Grundthese muss daher geklärt werden, welche Konsequenzen sich hieraus bei Ausübung des Optionsrechts ergeben.

Die Nichtberücksichtigung der Prämie führt beim Stillhalter dazu, dass sich sein nichtabzugsfähiger Verlust erhöht, während die vereinnahmte Optionsprämie vollständig als Ertrag versteuert wird.[919] Obwohl der Stillhalter wirtschaftlich in Summe also einen Verlust erleidet, weil die Optionsprämie mit der Ausübung

---

917 Vgl. BFHE 240, 357, 359, Rn. 10 bezugnehmend auf *Dinkelbach*, RdF 2012, 270, 274 f.

918 Vgl. BFHE 240, 357, 359, Rn. 10. Er bestätigte damit das *FG Düsseldorf*, welches bereits – entgegen der mehrheitlichen Meinung in der Literatur – die Einbeziehung in den Anwendungsbereich wegen der fehlenden Vorbelastung mit Körperschaftsteuer verneinte, *FG Düsseldorf* EFG 2012, 1496 ff. Dies kritisierten vor allem *Helios/Niedrig*, DStR 2012, 1301, 1306, da Wertsteigerungen zwischen Erwerb und Veräußerung nie mit Körperschaftssteuer vorbelastet seien. Der Gesetzesbegründung sei im Übrigen auch nicht zu entnehmen, dass Voraussetzung für die Freistellung eine körperschaftsteuerliche Vorbelastung der Veräußerungsgewinne sei; vielmehr werde diese unterstellt und sei nicht besonderes Tatbestandsmerkmal, *Gosch*, in: Gosch, KStG § 8b Rn. 2. Dies werde gerade durch die Anknüpfung des § 8b Abs. 2 KStG an die Bezüge beim Empfänger klar, vgl. *Haisch/Helios*, in: Haisch/Helios, Rechtshandbuch der Finanzinstrumente, § 4 Rn. 134 f. Diesen Bezug stellt auch der BFH her und begründet seine Auffassung gerade damit, dass Optionsrechte unmittelbar keine solchen Einkünfte auszulösen vermögen und daher vom Regelungsbereich des § 8b Abs. 2 KStG gerade nicht erfasst seien, BFHE 240, 357, 359, Rn. 10.

919 Vgl. *Schmid/Renner*, DStR 2013, 2734, 2735 mit Rechenbeispiel.

des Optionsrechts vollständig aufgezehrt wurde, hat er im Ergebnis einen Gewinn zu versteuern.[920]

Beim Optionsnehmer hingegen erhöht die gezahlte Prämie i.R. einer ausgeübten Kaufoption die Anschaffungskosten. Durch eine Nichtberücksichtigung der Prämie bei Festsetzung des Veräußerungsgewinns des Basiswerts, führt dies zu einem höheren begünstigten Gewinn. Die Zahlung der Prämie würde sich somit bei Veräußerung des Wirtschaftsguts nicht auswirken, was zur vollständigen Abziehbarkeit der Prämie zu diesem Zeitpunkt führt. Der Optionsnehmer könnte diesen Effekt für sich dadurch ausnutzen, dass er Kaufoptionen mit einem sehr niedrigen Basispreis erwirbt. Da die Optionsprämie die hohe Differenz zwischen Marktwert und Basiswert ausgleichen muss, ist diese besonders hoch. Bei Ausübung des Optionsrechts entständen so ein besonders hoher steuerbegünstigter Gewinn und gleichzeitig ein hoher abziehbarer Aufwand für die Anschaffung des Optionsrechts.[921]

Fraglich ist auch, wie der Fall der Veräußerung einer Aktie des Optionsnehmers aufgrund einer von ihm ausgeübten Verkaufsoption zu behandeln wäre. Nach handelsrechtlichen Grundsätzen mindert die im Voraus geleistete Prämie den nunmehr erzielten Veräußerungserlös. Folgte man oben genannter Rechtsprechung zur teleologischen Reduktion des § 8b Abs. 2 KStG, so wäre es nur konsequent, dass die Prämie weder gewinnerhöhend noch gewinnmindernd in den freigestellten Gewinn einzubeziehen ist.[922] Diese Ansicht teilt der erste Senat des BFH aber nicht, denn er qualifiziert Verluste aus Termingeschäften als Veräußerungskosten und bringt diese vom Veräußerungsgewinn der Anteile zum Abzug.[923] Unter Veräußerungskosten sind nach der aktuellen Rechtsprechung des BFH solche Betriebsausgaben zu verstehen, die in einem Veranlassungszusammenhang mit der Veräußerung stehen, wobei auf das „auslösende Moment" für die Entstehung der Aufwendungen abzustellen ist.[924] Es sei bereits ausreichend,

920 Vgl. *Schmid/Renner*, DStR 2013, 2734, 2738.

921 Zu diesem Modell *Briesemeister*, S. 289. Zur Beeinflussung des Optionspreises durch den vereinbarten Basispreis siehe bereits I. Kapitel A. 2. Buchst. d.

922 So auch *Haisch*, RdF 2013, 222, 223.

923 So BFHE 245, 59, 61 f. Rn. 10 ff.; **a.A.** *Ebel*, FR 2014, 410, 415.

924 Vgl. BFHE 245, 59, 62 Rn. 13 m.w.N. Dieses Urteil bestätigt das nunmehr wohl weite Verständnis des Begriffs der Veräußerungskosten. Deren Erfassung i.R.d. Veräußerungserlöses wurde in der Literatur bisher als systemwidrig erachtet, weil sie zunächst dem steuerfreien Bereich zugeordnet werden und vom Nettobetrag zusätzlich nochmals 5 % als nicht abziehbare Betriebsausgaben gelten. Dies führt zu einem doppelten Abzugsverbot von veräußerungsbedingten Aufwendungen, *Gosch*,

dass die Geschäfte lediglich in einem losen wirtschaftlichen Zusammenhang stünden, wenn die gebotene wertende Zuordnung eine größere Nähe zu den einzelnen Veräußerungsvorgängen als zum allgemeinen Geschäftsbetrieb offenbare.[925] Die Trennungstheorie unterstellt, dass der Optionsvertrag als vom Hauptvertrag unabhängiges und selbständiges Geschäft neben diesem stehe. Es ist daher zu erwarten, dass die Vertreter der Trennungstheorie die Anschaffungskosten für das Optionsrecht als Veräußerungskosten begreifen werden. Sollte die Prämie also aufgrund ihres unmittelbaren Veranlassungszusammenhangs unter die Veräußerungskosten fallen, würde sie den Veräußerungsgewinn mindern.

2. Anwendungsbereich des § 3 Nr. 40 lit. a) und § 3c Abs. 2 EStG

In ähnlicher Weise regelt das Teileinkünfteverfahren im EStG die steuerliche Begünstigung von Betriebsvermögensmehrungen durch den Erhalt von Bezügen oder Veräußerungen aus Anteilen an Körperschaften, Personenvereinigungen und Vermögensmassen, deren Leistungen beim Empfänger zu Einnahmen i.S.d. § 20 Abs. 1 Nr. 1 und 9 EStG gehören. Danach sind gem. § 3 Nr. 40 lit. a) EStG 40 Prozent der Einnahmen steuerfrei, soweit sie zu Einkünften aus Gewerbebetrieb gehören.

Ein Gleichlauf zwischen den Vorschriften des Teileinkünfteverfahrens und den Freistellungsvorschriften des KStG bestehe, nach Auffassung des BFH, hingegen nicht. Der steuerlichen Begünstigung des Veräußerungserlöses liege zwar nach beiden Gesetzen der Gedanke zugrunde, dass es sich beim Veräußerungsgewinn um die quasi aufgesummte Dividende der Beteiligung an einer Körperschaft

---

in: Gosch, KStG § 8b Rn. 283; *Schnitger*, in: Schnitger/Fehrenbacher, KStG § 8b Rn. 399; *Ebel*, FR 2014, 410, 415. Wohl ohne systematische Bedenken *Frotscher, M.*, in: Frotscher/Drüen, KStG § 8b Rn. 256, weil dieser die Veräußerungskosten nicht zum steuerfreien Veräußerungsgewinn zuordnet und daher von der grundsätzlichen Abziehbarkeit der Veräußerungskosten ausgeht. *Ebel*, FR 2014, 410, kritisiert die weite Begriffsinterpretation der Veräußerungskosten als vom gesetzgeberischen Willen nicht mehr getragen. Der Begriff der Veräußerungskosten sei „normspezifisch eng auszulegen", *Ebel*, ebd.

925 Vgl. BFHE 245, 59, 63 f. Rn. 15 zu absichernden Zertifikategeschäften. Er bestätigte damit die Vorinstanz, die ebenfalls einen Veranlassungszusammenhang bejahte, *FG Düsseldorf* EFG 2012, 2055, 2056. Nach *Ebel* verkenne der BFH, dass der Gesetzgeber für den Fall der ergebniskompensatorischen Sicherung von steuerfreien Aktiengrundgeschäften durch Derivate bereits den Tatbestand des § 15 Abs. 4 S. 5 EStG geschaffen habe. Dieser Norm hätte es nicht bedurft, wenn Verluste aus Termingeschäften bereits nach § 3c EStG – und damit systematisch auch als Veräußerungskosten nach § 8b Abs. 2 S. 2 KStG – nicht abzugsfähig gewesen wären, *Ebel*, FR 2014, 806, 807.

handelt.[926] § 8b KStG solle darüber hinaus den sog. Kaskadeneffekt verhindern, der durch die systemimmanente körperschaftsteuerliche Doppel- und Mehrfachbelastung bei der Ausschüttung von Gewinnen an eine weitere Körperschaft entsteht.[927] Erst auf Ebene des Anteilseigners komme es somit letztlich zu einer Nachversteuerung.[928] Daher verneinte die Rechtsprechung die Einbeziehung von Bezugsrechten in den Anwendungsbereich des § 8b Abs. 2 KStG[929], während dies für das Teileinkünfteverfahren bejaht wurde[930].

Bezugsrechte wurden Anteilen gleichgestellt, da sie – wirtschaftlich betrachtet – **teilweise** mit ihnen **identisch** seien, denn sie verkörperten offene und stille Reserven, den Geschäftswert und damit auch zukünftige Dividenden.[931] Entgegen der Ansicht im Schrifttum, bejahte der BFH die Anwendung des Teileinkünfteverfahrens auf schuldrechtlich eingeräumte Kaufoptionsrechte, wofür er auf die **Anteilsdefinition des § 17 Abs. 1 S. 3 EStG** zurückgriff,[932] wonach Anwartschaften ausdrücklich als Beteiligungen an einer Kapitalgesellschaft definiert sind. Auch ein schuldrechtlich eingeräumtes Gestaltungsrecht in Form einer Kaufoption[933] sei eine Anwartschaft i.d.S., denn es verkörpere als Vorstufe zum Vollrecht eine

---

926 Vgl. BFHE 220, 352, 354.

927 Vgl. BFHE 220, 352, 354 f. *Heuermann* erachtet die Auslegungsunterschiede zwar als misslich, hält aber dennoch die von der Rechtsprechung gewählte Interpretation für vertretbar, *Heuermann*, StBp 2008, 176, 177 f.

928 Vgl. *Gosch*, in: Gosch, KStG § 8b Rn. 1.

929 Vgl. BFHE 220, 352, 353; **kritisch** *Wagner*, DStR 2009, 626, 629; *Briesemeister*, S. 280 hinsichtlich schuldrechtlich eingeräumter Optionsrechte, dem BFH aber sonst durchaus zustimmend, *dies.*, S. 284.

930 Vgl. BFHE 211, 273 ff.; **kritisch** *Busch*, BB 2008, 1103.

931 Vgl. BFHE 202, 309, 313; BFHE 220, 352, 354.

932 Dieser habe allerdings nur klarstellenden Charakter, denn schon vor dessen Einführung habe man Bezugsrechte unter den Anteilsbegriff subsumiert, vgl. BFHE 211, 273, 275 so schon BFHE 115, 223, 225. Auch wenn diese Rechtsprechung zu § 3 Nr. 40 j. EStG a. F. erging, geht die Literatur davon aus, dass die Grundsätze auch weiterhin für Optionsrechte im Betriebsvermögen von natürlichen Personen gelten, *Dinkelbach*, DB 2006, 1642, 1649; *Wagner*, DStR 2009, 626, 628; *Intemann*, in: Herrmann/Heuer/Raupach, § 3 Nr. 40 EStG Rn. 63; *Bogenschütz*, FS Schaumburg, S. 236. Im Gegensatz zu § 8b KStG wird das Merkmal der „Leistungen die beim Empfänger zu Einnahmen i.S.d. § 20 Abs. 1 Nr. 1 und 9" EStG gehören, weiterhin abstrakt verstanden, *v. Beckerath*, in: Kirchhof/Söhn/Mellinghoff, EStG § 3 Nr. 40 Rn. B 40/95.

933 Vgl. BFHE 220, 249, 252. Der BFH unterscheidet insoweit zwischen einem Anwartschaftsrecht und der Anwartschaft, denn hierunter sei nicht dasselbe zu verstehen, vgl. BFHE 220, 249, 255.

Anwartschaft auf die Kapitalbeteiligung.[934] Anders als im Bereich des § 8b KStG, lässt sich eine solche Einordnung aber gerade nicht damit begründen, dass Optionsrechte selbst zu Einnahmen nach § 20 Abs. 1 Nr. 1 EStG führen. Eine entsprechend fortgesetzte Teilidentität zwischen dem Optionsrecht und dem Anteil an der Kapitalgesellschaft bestehe deswegen nicht.[935] Lediglich direkt gegen die Gesellschaft gerichtete bzw. kapitalerhöhungsbasierte Anwartschaften seien daher von § 17 Abs. 1 S. 3 EStG erfasst.[936] Allerdings ließe sich dieses Ergebnis nicht auf die Systematik des § 17 Abs. 1 S. 3 EStG stützen, nennt diese Vorschrift doch die Anwartschaften unmittelbar nach Aktien, Anteilen an einer Gesellschaft mit beschränkter Haftung und Genussscheinen. Da diese qualitativ nicht vergleichbar seien, sei hieraus zu schließen, dass der Anwendungsbereich der Vorschrift weit verstanden werden müsse.[937] Der **Zweck der Vorschrift** liege in der Erfassung des in der Gesellschaft erzielten Substanzzuwachses[938] und dieser beeinflusse wiederum den Wert des Optionsrechts, da es seinen Wert von den Anteilen ableite. Somit realisiere sich, nicht anders als bei vertikalen Bezugsrechten, bei der Veräußerung des Optionsrechts der Wertzuwachs der Anteile.[939]

In der Literatur wird grundsätzlich die unmittelbare Einbeziehung von Wertpapieroptionsgeschäften in das Teileinkünfteverfahren verneint, während eine mittelbare Erfassung über die Anschaffungskosten oder den Veräußerungserlös durchaus Zustimmung findet.[940] Die gegenteilige Rechtsprechung des BFH im Bereich des Körperschaftsteuerrechts kann aus oben genannten Gründen nicht un-

934 Vgl. BFHE 220, 249, 252, 256. Differenzierend *Bogenschütz*, FS Schaumburg, S. 232.

935 Siehe *Dinkelbach*, DB 2006, 1642, 1649 f.; *ders.*, RdF 2012, 270, 275; *Briesemeister*, S. 284; i.E. wohl auch *Haisch/Danz*, DStZ 2006, 229, 232; *Gosch* in: Kirchhof, EStG § 17 Rn. 17.

936 Vgl. *Dinkelbach*, RdF 2012, 270, 274 und *Häuselmann*, Ubg 2008, 391, 392 jeweils m.w.N.

937 Vgl. BFHE 220, 249, 257.

938 Vgl. BFHE 220, 249, 252.

939 Vgl. BFHE 220, 249, 260. **Kritisch** *Dinkelbach*, DB 2006, 1642 ff.; *ders.*, RdF 2012, 270 ff.; *Intemann*, in: Herrmann/Heuer/Raupach, § 3 Nr. 40 EStG Rn. 63, da bei normspezifischer Auslegung von § 3 Nr. 40 EStG nur Anteile erfasst seien, die in der Lage sind, dem Inhaber laufende Gewinnausschüttungen zu vermitteln. Ablehnend auch *Gosch* in: Kirchhof, EStG § 17 Rn. 17 mit dem Hinweis auf die schwache Ausprägung der Position.

940 Vgl. *Häuselmann/Wagner*, BB 2002, 2170 f.; *von Beckerath* in: Kirchhof, EStG § 3c Rn. 45.

eingeschränkt auf den Bereich der Einkommensteuer übertragen werden,[941] denn der Begriff des Anteils i.S.d. § 8b Abs. 2 KStG entspreche nicht dem Anteilsbegriff aus dem EStG.[942] *Gosch* nennt dies eine „unschöne und steuersystematisch nur schwer zu rechtfertigende Schieflage".[943] Nach der Gegenansicht, die insbesondere von *Dinkelbach* vertreten wird, ist auch im Bereich des Teileinkünfteverfahrens die Optionsprämie außer Acht zu lassen. Entgegen der Rechtslage vor Einführung des Halbeinkünfteverfahrens führt die „Übertragung" der stillen Reserven auf den angeschafften Basiswert nicht mehr nur zu einer zeitlichen Verzögerung der Besteuerung, da nunmehr eine unterschiedliche Steuerverhaftung gegeben sei.[944]

3. Stellungnahme

Die Rechtsprechung steht auf dem Standpunkt, dass die Optionsprämie vom Anwendungsbereich des § 8b Abs. 2 KStG ausgenommen ist, also folglich weder unmittelbar noch mittelbar als Teil des Veräußerungsgewinns berücksichtigt werden darf. Wird die Optionsprämie i.R.d. Anschaffungskosten des Anteils berücksichtigt, so beeinflusst sie mittelbar den späteren Veräußerungsgewinn i.S.d. § 8b Abs. 2 S. 2 KStG. Im Rahmen dieser Problematik wurde daher noch einmal die Diskussion darüber angestoßen, ob die Prämie überhaupt i.R.d. Anschaffungskosten des Basiswertes berücksichtigt werden sollte. Dieser Punkt wird nachfolgend daher nochmals aufgegriffen und aus dem Blickwinkel der Trennungstheorie beleuchtet. Darüber hinaus vertritt der BFH die Ansicht, die Optionsprämie sei für gegenläufige absichernde Termingeschäfte, die lediglich im Zusammenhang mit dem Wertpapiergeschäft geschlossen wurden, als Veräußerungskosten zu qualifizieren, die den Veräußerungsgewinn mindern und so ggf. zu einem nichtabzugsfähigen Verlust führen. Hiernach liegt der Schluss nahe, dass dies auch für

---

941 Im Übrigen hat der BFH es ausdrücklich dahinstehen lassen, ob das schuldrechtlich eingeräumte Optionsrecht tatsächlich uneingeschränkt unter den Begriff der Anwartschaft zu subsumieren sei, BFHE 240, 357, 359, Rn. 9.

942 Vgl. BFHE 240, 357, 359, Rn. 9; **kritisch hierzu** *Dinkelbach*, RdF 2012, 270, 274; *Hahne*, Anmerkung zum Urteil des BFH vom 23.01.2008, DStR 2008, 864 f.

943 Vgl. *Gosch*, in: Gosch, KStG § 8b Rn. 162.

944 So *Dinkelbach*, DB 2006, 1642, 1647. Dies lasse letztlich die unzureichende systematische Durchdringung des Halb- bzw. Teileinkünfteverfahrens durch den Gesetzgeber erkennen, *Dinkelbach*, DB 2006, 1642, 1643. *Häuselmann* bezeichnet die Einbeziehung von schuldrechtlichen Optionsrechten in § 17 EStG als „Kollateralschaden"; hierdurch werde das Optionsrecht dennoch nicht zum „Anteil" i.S.d. Teileinkünfteverfahrens, *Häuselmann*, Ubg 2008, 391, 392.

unmittelbar am Wertpapiergeschäft beteiligte Optionsgeschäfte gilt, also solche die durch Ausübung des Optionsrechts durchgeführt werden.

a. *Mittelbare Einbeziehung der Optionsprämie in den Anwendungsbereich des § 8b Abs. 2 KStG*

Der BFH konstatiert in seinem Urteil, die Prämie falle nicht in den Anwendungsbereich des § 8b Abs. 2 KStG.[945] Er ließ ausdrücklich dahinstehen, ob diese überhaupt zu den Anschaffungskosten des Wertpapiers gehöre. Vorgenannte Äußerung wurde anschließend teilweise dahingehend interpretiert, dass der BFH bezweifle, dass die Optionsprämie zu den Anschaffungskosten gehöre. Dies stieß in der Literatur auf Kritik.[946] Daher nahm der oberste Finanzgerichtshof im Nachgang ausdrücklich hierzu Stellung.

(1) *Die Optionsprämie als Teil der Anschaffungskosten*

Nach Ansicht der höchstrichterlichen Rechtsprechung gehöre die Optionsprämie zu den Anschaffungs- bzw. Anschaffungsnebenkosten des Basiswerts.[947] Hiermit bestätigte der BFH, dass er trotz Trennungstheorie den Zusammenhang zwischen dem Abschluss des Optionsvertrags und der Anschaffung des Basiswerts i.R.d. Durchführung des Hauptvertrags anerkenne.

In seinem Urteil nimmt der BFH ausdrücklich Bezug auf die Äußerungen der Autoren *Schmid* und *Renner*, die die Optionsprämie gerade nicht zu den Anschaf-

---

945 So BFHE 240, 357, 359, Rn. 11.

946 Siehe hierzu u. a. *Schnitger*, DStR 2013, 1771, 1772; *Schmid/Renner*, DStR 2013, 2734, 2735 zur Vorinstanz bereits *Helios/Niedrig*, DStR 2012, 1301 ff. **Kritisch** zur Rechtsprechung auch *Haisch*, RdF 2013, 222, 223.

947 Vgl. BFHE 245, 59, 64 f. Rn. 17. Dieser Feststellung lassen sich allerdings noch andere interessante Aspekte entlocken. Die Optionsprämie zu den Anschaffungskosten zählend bedeutet auch, dass ein zeitlicher Zusammenhang zwischen Aufwand und Erwerb des Wirtschaftsguts nicht gefordert wird und dass der erforderliche finale Zusammenhang zwischen Erwerb bzw. Einräumung des Optionsrechts einerseits, und Anschaffung bzw. Veräußerung andererseits besteht, vgl. zu den Anschaffungskosten im Allgemeinen BFHE 118, 44, 47; BFHE 211, 112, 115; BFHE 122, 108, 110; i.E. auch BFHE 197, 58, 60; BFHE 202, 57, 62. Da die Prämie im Wirtschaftsgut Optionsrecht aufgegangen ist und dieses nunmehr den Anschaffungskosten des Basiswerts zugeordnet wird, setzt sich folglich das Optionsrecht im erworbenen Basiswert fort, BFHE 207, 543, 545 m.w.N.; *Johannemann/Herr*, RdF 2011, 267, 270; *Dinkelbach*, DB 2006, 1642, 1644.

fungskosten rechnen.[948] Es ergebe sich nach deren Ansicht bereits aus der Trennungstheorie selbst, dass Options- und Hauptvertrag auch bilanziell voneinander getrennt behandelt werden müssten und dass ein Veranlassungszusammenhang zu einem erworbenen Wirtschaftsgut weder mit den Anschaffungs- noch mit den Veräußerungskosten bestehe.[949] Werde die Stillhalterleistung vom späteren Hauptvertrag, der die causa für den Anschaffungsvorgang bildet, als eigenständige Leistung behandelt, so müsse sich der hieraus resultierende Gewinn bzw. Verlust unabhängig von der Durchführung des Hauptvertrags realisieren.

(2) Realisation des Gewinnes mit Ausübung des Optionsrechts bei physischer Lieferung

Bisher äußerten nur wenige Autoren Zweifel am Veranlassungszusammenhang zwischen der Leistung des Stillhalters und dem Erwerb des Basiswerts.[950] Dennoch ist dieser Ansatz nicht neu. Er entspricht im Ergebnis dem – bereits erörterten Vorschlag – von *Breker und Dinkelbach* die Ausübung des Optionsrechts mit physischer Lieferung als Realtausch zu behandeln.[951] Hiernach werde bei Ausübung des Kaufoptionsrechts der Basiswert gegen das Optionsrecht sowie die Zahlung des Basispreises (Tausch mit Bardraufgabe) eingetauscht.[952] Dieser Lösungsansatz setzt im Kern auf die eben angesprochene Realisation des Gewinns bei Beendigung des Optionsrechts und die Verhinderung der Übertragung stiller Reserven oder Lasten in andere Wirtschaftsgüter.[953] So wird verhindert, dass stille Reserven respektive Lasten an den Begünstigungstatbeständen partizipierten. Diese vollständige, vom Hauptvertrag losgelöste Gewinnrealisation, geht über die von der Rechtsprechung gewählte Lösung hinaus, da mit Ausübung des Optionsrechts alle Gewinne realisiert werden, während der Hauptvertrag zum Markt-

948 Vgl. *Schmid/Renner*, DStR 2013, 2734, 2735 f.

949 Vgl. *Schmid/Renner*, DStR 2013, 2734, 2735; *dies.*, DStR 2005, 815, 817.

950 Vgl. *Dreissig*, BB 1989, 1511, 1516. Für die Ausübung von Verkaufsoptionen siehe *Breker*, S. 171; *Niemeyer*, S. 127; *Dahm/Hamacher*, DStR 2008, 1910, 1913 bezugnehmend hierauf auch *Jachmann/Lindenberg*, in: Lademann, EStG, § 20 EStG, Rn. 504. Der Vollständigkeit halber soll an dieser Stelle auch noch einmal auf *Adler/Düring/Schmaltz*, § 255 HGB Rn. 74 hingewiesen werden, die Aufwendungen für die Option mangels „Werthaltigkeit" nicht berücksichtigen, wenn der Basiswert zum gleichen Preis hätte erworben werden können.

951 Siehe III. Kapitel B. 2. Buchst. a.

952 Siehe *Breker*, S. 107 ff., sowie *Dinkelbach*, DB 2006, 1642, 1648; *ders.*, RdF 2012, 270, 271 f. aber auch *Briesemeister*, S. 290.

953 So sehr anschaulich und mit Fallbeispielen bekräftigend *Schmid/Renner*, DStR 2013, 2734, 2737 ff.; zum Vorliegen eines Tauschgeschäfts *Dinkelbach*, DB 2006, 1642, 1648.

preis Eingang in die Bilanz findet. Diese Auffassung muss sich der Kritik stellen, dass dadurch ein Gewinn besteuert wird, bei welchem der Zufluss liquider Mittel fehlt, also keine gesteigerte Leistungsfähigkeit vorliegt. Diesen Kritikpunkt wirft *Dinkelbach* selbst auf, entkräftet ihn damit, dass dies ein „Tauschvorgängen allgemein inhärentes Problem“ sei.[954]

(3) *Kritik an der Realisation des Gewinnes mit Ausübung des Optionsrechts bei physischer Lieferung*

Dennoch kann die Auffassung, in der Ausübung des Optionsrechts sei ein Tauschgeschäft zu sehen, nicht überzeugen.[955] Diese These führt insofern zu Unstimmigkeiten, als sie vom Tausch eines Rechts gegen einen Basiswert ausgeht, obwohl das Recht nach allgemeiner Ansicht durch die Ausübung untergeht. Ein Tausch besteht aus einem Anschaffungs- und einem Veräußerungsvorgang, doch auch wenn das Optionsrecht seinerseits als Wirtschaftsgut qualifiziert wird, so wird es dennoch nicht an den Stillhalter zurück veräußert. Ferner spricht gegen diese These, dass sie nicht zu erklären vermag, was der Rechtsgrund eines solches Tauschs wäre, da bekanntermaßen das hineingetauschte Wirtschaftsgut selbst den Rechtsgrund darstellt.

(4) *Kritik an der Annahme, die Ausübung des Optionsrechts sei ein Realisationstatbestand*

Im Hinblick auf vorgenannte Problematik, ob die Ausübung des Optionsrechts bei anschließender physischer Lieferung ein Realisationstatbestand sei, ist anzumerken, dass die höchstrichterliche Rechtsprechung einen solchen, bei der Ausübung von Bezugsrechten verneint; vielmehr setze sich das ursprünglich angeschaffte Bezugsrecht in dem „Ersatz“-Wirtschaftsgut fort.[956] Der Begriff der Anschaffungskosten sei dahingehend zu verstehen, dass hierzu auch Wirtschaftsgüter gehören können, die durch das angeschaffte Wirtschaftsgut ersetzt wurden (Surrogation, Auf- oder Abspaltung). Wenn sich das ersetzte Wirtschaftsgut in dem neuen Wirtschaftsgut fortsetze, könne man die ursprünglichen Anschaffungskosten des

954 Siehe *Dinkelbach*, DB 2006, 1642, 1650; wohl auch *Briesemeister*, S. 292, die keinen Raum für eine andere steuerliche Beurteilung sieht.

955 Siehe hierzu bereits III. Kapitel B. 2. Buchst. a.

956 Sowohl im Privatvermögen, wo die Anschaffungskosten der Altanteile zunächst auf die Bezugsrechte und anschließend auf die angeschafften jungen Aktien übertragen werden, BFHE 188, 27, 35; BFHE 207, 543, 546 f. als auch im Betriebsvermögen bei Erwerb stiller Reserven von Gesellschaftsanteilen, die durch Sacheinlage auf junge Anteile übergehen, BFHE 167, 424, 426.

ersetzten Wirtschaftsguts, bei der Bewertung des Ersatzwirtschaftsguts berücksichtigen.[957]

Die Anwendung dieser Grundsätze wurde vom Schrifttum hinsichtlich bloß schuldrechtlich eingeräumter Bezugsrechte kritisiert.[958] Man könne bei Letztgenannten nicht von einer Teilidentität mit dem Ersatzwirtschaftsgut ausgehen, da die hieraus resultierenden Einnahmen nicht zu Einkünften aus § 20 Abs. 1 Nr. 1 EStG führen. Im Übrigen gehe man bei der Ausübung unselbständiger – in aktienbezogene Anleihen eingebettete – Erwerbsrechte auch nicht von einer solchen Fortsetzung bzw. Ersetzung aus.[959] Bei Zugrundelegung einer strengen Zweivertragstheorie scheint es durchaus vertretbar zu argumentieren, dass der innere Wert des Optionsrechts mit dessen Ausübung realisiert werde. Da die Vertreter der Zweivertragstheorie davon ausgehen, dass das Optionsrecht – spiegelbildlich zur Stillhalterleistung – abstrakt und losgelöst vom Hauptvertrag zu behandeln sei, führt die Annahme der Auflösung stiller Reserven, die sich im Optionsrecht selbst gebildet haben, auch nicht zu Widersprüchen. So aufgesetzt diese Lösung auf den ersten Blick scheint, so ist sie doch nur logische Konsequenz einer kompromisslos angewandten Trennungstheorie. Daher wirkt sie auch nur irritierend, wenn der eigene Blickwinkel von einem einheitlichen Verständnis geprägt ist. Es ist mit Blick auf diese Fallgestaltung verwunderlich, dass nicht viel mehr Anhänger der Trennungstheorie an der Einbeziehung der Optionsprämie in den späteren Hauptvertrag gezweifelt haben. Andererseits wird ein Zusammenhang auch nur im Falle einer Kauf- oder Verkaufsoption bejaht, während handelsrechtlich nach herrschender Meinung in allen anderen Fällen die Prämie erfolgswirksam auszubuchen ist.[960]

Die oben genannte Behandlung wird nach der hier vertretenen Auffassung nicht geteilt, da dieser Arbeit das Grundverständnis einer vertraglichen Einheit zugrunde liegt. Dennoch kann unter dem Gesichtspunkt der Auffassung des BFH, die Stillhalterprämie falle schlechterdings nicht unter die Regelung des § 8b Abs. 2 KStG, nicht viel entgegnet werden. Die Begründung, die Optionsprämie sei nach dem Sinn und Zweck der Regelung bei der Ermittlung des steuerbefreiten Gewinns auszunehmen, ist durchaus überzeugend und steht der Annahme eines einheitlichen Vertrags grundsätzlich nicht entgegen. Das Ergebnis einer solchen

---

957 Vgl. BFHE 188, 27, 35.

958 Siehe hierzu *Dinkelbach*, RdF 2012, 270, 274; *Häuselmann*, Ubg 2008, 391, 392 m.w.N.

959 Siehe hierzu bei Umtausch- oder Aktienanleihen, *Häuselmann/Wagner*, BB 2002, 2431, 2434 f.; BMF-Schreiben v. 25.10.2004 - IV C 3-S 2256–238/04, Tz. 10, BStBl. I 2004, 1034, 1035; *Haisch*, in: Herrmann/Heuer/Raupach, § 5 EStG Rn. 1090.

960 Siehe III. Kapitel B. 1. Buchst. c und 2. Buchst. c.

Behandlung kann indes nicht überzeugen. Der Stillhalter muss danach einen Gewinn versteuern, obwohl er aus dem Optionsgeschäft einen Verlust erleidet, was zu einem Verstoß gegen das Leistungsfähigkeitsprinzip führt. Nur eine gewinnmindernde Berücksichtigung der Prämie oder eine vollständige Realisation – wie sie u. a. die Autoren *Schmid* und *Renner* vorschlagen – vermag diesen Widerspruch zu lösen. Hingegen müsste der Optionsnehmer – wie bereits festgestellt – keine Nachteile hinnehmen, da ihm sowohl bei einer Kauf- als auch bei einer Verkaufsoption die vollständige Abzugsfähigkeit der gezahlten Prämie verbliebe und sich hierdurch der freigestellte Gewinn – um die Prämienzahlung – erhöhte.

b. *Abzug der Optionsprämie als Veräußerungskosten gemäß § 8b Abs. 2 S. 1 KStG*

Zu einem anderen Ergebnis käme man nur, wenn die Kosten des Optionsrechts – der höchstrichterlichen finanzgerichtlichen Rechtsprechung folgend – als Veräußerungskosten vom Veräußerungsgewinn des Optionsnehmers abgezogen würden. Unabhängig davon, dass in BFHE 245, 59, 62 Rn. 13 wohl die Billigung des teilweise als systemwidrig bezeichneten Doppelabzugsverbotes zu sehen ist,[961] überzeugt diese Behandlung der Optionsprämie dann nicht, wenn der Hauptvertrag aufgrund der Ausübung des Optionsrechts durchgeführt wird. Die Prämienzahlungen sind vielmehr vom Anwendungsbereich der Vorschrift vollständig auszunehmen, denn wie auch schon bei den Anschaffungskosten, kommt es für die Frage der Steuerfreistellung nicht darauf an, wie Optionsrechte handels- bzw. steuerbilanziell behandelt werden.[962] Für den Optionsnehmer bedeutet dies also, dass die Ermittlung des Veräußerungserlöses gem. § 8b Abs. 2 S. 2 KStG lediglich der „Ermittlung des steuerbefreiten – und damit gegenständlich verengten – Gewinns aus der Veräußerung“[963] gilt. Folglich wären die Kosten, ebenso wie beim Stillhalter, vom Anwendungsbereich des § 8b Abs. 2 KStG ausgenommen. Nicht zu bestreiten ist, dass die Veräußerungskosten gerade nicht daran gemessen werden können, dass sie zu Einnahmen i.S.d. § 20 Abs. 1 Nr. 1, 2, 9 und 10 Buchst. a EStG führen können. Sie fallen vielmehr unabhängig davon, mit dem Veräußerungsgeschäft an. Ungeachtet, ob man der Trennungstheorie oder einem einheitlichen Verständnis des Optionsgeschäfts folgt, bestehen Zweifel daran, ob im hier zu betrachtenden Fall überhaupt Veräußerungskosten vor-

---

961 So u. a. *Ebel*, FR 2014, 806; **kritisch** auch *Riedel*, FR 2014, 810; zu dieser Problematik im Allgemeinen siehe *Krug*, DStR 2011, 598, 600 m.w.N.

962 Vgl. BFHE 240, 357, 359, Rn. 11.

963 So BFHE 245, 59, 65 Rn. 17 bezugnehmend auf BFHE 240, 357 ff.

liegen. Solche sind nach ständiger Rechtsprechung anzunehmen, wenn ein Veranlassungszusammenhang zu der Veräußerung besteht. Abzustellen ist insoweit auf das „auslösende Moment" für die Entstehung der Aufwendungen und ihre größere Nähe zur Veräußerung oder zum laufenden Gewinn.[964] Bei der Ausübung eines Optionsrechts verhält es sich indes so, dass das Veräußerungsgeschäft erst aufgrund dieser Ausübung durchgeführt wird bzw. zustande kommt. Die Kosten für den Erwerb dieses Rechts entstehen somit **nicht veranlasst durch die Veräußerung,** sondern die Veräußerung wurde erst durch diese Aufwendungen ermöglicht. Der Unterschied besteht darin, dass die Kosten des Optionsrechts folglich Teil des Veräußerungspreises bzw. des Buchwerts sind.[965] Daher können sie gerade nicht als Veräußerungskosten qualifiziert werden. Somit führen die entwickelten Grundsätze zum Anwendungsbereich des § 8b Abs. 2 KStG[966] beim Optionsnehmer zu einer Ausklammerung der Prämie. Ob dies auch für lediglich absichernde – gegenläufige – Derivategeschäfte gilt[967], kann folglich dahinstehen, wobei die hieraus resultierende Ungleichbehandlung gleichwohl eine gewisse „Unwucht"[968] darstellt, da die Gewinne aus diesen Geschäften voll versteuert würden, der Verfall aber nicht steuerbar ist.

Offenbar wollte die Rechtsprechung oben genannten Steuersparmodellen, bei welchen Aktiengeschäfte mit Derivaten gekoppelt werden, unterbinden. Indes ist zu prognostizieren, dass sich immer wieder Möglichkeiten finden lassen werden, welche die unterschiedliche Besteuerung von Basiswert und Derivat auszunutzen, solange die Übertragung stiller Reserven auf die hierdurch erworbenen oder veräußerten Basiswerte möglich ist.[969] Im Betriebsvermögen wäre eine solche Übertragung grundsätzlich völlig unproblematisch, da die stillen Reserven steuerverhaftet bleiben.[970] Dies gilt gleichermaßen für alle Optionsrechte, die sich auf Hauptverträge beziehen, deren Gegenstand steuerlich nicht anders behandelt wird

---

964 Vgl. zum Vorgenannten BFHE 245, 59, 62 Rn. 13 m.w.N.

965 **A.A.** wohl *Rengers*, in: Blümich, KStG § 8b Rn. 243, 245.

966 Nach BFHE 240, 357 ff.

967 Vgl. BFHE 245, 59, 63 Rn. 15.

968 *Gosch*, Praxishinweis zum Urteil des BFH vom 09.04.2012, BFH/PR 2014, 315, 316, denn einerseits würden Veräußerer und Erwerber unterschiedlich behandelt, und andererseits wäre ein etwaiger Gewinn des Sicherungsgeschäfts uneingeschränkt steuerpflichtig.

969 So hat dieser bereits zur alten Rechtslage entschieden, dass stille Reserven die durch die Ausübung eines Bezugsrechts zu den Anschaffungskosten junger Aktien gehören, folglich also nicht erneut steuerverhaftet werden, BFHE 194, 182, 184 f.

970 So bereits BFHE 94, 251, 254.

als ein aus dem Optionsgeschäft erzielter Differenzausgleich oder Glattstellungsgewinn. Insoweit ist *Dinkelbachs* Kritik zuzustimmen, soweit dieser konstatiert, dass die nach seiner Ansicht unzutreffende Behandlung der Optionskosten vor Einführung des Halbeinkünfteverfahrens lediglich zu einem Aufschub der Besteuerung geführt habe.[971] Der Ansatz einiger Autoren, einen Realisationstatbestand zu kreieren, um so zu verhindern das stille Reserven auf Anteile an Körperschaften übertragen werden, konnte aber bisher nicht überzeugen.

Demgegenüber lässt sich – unter Berücksichtigung einer vertraglichen Einheit – die Bildung stiller Reserven/Lasten allein auf die Wertentwicklung des Wertpapiers zurückführen. Betrachtet man die Prämienzahlung als Vorleistung auf den Hauptvertrag, so können sich in dieser schon begrifflich keine stillen Reserven bilden, die zu übertragen wären. Aus dieser Perspektive könnte also gefordert werden, Gewinne aus Wertpapieroptionsgeschäften, den für die Wertpapiere geltenden Besteuerungsvorschriften zu unterwerfen. Interessanterweise kommt die Rechtsprechung im Bereich des § 3 Nr. 40 a) EStG gerade zu diesem Ergebnis, da sie schuldrechtlich eingeräumte Erwerbsrechte als Anwartschaften auf Wertpapiere behandelt, deren steuerliches Schicksal dem des Wertpapiers selbst folgt. Diese Behandlung wird letztlich auch der Tatsache gerecht, dass Optionsrechte ihren Wert gerade vom Wertpapier ableiten und daher die Wertsteigerung oder den -verfall des Wertpapiers in gleicher Weise repräsentieren wie der Besitz des Wertpapiers selbst. Die Gegenansicht stützt sich indes vornehmlich auf die fehlende Teilidentität zwischen schuldrechtlich eingeräumten Optionsrecht und Wertpapier,[972] die vor allem aus einem abstrakten Verständnis des Optionsrechts als Bestandteil zweier zu trennender Verträge folgt. So unterstellt u. a. *Briesemeister* durchweg, dass der Gewinn aus dem Optionsgeschäft „außerhalb" des Halbeinkünfteverfahrens entstanden sei und darum auch nicht irgendwie mittelbar in dieses fallen solle.[973] Inkonsequenterweise folgt der BFH diesem Verständnis nicht, obwohl er seit jeher die Trennungstheorie vertritt. Für die Körperschaftsteuer spricht er sich nur deshalb für eine andere Behandlung aus, weil nach seinem Verständnis die körperschaftsteuerliche Regelung zusätzlich den Kaskadeneffekt zu verhindern versucht und daher kein Gleichlauf des Anteilsbegriffs vorliege. Die hierdurch entstehende Begünstigung des Optionsnehmers bei gleichzeitiger Benachteiligung des Stillhalters resultiert daher aus der Gesetzessystematik des § 8b Abs. 2 KStG.

---

971 Vgl. *Dinkelbach*, DB 2006, 1642, 1647.

972 Vgl. *Briesemeister*, S. 290.

973 So *Briesemeister*, S. 284, 287, 297.

E. Die Trennungstheorie im Lichte der wirtschaftlichen Betrachtungsweise

Der BFH vertrat Jahrzehnte lang die Auffassung, dass Options- und Hauptvertrag zwei getrennt zu beurteilende Geschäfte seien, deren zivilrechtliche Ausgestaltung steuerlich keinerlei Bedeutung habe.[974] Diese Rechtsprechung scheint das oberste Bundesfinanzgericht für den Bereich der privaten Vermögensverwaltung nach Einführung der Abgeltungsteuer, aufgegeben zu haben.[975] Indes bleibt zweifelhaft, ob die einheitliche Betrachtung des Optionsgeschäfts zukünftig auch auf dessen steuerliche Erfassung im Betriebsvermögen übertragen wird. Diese Ungewissheit beruht auf den Urteilsgründen der führenden Entscheidungen, die eine klare Tendenz dahingehend erkennen lassen, dass die geänderte Rechtsprechung lediglich auf die Rechtslage nach Einführung der Abgeltungsteuer,[976] und somit lediglich für den Bereich privater Vermögensverwaltung, anzuwenden ist. Nachfolgend soll daher der Frage nachgegangen werden, ob sich unter dem Gesichtspunkt der wirtschaftlichen Betrachtungsweise für den Bereich des Steuerrechts möglicherweise weiterhin Gründe finden lassen, die für das Festhalten an der Trennungstheorie sprechen.

1. Wirtschaftliche Betrachtungsweise

Das steuerrechtliche Gebot der wirtschaftlichen Betrachtungsweise verlangt, steuerrechtliche Tatbestände nach dem steuerrechtlichen Bedeutungszusammenhang, dem Zweck des jeweiligen Steuergesetzes und dem Inhalt der einschlägigen Einzelregelung zu interpretieren, auch wenn sie einem anderen Rechtsgebiet entnommen sind.[977] Es handelt sich hierbei um eine Auslegungsmethode, die sowohl zur Auslegung von Rechtsnormen als auch zur Beurteilung von Sachverhalten he-

974 Vgl. BFHE 163, 175, 180, was er damit begründete, dass der Theorienstreit im Zusammenhang mit der Einordnung des Optionsgeschäfts unter den Begriff des Börsentermingeschäfts stünde und daher keine steuerrechtliche Bedeutung entfalte.

975 Richtungsweisend insoweit BFHE 252, 423 ff.; BFHE 252, 430 ff.; BFHE 252, 436 ff.; sowie teilweise BFH, BStBl.II 2017, 264 ff.

976 Siehe BFHE 252, 423, 427 Rn. 17 und BFH, BStBl.II 2017, 264, 266 Rn. 18.

977 BVerfG, BStBl. II 1992, 212, 213. Weiter heißt es dort „Knüpft eine steuerrechtliche Norm an eine zivilrechtliche Gestaltung an, so ist die Auslegung der steuerrechtlichen Bestimmung weder zwingend an dem Vertragstyp auszurichten, der der von den Parteien gewählten Bezeichnung entspricht noch wird sie notwendigerweise von der zivilrechtlichen Qualifikation des Rechtsgeschäfts beeinflusst. Auch gilt keine Vermutung, das dem Zivilrecht entlehnte Tatbestandsmerkmal einer Steuerrechtsnorm sei i.S.d. zivilrechtlichen Verständnisses zu interpretieren".

rangezogen wird.[978] Dabei gilt es einen Ausgleich zwischen dem steuerrechtlichen Prinzip der Leistungsfähigkeit und den kodifizierten steuerbegründenden Tatbeständen, die ihrerseits an zivilrechtliche Begriffe anknüpfen, derart zu schaffen, dass der wirtschaftliche Erfolg, obwohl er auf unterschiedlichsten zivilrechtlichen Wegen erreichbar ist, der gleichen steuerlichen Belastung unterliegt.[979] Maßstab und Grenze der wirtschaftlichen Betrachtungsweise ist somit das Prinzip der Leistungsfähigkeit.[980]

Um wirtschaftliche Erfolge zu erfassen, knüpfen steuerrechtliche Vorschriften an zivilrechtliche Rechtsbegriffe an, so dass eine entsprechende Verbundenheit zum Privatrecht besteht.[981] Natürlich ergeben sich zivilrechtlich – durch die Vertrags- und Gestaltungsfreiheit – Gestaltungsspielräume. Dem steuerbaren Tatbestand soll sich der Steuerpflichtige aber nicht dadurch entziehen können, dass er eine besondere vertragliche Einkleidung wählt.[982] Bezieht sich die steuerrechtliche Norm auf ein bestimmtes wirtschaftliches Ergebnis und nicht auf den zivilrechtlichen Rechtsakt als solchen, besteht einerseits Raum für die Anwendung der wirtschaftlichen Betrachtungsweise, andererseits bedarf eine Abweichung von

---

978 Vgl. *Beger*, S. 39. Zur historischen Entwicklung der wirtschaftlichen Betrachtungsweise in der AO siehe *ders.*, S. 39 f.

979 Vgl. BFHE 189, 550, 552 f.; Koenig/*Koenig*, AO § 4 Rn. 108. Dabei handelt es sich um eine Gratwanderung zwischen wirtschaftlicher Sachverhaltsbeurteilung und Gestaltungsfreiheit des Steuerpflichtigen, dessen Recht es ist, den steuerlich günstigsten Sachverhalt zu wählen, *Beisse*, StuW 1981, 1, 11. Vertiefend zur wirtschaftlichen Betrachtungsweise im Allgemeinen, siehe auch *Eibelshäuser*, DStR 2002, 1426 ff.; *Moxter*, StuW 1989, 232 ff.; *Beisse*, StuW 1981, 1 ff. Zum Leistungsfähigkeitsprinzip siehe BVerfGE 61, 319, 343 f.; BVerfGE 82, 60, 86.

980 Das Steuerrecht knüpft i. d. R. an wirtschaftliche Zustände und Vorgänge an, denn diese erfassen die wirtschaftliche Leistungsfähigkeit, an welcher sich eine gerechte Besteuerung orientiert, *Englisch*, in: Tipke/Lang, Steuerrecht, § 5 Rn. 70. Nach *Beger*, S. 40, sollte man sich bei der Anwendung der wirtschaftlichen Betrachtungsweise darauf zurückbesinnen.

981 BVerfGE 13, 331, 340; BVerfG, BStBl. II 1992, 212, 213; Koenig/*Koenig*, AO § 4 Rn. 109 f.; *Englisch*, in: Tipke/Lang, Steuerrecht § 5 Rn. 71, konstatiert, es gäbe keine teleologische Prävalenz des Zivilrechts. *Moxter*, StuW 1989, 232, 240 interpretiert die wirtschaftliche Betrachtungsweise so, dass die Zivilrechtsstruktur zwar berücksichtigt wird, sie aber nicht dominiert.

982 *Beger*, S. 40. Nach BVerfG, BStBl. II 1992, 212, 213 können die Parteien zwar einen Sachverhalt vertraglich gestalten, aber nicht die steuerlichen Folgen bestimmen. Es sei daher zunächst die privatautonome Vertragsgestaltung zu analysieren und anschließend dem Auslegungsergebnis folgend, die steuerrechtliche Norm zuzuordnen, BVerfG, BStBl. II 1992, 212, 214.

der zivilrechtlichen Gestaltung einer sachlichen Rechtfertigung.[983] Dies bedeutet, dass zunächst auch für die Anwendung steuerlicher Normen, die von den Parteien gewählte zivilrechtliche Vertragsgestaltung zugrunde zu legen ist und nur das Vorliegen eines sachlichen Grundes eine steuerrechtliche Abweichung rechtfertigt. Daraus folgt, dass der zivilrechtlichen Ausgestaltung grundsätzliche Bedeutung beizumessen ist und diese i.R.d. steuerlichen Betrachtung nicht ausgeklammert werden darf. Wie die Untersuchung unter Einbeziehung der aktuellen Vertragspraxis bereits zeigen konnte, ist zivilrechtlich von einer vertraglichen Einheit auszugehen.

2. Leistungsfähigkeitsprinzip

Steuerrechtlich wäre an der getrennten Betrachtungsweise dann festzuhalten, wenn die zivilrechtliche Einordnung als einheitliches Vertragswerk gegen das Prinzip der Leistungsfähigkeit verstoßen würde.

Das „Prinzip gleichmäßiger Besteuerung nach der Leistungsfähigkeit" richtet sich nach der Fähigkeit von Personen bzw. Unternehmen, Steuern aus dem gespeicherten Einkommen bzw. Gewinn entsprechend der Höhe des disponiblen Einkommens bzw. Gewinns zahlen zu können.[984] Bei Unternehmen ist Indikator der Leistungsfähigkeit der erwirtschaftete Gewinn, der seinerseits unter steuer-

---

983 Vgl. Koenig/*Koenig*, AO § 4 Rn. 107; *Beger*, S. 40 f. Das Bundesverfassungsgericht konstatiert, das Steuerrecht sei jedenfalls dort mit dem Privatrecht verbunden, wo es an die zivilrechtliche Ordnung anknüpft. Doch selbst bei einer Anknüpfung an eine zivilrechtliche Rechtsform ist eine steuerrechtlich abweichende Beurteilung dann denkbar, wenn diese sachlich hinreichend gerechtfertigt, d.h. wenn sie von überzeugenden Gründen getragen werden, BVerfGE 13, 331, 340.

984 *Tipke*, Die Steuerrechtsordnung Bd. I, § 9 S. 481 kurz auch „Leistungsfähigkeitsprinzip", *Tipke*, Die Steuerrechtsordnung Bd. I, § 9 S. 480. Konkret versteht man hierunter i.R.d. Einkommensteuer die individuelle Zahlungsfähigkeit eines Steuerpflichtigen, die gerade durch die erzielten Einkünfte begründet wird, so BVerfGE 116, 164, 186; davor bereits BVerfGE 61, 319, 343 f. m.w.N. Im Interesse einer verfassungsrechtlich gebotener steuerlicher Lastengleichheit muss also darauf abgezielt werden, Steuerpflichtige bei gleicher Leistungsfähigkeit gleich hoch zu besteuern (horizontale Steuergerechtigkeit), während (in vertikaler Richtung) die Besteuerung höherer Einkommen im Vergleich mit der Besteuerung niedrigerer Einkommen angemessen ausgestaltet werden muss, BVerfGE 116, 164, 180 m.w.N. Für die verfassungsrechtliche Würdigung der einschlägigen Normen des EStG am Maßstab des Art. 3 Abs. 1 GG, kommt es ausschließlich auf die einkommensteuerliche Belastung an, die diese Normen ggf. im Verbund mit anderen Normen des Einkommensteuerrechts bei verschiedenen Steuerpflichtigen bewirken, BVerfGE 105, 73, 111.

rechtlichen Gesichtspunkten ggf. korrigiert wird.[985] Die steuerliche bilanzielle Gewinnermittlung ihrerseits muss somit dem Prinzip der gleichmäßigen Besteuerung gerecht werden.[986] In diesem Zusammenhang kommt dem Objektivierungserfordernis, welches aus den handelsrechtlichen Grundsätzen ordnungsmäßiger Buchführung folgt, aus Gründen der Rechtssicherheit, Rechtsgleichheit und der Willkürfreiheit von negativer und positiver Diskriminierung im Steuerrecht besondere Bedeutung zu.[987] Der Ausgangspunkt des wirtschaftlichen Erfolges ist somit der Gewinn gem. § 2 Abs. 2 S. 1 Nr. 1 EStG eines Unternehmens, der im hier zu betrachtenden Fall durch qualifizierten Betriebsvermögensvergleich gem. den §§ 5 Abs. 1 i.V.m. 4 Abs. 1 EStG ermittelt wird. Die Leistungsfähigkeit wird nicht allein durch Zu- und Abgang von Wirtschaftsgütern beeinflusst – auch die Folgebewertung am Bilanzstichtag spiegelt die Leistungsfähigkeit des Steuerpflichtigen wider.[988]

Der **Theorie des zusammengesetzten Vertrags** folgend, handelt es sich bei Abschluss des Optionsvertrags und Zahlung der Prämie um ein schwebendes Geschäft, welches durch die geleistete Anzahlung des Optionsnehmers nicht berührt wird. Folglich stehen sich Leistung und Gegenleistung gleichwertig gegenüber. Daher ist diesem Ansatz folgend, keine Erhöhung der wirtschaftlichen Leistungsfähigkeit eingetreten. Der buchhalterische Posten der Anzahlung neutralisiert lediglich den Ab- bzw. Zugang des Geldes. Hierdurch wird lediglich die Bilanzsumme erhöht – es liegt also eine erfolgsneutrale Bilanzverlängerung[989] vor. Folgt man der **Zweivertragstheorie des BFH,** so wird auch hier die Leistungsfähigkeit weder beim Optionsnehmer noch beim Stillhalter erhöht. Der Optionsnehmer hat ein gleichwertiges aktivierungsfähiges Wirtschaftsgut erworben, während der Stillhalter eine Verpflichtung zu passivieren hat. Es liegt somit auf beiden Seiten eine erfolgsneutrale Vermögensumschichtung vor.

Im Gegensatz dazu ergeben sich Unterschiede i.R.d. Folgebewertung. Während nachteilige Wertschwankungen des Basiswerts beim Stillhalter nach der Theorie des zusammengesetzten Vertrags die steuerliche Leistungsfähigkeit nicht beein-

---

985 Vgl. *Tipke*, Die Steuerrechtsordnung Bd. I, § 9 S. 481.

986 *Tipke*, Die Steuerrechtsordnung Bd. II, § 12 S. 687. Gewinnermittlungsregeln dienen dem Zweck, den Zuwachs oder den Verlust wirtschaftlicher Leistungsfähigkeit periodengerecht zu erfassen, vgl. BFHE 219, 100, 104.

987 *Kuhner*, BFuP 2001, 523, 530. Zum Grundsatz der Objektivierung im Allgemeinen siehe *Leffson*, S. 81 ff.; *Baetge/Kirsch/Thiele*, Bilanzen, Kapitel II 232.12, S. 117 f.

988 Vgl. *Seiler*, in: Kirchhof/Söhn/Mellinghoff, EStG § 4 Rn. B 92.

989 Zu diesem Begriff siehe MüKoBilR/*Hennrichs*, HGB § 246 Rn. 135.

trächtigen, da Drohverlustrückstellungen gem. § 5 Abs. 4a EStG[990] nicht zu passivieren sind, würde andererseits die Passivierung einer Verpflichtung mit dem Höchstwert eine Minderung der steuerlichen Leistungsfähigkeit implizieren. Das gleiche gilt im Übrigen auch, wenn eine Rückstellung passiviert wurde. Nach der Theorie des zusammengesetzten Vertrags liegt eine verminderte Leistungsfähigkeit des Optionsnehmers nur dann vor, wenn der Stillhalter seine Verpflichtung nicht wird erfüllen können. Marktpreisschwankungen des Basiswerts allein haben danach keinen Einfluss auf die Leistungsfähigkeit. Aktiviert man dagegen das Optionsrecht als Wirtschaftsgut, dann wirken sich Wertveränderungen des Basiswerts auf dessen Wertansatz in der Bilanz und damit auch auf die Beurteilung der steuerlichen Leistungsfähigkeit aus. Auch bei Ausübung des Optionsrechts und Durchführung des Hauptvertrags ergeben sich Unterschiede. Während nach der Theorie des zusammengesetzten Vertrags die Ausübung des Optionsrechts neutral erfolgt, weil die Prämienzahlung auf beiden Seiten den Charakter einer Anzahlung hat und im Hauptvertrag aufgeht, kann es unter Anwendung der Trennungstheorie zu einem erfolgswirksamen Geschäftsvorfall kommen, der eine höhere Leistungsfähigkeit indiziert.

Der Trennungstheorie folgend, beeinflussen Marktpreisschwankungen des Basiswerts unmittelbar die Beurteilung der steuerlichen Leistungsfähigkeit. Gegen dieses Ergebnis bestehen deshalb erhebliche Bedenken, weil es noch nicht zur Realisation eines Gewinns oder Verlusts aus dem einheitlichen Terminengagement gekommen ist. Nur wenn Verbindlichkeiten und Rechte derart erstarkt sind, dass sie die Schwelle der „Realisation" überschreiten und passiviert bzw. aktiviert werden dürfen, ist es auch gerechtfertigt, dass sich Wertschwankungen auf die Leistungsfähigkeit auswirken.[991] Soweit die Rechtsprechung annimmt, es läge kein schwebendes Geschäft mehr vor, ist dem – nach der hier vertretenen Ansicht – nicht zu folgen.[992] Während der Optionsfrist sollten sich Marktpreisschwankungen nicht auf die steuerliche Leistungsfähigkeit auswirken dürfen, weil ein Gewinn

---

990 Zu den systematischen Bedenken gegen diese Regelung siehe *Lambrecht*, in: Kirchhof/Söhn/Mellinghoff, EStG § 5 Rn. Ea 18 ff.

991 Das Realisationsprinzip determiniert ebenfalls den Zeitpunkt, an welchem Dienste nicht mehr nur ein Bündel Produktionsfaktoren sondern als abgesetzte Leistungen zu behandeln sind, so *Leffson*, S. 247. Ausnahmen vom Prinzip der Nichtbilanzierung schwebender Geschäfte werden angenommen, wenn aufgrund einer Veränderung der sich gegenüberstehenden Leistung und Gegenleistung ein Ungleichgewicht entsteht (Erfüllungsrückstand, drohender Verlust, Vorauszahlung), MüKoBilR/*Hennrichs*, HGB § 246 Rn. 322.

992 Siehe hierzu bereits III. Kapitel A. 1. Buchst. f. (2) (a).

oder Verlust aus dem einheitlichen Optionsgeschäft bis zur Beendigung des Optionsrechts mit einem Risiko behaftet ist. Der Grundsatz der Nichtbilanzierung schwebender Geschäfte trägt diesem Erfordernis Rechnung, so dass die Erfassung als einheitliches schwebendes Geschäft dem Grundsatz der Besteuerung nach der wirtschaftlichen Leistungsfähigkeit am besten gerecht wird. Soweit sich Unterschiede bei der Ausübung des Optionsrechts ergeben, ist dies ebenfalls darauf zurückzuführen, dass ein Zusammenhang zwischen Options- und Hauptvertrag von den Vertretern der Trennungstheorie verneint wird. Die Rechtsprechung muss sich dabei vor allem der Kritik stellen, dass die erfolgsneutrale Behandlung der Prämie bei Ausübung einer Kauf- oder Verkaufsoption den von ihr aufgestellten Grundsätzen zuwider läuft. Es ist nicht zu erklären, warum sich aus dem Optionsvertrag, dessen Inhalt die vom Hauptvertrag losgelöste und rechtlich selbständige Stillhalterverpflichtung, für welche der Hauptvertrag wertbestimmend sei,[993] bei Ausübung des Optionsrechts kein Gewinn realisiert. Dies gilt im Übrigen auch für sonstige Optionsrechte, für die zwar nach herrschender Meinung eine erfolgswirksame Ausbuchung der Prämie erfolgt, der wirtschaftliche Vorteil, der durch den Optionsvertrag entstanden ist aber auf den Hauptvertrag übertragen wird. Die Trennungstheorie führt daher in ihrer derzeitigen Umsetzung zu einem Verstoß gegen das Leistungsfähigkeitsprinzip. Solange die Vertreter der Trennungstheorie aber einen Zusammenhang zwischen Options- und Hauptvertrag anerkennen, wird sich keine überzeugende Trennungslösung finden lassen, denn die Teilung eines einheitlichen wirtschaftlich zusammengehörigen Sachverhalts führt zu einer sachfremden Beurteilung eines einheitlichen Geschäfts[994] und zur falschen Erfassung der Leistungsfähigkeit des Steuerpflichtigen.

3. Optionsverträge im Bereich privater Vermögensverwaltung

Vor allem im Bereich privater Vermögensverwaltung zeigten sich in der Vergangenheit die Schwächen der Trennungstheorie des BFH deutlich.[995] Unter Be-

---

993 So BFHE 201, 234, 237; BFHE 219, 129, 133; BFHE 239, 95, 99 Rn. 17; *Aigner/Balbinot*, DStR 2015, 198, 201.

994 *Herzig/Briesemeister*, DB 2002, 1570, 1574.

995 Dem Optionsnehmer blieb es versagt, die gezahlten Optionsprämien für verfallene Optionsrechte mit positiven Gewinnen auszugleichen, so noch BFHE 219, 574. Diese Rechtsprechung wurde nunmehr aufgegeben, siehe BFHE 239, 95 und BFHE 252, 423, vertiefend siehe IV. Kapitel C. 4. Buchst. b. Darüber hinaus war es dem Stillhalter versagt, die Kosten für einen zu leistenden Barausgleich zum Abzug zu bringen (vgl. noch BFHE 220, 436.), während andererseits die Kosten für den Abschluss eines Glattstellungsgeschäfts für abzugsfähig (vgl. BFHE 206, 418; BFHE 217, 562) erachtet wurden.

zugnahme auf das Gebot der Folgerichtigkeit und der Ausrichtung der Steuerlast am Prinzip der finanziellen Leistungsfähigkeit nach Art. 3 Abs. 1 GG, wurden die Unstimmigkeiten allem Anschein nach von der Rechtsprechung gelöst. So hat der BFH die steuerliche Abzugsfähigkeit der gezahlten Optionsprämie bei Verfall des Optionsrechts sowie die steuerliche Abzugsfähigkeit der Barausgleichszahlung anerkannt und konstatiert, das Optionsgeschäft sei bei gebotener wirtschaftlicher Betrachtungsweise als Einheit zu betrachten.[996] Die geänderte Rechtsprechung zu Optionsgeschäften im Bereich privater Vermögensverwaltung stützt das Gericht vornehmlich auf den neu gefassten Tatbestand des § 20 Abs. 2 S. 1 Nr. 3 Buchst. a) EStG.[997] Daher kommt man nicht umhin zu fragen, ob der BFH damit die Trennungstheorie vollumfänglich aufgegeben hat oder ob diese neue Rechtsprechung nur partiell gelten soll. Um diese Frage zu beantworten, sollen nachfolgend die Urteilsgründe der jüngsten Entscheidungen[998] einer genaueren Betrachtung unterzogen werden.

a. Der neue Tatbestand des § 20 Abs. 2 S. 1 Nr. 3 Buchst. a) EStG

Der neu gefasste Tatbestand des § 20 Abs. 2 S. 1 Nr. 3 Buchst. a) EStG verlange nicht mehr, dass der Gewinn bei einem Termingeschäft, durch das „der Steuerpflichtige einen Differenzausgleich oder einen durch den Wert einer veränderlichen Bezugsgröße bestimmten Geldbetrag oder Vorteil erlangt" durch die Beendigung des Rechts erzielt werde. Private Veräußerungsgewinne waren nach der alten Rechtslage gem. § 23 Abs. 1 S. 1 Nr. 4 EStG a. F. nur dann steuerbar, wenn innerhalb der Spekulationsfrist ein Gewinn erzielt wurde. Die Beendigung des Optionsrechts auf einen Differenzausgleich war daher Voraussetzung für die Besteuerung. Eine solche zeitliche Beschränkung existiert nach der Neuregelung des § 20 Abs. 2 S. 1 Nr. 3 Buchst. a) EStG nicht mehr. Soweit das Gesetz noch immer einen Differenzausgleich voraussetzt, so sei dies lediglich eine Beschreibung der vom Tatbestand umfassten Optionsgeschäfte, denn nunmehr sei einzig auf den Abschluss und das wirtschaftliche Ergebnis des Geschäfts abzustellen.[999] Für die Besteuerung sei es folglich unerheblich, ob es zur Durchführung des Hauptvertrags oder ob es ohne Durchführung des Hauptvertrags lediglich zu einem Barausgleich komme.[1000]

---

996 Siehe BFHE 252, 423 ff.; BFHE 252, 430 ff.; BFHE 252, 436 ff. und BFH, BStBl. II 2017, 264 ff.

997 Siehe BFH, BStBl. II 2017, 264, 26 Rn. 30; BFHE 252, 423, 426 f. Rn. 15.

998 Insbesondere BFHE 252, 423 ff. und BFH, BStBl. II 2017, 264 ff.

999 So BFHE 252, 423, 427 Rn. 15 f.

1000 Siehe zum Vorstehenden BFHE 252, 423, 427 Rn. 15.

Diese Aussage ist in zweierlei Hinsicht irreführend. Einerseits fällt die physische Erfüllung des Hauptvertrages schlechterdings nicht in den Anwendungsbereich des § 20 Abs. 2 S. 1 Nr. 3 Buchst. a) EStG, andererseits ist die positive Ausübung des Rechts und damit seine Beendigung, Voraussetzung für die Zahlung eines Barausgleichs. Der einzig strittige Fall war seit jeher, ob auch bei Verfall des Optionsrechts der Optionsnehmer berechtigt sei, die gezahlte Optionsprämie steuerlich geltend zu machen. Dies hatte der BFH zur alten Rechtslage bereits bejaht.[1001]

Ein weiteres Argument des BFH für die Aufgabe der Trennungstheorie ist der Wegfall des vorgenannten Zeitmoments im steuerlichen Tatbestand des § 20 Abs. 2 S. 1 Nr. 3 Buchst. a) EStG.[1002] Da Wertzuwächse zukünftig unabhängig vom Zeitpunkt der Beendigung des Optionsrechts zu erfassen seien, sei eine Trennung zwischen Options- und Hauptvertrag vom Gesetzgeber nicht mehr gewünscht.[1003] Man müsste annehmen, dass die Abkehr von der Quellentheorie hin zur Einbeziehung der Vermögensebene, zu einer Annäherung an die Besteuerung von Optionsgeschäften im Bereich der Gewinnermittlung nach den §§ 4 Abs. 1, 5 EStG hätte führen müssen und somit auch zum Festhalten an der Trennungstheorie. Schließlich wurde die Trennungstheorie auch für die letztgenannten Fälle von der Rechtsprechung entwickelt und verfestigt.

Anhaltspunkte für eine grundsätzlich geänderte Haltung des Gesetzgebers, hin zu einer einheitlichen Behandlung des Optionsgeschäfts sind darüber hinaus nicht ersichtlich. Hierfür spricht, dass er die Besteuerung der Stillhalterleistung in § 20 Abs. 1 Nr. 11 EStG und damit getrennt von der Besteuerung von Gewinnen des Optionsnehmers geregelt hat. Des Weiteren hat der Gesetzgeber in Anlehnung an die damalige Rechtsprechung, den Abzug der Glattstellungskosten geregelt, während die Abzugsfähigkeit der Kosten des Barausgleichs nicht positiv-rechtlich geregelt wurde. Die Gesetzesbegründung führt zudem im Einklang mit der Recht-

---

1001 Vgl. BFHE 239, 95 ff. Danach sei das Recht auf einen Differenzausgleich auch dann beendet, wenn ein durch das Basisgeschäft indizierter negativer Differenzausgleich durch Nichtausüben der (wertlosen) Forderung aus dem Termingeschäft vermieden wird, denn ein wirtschaftlich sinnloses Verhalten verlange das Gesetz nicht, so BFHE 239, 95, 101 Rn. 25 f.

1002 BFHE 252, 423, 427 Rn. 16. Auch das Argument der Wortlaut des § 20 Abs. 2 S. 1 Nr. 3 Buchst. a) EStG sei weiter gefasst, weil die Neuregelung den Gewinn erfasse, der „bei" einem Termingeschäft erzielt werde (so BFH, BStBl. II 2017, 264, 267 f. Rn. 31), vermag nicht zu überzeugen. Der Wortlaut entspricht gleichwohl dem § 23 Abs. 3 S. 5 EStG a. F., der die Gewinnermittlung bei Termingeschäften regelte.

1003 Mit dieser Begründung und unter Bezugnahme auf die Begründung zum Gesetzentwurf siehe BFHE, 252, 423, 427 Rn. 16.

sprechung zur Trennungstheorie aus, die Stillhalterprämie sei eine Entschädigung für die Bindung und die Risiken, die der Stillhalter durch die Begebung des Optionsrechts eingehe und die er unabhängig vom Zustandekommen des Hauptvertrages allein für die Stillhaltung erhalte.[1004]

Die Urteilsbegründung, die sich auf den geänderten Wortlaut des § 20 Abs. 2 S. 1 Nr. 3 Buchst. a) EStG stützt, ist letztlich nicht überzeugend. Dem ersten Anschein nach begründet der BFH seine geänderte Haltung allein mit der Rechtslage nach dem Unternehmensteuerreformgesetz 2008[1005]. Indes ist sein Lösungsansatz nach alter und neuer Rechtslage gleich. So fasst er den vom Stillhalter zu zahlenden Differenzausgleich unter § 23 Abs. 1 S. 1 Nr. 4 EStG a. F. und den im Wesentlichen wortgleichen § 20 Abs. 2 S. 1 Nr. 3 Buchst. a) EStG. Entsprechend argumentierte er auch für den Abzug der Kosten des Optionsrechts im Falle seines Verfalls.

b. *Wirtschaftliche Betrachtungsweise*

Der neunte Senat konstatiert es sei „davon auszugehen, dass die Anschaffung einer Option und der Ausgang des Optionsgeschäfts bei ertragsteuerlich gebotener wirtschaftlicher Betrachtungsweise – in Abweichung von der früheren Rechtsprechung […] grundsätzlich als Einheit betrachtet werden müssen“[1006]. Gestützt wird diese Feststellung auf die gesetzlichen Modifikationen durch das Unternehmensteuerreformgesetz 2008.[1007]

Gleichwohl relativierte der achte Senat diese Aussage in Bezug auf die Besteuerung der Stillhalterleistung nur ein paar Monate später, indem er festhält, dass für die Besteuerung des Stillhalters das Gesetz eine getrennte Besteuerung für Glattstellungsgeschäfte nach § 20 Abs. 1 Nr. 11 EStG und Barausgleichszahlungen nach § 20 Abs. 2 S. 1 Nr. 3 Buchst. a) EStG anordnet.[1008]

Eine einheitliche Linie der Senate hin zu einem einheitlichen Verständnis des Optionsgeschäfts ist mithin nicht zu erkennen.

1004 Vgl. BT-Drucks. 16/4841 S. 54. A.A. wohl BFH 252, 423, 428 Rn. 17 wonach sich aus der Gesetzesbegründung die vom Gesetzgeber geregelte wirtschaftliche Einheit des Optionsgeschäftes ergäbe.

1005 BGBl. I 2007, 1912 ff.

1006 BFHE 252, 423, 427 f. Rn. 17.

1007 Siehe BFHE 252, 423, 428 Rn. 17.

1008 Vgl. BFH, BStBl. II 2017, 264, 268 Rn. 32.

c. Zusammenfassung

Auf den ersten Blick scheinen die Urteile zur Abzugsfähigkeit der Barausgleichskosten[1009] und zur Abzugsfähigkeit der Optionsprämie im Falle des Verfalles des Optionsrechts[1010] im Bereich privater Vermögensverwaltung, ein Schritt hin zur Abkehr von der Trennungstheorie. Besieht man sich die Urteile genauer, umso unbefriedigender ist jedoch das Ergebnis. Wie die vorstehende Analyse zeigen konnte, vermögen die Urteilsgründe nur wenig zu überzeugen.

Während der neunte Senat konstatiert Options- und Hauptvertrag seien grundsätzlich als Einheit zu betrachten, bemüht sich der achte Senat um Schadensbegrenzung und beschränkt dies nicht nur auf die Rechtslage nach dem Unternehmensteuerreformgesetz 2008, sondern auch auf die Besteuerung der Gewinne des Optionsnehmers. Es drängt sich daher die Vermutung auf, dass der BFH auch weiterhin an der Trennungstheorie festhalten wird.

Vermeintlich löst der BFH einen der größten Widersprüche der finanzgerichtlichen Rechtsprechung mit Blick auf das Prinzip der Besteuerung nach der wirtschaftlichen Leistungsfähigkeit gem. Art. 3 Abs. 1 GG, indem er die Kosten des Stillhalters aus der Erfüllung seiner Barausgleichsverpflichtung für abzugsfähig erklärt. Inkonsequenterweise ist es dem Stillhalter letztlich dennoch nicht möglich diese Kosten von seinen Einnahmen aus dem Stillhaltergeschäft abzuziehen. Dieses Ergebnis lässt ebenfalls darauf schließen, dass der BFH noch immer nicht den (wirtschaftlichen) Zusammenhang der beiden Phasen des Optionsgeschäfts anerkennt und daher nur ein kleines Teilsegment im Bereich der privaten Vermögensverwaltung für die Anwendbarkeit einer wirtschaftlich einheitlichen Betrachtung geöffnet hat.[1011]

4. Stellungnahme

Die Rechtsprechung des BFH zur Abzugsfähigkeit der Barausgleichsverpflichtung hat zu Recht Kritik erfahren.[1012] Obwohl der BFH einerseits mit ausdrücklicher Betonung des Wortlautarguments nur für die veränderte Rechtslage nach der Unternehmensteuerreform 2008 an einer Trennung von Options- und Hauptvertrag nicht mehr festhalten will[1013], so hat er diese Trennung im Grunde auch für die alte Rechtslage nach dem StEntlG 1999/2000/2002 aufgegeben. Demgegen-

1009 BFH, BStBl. II 2017, 264 ff.
1010 BFHE 252, 423 ff.; BFHE 252, 430 ff. und BFHE 252, 436 ff.
1011 **A.A.** hierzu wohl *Jochumg*, in: Kirchhof/Söhn/Mellinghoff, EStG § 20 Rn. D/3 24.
1012 Vgl *Philipowski*, DStR 2017, 1362 ff.
1013 Siehe BFH, BStBl. II 2017, 264, 267 Rn. 30; BFHE 252, 423, 426 f. Rn. 15.

über seien allerdings die getrennte Besteuerung der Einnahmen aus Stillhaltergeschäften und die steuerliche Abzugsfähigkeit von Kosten eines Barausgleichs aus der Stillhalterverpflichtung, wiederum durch das Gesetz angeordnet. Dabei stützt er sich auf eben jenen Wortlaut, der vorher für eine einheitliche Betrachtung herangezogen wurde. Darüber hinaus wird zwar auf eine „ertragsteuerlich gebotene wirtschaftliche[...] Betrachtungsweise“[1014] verwiesen, diese aber nicht weiter auf den Fall des Optionsgeschäfts angewendet.

a. Wirtschaftliche Betrachtungsweise

Die Kritik an der Trennungstheorie stützt sich im Kern auf wirtschaftliche Gründe, indem immer wieder auf den Zusammenhang zwischen Optionsvertrag und Hauptvertrag und den hieraus resultierenden Ansprüchen und Verbindlichkeiten hingewiesen wird. Dabei nimmt vor allem die Literatur eine andere Perspektive ein, indem sich nicht mit der Frage aufhalten wird, warum der Stillhalter die Optionsprämie erhalten hat, sondern warum er nach Ausübung des Optionsrechts zu leisten hat. Folglich liegt das Ergebnis nahe, dass zwischen dem Hauptvertrag und dem Optionsvertrag ein Zusammenhang bestehen muss.

Während der Untersuchung wurde bereits mehrfach der wirtschaftliche Zusammenhang zwischen der Zahlung der Optionsprämie und der Beendigung des Optionsrechts untersucht, so dass an dieser Stelle auf die vorstehenden Ausführungen Bezug genommen werden kann.

Einen wirtschaftlichen Zusammenhang haben die Rechtsprechung und die Finanzverwaltung seit jeher dann bejaht, wenn eine Kauf- oder Verkaufsoption ausgeübt und der Basiswert geliefert wurde, da die Prämie jeweils als Teil der Anschaffungs- bzw. Veräußerungskosten behandelt wurde. Wie die Untersuchung zur Besteuerung des Stillhalters im Bereich der privaten Vermögensverwaltung gezeigt hat, war dies für die Vereinnahmung der Stillhalterprämie und die Auszahlung des Differenzausgleichs lange Zeit nicht der Fall. Die grundsätzliche Anerkennung der Abzugsfähigkeit der Zahlung des Barausgleichs, war ein letzter und wichtiger Schritt hin zu einer einheitlichen wirtschaftlichen Betrachtungsweise.

b. Leistungsfähigkeitsprinzip

Die Entscheidung des *Niedersächsischen Finanzgerichts*[1015] zur Abzugsfähigkeit der Barausgleichsverpflichtung des Stillhalters im Bereich der privaten Vermö-

1014 BFHE 252, 423, 427 f. Rn. 17, ähnlich auch BFH, BStBl. II 2017, 264, 268 Rn. 32.

1015 Vgl. *FG Niedersachsen*, EFG 2014, 541 ff. Auch das *FG München* geht wohl von einem Verstoß gegen das Leistungsfähigkeitsprinzip aus. Anders ist der Vorschlag

gensverwaltung, über die der BFH im Rahmen einer Revision[1016] zu entscheiden hatte, setzt sich vertieft mit dem Leistungsfähigkeitsprinzip auseinander. Das Finanzgericht kommt zu dem Ergebnis, dass die Nichtberücksichtigung der Barausgleichsverpflichtung bei Stillhaltergeschäften nicht folgerichtig sei, denn mit der Einführung der Abgeltungsteuer hat sich ein Systemwechsel hinsichtlich der Besteuerung von Kapitaleinkünften vollzogen.[1017] Eine einkommensteuerrechtlich unbeachtliche Vermögensebene gibt es im Bereich der Kapitaleinkünfte seither nicht mehr.[1018] Darüber hinaus hat der Gesetzgeber eine Wertungsentscheidung getroffen, wonach nur der Nettogewinn aus einem Terminengagement besteuert werden soll, wie sich ausdrücklich aus der nach § 20 Abs. 1 Nr. 11 EStG und § 20 Abs. 2 Nr. 3 EStG zugelassenen Abzugsfähigkeit für Kosten des Glattstellungsgeschäfts schließen lässt.[1019] Dies müsste daher auch für Barausgleichszahlungen gelten. Dem könnte entgegnet werden, die Gesetzesbegründung beziehe sich nur auf den Überschuss aus der Glattstellung der Stillhalterverpflichtung.[1020] Andererseits ist aus der Gesetzesbegründung nicht zu erkennen, dass der Gesetzgeber Stillhaltergeschäfte, die durch Barausgleich beendet werden, von der Nettobesteuerung ausnehmen wollte.[1021] Demgegenüber ist nicht von der Hand zu weisen,

---

des Finanzgerichts, der derzeitige Verstoß gegen das objektive Nettoprinzip solle durch die Zuordnung der wirtschaftlich zueinander gehörenden Einnahmen und Ausgaben behoben werden, nicht zu interpretieren, vgl. *FG München* EFG 2009, 2035, 2036 f. Die Zurechnung sei geboten, weil der wirtschaftliche Zusammenhang im Falle der Einnahme der Optionsprämie und der späteren Zahlung eines Barausgleiches besonders offen zu Tage trete, *FG München* ebd.

1016 BFH, BStBl. II 2017, 264 ff.

1017 Vgl. *FG Niedersachsen* EFG 2014, 541, 544.

1018 Umfassende Reform im Bereich der Kapitaleinkünfte durch das Unternehmensteuerreformgesetz 2008 vom 14. August 2007, Art. 1 Nr. 16, BGBl. I 2007, 1912, 1916 f. Die Systematik des § 20 EStG wurde grundlegend geändert. Dieser sollte bisher nur die private Fruchtziehung aus der Nutzungsüberlassung und der Nutzung der Werthaltigkeit des Kapitals erfassen. Nunmehr ist die Unterscheidung zwischen Nutzung und Verwertung der Einkunftsquelle aufgehoben, vgl. Schmidt/*Weber-Grellet*, EStG § 20 Rn. 2 f.; *Ratschow*, in Blümich, EStG, § 20 EStG Rn. 17; *Jachmann/Lindenberg*, in: Lademann, EStG, § 20 EStG, Rn. 511.

1019 So auch *Jachmann/Lindenberg*, in: Lademann, EStG, § 20 EStG, Rn. 511; *FG Niedersachsen*, EFG 2014, 541, 543; **a.A.** *Hensel*, RdF 2014, 308, 314 der auf die grundsätzliche Abwendung des Gesetzgebers von der Nettobesteuerung i.R.d. Abgeltungsteuer verweist.

1020 Vgl. BR-Drucks. 220/07, S. 87.

1021 So *FG Niedersachsen*, EFG 2014, 541, 543, mit gleicher Argumentation auch BFH, BStBl. II 2017, 264, 267 f. Rn. 31.

dass die ständige Rechtsprechung zum Zeitpunkt der Einführung der Abgeltungsteuer, den Abzug von Barausgleichsverpflichtungen unter Berücksichtigung des Trennungsprinzips verneinte, während sie den Abzug von Glattstellungsaufwendungen zuließ. Es scheint daher ebensogut vertretbar zu argumentieren, dass der Gesetzgeber die bisherige Besteuerung von Termingeschäften nicht ändern wollte.[1022]

Die Zahlung der Barausgleichsverpflichtung mindert die Leistungsfähigkeit des Stillhalters aber in gleicher Weise wie der Abschluss eines Glattstellungsgeschäfts.[1023] Für eine Ungleichbehandlung ist kein Rechtfertigungsgrund ersichtlich. Das Argument einer fehlenden Einnahmensicherungsabsicht kann nicht überzeugen, da die Kosten letztlich im direkten Zusammenhang mit der Einkünfteerzielung der Stillhalterprämien stehen. Auch vermag die Begründung Spekulationsgewinne gehörten nicht in den steuerbaren Bereich nicht überzeugen, da Optionsgeschäfte seit der Unternehmensteuerreform 2008 den Einkünften aus Kapitalvermögen zugeordnet werden und die Unterscheidung zwischen Nutzung und Verwertung der Einkunftsquelle aufgehoben ist[1024]. Die Aufwendungen eines Barausgleichs sind daher durch die Einnahmeerzielung veranlasst.[1025] Es liegt somit ein Verstoß gegen das Leistungsfähigkeitsprinzip und das Gebot der Folgerichtigkeit aus Art. 3 Abs. 1 GG vor, wenn der Abzug der Kosten versagt würde.[1026]

Diese Auffassung wurde sowohl für die Rechtslage vor Einführung der Abgeltungsteuer als auch nach deren Einführung bestätigt.[1027] Zwar solle der Barausgleich als Verlust ebenso steuerlich zu berücksichtigen sein, wie die als positive

---

1022 So *Hensel*, RdF 2014, 308, 312. Ähnlich auch *Wagner*, DStZ 2007, 748, 750, der bezüglich der ausdrücklichen Regelung zu den Glattstellungsgeschäften feststellt, dass der Gesetzgeber die Grundsätze der BFH Rechtsprechung und der Ansicht der Finanzverwaltung nunmehr gesetzlich umgesetzt habe.

1023 Vgl. *FG Niedersachsen*, EFG 2014, 541, 544 f., da die Leistungsfähigkeit sowohl bei Zahlung eines Barausgleiches als auch bei Glattstellung kurz vor Ablauf der Optionsfrist in gleicher Weise beeinträchtigt sei.

1024 Vgl. Schmidt/*Weber-Grellet*, EStG § 20 Rn. 2 f.

1025 Insbesondere führt er aus, dass es sich weder um nachträgliche noch vergebliche oder fehlgeschlagene Werbungskosten handelt, *Philipowski*, DStR 2010, 2283, 2285.

1026 Vgl. *FG Niedersachsen*, EFG 2014, 541, 544. Soweit es nach Ansicht des *FG Niedersachsen* möglich sei, dass der Gesetzgeber den Unterschied zwischen Glattstellung und Barausgleich nicht erkannt habe, da die Gesetzesbegründung auf letzteres keinen Hinweis enthielte, so *FG Niedersachsen*, EFG 2014, 541, 543, erscheint diese These gewagt, weil es Forderungen diverser Verbände zur Erweiterung der Vorschrift gab, so *Haisch/Krampe*, FR 2010, 311, 315; *Hensel*, RdF, 2014, 308, 312.

1027 Vgl. BFH, BStBl. II 2017, 264, 266 f. Rn. 20, 28.

Einkünfte an den Stillhalter gezahlte Prämie, letztlich subsumierte der BFH diesen jedoch unter die § 23 Abs. 1 S. 1 Nr. 4 EStG a. F. bzw. § 20 Abs. 2 S. 1 Nr. 3 Buchst. a) EStG. Dies führt dazu, dass Verluste, die sich aus der Stillhalterverpflichtung ergeben, nicht von den Einnahmen mit denen sie in unmittelbarem Zusammenhang stehen abgezogen werden können,[1028] was letztlich abermals zu einem Verstoß gegen das Leistungsfähigkeitsprinzip gem. Art. 3 Abs. 1 GG führt. Da wegen der nach alter Rechtslage geltenden Verlustberechnungsbeschränkung § 23 Abs. 3 S. 9 EStG a. F. die Aufwendungen (Zahlung der Stillhalterverpflichtung gem. § 23 Abs. 1 S. 1 Nr. 4 EStG a. F.) nicht von den durch sie verursachten Einkünften (Vereinnahmung der Stillhalterprämie gem. § 22 Nr. 3 EStG a. F.) abgezogen werden können, liegt ein Verstoß gegen das objektive Nettoprinzip[1029] vor. An diesem Fall zeigen sich besonders deutlich die Unstimmigkeiten in der Urteilsbegründung. Durch die unterschiedliche steuerliche Behandlung der Einnahmen und der Aufwendungen lassen sich letztlich die Widersprüche in der Besteuerung wieder einmal nicht lösen.

c. *Theorie des zusammengesetzten Vertrags*

Die hier entwickelte Theorie des zusammengesetzten Vertrags trägt der wirtschaftlichen Einheitlichkeit des Optionsgeschäfts im Ganzen Rechnung. Dem steht auch nicht entgegen, dass die Barausgleichsverpflichtung des Stillhalters als gesonderte Abrede i.R. eines Differenzgeschäfts bzw. als Wahlschuld i.R. des bedingten Hauptvertrags qualifiziert wird, da diese Abrede Teil eines einheitlichen Vertrags ist. Die Barzahlungsverpflichtung erwächst nicht losgelöst von der Optionsrechteinräumung, sondern ist Bestandteil des Optionsgeschäfts. Dies wird auch der Forderung nach Anerkennung des wirtschaftlichen Zusammenhangs gerecht.

Die von der Rechtsprechung vorgebrachten Gründe für das Festhalten an der Trennungstheorie beruhen offensichtlich auf dem Grundgedanken, der Optionsvertrag sei eine Art Vorvertrag.[1030] Diese Gründe überzeugen hingegen nicht,

---

1028 Besonders kritisch hierzu *Philipowski*, DStR 2017, 1362, 1363 f.

1029 Das objektive Nettoprinzip ist Teil des Leistungsfähigkeitsprinzips, welches aus dem verfassungsrechtlichen Maßstab des Gleichheitssatzes gem. Art. 3 Abs. 1 GG abgeleitet wird. Danach muss gewährleistet sein, dass die steuerlichen Bemessungsgrundlage, die die Leistungsfähigkeit des Steuerpflichtigen widerspiegelt, durch alle Aufwendungen, die im unmittelbaren Zusammenhang mit der Einkünfteerzielung entstanden sind, gemindert werden kann, *Tipke*, Die Steuerrechtsordnung Bd. I, § 9 S. 502 f. Siehe auch *Ratschow*, in: Blümich, EStG § 2 Rn. 5 ff., 101.

1030 Siehe hierzu bereits II. Kapitel C. und F.

da sich wie bereits erwähnt, dass Optionsrecht ganz wesentlich vom Vorvertrag unterscheidet. Hinzu kommt, dass die Rechtsprechung – wie gezeigt werden konnte – keine taugliche Grundlage für die Trennung zu liefern vermag. Auch unter Berücksichtigung der wirtschaftlichen Betrachtungsweise ist eine andere Beurteilung nicht gerechtfertigt. Im Lichte des Leistungsfähigkeitsprinzips ist die einheitliche Behandlung des Optionsgeschäfts als schwebendes Geschäft überzeugend, denn nur so wird gewährleistet, dass sich durch den Marktwert des Hauptvertrags rekurrierte Wertschwankungen während der Optionsfrist nicht unmittelbar auf die Leistungsfähigkeit auswirken. Dabei haben alle aufgezeigten Unstimmigkeiten ihren Ursprung in der Negierung eines einheitlichen Rechtsgeschäfts, wie die vorstehende Untersuchung zeigen konnte. In der Zusammenschau dieser mannigfaltigen Unstimmigkeiten wird der bereits bestehende Eindruck der Unausgewogenheit der Trennungstheorie auch im Steuerrecht noch klarer. Im Sinne einer wirtschaftlichen und rechtlichen Wertungsstimmigkeit muss daher sowohl für den privaten als auch den betrieblichen Bereich von der Einheit des Options- und des Hauptvertrags ausgegangen werden, unabhängig vom Inhalt des Hauptvertrags oder der konkreten Beendigung des Optionsrechts.[1031] Die hier vertretene Theorie des zusammengesetzten Vertrags vermag insoweit die Wertungswidersprüche zu lösen.

F. Zusammenfassung

Grundsätzlich folgt die steuerbilanzielle Erfassung des Options- und des Hauptvertrags – aufgrund des Maßgeblichkeitsprinzips – der handelsrechtlichen Darstellung. Abweichungen hiervon sind bedingt durch steuerliche Gesetzesvorbehalte, welche überwiegend im Bereich der Bewertung von Wirtschaftsgütern kodifiziert sind.

Der Erhalt der Prämienzahlung wird beim **Stillhalter** erfolgsneutral behandelt, unabhängig davon, ob eine Verbindlichkeit oder eine Anzahlung zu passivieren ist. Stellen sich hingegen Wertveränderungen zu seinen Ungunsten zum folgenden Bilanzstichtag ein, so sind diese aufgrund des geltenden Höchstwertprinzips in der Steuerbilanz gewinnmindernd zu erfassen. Dies hätte zur Folge, dass sich drohende Verluste aus dem Hauptvertrag bereits durch die höhere Bewertung der Stillhalterverbindlichkeit realisierten. Nach der hier vertretenen Auffassung steht dem Stillhalter hinsichtlich der höheren Bewertung kein Wahlrecht zu. Die Passivierung einer Verbindlichkeitsrückstellung zur Neutralisation der erhaltenen

1031 Ähnlich auch *Aigner/Balbinot*, DStR 2015, 198, 201; i.E. wohl auch *Intemann*, in: Herrmann/Heuer/Raupach, § 15 EStG Rn. 1550.

Anzahlung wird der Rechtsnatur der Rückstellung nicht gerecht und ist daher abzulehnen. Überzeugender ist die Passivierung einer Anzahlung. Deren Bewertung bleibt bis zur Beendigung des Optionsrechts unverändert. Wertschwankungen des Basiswerts wirken sich auf den steuerbilanziellen Gewinn nicht aus, da gem. § 5 Abs. 4a EStG Drohverlustrückstellungen steuerbilanziell nicht gebildet werden dürfen. Der Verlust des Stillhalters realisiert sich demzufolge erst im Wirtschaftsjahr der Optionsrechtsausübung. Wertveränderungen finden ebenfalls keinen Eingang in die Bilanz, da die Anzahlung als Gegenleistung für die übernommene Bindung des Stillhalters gleichwohl werthaltig bleibt. Als buchungstechnisches Mittel ist allein die Anzahlung in der Lage, die Flexibilität der Optionsprämie aufzufangen. Da bei Zahlung der Prämie noch nicht feststeht, ob diese Teil der Gegenleistung des Hauptvertrags oder des Optionsvertrags ist, ermöglicht es dieser Posten, die Zahlung im Zeitpunkt der Beendigung des Optionsrechts entsprechend zuzuordnen.

Weiterhin konnte gezeigt werden, dass der Optionsnehmer auch in der Steuerbilanz das Optionsrecht nicht als Wirtschaftsgut, sondern als Anzahlung behandeln sollte. Hierdurch erübrigen sich nicht nur schwierige Abgrenzungsfragen hinsichtlich der Zuordnung zum Anlage- oder Umlaufvermögen, sondern auch Bewertungsprobleme wie bspw. die Vornahme einer Teilwertabschreibung.

Ebenfalls gezeigt werden konnte, dass die bestehende Regelung des § 15 Abs. 4 S. 3 EStG zur Verlustverrechnungsbeschränkung von Verlusten aus Termingeschäften aufgrund des unklaren Anwendungsbereiches nachbesserungsbedürftig ist. Die einst als Missbrauchsvermeidungsvorschrift konzipierte Regelung sollte nur einen kleinen Anwendungsbereich ordnen. Im Wege der Auslegung wurde dieser indes immer mehr erweitert. Soweit bisher angenommen wurde, dass der Aufwand, welcher sich aus dem Verfall des Optionsrechts beim Optionsnehmer ergibt, nicht unter die Verlustverrechnungsbeschränkung falle, ist dem – unter Berücksichtigung der neuen Rechtsprechung zum Verfall von Optionsrechten im Bereich privater Vermögensverwaltung – nicht mehr zu folgen. Zwar ist der Anwendungsbereich der Vorschrift nach der hier vertretenen Auffassung restriktiv auszulegen, die von der Rechtsprechung entwickelten Grundsätze sind dennoch vollumfänglich auf § 15 Abs. 4 S. 3 EStG zu übertragen. Nicht nur der Wortlaut, sondern auch der Anwendungsbereich von § 23 Abs. 1 S. 1 Nr. 4 EStG a. F. war nach dem Willen des Gesetzgebers mit der Regelung des § 15 Abs. 4 S. 3 EStG kongruent. Entgegen der Ansicht der Finanzverwaltung, lässt sich diese Rechtsprechung auch auf die geltende Rechtslage im System der Abgeltungsteuer übertragen.

Vor besondere Fragen stellt den Rechtsanwender die Besteuerung von Wertpapieroptionsgeschäften, da Glattstellungs- und Differenzgewinne aus Optionsgeschäften grundsätzlich zum laufenden Gewinn gehören, während durch Wahl der physischen Erfüllung des Hauptvertrags dieser Gewinn in (un)mittelbar begünstigten Veräußerungsgewinn umgewandelt werden kann. Dem hat die Rechtsprechung mit durchaus vertretbarer Argumentation entgegengehalten: Der Erhalt der Prämie falle schon nicht in den Anwendungsbereich von § 8b Abs. 2 KStG, da diese nicht vom Sinn und Zweck der Freistellung erfasst würde. Nach der hier vertretenen Ansicht gilt dies gleichermaßen für gezahlte Prämien, soweit sie in unmittelbarem Zusammenhang mit der Veräußerung stehen. Die Optionsprämie ist in diesen Fällen Teil der Gegenleistung, also des Veräußerungserlöses. Es handelt sich folglich nicht um Veräußerungskosten. Ob dies gleichermaßen für gezahlte Prämien aus gegenläufigen Sicherungsgeschäften gilt, kann offen bleiben. Aufgrund des dieser Arbeit zugrundliegenden Verständnisses einer rechtlichen und wirtschaftlichen Einheit von Options- und Hauptvertrag, kann der Ansicht einiger Autoren, mit Beendigung des Optionsrechts seien Gewinne aus dem Optionsvertrag vollständig zu realisieren, nicht gefolgt werden. Schließt man sich dagegen der Rechtsprechung an, so führt dies zu einer gegen das Leistungsfähigkeitsprinzip verstoßenden Besteuerung des Stillhalters, während der Optionsnehmer keine Nachteile in Kauf nehmen müsste. Dieses Problem vermag die Theorie des zusammengesetzten Vertrags nicht zu lösen, da die unterschiedliche Behandlung von Gewinnen aus Wertpapier- und Derivategeschäften auf die Gesetzessystematik zurückzuführen ist. Lösen könnte diesen Widerspruch zwar die Umsetzung einer kategorischen Trennungstheorie durch Realisation der stillen Reserven/Lasten im Zeitpunkt der Beendigung des Optionsrechts, dies führte aber wiederum zu einer grundsätzlichen Infragestellung des Optionsgeschäfts als Termingeschäft. Räume der Stillhalter das abstrakt verstandene Optionsrecht sofort bzw. innerhalb zweier Handelstage ein und hätte der Optionsnehmer keine weiteren Zahlungspflichten nach Optionsausübung zu erfüllen, so läge ein Kassageschäft vor.[1032] Somit schaffen *Schmid/Renner* einen Schulterschluss zu der bereits von *Kümpel* vor über 30 Jahren vertretenen Auffassung, ein Optionsgeschäft sei kein Termingeschäft, weil es am hinausgeschobenen Erfüllungszeitpunkt fehle.[1033]

Die Untersuchung der Trennungstheorie im Lichte der wirtschaftlichen Betrachtungsweise hat gezeigt, dass eine getrennte Behandlung nicht zu überzeugen vermag. Die Erfassung des Optionsgeschäfts nach den Grundsätzen der höchst-

1032 Siehe *Schmid/Renner*, DStR 2005, 2059, 2061; *dies.*, DStR 2013, 2734, 2739.
1033 So schon *Kümpel*, WM 1982, Sonderbeilage Nr. 6, S. 17.

richterlichen Rechtsprechung verstößt gegen das Prinzip der Gleichmäßigkeit der Besteuerung nach der Leistungsfähigkeit. Das hier vertretene System- und Funktionsverständnis bestätigt ferner die neuerdings im Vordringen befindliche Ansicht, dass gerade im Bereich privater Vermögensverwaltung das Optionsgeschäft als Einheit aufzufassen sei.

Auch wenn diese Arbeit sich nicht erschöpfend mit allen Optionsarten sowie den Spezialvorschriften der Rechnungslegung nach dem HGB auseinandersetzen konnte – und es auch nicht wollte –, so bleibt zu hoffen, dass sie jedenfalls einen Beitrag zur wissenschaftlichen Einarbeitung und Vertiefung in die Behandlung von Optionsgeschäften im Handelsbilanz- und Steuerrecht unter Berücksichtigung der vertragsrechtlichen Ausgestaltung von Optionsgeschäften leisten und einen Überblick über die einschlägige finanzgerichtliche Rechtsprechung geben konnte. Ebenso bleibt zu hoffen, dass diese Untersuchung dazu anregt, die Diskussion fortzuführen und die relevanten Aspekte inhaltlich zu vertiefen, um letztendlich den Weg für eine interessenausgewogene und am Prinzip der Leistungsfähigkeit orientierte Besteuerung spekulativer Optionsgeschäfte zu ebnen.

Zum Abschluss werden die Erträge dieser Arbeit noch einmal thesenartig herausgearbeitet und überblicksartig dargestellt.

V. Kapitel: Kernthesen

1. Bei einem am Finanzmarkt geschlossenen Optionsgeschäft handelt es sich um einen zusammengesetzten Vertrag, bestehend aus dem Stillhaltervertrag und einem aufschiebend bedingten Hauptvertrag. Diese beiden Vertragsbestandteile sind miteinander derart verbunden, dass sie zusammenstehen und fallen sollen. Das aus diesem einheitlichen Geschäft resultierende wirtschaftliche Risiko kann weder dem einen noch dem anderen Vertragsbestandteil zugeordnet werden. Charakteristisch für die Leistung des Stillhalters ist die bewusste Risikoübernahme künftiger Wertveränderungen des vom Hauptvertrag erfassten Vertragsgegenstands, welche von der besonderen Motivation der Parteien eingegangen wird, ggf. einen atypischen Gewinn zu erzielen.
2. Selbst mit vollständiger Zahlung der Optionsprämie durch den Optionsnehmer liegt aus handelsbilanzrechtlicher Sicht noch immer ein schwebendes Geschäft vor. Der Stillhalter hat mit Einräumung des Optionsrechts weder seine Leistung vollständig erbracht noch ist ihm die Prämie „so gut wie sicher". Die Prämie dient als Sicherheit gegen die aus dem Hauptvertrag resultierenden Nachteile und ist gleichzeitig Anreiz, dieses Risiko überhaupt einzugehen.
3. Verdient hat der Stillhalter die Prämie erst mit Ausübung, Verfall oder Glattstellung des Optionsrechts. Vorher ist sie lediglich als Vorleistung auf das Optionsgeschäft im Ganzen zu qualifizieren. Aus diesem Grund ist sie sowohl in der Handels- als auch in der Steuerbilanz des Stillhalters sowie des Optionsnehmers als Anzahlung zu bilanzieren.
4. Für das Optionsrecht, das als immaterieller/s Vermögensgegenstand bzw. Wirtschaftsgut zu qualifizieren ist, besteht ein faktisches Aktivierungsverbot, da es immer Bestandteil eines schwebenden Geschäfts ist.
5. Unabhängig vom konkreten Inhalt des Optionsrechts, geht die Prämie buchungstechnisch in den durchgeführten Hauptvertrag ein, mindert bzw. erhöht den Gewinn bei Verfall des Optionsrechts oder bei Abschluss eines Glattstellungsgeschäfts.
6. Der Anwendungsbereich der Verlustverrechnungsbeschränkung gem. § 15 Abs. 4 S. 3–5 EStG, ist aufgrund des Charakters als Missbrauchsvermeidungsvorschrift eng auszulegen. Erfasst werden lediglich Gewinne, die ein Optionsnehmer durch Ausübung oder Verfall eines auch auf Barausgleich gerichteten Optionsrechts realisiert. Soweit früher der Verfall des Optionsrechts nicht hierunter gefasst wurde, gilt es nunmehr zu beachten, dass sich die Rechtsprechung zur Abzugsfähigkeit der Prämie i.R. privater Vermögensverwal-

tung – zur alten Rechtslage – geändert hat und die Grundsätze des Urteils auf § 15 Abs. 4 S. 3–5 EStG übertragbar sind.

7. Die Unstimmigkeiten, die sich hinsichtlich der Besteuerung von Wertpapieroptionsgeschäften ergeben, sind nicht unmittelbar auf die getrennte Betrachtung von Options- und Hauptvertrag zurückzuführen, da die Rechtsprechung im Einklang mit den Einheitstheorien den Zusammenhang zwischen Prämienzahlung und Anschaffung bzw. Veräußerung des steuerlich begünstigten Basiswerts bejaht. Vielmehr resultieren sie aus der gesetzlichen Regelung zum Halbeinkünfteverfahren für bestimmte Basiswerte.
8. Die höchstrichterliche Finanzrechtsprechung vermag die Trennungstheorie weder im betrieblichen Bereich noch im Bereich privater Vermögensverwaltung konsequent umzusetzen. Widersprüchlich ist u. a. die vollständige Trennung von Options- und Hauptvertrag, bei gleichzeitiger Annahme einer Teilidentität zum Basiswert. Im Rahmen der Trennungstheorie müsste auch die Qualifikation der Optionsprämie als Anschaffungs(-neben)kosten des Basiswerts abzulehnen sein. Paradox ist die Einordnung des Optionsgeschäfts als Termingeschäft nur auf Seiten des Optionsnehmers. Nicht überzeugen vermag auch die Passivierung der Stillhalterverpflichtung als Verbindlichkeit, da deren tatsächliche Höhe im Zeitpunkt des Abschlusses des Optionsgeschäfts noch unbestimmt ist.
9. Unter Berücksichtigung der wirtschaftlichen Betrachtungsweise ist eine getrennte Betrachtung der beiden Bestandteile des Optionsgeschäfts nicht gerechtfertigt, da keine sachlichen Gründe für eine getrennte Behandlung vorliegen.

Literaturverzeichnis

Adler, Hans; Düring, Walther; Schmaltz, Kurt (Begr.): Rechnungslegung und Prüfung der Unternehmen, Teilband 1, 6. Auflage, Stuttgart 1995.

Adler, Hans; Düring, Walther; Schmaltz, Kurt (Begr.): Rechnungslegung und Prüfung der Unternehmen, Teilband 6, 6. Auflage, Stuttgart 1998.

Aigner, Philipp; Balbinot, Chiara: Die Besteuerung des Stillhalters von Optionsgeschäften nach § 20 EstG Aufgabe der Trennungstheorie mit dem Unternehmensteuerreformgesetz 2008 (UntStRefG 2008)?, Deutsches Steuerrecht 2015, Seite 198–204.

Anzinger, Heribert; Schleiter, Isabelle: Die Ausübung steuerlicher Wahlrechte nach dem BilMoG – eine Rückbesinnung auf den Maßgeblichkeitsgrundsatz, Deutsches Steuerrecht 2010, Seite 395–399.

Arbeitskreis „Externe Unternehmensrechnung" der Schmalenbach-Gesellschaft: Bilanzierung von Finanzinstrumenten im Währungs- und Zinsbereich auf Grundlage des HGB, Der Betrieb 1997, Seite 637–642.

Arbeitskreis Bilanzrecht der Hochschullehrer Rechtswissenschaft: Zur Maßgeblichkeit der Handelsbilanz für die steuerliche Gewinnermittlung gem. § 5 Abs. 1 EStG i.d.F. durch das BilMoG, Der Betrieb 2009, Seite 2570–2573.

von Arnim, Rainer: Die Option im Waren- und Aktienbereich (I), Die Aktiengesellschaft 1983, Seite 29–49.

Assmann, Heinz Dieter; Schütze, Rolf A.: Handbuch des Kapitalanlagerechts, 4. Auflage, München 2015.

Baetge, Jörg; Kirsch, Hans-Jürgen; Thiele, Stefan: Bilanzen, 14. Auflage, Düsseldorf 2017.

Bamberger, Georg; Roth, Herbert (Hrsg.): Beck ‚scher Online-Kommentar zum BGB Kommentar, Stand: 01.02.2017, 42. Edition.

Bauer, Heinrich: Schwebende Geschäfte im Steuerrecht, Nürnberg 1981, zugleich Dissertation.

Baumbach, Adolf (Begr.): Handelsgesetzbuch Kommentar, 37. Auflage, München 2016.

Beckenhaub, Claus: Einkommensteuerbarkeit von Optionsgeschäften, 2001, Dissertation Hamburg.

Becker, Hans Paul; Peppmeier, Arno: Bankbetriebslehre, 10. Auflage, Herne 2015.

Becker, Michael: Gestaltungsrechte und Gestaltungsgrund, Archiv für die civilistische Praxis 1988, Seite 24–68.

Beger, Wolf Dietrich: Methodenlehre und Klausurtechnik im Steuerrecht, 5. Auflage, Stuttgart 2004.

Beisse, Heinrich: Die wirtschaftliche Betrachtungsweise bei der Auslegung der Steuergesetze in der neueren deutschen Rechtsprechung, Steuer und Wirtschaft 1981, Seite 1–14.

Berg, Stefan: Kreditderivate im deutschen Privatrecht, Frankfurt am Main 2008, zugleich Dissertation.

Bergemann, Achim: Kommentar zum BFH-Urteil vom 11.10.2007 - IV R 52/04, Betriebs-Berater 2008, Seite 496.

Bernstorff, Christoph; von, Graf: Finanzinnovationen – Anwendungsmöglichkeiten, Strategien, Beispiele, Wiesbaden 1996.

Bertsch, Andreas; Kärcher, Ralph: Handels- und steuerbilanzielle Behandlung von Derivaten und strukturierten Produkten, in: Eller, Roland; Heinrich, Markus u. a. (Hrsg.), Handbuch Derivativer Instrumente – Produkte, Strategien, Risikomanagement, 3. Auflage, Stuttgart 2005, Seite 549–597.

Bieg, Hartmut: Bilanzierung und Bewertung von Optionen und Zinsbegrenzungsvereinbarungen – Teil I, Der Steuerberater, 2003, Seite 288–292.

Bieg, Hartmut: Bilanzierung und Bewertung von Optionen und Zinsbegrenzungsvereinbarungen – Teil II, Der Steuerberater, 2003, Seite 324–329.

Bieg, Hartmut: Bilanzierung und Bewertung von Optionen und Zinsbegrenzungsvereinbarungen – Teil III, Der Steuerberater, 2003, Seite 377–383.

Blümich, Walter (Begr.): Einkommensteuergesetz, Körperschaftsteuergesetz, Gewerbesteuergesetz Kommentar, Heuermann, Bernd; Brandis, Peter (Hrsg.); Loseblattsammlung einschließlich 136. Ergänzungslieferung Stand April 2017.

Bogenschütz, Eugen: Ertragsteuerliche Besonderheiten von Derivaten, in: Wolfgang Spindler, Klaus Tipke, Thomas Rödder (Hrsg.), Steuerzentrierte Rechtsberatung, Festschrift für Harald Schaumburg, Köln 2009, Seite 209–237.

Bogenschütz, Eugen; Tibo, Frank: Erneute Änderung des § 8b KStG und weitere Vorschriften betreffend den Eigenhandel von Banken und Finanzdienstleistern – Auswirkungen auf Unternehmen außerhalb der Kreditwirtschaft, Der Betrieb 2001, Seite 8–11.

Boos, Karl-Heinz; Fischer, Reinfrid; Schulte-Mattler, Hermann (Hrsg.): KWG CRR-VO: Kommentar zum Kreditwesengesetz, VO (EU) Nr. 575/2013 (CRR)und Ausführungsvorschriften, 5. Auflage, München 2016

Bork, Reinhard: Allgemeiner Teil des Bürgerlichen Gesetzbuchs, 4. Auflage, Tübingen 2016.

Bösch, Martin: Derivate: Verstehen, anwenden und bewerten, 3. Auflage, München 2014.

Bötticher, Eduard: Besinnung auf das Gestaltungsrecht und das Gestaltungsklagerecht, in: Ernst von Caemmerer, Arthur Nikisch, Konrad Zweigert (Hrsg.), Festschrift für Hans Dölle – Vom deutschen zum europäischen Recht, Band I – Deutsches Privat- und Zivilprozessrecht Rechtsvergleichung, Tübingen 1963, Seite 40–76.

Brandi-Dohrn, Matthias: Der urheberrechtliche Optionsvertrag im Rahmen der Verträge über künftige Werke nach deutschem, österreichischem, schweizerischem und französischem Recht, München, Berlin 1967.

Breker, Norbert: Optionsrechte und Stillhalterverpflichtungen im handelsrechtlichen Jahresabschluss, Düsseldorf 1993, zugleich Dissertation.

Breuer, Rolf-E.: Die Deutsche Terminbörse als Vorreiter einer Börsenlandschaft der 90er Jahre?, Zeitschrift für Bankrecht und Bankwirtschaft 1990, Seite 101–104.

Briesemeister, Simone: Hybride Finanzinstrumente im Ertragsteuerrecht, Düsseldorf 2006, zugleich Dissertation.

Brox, Hans; Walker, Wolf-Dietrich: Allgemeiner Teil des BGB, 40. München 2016.

Busch, Michael: Gewinne aus der Veräußerung von Bezugsrechten sind körperschaftsteuerpflichtig, Betriebs-Berater 2008, Seite 1103.

Canaris, Claus-Wilhem: Die Verbindlichkeit von Optionsscheingeschäften, Wertpapiermitteilungen 1988 Sonderbeilage Nr. 10 Seite 1–20.

Casper, Matthias: Das neue Recht der Termingeschäfte, Zeitschrift für Wirtschafts- und Bankrecht, 2003, Seite 161–168.

Casper, Matthias: Der Optionsvertrag, Tübingen 2005, zugleich Habilitation.

Christiansen, Alfred: Realisationsprinzip beim Ausweis von Verbindlichkeiten – eine „unendliche" Geschichte; Zum Urteil des Niedersächsischen FG vom 18.12.2008, 10 K 120/04, DStRE 2009, 972, Deutsches Steuerrecht 2009, Seite 2213–2217.

Christiansen, Alfred: Zur Passivierung von Verbindlichkeiten: (Nicht-) Passivierung im Rahmen schwebender Geschäfte, Deutsches Steuerrecht 2007, Seite 869–874.

Christiansen, Alfred: Zum Grundsatz der Einzelbewertung – insbesondere zur Bildung so genannter Bewertungseinheiten, Deutsches Steuerrecht 2003, Seite 264–268.

Coenenberg, Adolf G.; Haller, Axel; Schultze, Wolfgang: Jahresabschluss und Jahresabschlussanalyse, Betriebswirtschaftliche, handelsrechtliche, steuerrechtliche und internationale Grundsätze – HGB, IAS/IFRS, US-GAAP, DRS, 23. Auflage, Stuttgart 2014.

Crezelius, Georg: Handelsbilanzrecht in der Rechtsprechung des Bundesfinanzhofs, Zeitschrift für Unternehmens- und Gesellschaftsrecht 1987, Seite 1–45.

Crezelius, Georg: Das sogenannte schwebende Geschäft in Handels-, Gesellschafts- und Steuerrecht, in: Brigitte Knobbe-Keuk, Franz Klein, Adolf Moxter (Hrsg.), Festschrift für Georg Döllerer, Düsseldorf 1988, Seite 81–95.

Cyrankiewicz, Heinrich; Wendland, Holger: Die bilanzielle Behandlung von Wertpapieroptionsgeschäften, Zeitschrift für das gesamte Kreditwesen 1990, Seite 1026–1031.

Dahm, Joachim; Hamacher, Rolfjosef: Termingeschäfte im EStG – Eine Besteuerungsruine, Deutsches Steuerrecht 2014, Seite 455–461.

Dahm, Joachim; Hamacher, Rolfjosef: Termingeschäfte und Abgeltungsteuer, Deutsches Steuerrecht 2008, Seite 1910–1917.

Deckstein, Dagmer; Fromm, Thomas: Die neue Verlust Kultur – Bei Porsche haben jetzt Volkswagen-Manager das Sagen – und deuten schon mal die Richtung an, Süddeutsche Zeitung (2009), Nr. 273, Seite 22.

Dinkelbach, Andreas: Anwendung von § 8b KStG sowie §§ 3 Nr. 40, 3c Abs. 2 EStG auf Optionen, Recht der Finanzinstrumente 2012, Seite 270–275.

Dinkelbach, Andreas: Anwendung des Halbeinkünfteverfahrens auf Optionsrechte auf Anteile an Kapitalgesellschaften, Der Betrieb 2006, Seite 1642–1650.

Döllerer, Georg: Zur Bilanzierung des schwebenden Vertrags, Betriebs-Berater 1974, Seite 1541–1548.

Dörfler, Oliver; Adrian, Gerrit: Zur Umsetzung der HGB-Modernisierung durch das BilMoG: Steuerbilanzrechtliche Auswirkungen, Der Betrieb 2009, Beilage 5, Seite 58–64.

Dötsch, Ewald; Pung, Alexandra; Möhlenbrock, Rolf: Die Körperschaftsteuer, Loseblattsammlung einschließlich 84. Ergänzungslieferung Stand August 2015.

Dreissig, Hildegard: Bilanzsteuerrechtliche Behandlung von Optionen, Betriebs-Berater 1989, Seite 1511–1517.

Dreyer, Gerhard; Broer, Frank: Gewinnrealisierung bei Stillhalterprämien aus Optionsgeschäften, Zugleich Besprechung der Entscheidung des FG Hamburg vom 06.12.2001, Deutsches Steuerrecht 2002, Seite 1590–1596.

Ebel, Thomas: Gestaltungsmissbrauch durch betrieblichen Derivateeinsatz? – § 15 Abs. 4 Satz 3–5 EStG als spezialgesetzliche Missbrauchsnorm –, Der Betrieb 2013, Seite 2112–2117.

Ebel, Thomas: Verluste aus Termingeschäften im Betriebsvermögen Grenzen des Derivateeinsatzes gem. § 15 Abs. 4 Sätze 3–5 EStG, Finanz-Rundschau 2013, Seite 882–890.

Ebel, Thomas: Steuerfreie Anteilsveräußerung und ergebniskompensatorische Sicherung – Gestaltung und Missbrauch zwischen § 8b Abs. 2 KStG, § 8b Abs. 7 KStG und § 15 Abs. 4 Sätze 3–5 EStG, Finanz-Rundschau 2013, Seite 410–418.

Ebel, Thomas: Kommentar zum BFH-Urteil vom 9.4.2014 - I R 52/12, Finanz-Rundschau 2014, Seite 806–807.

Ebenroth, Carsten Thomas; Einsele, Dorothee: Rechtliche Hinweise auf dem Weg zur „Goffex", Zeitschrift für Wirtschaftsrecht, 1988, Seite 205–220.

Eibelshäuser, Manfred: Wirtschaftliche Betrachtungsweise im Steuerrecht – Herkunft und Bedeutung, Deutsches Steuerrecht 2002, Seite 1426–1432.

Eilenberger, Guido: Überblick über produktbezogene Finanzinnovationen unter Gesichtspunkten der Rechnungslegung, Betriebswirtschaftliche Forschung und Praxis 1995, Seite 125–145.

von Einem, Henning: Die Rechtsnatur der Option, Berlin 1974.

Eisele, Wolfgang; Knobloch, Alois: Offene Probleme bei der Bilanzierung von Finanzinnovation, Deutsches Steuerrecht 1993, Seite 577–586.

Ekkenga, Jens: Gibt es „wirtschaftliches Eigentum" im Handelsrecht? – Besprechung der Entscheidung BGH WM 1996, 113 –, Zeitschrift für Unternehmens- und Gesellschaftsrecht 1997, S. 262–270.

Enneccerus, Ludwig; Lehmann, Heinrich: Lehrbuch des Bürgerlichen Rechts – Recht der Schuldverhältnisse, 15. Auflage, Tübingen 1958.

Enneccerus, Ludwig; Nipperdey, Hans Carl: Lehrbuch des Bürgerlichen Rechts – Allgemeiner Teil des Bürgerlichen Rechts, 15. Auflage, Tübingen 1959.

Euler, Roland: Kommentar zum BFH-Urteil vom 27.06.2001 - I R 45/97, Betriebs-Berater 2001, Seite 1897.

Euler, Roland: Das System ordnungsmäßiger Bilanzierung, Stuttgart 1996.

Euler, Roland: Grundsätze ordnungsmäßiger Gewinnrealisierung, Düsseldorf 1989, zugleich Dissertation Frankfurt am Main.

Fehrenbacher, Oliver: Steuerrecht, 6. Auflage, Baden-Baden 2017.

Ferrari, Franco; Kieninger, Eva-Maria; Mankowski, Peter u. a.: Internationales Vertragsrecht, Rom I-VO, CISG, CMR, FactÜ, Kommentar, 2. Auflage, München 2012.

Fischer, Carola; Kalina-Kerschbaum, Claudia: Maßgeblichkeit der Handelsbilanz für die steuerliche Gewinnermittlung – Kritische Anmerkung zum Entwurf eines BMF-Schreibens –, Deutsches Steuerrecht 2010, Seite 399–401.

Fleischer, Lothar: Bewertungsrechtliche Behandlung von DTB-Optionsscheinen und DTB-Futures, Der Betrieb 1995, Seite 1780–1785.

Fleischmann, Michael S.: Glattstellung von Aktienoptionsgeschäften an der Deutschen Terminbörse – kein Besteuerungstatbestand des § 23 EStG?, Information über Steuer und Wirtschaft 1996, Seite 289–293.

Flume, Werner: Allgemeiner Teil des bürgerlichen Rechts – Band 2 – Das Rechtsgeschäft, 3. Auflage, Berlin, Heidelberg, New York 1979.

Förster, Guido; Schmidtmann, Dirk: Steuerliche Gewinnermittlung nach dem BilMoG, Betriebs-Berater 2009, Seite 1342–1346.

Forstmoser, Peter; Urs, Pulver: Der Optionshandel in der Schweiz, Zeitschrift für Wirtschafts- und Bankrecht 1988, Sonderbeilage Nr. 6, S. 1–14.

Franke, Jörg; Imo, Christian: Anlegerschutz an der Deutschen Terminbörse, Zeitschrift für Bankrecht und Bankwirtschaft 1990, Seite 104–113.

Freitag, Michael: Piëchs Vollstrecker – Volkswagen – Der Autobauer zahlt einen sehr hohen Preis für die Porsche Rettung. Kann Martin Winterkorn den Multi-Marken-Konzern trotzdem zur Nummer eins machen?, Manager Magazin (2009) Heft 9, Seite 22–28.

Fröschle, Gerhart; Grottel, Bernd; Schmidt, Stefan; Schubert, Wolfgang (Hrsg.): Beck ‚scher Bilanz-Kommentar, 10. Auflage, München 2016.

Frotscher, Gerrit; Drüen, Klaus-Dieter (Hrsg.): Kommentar zum Körperschaft-, Gewerbe- und Umwandlungssteuergesetz, Loseblattsammlung einschließlich 137. Ergänzungslieferung Januar 2017.

Gebhardt, Günther: Probleme der bilanziellen Abbildung von Finanzinstrumenten, Betriebswirtschaftliche Forschung und Praxis 1996, Seite 557–584.

Gelhausen, Hans Friedrich: Das Realisationsprinzip im Handels- und im Steuerbilanzrecht, Frankfurt am Main 1985, zugleich Dissertation.

Gelhausen, Hans Friedrich; Fey, Gerd; Kämpfer, Georg: Rechnungslegung und Prüfung nach dem Bilanzrechtsmodernisierungsgesetz, Düsseldorf 2009.

Georgiades, Apostolos: Optionsvertrag und Optionsrecht, in: Paulus, Gotthard, Diederichsen, Uwe und Canaris, Claus-Wilhelm (Hrsg.), Festschrift für Karl LarenzMünchen 1973, Seite 409–434.

Gernhuber, Joachim: Handbuch des Schuldrechts in Einzeldarstellungen. – Band 8. Das Schuldverhältnis: Begründung und Änderung, Pflichten und Strukturen, Drittwirkungen, Tübingen 1989.

Geyer, Christoph; Uttner, Volker: Praxishandbuch Börsentermingeschäfte, Wiesbaden 2007.

Glaser, Markus; Schmitz, Philipp: Privatanleger am Optionsscheinmarkt, Zeitschrift für Bankrecht und Bankwirtschaft 2007, Seite 214–230.

Gosch, Dietmar: Praxishinweis zum Urteil des BFH vom 09.04.2014, Entscheidungen des BFH für die Praxis der Steuerberatung 2014, Seite 315–317.

Gosch, Dietmar (Hrsg.): Körperschaftsteuergesetz Kommentar, 3. Auflage, München 2015.

Groh, Manfred: Verbindlichkeitsrückstellung und Verlustrückstellung: Gemeinsamkeiten und Unterschiede, Betriebs-Berater 1988, Seite 27–33.

Grützemacher, Thomas: Bewertung und bilanzielle Erfassung der Preisrisiken ausgewählter Finanzinnovationen, Dargestellt am Beispiel der Behandlung der Aktienoptionsgeschäfte und der Interest Rate-Futures in der Rechnungslegung von Aktienbanken, München 1989, zugleich Dissertation München.

Günkel, Manfred: Aktuelle Fragen aus der Betriebsprüfung, Bilanzsteuerrecht, Fall 7; Jahrbuch der Fachanwälte für Steuerrecht 1998/1999, Seite 218–229.

Günkel, Manfred: Die Maßgeblichkeit nach der Bilanzrechtsreform (BilMoG) in: Kessler, Wolfgang; Förster, Guido; Watrin, Christoph (Hrsg.), Unternehmensbesteuerung Festschrift für Norbert Herzig, München 2010, Seite 509–516.

Günkel, Manfred: Aktuelle Probleme aus dem Bilanzsteuerrecht, in Steuerberater-Jahrbuch 2011/2012, Seite 295–344.

Haarmann, Wilhelm: Steuerliche Behandlung von Optionsprämien bei Anteilskäufen und -verkäufen; Jahrbuch der Fachanwälte für Steuerrecht 2005/2006; Seite 205–212.

Hahne, Klaus: Auswirkungen der Options-Entscheidung des BFH auf die Bilanzierung von Bürgschaften und Kreditgarantien, Betriebs-Berater 2005, Seite 819–823.

Hahne, Klaus: Anwendung der Steuerbefreiung für Aktiengewinne bei Risikoabsicherungsgeschäften, Steuern und Bilanzen 2008, Seite 181–187

Hahne, Klaus: Anmerkung zum Urteil des BFH vom 23.01.2008, Deutsches Steuerrecht 2008, Seite 864–865.

Hahne, Klaus; Krause Heiko: Kommentar zu BFH-Urteil vom 13.2.2008 - IX R 68/07, Betriebs-Berater 2008, Seite 1101–1102.

Hahne, Klaus; Liepolt, Petra: Steuerbilanzielle Bewertung von Stillhalterverpflichtungen aus Optionsgeschäften, Der Betrieb 2006, Seite 1329–1333.

Hahne, Klaus; Sievert, Jürgen: Abgrenzung von Drohverlustrückstellungen und Rückstellungen für ungewisse Verbindlichkeiten – Zugleich Anmerkung zum BFH-Urteil vom 18.12.2002, I R 17/02, Deutsches Steuerrecht 2003, Seite 1992–1996.

Haisch, Martin: RdF-Rechtsprechungsreport: Neue Entwicklungen bei der Besteuerung von Finanzinstrumenten, Recht der Finanzinstrumente 2014, Seite 222–229.

Haisch, Martin: Die Besteuerung von Finanzprodukten unter der Abgeltungsteuer, Deutsche Steuer-Zeitung 2007, Seite 762–773.

Haisch, Martin; Danz, Thilo: Verluste aus Termingeschäften im Betriebsvermögen – Anmerkung zum BMF-Schreiben vom 23.9.2005 –, Deutsche Steuer-Zeitung 2005, Seite 850–856.

Haisch, Martin; Danz, Thilo: Aktuelle Fragen der Besteuerung von Options- und Wandelanleihen – Anmerkung zu den BFH-Urteilen vom 30.11.2005, I R 3/04 und I R 26/04 sowie vom 27.10.2005, IX R 15/05, Deutsche Steuer-Zeitung 2006, Seite 229–233.

Haisch, Martin; Danz, Thilo: Grundsätze der Besteuerung von Zertifikaten im Privatvermögen, Deutsches Steuerrecht 2005, Seite 2108–2114.

Haisch, Martin; Helios, Marcus: Kommentar zu BVerfG-Beschluss vom 11.10.2010–2 BvR 1710/10, Finanz-Rundschau 2011, Seite 88–90.

Haisch, Martin; Helios, Marcus: Rechtshandbuch Finanzinstrumente, München 2011.

Haisch, Martin; Krampe, Stephan: Einzelfragen zur Abgeltungsteuer – Teil I, Anm. zum BMF-Schreiben v. 22.12.2009, BStBl. I 2010, 94, Finanz-Rundschau 2010, Seite 311–321.

von Hall, Peter: Warum EMIR den Finanzplatz Deutschland stärkt, und trotzdem eine Wettbewerbsverzerrung im Binnenmarkt droht, Zeitschrift für Wirtschafts- und Bankrecht 2013, Seite 673–679.

Hamacher, Rolfjosef: Steuerrechtliche Fragen der Geschäfte an der Deutschen Terminbörse, Zeitschrift für Wirtschafts- und Bankrecht 1990, Seite 1441–1450.

Hamacher, Rolfjosef: Termingeschäfte im privaten Bereich nach neuem Steuerrecht, Wertpapier-Mitteilungen 2000, Seite 1721–1728.

Hamacher, Rolfjosef: Steuerliche Behandlung der DTB-Geschäfte im Privatbereich – BMF-Schreiben vom 10. November 1994 –, Zeitschrift für Wirtschafts- und Bankrecht 1995, Seite 777–784.

Hammen, Horst: Bemerkungen zur Dogmatik des Aktienoptionsgeschäfts, Zeitschrift für Wirtschaftsrecht, 1987, Seite 151–156.

Harenberg, Friedrich: Kommentar zu BFH-Urteil vom 24.06.2003 - IX R 2/02, Finanz-Rundschau 2003, Seite 1140.

Harenberg, Friedrich: Kommentar zu BFH-Urteil vom 13.02.2008 - IX R 68/07, Finanz-Rundschau 2008, Seite 882–883.

Harenberg, Friedrich: Kommentar zum BMF Schreiben vom 27.11.2001 - IV C 3 – S 2256–265/01, Finanz-Rundschau 2002, Seite 109–112.

Häuselmann, Holger: Die Bilanzierung von Optionen aus handelsrechtlicher Sicht, Der Betrieb 1987, Seite 1745–1748.

Häuselmann, Holger: Zweifelsfragen bei der bilanzsteuerlichen Erfassung von anteilsbezogenen Derivaten, Die Unternehmensbesteuerung 2008, Seite 391–400.

Häuselmann, Holger; Wiesenbart, Thomas: Fragen zur bilanzsteuerlichen Behandlung von Geschäften an der Deutschen Terminbörse (DTB), Der Betrieb 1990, Seite 641–647.

Häuselmann, Holger; Wagner, Siegfried: Grenzen der Einbeziehung von Aktienderivaten in das Halbeinkünfteverfahren, Betriebs-Berater 2002, Seite 2170–2175.

Häuselmann, Holger; Wagner, Siegfried: Steuerbilanzielle Erfassung aktienbezogener Anleihen: Options-, Wandel-, Umtausch- und Aktienanleihen, Betriebs-Berater 2002, Seite 2431–2436.

Häuselmann, Holger; Wiesenbart, Thomas: Produkte der Deutschen Terminbörse – Die Besteuerung von Optionen und Futures, 1990, Frankfurt am Main.

Häuser, Franz: Börsenmäßiges Optionsgeschäft und Differenzeinwand, Der Betrieb 1985, Seite 1169–1172.

Häuser, Franz: Außerbörsliche Optionsgeschäfte (OTC-Optionen) aus der Sicht des novellierten Börsengesetzes, Zeitschrift für Bankrecht und Bankwirtschaft 1992, Seite 249–266.

Helios, Marcus; Niedrig, Hans-Peter: Zur Einbeziehung von Optionsprämien in den Anwendungsbereich von § 8b Abs. 2 KStG Zugleich Besprechung des Urteils des FG Düsseldorf vom 13. 12. 2011, 6 K 1209/09 F, DStR 2012, 1331, Deutsches Steuerrecht 2012, Seite 1301–1307.

Helios, Marcus; Philipp, Moritz: Besteuerung von Optionsgeschäften im Abgeltungsteuersystem – Gestaltungsmissbrauch bei der Veräußerung von faktisch wertlosen Optionsscheinen?, Betriebs-Berater 2010, Seite 95–100.

Helios, Marcus; Philipp, Moritz: Kommentar zu BFH-Beschluss vom 25.05.2010 - IX B 179/09, Finanz-Rundschau 2010, Seite 1053–1055.

Hennrichs, Joachim: Neue Herausforderungen für den Mittelstand im BilMoG, GmbH Rundschau 2010, Seite 17–23.

Hennrichs, Joachim; Kleindiek, Detlef; Watrin, Christoph (Hrsg.): Münchener Kommentar zum Bilanzrecht, Band 2 Bilanzrecht §§ 238–342e HGB, München 2013.

Henrich, Dieter: Vorvertrag, Optionsvertrag, Vorrechtsvertrag, Tübingen 1965.

Hensel, Matthias: Besteuerung der Termingeschäfte – Paradigmenwechsel durch die Abgeltungsteuer?, Recht der Finanzinstrumente 2014, Seite 308–315.

Henssler, Martin: Risiko als Vertragsgegenstand, Tübingen 1994, zugleich Habilitation.

Herrmann, Carl; Heuer, Gerhard; Raupach, Arndt: Einkommensteuer- und Körperschaftsteuergesetz Kommentar, Loseblattsammlung inklusive 278. Ergänzungslieferung, Stand April 2017.

Herzig, Norbert: Die rückstellungsbegrenzende Wirkung des Realisationsprinzips, in: Arndt Raupach, Adalbert Uelner (Hrsg.), Festschrift für Ludwig Schmidt, München 1993, Seite 209–226.

Herzig, Norbert: Aktuelle Entwicklungen bei § 8b KStG und § 3c EStG, Der Betrieb 2003, Seite 1459–1468.

Herzig, Norbert; Briesemeister, Simone: Steuerbilanzielle Abbildung von Optionsgeschäften beim Stillhalter – Zugleich Urteilsanmerkung zu FG München vom 28.11.200 7 K 2035/98 sowie FG Hamburg vom 6.12.2001 VI 227/99, Der Betrieb 2002, Seite 1570–1579.

Herzig, Norbert; Briesemeister, Simone: Reichweite und Folgen des Wahlrechtsvorbehaltes § 5 Abs. 1 EStG – Stellungnahme zum BMF-Schreiben vom 12.3.2010 - IV C 6 – S 2133/09/10001, Der Betrieb 2010, Seite 917–924.

Herzig, Norbert; Briesemeister, Simone: Unterschiede zwischen Handels- und Steuerbilanz nach BilMoG – Unvermeidbare Abweichungen und Gestaltungsspielräume, Die Wirtschaftsprüfung 2010, Seite 63–77.

Heuer, Heiko: Ertragsbesteuerung aktienbezogener Einkünfte im Privatvermögen – Eine kritische Analyse unter besonderer Berücksichtigung der BFH-Rechtsprechung zu privaten Devisentermingeschäften, Steuer und Wirtschaft 1992, Seite 313–332.

Heuermann, Bernd: EUREX II: Besteuerung von Optionsgeschäften an Terminbörsen – Zugleich Anmerkung zum BFH-Urteil vom 29.6.2004 IX R 26/03, Der Betrieb 2004, Seite 1848–1852.

Heuermann, Bernd: Das Glattstellen von Aktienoptionsgeschäften als privates Veräußerungsgeschäft i.S. von § 23 Abs. 1 Satz 1 Nr. 2 EStG – Zugleich Anmerkung zu der BFH-Entscheidung vom 24.6.2003 IX R 2/02 –, Der Betrieb 2003, Seite 1919–1922.

Heuermann, Bernd: Anmerkung zum Urteil des BFH vom 26.09.2012, Höchstrichterliche Finanzrechtsprechung 2012, Seite 1258.

Heuermann, Bernd: Entwicklungslinien steuerbarer Veräußerungen von Privatvermögen – Im Spiegel höchstrichterlicher Rechtsprechung –, Der Betrieb 2013, Seite 718–724.

Heuermann, Bernd: Rechtsprechung im besonderen Blickpunkt der Außenprüfung, Die steuerliche Betriebsprüfung 2013, Seite 211–215.

Heußner, Jürgen: Die bilanzielle Behandlung von Zinsrückstellungen – Unter Berücksichtigung der neuen BFH-Rechtsprechung zur Verbindlichkeits- und Verlustrückstellung, Betriebs-Berater 1988, Seite 2417–2428.

Hirte, Heribert; Möllers, Thomas M.J. (Hrsg.): Kölner Kommentar zum WpHG, 2. Auflage, Köln 2014.

Hofer, Hannes: Die Bilanzierung nicht kostendeckender Bauaufträge in der Handels- und Steuerbilanz der Bauunternehmen, Deutsches Steuerrecht 2001, Seite 635–640.

Hoffmann, Wolf-Dieter: Passivierung von Optionsprämien beim Stillhalter als Verbindlichkeit - Anmerkung zum BFH-Urteil vom 18.12.2002 - I R 17/02 –, Steuern und Bilanzen 2003, Seite 543–545.

Hoffmann, Wolf-Dieter: Teil-Nichtanwendungserlass zur Optionsprämienbilanzierung – Anmerkung zum BMF-Schreiben vom 12.1.2004, IV A 6 – S 2133–17/03, DStR 2004, 228, Deutsches Steuerrecht 2004, Seite 625–627.

Hoffmann, Wolf-Dieter: Anmerkung zum Urteil des BFH vom 18.12.2002, Deutsches Steuerrecht 2003, Seite 681–682.

Holterhus, Gerhard: Bilanzierung von Optionsgeschäften, Die Bank 1987, Seite 154–157.

Hommel, Michael; Berndt, Thomas: Das Realisationsprinzip – 1884 bis heute, Betriebs-Berater 2009, Seite 2190–2194.

Horn, Norbert: Börsentermingeschäfte nach neuem Recht, Zeitschrift für Wirtschaftsrecht 1990, Seite 2–18.

Hossfeld, Christopher: Der Ausweis von Optionen im Jahresabschluß von Kreditinstituten, Der Betrieb 1997, Seite 1241–1245.

Hull, John Campbell: Optionen, Futures und andere Derivate, 9. Auflage, Hallbergmoos 2015.

IDW: IDW Stellungnahme zur Rechnungslegung: Auslegung des § 341b HGB (IDW RS VFA 2), Die Wirtschaftsprüfung 2002, Seite 475–477.

IDW/BFA: Entwurf einer Verlautbarung des Bankenfachausschusses: Zur bilanziellen Behandlung von Optionsgeschäften, Die Wirtschaftsprüfung 1987, Seite 44–45.

IDW/BFA: Stellungnahme BFA 2/1995: „Bilanzierung von Optionsgeschäften", Die Wirtschaftsprüfung 1995, Seite 421–422.

Institut der Wirtschaftsprüfer in Deutschland e. V. (Hrsg.): IDW Prüfungsstandards (IDW PS), IDW Stellungnahmen zur Rechnungslegung (IDW RS) einschließlich der zugehörigen Entwürfe und Hinweise, Band III, Loseblattsammlung einschließlich 61. Ergänzungslieferung Juni 2017.

Jauernig, Othmar (Begr.): Bürgerliches Gesetzbuch : mit Allgemeinem Gleichbehandlungsgesetz (Auszug); Kommentar, Rolf Stürner (Hrsg.), 16. Auflage, München 2015.

Johannemann, Ulf; Herr, Stefan: Besteuerung von anteilsbezogenen Kaufoptionen im Betriebsvermögen, Recht der Finanzinstrumente 2011, Seite 267–271.

Joost, Detlev; Strohn, Lutz (Hrsg.): Handelsgesetzbuch Band 1, 3. Auflage, München 2014

Joussen, Jacob: Das Gestaltungsrecht eines Dritten nach § 317 BGB, Archiv für die civilistische Praxis 2003, Seite 429–463.

Kaminski, Bert: Neue Probleme mit § 5 Abs. 1 EStG i.d.F. des BilMoG auf Grund des BMF-Schreibens vom 12.3.2010, Deutsches Steuerrecht 2010, Seite 771–774.

Kessler, Harald: Anpassungspflichten im Bilanzrecht: (Neue?) Grenzwerte für die wirtschaftliche Verursachung, Anmerkung zum Urteil des I. BFH-Senats vom 27.6.2011, I R 45/97, DStR 2001, 1384, zu seinen Folgen und zu einigen zeitgenössischen Begleiterscheinungen, Deutsches Steuerrecht 2001, Seite 1903–1912.

Kirchhof, Hans-Peter; Eidenmüller, Horst; Stürner, Rolf (Hrsg.): Münchener Kommentar zur Insolvenzordnung, Band 2, 3. Auflage, München 2013.

Kirchhof, Paul (Hrsg.): Einkommensteuergesetz Kommentar, 16. Auflage, Köln 2017.

Kirchhof, Paul; Söhn, Hartmut; Mellinghoff, Rudolf (Hrsg.): Einkommensteuergesetz Kommentar, Loseblattsammlung, Lfg. 280, Stand Juni 2017.

Knobbe-Keuk, Brigitte: Bilanz- und Unternehmenssteuerrecht, 9. Auflage, Köln 1993.

Knoblauch, Matthias: Verlustberücksichtigung bei Veräußerung „beinahe" wertloser Wertpapiere Kritische Anmerkung zur Ergänzung des Veräußerungsbegriffs in Rz. 59 des BMF-Schreibens vom 9. 10. 2012, IV C 1 – S 2252/10/10013, Deutsches Steuerrecht 2013, Seite 798–802.

Knoll, Leonhard; Steeg, Caterina: Die steuerbilanzielle Behandlung von Stillhalterverpflichtungen – Drei Meinungen, zwei Urteile und ein übersehbarer Zusammenhang –, Steuern und Bilanzen 2002, Seite 989–994.

Köhler, Christian: Die Zulässigkeit derivativer Finanzinstrumente in Unternehmen, Banken und Kommunen, Eine ökonomische und rechtliche Analyse, Tübingen 2012, zugleich Dissertation.

Köhler, Roland: Buchung und Bilanzierung von Anzahlungen, Buchungstechnische Verrechnung – Ausweis und Bewertung – Steuerliche Aspekte – Teil I, Die steuerliche Betriebsprüfung 1998, Seite 320–325.

Köhler, Roland: Buchung und Bilanzierung von Anzahlungen, Buchungstechnische Verrechnung – Ausweis und Bewertung – Steuerliche Aspekte – Teil II, Die steuerliche Betriebsprüfung 1999, Seite 8–13.

Köhling, Lambert: Die Clearing-Rahmenvereinbarung – deutsche Vertragsdokumentation für das Kundenclearing, Bank- und Kapitalmarktrecht 2013, Seite 491–500.

Koller, Ingo: Die Klagbarkeit von Prämienforderungen aus Aktienoptionen, Zeitschrift für Wirtschafts- und Bankrecht, 1985, Seite 593–596.

Koller, Ingo; Kindler, Peter; Roth, Wulf-Henning; Morck, Winfried: Handelsgesetzbuch Kommentar, 8. Auflage, München 2015.

König, Ulrich (Hrsg.): Abgabenordnung §§ 1–368, Kommentar, 3. Auflage, München 2014.

Köster, Thomas: Objektivierung von Rückstellungen für öffentlich-rechtlich begründete Umweltschutzverpflichtungen, in: Kessler, Wolfgang; Förster, Guido; Watrin, Christoph (Hrsg.), Unternehmensbesteuerung Festschrift für Norbert Herzig, München 2010, Seite 695–710.

Kraft, Ernst-Thomas; Mohr, Martin: Handels- und steuerrechtliche Behandlung von Optionsgeschäften, Recht der Finanzinstrumente 2011, Seite 406–415.

Kröger, Tobias: OFD Rheinland: Steuerliche Behandlung von gegenläufigen Finanzinstrumenten – OFD Rheinland, Verfügung vom 3.4.2013 – S 2750a-1014-St 131, Recht der Finanzinstrumente 2014, Seite 259–260.

Krug, Arne: Die steuerliche Abziehbarkeit von tatsächlich angefallenen Veräußerungskosten im Rahmen von § 8b Abs. 2 und 3 KStG – Anmerkungen zum Beschluss des Bundesverfassungsgerichts vom 12. 10. 2010, 1 BvL 12/07, Deutsches Steuerrecht 2011, Seite 598–602.

Kuhner, Christoph: Das Spannungsverhältnis zwischen Einzelfallgerechtigkeit und Willkürfreiheit – im Recht und in der Rechtslegung, Betriebswirtschaftliche Forschung und Praxis 2001, Seite 523–542.

Kümpel, Siegfried: Der Optionskauf beim deutschen börsenmäßigen Optionsgeschäft ein unwirksames Kassageschäft? Zugleich Besprechung des BGH-Urteils vom 22.10.1984 (II ZR 262/83), Wertpapiermitteilung (Zeitschrift für Wirtschafts- und Bankrecht), 1985, Seite 73–78.

Kümpel, Siegfried: Zur Abgrenzung des Börsentermingeschäfts vom Zeitgeschäft am Beispiel der Effektenkommission für Auslandsbörsen – Erfüllung unverbindlicher Börsentermingeschäfte im Kontokorrentverkehr, Zeitschrift für Wirtschafts- und Bankrecht, 1982, Sonderbeilage Nr. 6.

Kümpel, Siegfried: Bank- und Kapitalmarktrecht, 3. Auflage, Köln, 2004

Kümpel, Siegfried; Hammen, Horst; Ekkenga, Jens (Begr.): Kapitalmarktrecht, Handbuch für die Praxis, Systemtische Sammlung der Gesetze, Verordnungen, behördlichen Verlautbarungen sowie Einführungen und Kurzerläuterungen, Loseblatt-Sammlung (Lfg 5/15 Stand 10/15).

Kümpel, Siegfried; Wittig, Arne: Bank- und Kapitalmarktrecht, 4. Auflage, Köln, 2011.

Kuntz, Michael: Machtspiel in Wolfsburg – Der Übernahmepoker von Porsche und Volkswagen wird zum ganz großen Theater, Süddeutsche Zeitung (2009), Nr. 99, Seite 18.

Kupka, Wilfried; Süß, Stephan: Steuerrechtliche Behandlung von Optionsprämien im Betriebsvermögen – Zugleich Urteilsanmerkung zu FG Hamburg v. 6.12.2001 - VI 227/99, FR 2002, 456, Finanz-Rundschau 2002, Seite 438–446.

Küting, Karlheinz: Die Abgrenzung von vorübergehenden und dauernden Wertminderungen im nicht-abnutzbaren Anlagevermögen (§ 253 Abs. 2 Satz 3 HGB) – Dargestellt anhand der Abschreibung auf Beteiligungen –, Der Betrieb 2005, Seite 1121–1128.

Küting, Karlheinz: Die Abgrenzung von vorübergehenden und dauernden Wertminderungen im nicht-abnutzbaren Anlagevermögen (§ 253 Abs. 2 Satz 3 HGB) – Dargestellt anhand der Abschreibungen auf Beteiligungen –, Der Betrieb, Seite 1121–1128.

Lademann, Fritz (Begr.): Kommentar zum Einkommensteuergesetz, Loseblattsammlung inkl. Nachtrag 220. 07/2016.

Larenz, Karl: Die rechtliche Bedeutung von Optionsvereinbarungen, Der Betrieb 1955, Seite 209–211.

Larenz, Karl: Lehrbuch des Schuldrechts, Erster Band Allgemeiner Teil, 14. Auflage, München 1987.

Larenz, Karl: Lehrbuch des Schuldrechts, Zweiter Band Besonderer Teil 1. Halbband, 13. Auflage, München 1986.

Larenz, Karl: Methodenlehre der Rechtswissenschaft, 6. Auflage, Berlin, Heidelberg, New York 1991.

Larenz, Karl; Canaris, Claus-Wilhelm: Lehrbuch des Schuldrechts, Zweiter Band Besonderer Teil 2. Halbband, 13. Auflage, München 1994.

Leffson, Ulrich: Die Grundsätze ordnungsmäßiger Buchführung, 7. Auflage, Düsseldorf 1987.

Lindner, Ariane: Besteuerung von Optionen, Analyse auf Basis der wirtschaftlichen Betrachtungsweise und der finanzmathematischen Grundlagen, Wiesbaden 2004, zugleich Dissertation.

Lorenz, Werner: Vorzugsrechte beim Vertragsabschluß, in: Ernst von Caemmerer, Arthur Nikisch, Konrad Zweigert (Hrsg.), Festschrift für Hans Dölle – Vom deutschen zum europäischen Recht, Band I – Deutsches Privat- und Zivilprozessrecht Rechtsvergleichung, Tübingen 1963, Seite 103–133.

Lüdenbach, Norbert; Hoffmann, Wolf-Dieter : Erlösrealisierung bei Mehrkomponentengeschäften nach IFRS und HGB/EStG, Deutsches Steuerrecht 2006, Seite 153–158.

Maser, Peter: Der Termin- und der Differenzeinwand bei Börsentermingeschäften in Wertpapieren, Tübingen 1987, zugleich Dissertation.

Medicus, Dieter: Allgemeiner Teil des BGB, 11. Auflage, Heidelberg, München, Landsberg, Frechen, Hamburg, 2016.

Meinert, Carsten, Helios, Marcus: Die Abzugsfähigkeit vergeblicher Aufwendungen bei Termingeschäften im Privatvermögen Zugleich Anmerkung zum BFH-Urteil vom 26. 9. 2012, IX R 50/09, Deutsches-Steuerrecht 2013, S. 508–511.

Melzer, Philipp: Zum Begriff des Finanztermingeschäfts, Bank- und Kapitalmarktrecht 2003, Seite 366–372.

Meurer, Ingetraut: Angeschaffte und abgeschaffte Drohverlustrückstellungen, Betriebs-Berater 2011, Seite 1259–1263.

Meurer, Ingetraut: BMF: Maßgeblichkeit der handelsrechtlichen Grundsätze ordnungsmäßiger Buchführung für die steuerliche Gewinnermittlung – Änderung des § 5 Abs. 1 EStG durch das BilMoG, Betriebs-Berater 2010, Seite 820–822.

Michalky, Martin; Schittler, Robert: Das große Buch der Börse, München 2008.

Moritz, Joachim; Strom, Joachim: Stille Revolution bei der Besteuerung privater Optionsgeschäfte i.S. des § 23 Abs. 1 Satz 1 Nr. 4 EStG a. F. – zugleich Anm. zum BFH-Urteil vom 26.9.2012 - IX R 50/09, DB 2012 S. 2611 –, Der Betrieb 2013, Seite 603–608.

Moxter, Adolf: Zur wirtschaftlichen Betrachtungsweise im Bilanzrecht, Steuer und Wirtschaft, 1989 Seite 232–241.

Moxter, Adolf: Neue Ansatzkriterien für Verbindlichkeitsrückstellungen? (Teil I), Deutsches Steuerrecht 2004, Seite1057 - 1060.

Moxter, Adolf: Neue Ansatzkriterien für Verbindlichkeitsrückstellungen? (Teil II), Deutsches Steuerrecht 2004, Seite1098 - 1102.

Moxter, Adolf: Bilanzrechtsprechung, 6. Auflage, Tübingen 2007.

Moxter, Adolf: Grundsätze ordnungsgemäßer Rechnungslegung, Düsseldorf 2003.

Mülbert, Peter O.; Böhmer, Jörg: Ereignisbezogene Finanzprodukte – Zivil-, Kapitalmarkt-, Wertpapier-, Straf- und Öffentliches Recht – Teil 1 , Zeitschrift für Wirtschafts- und Bankrecht 2006, Seite 937–950.

Niemeyer, Markus: Ausweisfragen beim Optionsgeschäft, Betriebs-Berater 1990, Seite 1022–1028.

Niemeyer, Markus: Bilanzierung und Ausweis von Optionsgeschäften nach Handelsrecht und Steuerrecht, Frankfurt am Main 1990, zugleich Dissertation.

Niemeyer, Markus; Froitzheim, Aurelia: Praxisfragen nach Aufgabe der umgekehrten Maßgeblichkeit, Deutsches Steuerrecht 2011, Seit 538–540.

o.N.: Behandlung von DTB-Aktienoptionen im Jahresabschluß von Banken; Die Bank 1990, Seite 211–216.

Palandt, Otto: Bürgerliches Gesetzbuch, 76. Auflage, München 2017.

Paus, Ulrich: Börsentermingeschäfte: Begriff und Erscheinungsformen nach neuem Börsenrecht, Baden-Baden 1995, zugleich Dissertation.

Pfeiffer, Thomas: Begriffsbestimmung und Bilanzfähigkeit des immateriellen Wirtschaftsgutes, Steuer und Wirtschaft 1984, Seite 326–339.

Philipowski, Rüdiger: Stillhaltergeschäfte: Bar gezahlte Ausgleichsbeträge nicht abziehbar?, Deutsches Steuerrecht 2009, Seite 353–357.

Philipowski, Rüdiger: Vereinnahmte Stillhalterprämien: Gezahlter Barausgleich nicht abziehbar?, Deutsches Steuerrecht 2010, Seite 2283–2287.

Philipowski, Rüdiger: Die asymmetrische Besteuerung von Stillhaltergeschäften ist nicht gerechtfertigt, Deutsches Steuerrecht 2011, Seite 1298–1302.

Philipowski, Rüdiger: Stillhalterprämie – Barausgleich – Besteuerung nach Leistungsfähigkeit, Deutsches Steuerrecht 2017, Seite 1362–1368.

Popp, Michael: Die Bilanzierung von Optionsgeschäften, Deutsches Steuerrecht 1976, Seite 87–91.

Prätzler, Robert. C.: Überlegung zur steuerlichen Behandlung vereinnahmter Optionsprämien im Betriebsvermögen – Zugleich Anmerkung zum Urteil des FG München vom 28.11.2000, 7 K 2035/98, Deutsches Steuerrecht 2001, Seite 927–931.

Prinz, Ulrich: Materielle Maßgeblichkeit handelsrechtlicher GoB – ein Konzept für die Zukunft im Steuerbilanzrecht?, Der Betrieb 2010, Seite 2069–2076.

Prinz, Ulrich; Adrian, Gerrit: "Angeschaffte" Drohverlustrückstellung, Betriebs-Berater 2011, Seite 1646–1647.

Pulver, Urs: Börsenmäßige Optionsgeschäfte. Auftrag und Abwicklung, Zürich 1988, zugleich Dissertation.

Rabenhorst, Dirk: DTB-gehandelte Optionen und Futures im Jahresabschluss, Frankfurt am Main 1999, zugleich Dissertation.

Raesch, Otto: Die Option im Steuerrecht, Die steuerliche Betriebsprüfung 1973, Seite 52–55.

Rau, Stephan: Bilanzierung und Bewertung von Optionsgeschäften in der Steuerbilanz, Betriebs-Berater 2002, Seite 928–933.

Rau, Stephan: Zur steuerlichen Behandlung von Zinsbegrenzungen und Optionen nach dem BFH-Urteil zur bilanziellen Behandlung erhaltener Stillhalterprämien, Deutsches Steuerrecht 2003, Seite 1769–1775.

Raupach, Arndt; Böckstiegel, Martin: Die Verlustregelungen des Steuerentlastungsgesetzes 1999/2000/2002, Finanz-Rundschau 1999, Seite 617–628.

Reiner, Günter: Derivative Finanzinstrument im Recht, Baden-Baden 2002, zugleich Habilitation.

Reiner, Günter; Schacht, Johann A.: Credit Default Swaps und verbriefte Kreditforderungen in der Finanzmarktkrise – Bemerkungen zum Wesen verbindlicher und unverbindlicher Risikoverträge – Teil I, Wertpapiermitteilung (Zeitschrift für Wirtschafts- und Bankrecht) 2010, Seite 337–346.

Reiner, Günter; Schacht, Johann A.: Credit Default Swaps und verbriefte Kreditforderungen in der Finanzmarktkrise – Bemerkungen zum Wesen verbindlicher und unverbindlicher Risikoverträge – Teil II, Wertpapiermitteilung (Zeitschrift für Wirtschafts- und Bankrecht) 2010, Seite 385–395.

Reislhuber, Andre; Bacmeister, Friedrich: Weitere ausgewählte Aspekte des neuen BMF-Anwendungsschreibens zur Abgeltungsteuer, Deutsches Steuerrecht 2010, Seite 684–688.

Reithmann, Christoph; Martiny, Dieter (Hrsg.): Internationales Vertragsrecht, Das internationale Privatrecht der Schuldverträge, 8. Auflage, Köln 2015.

Riedel, Lisa: Kommentar zum BFH-Urteil vom 12.3.2014 - I R 45/13, Finanz-Rundschau 2014, Seite 810–811.

Rieger, Marc Oliver: Optionen, Derivate und strukturierte Produkte, Ein Praxisbuch, Stuttgart 2009.

Ring, Gerhard: Umgehung der zeitlich begrenzten Zahlungsverpflichtung aus einem Überlassungsvertrag – OLG München NJW-RR 1988, 98, Juristische Schulung 1991, 634–639.

Rödder, Thomas; Schumacher, Anreas: Das BMF-Schreiben zu § 8b KStG, Deutsches Steuerrecht 2003, Seite 909–916.

Rödder, Thomas; Schumacher,Andreas: Das BMF-Schreiben zu § 8b KStG, Deutsches Steuerrecht 2003, Seite 909–916.

Rönitz, Dieter: Die ertragsteuerliche Behandlung von Optionsgeschäften, Zeitschrift für Wirtschafts- und Bankrecht 1971, Sonderbeilage Nr. 2, Seite 1–14.

Rönitz, Dieter: Ertragsbesteuerung von Optionsrechten; Jahrbuch der Fachanwälte für Steuerrecht 1980/1981; Seite 38–59.

Roser, Frank: Neutralitätsgebot bei Anschaffungsgewinnen – Systematische Folgerungen für Anschaffungsfiktionen, Deutsches Steuerrecht 2015, Seite 724–734.

Rössler, Rudolph; Troll, Max (Begr.): Bewertungsgesetz Kommentar, Loseblattsammlung, Lfg. 25, Stand Oktober 2016.

Rössner, Michael-Christian; Weber, Christoph: Warenterminoptionen: Erlaubter Betrug?, Betriebs-Berater 1979, Seite 1049–1058.

Rudolph, Bernd: Effekten- und Wertpapierbörsen, Finanztermin- und Devisenterminbörsen seit 1945, Deutsche Börsengeschichte, Hans Pohl (Hrsg.), 1992, Frankfurt am Main, Seite 291–377

Rudolph, Bernd; Schäfer, Klaus: Derivative Finanzmarktinstrumente, Eine anwenderbezogene Einführung in Märkte, Strategien und Bewertung, 2. Auflage, Berlin Heidelberg New York 2010.

Säcker, Franz Jürgen; Rixecker, Roland (Hrsg.): Münchener Kommentar zum Bürgerlichen Gesetzbuch, Band 1, 7. Auflage, München 2015.

Säcker, Franz Jürgen; Rixecker, Roland (Hrsg.): Münchener Kommentar zum Bürgerlichen Gesetzbuch, Band 2, 7. Auflage, München 2016.

Säcker, Franz Jürgen; Rixecker, Roland (Hrsg.): Münchener Kommentar zum Bürgerlichen Gesetzbuch, Band 3, 7. Auflage, München 2016.

Säcker, Franz Jürgen; Rixecker, Roland (Hrsg.): Münchener Kommentar zum Bürgerlichen Gesetzbuch, Band 6, 7. Auflage, München 2017.

Samhat, Abbas: Die Abgrenzung der Wahlschuld von der elektiven Konkurrenz nach dem BGB, Tübingen 2012, zugleich Dissertation.

Scharpf, Paul; Luz, Günther: Risikomanagement, Bilanzierung und Aufsicht von Finanzderivaten, 2. Auflage, Stuttgart 2000.

Schenke, Ralf; Risse, Markus: Das Maßgeblichkeitsprinzip nach dem Bilanzrechtsmodernisierungsgesetz, Der Betrieb 2009, Seite 1957–1959.

Schick, Rainer: Die Besteuerung von Optionsgeschäften, Köln 1998, zugleich Dissertation.

Schimansky, Herbert; Bunte, Hermann- Josef; Lwowski, Hans-Jürgen: Bankrechtshandbuch Band II, 5. Auflage, München 2017.

Schlüter, Uwe: Börsenhandelsrecht, Handbuch für Banken und Finanzdienstleistungsinstitute, 2. Auflage, München 2002.

Schmid, Hubert; Renner, Georg: Bilanzielle und steuerliche Behandlung einer Kaufoption (long call), Deutsches Steuerrecht 2005, Seite 815–818.

Schmid, Hubert; Renner, Georg: Die steuerliche Behandlung von Optionen nach dem BFH-Urteil vom 6.3.2013, I R 18/12, Deutsches Steuerrecht 2013, Seite 2734–2740.

Schmid, Hubert; Renner, Georg: Bilanzielle und steuerliche Behandlung einer Verkaufsoption (long put), Deutsches Steuerrecht 2005, Seite 2059–2061.

Schmidt, Karsten (Hrsg.): Münchener Kommentar zum Handelsgesetzbuch, Band 5 Viertes Buch. Handelsgeschäfte §§ 343–372, Recht des Zahlungsverkehrs, Effektengeschäft, Depotgeschäft, Ottawa Übereinkommen über Internationales Factoring, 4. Auflage, München 2013.

Schmidt, Karsten (Hrsg.): Münchener Kommentar zum Handelsgesetzbuch, Band 6, Bankvertragsrecht, 3. Auflage, München 2014.

Schmidt, Karsten; Ebke, Werner (Hrsg.): Münchener Kommentar zum Handelsgesetzbuch, Band 4 Drittes Buch. Handelsbücher §§ 238–342e HGB, 3. Auflage, München 2013.

Schmidt, Ludwig (Begr.): Einkommensteuergesetz, Heinrich Weber-Grellet (Hrsg.), 36. Auflage, München 2017.

Schmittmann, Peter; Wepler, Axel: Voraussetzungen der Verlustausgleichsbeschränkung bei Termingeschäften im Betriebsvermögen, Deutsches Steuerrecht 2001, Seite 1783–1788.

Schnitger, Arne: Anwendung des § 8b KStG bei Stillhalteprämien und Optionsgeschäften – Anmerkung zum Urteil des BFH vom 6. 3. 2013, I R 18/12, Deutsches Steuerrecht 2013, Seite 1771–1774.

Schnitger, Arne; Fehrenbacher, Oliver (Hrsg.): Kommentar Körperschaftsteuer: KStG, Wiesbaden 2012.

Schultze, Oliver; Grelck, Michael: Steuerpflicht bei Optionsgeschäften an der EUREX – Anmerkung zum BFH-Urteil vom 24.6.2003, IX R 2/02, Deutsches Steuerrecht 2003, Seite 2103–2105.

Schulze-Osterloh, Joachim: Der Ausweis von Aufwendungen nach dem Realisations- und Imparitätsprinzip in Moxter, Adolf u. a. (Hrsg.), Rechnungslegung Entwicklung bei der Bilanzierung und Prüfung von Kapitalgesellschaften Festschrift für Karl-Heinz Forster, Düsseldorf 1992, Seite 653–670.

Schulze-Osterloh, Joachim: Kommentar zu BFH-Urteil vom 18.12.2002 - I R 17/02, Betriebs-Berater 2003, Seite 1009.

Schulze-Osterloh, Joachim: Handelsrechtliche GoB und steuerliche Gewinnermittlung – Das Beispiel der Teilwertabschreibung – Deutsches Steuerrecht 2011, Seite 534–538.

Schumacher, Andreas: Optionsgeschäfte im Betriebsvermögen und Realisationsprinzip – Anmerkung zur Verfügung der OFD Köln vom 11.3.1997 – Deutsches Steuerrecht 1997, Seite 1236–1238.

Schürnbrand, Jan: Gestaltungsrechte als Verfügungsgegenstand, Archiv für die civilistische Praxis 2004, Seite 177–207.

Schwark, Eberhard: Zivilrechtliche Grundfragen bei Börsengeschäften, Jura 1985, Seite 342–358.

Schwark, Eberhard; Zimmer, Daniel (Hrsg.): Kapitalmarktrechtskommentar, 4. Auflage, München 2010.

Seckel, Emil: Die Gestaltungsrechte des bürgerlichen Rechts, Sonderausgabe MCMLIV, Hrsg. von der Wissenschaftlichen Buchgemeinschaft e. V. Darmstadt in der Reihe „Libelli", Band XX, Skizze nach einem unter dem Vorsitz Sr. Exzellenz des Herrn Präsidenten Dr. Koch in der Berliner Juristischen Gesellschaft am 23. Mai 1903 gehaltenen Vortrage.

Servatius, Wolfgang: „Ball im Netz ist Geld auf der Bank" – Die zivilrechtliche Behandlung einer an sportliche Erfolge geknüpften Verzinsung von Sparguthaben – Ein Beitrag zur tatbestandlichen Präzisierung von § 762 Abs. 1 Satz 1 BGB –; Zeitschrift für Wirtschafts- und Bankrecht 2004, Seite 1804–1812.

Siegel, Theodor: Das Realisationsprinzip als allgemeines Periodisierungsprinzip?, Betriebswirtschaftliche Forschung und Praxis 1994, Seite 1–24.

Siegel, Theodor: Rückstellungsbildung nach dem Going-Concern-Prinzip – eine unzweckmäßige Innovation, Deutsches Steuerrecht 2002, Seite 1636–1637.

Siegel, Theodor: Saldierungsprobleme bei Rückstellungen und die Subventionswirkung des Maßgeblichkeitsprinzips, Betriebs-Berater 1994, S. 2237–2245.

Siepe, Günter: Rückstellungen für drohende Verluste aus schwebenden Geschäften, Jörg Baetge (Hrsg.), Rückstellungen in der Handels- und Steuerbilanz – Vorträge und Diskussionen zum neuen Recht – Düsseldorf 1991, Seite 31–55.

Soergel, Hans Theodor (Begr.): Bürgerliches Gesetzbuch mit Einführungsgesetz und Nebengesetzen – Band 2 – Allgemeiner Teil 2 §§ 104–240, 13. Auflage, Stuttgart 1999.

Sorgenfrei, Ulrich: Zur Neuregelung der Besteuerung von Verlusten aus betrieblichen Termingeschäften, Deutsches Steuerrecht 1999, Seite 1928–1936.

Staudinger, Julius von: Kommentar zum Bürgerlichen Gesetzbuch mit Einführungsgesetz und Nebengesetzen, Buch 1 Allgemeiner Teil §§ 139–163 (Allgemeiner Teil 4b), Neubearbeitung 2015, Berlin 2015.

Staudinger, Julius von (Begr.): Kommentar zum Bürgerlichen Gesetzbuch mit Einführungsgesetz und Nebengesetzen, Buch 3 Sachenrecht – Einleitung zum Sachenrecht §§ 854–882 (Allgemeines Liegenschaftsrecht 1), Neubearbeitung Berlin 2012.

Staudinger, Julius von (Begr.): Kommentar zum Bürgerlichen Gesetzbuch mit Einführungsgesetz und Nebengesetzen, Buch 2 Recht der Schuldverhältnisse §§ 397–432 (Erlass, Abtretung, Schuldübernahme, Mehrheit von Schuldnern und Gläubigern), Neubearbeitung Berlin 2012.

Staudinger, Julius von (Begr.): Kommentar zum Bürgerlichen Gesetzbuch mit Einführungsgesetz und Nebengesetzen, Buch 2 Recht der Schuldverhältnisse §§ 433–480 (Kaufrecht), Neubearbeitung Berlin 2014.

Staudinger, Julius von (Begr.): Kommentar zum Bürgerlichen Gesetzbuch mit Einführungsgesetz und Nebengesetzen, Buch 2 Recht der Schuldverhältnisse §§ 741–764 (Gemeinschaft, Leibrente, Spiel), Neubearbeitung Berlin 2015.

Steinbeck, Anja Verena: Die Übertragbarkeit von Gestaltungsrechten, Berlin 1994, zugleich Dissertation.

Steiner, Manfred; Bruns, Christoph, Stöckl, Stefan: Wertpapiermanagement, Professionelle Wertpapieranalyse und Portfoliostrukturierung, 10. Auflage, Stuttgart 2012.

Streck, Michael: Körperschaftsteuergesetz mit Nebengesetzen, 8. Auflage, München 2014.

Svon Savigny, Friedrich Karl: System des heutigen Römischen Rechts Band 3, Aalen (oder Darmstadt) 1973, Neudruck der Ausgabe Berlin 1840.

Tibo, Frank: Die Besteuerung von Termingeschäften im Betriebsvermögen gem. § 15 Abs. 4 EStG, Der Betrieb 2001, Seite 2369–2372.

Tiedchen, Susanne: Nachbetreuungspflichten von Versicherungsvertretern, Optikern und Hörgeräteakustikern – Zugleich Anmerkung zum Urteil des BFH v. 19.7.2011 - X R 26/20, FR 2012, 33, Finanzrundschau 2012, Seite 22–25.

Tiedchen, Susanne: Der Vermögensgegenstand im Handelsrecht, Köln 1991, zugleich Dissertation.

Tilp, Andreas: Die Unverbindlichkeit von Geschäften in Optionsscheinen und Bezugsrechten – dargestellt unter Berücksichtigung rechtlicher Probleme beim Optionsgeschäft – Der Betrieb 1989, Seite 2365–2370.

Tipke, Klaus: Die Steuerrechtsordnung, Bd. 1, Wissenschaftsorganisatorische, systematische und grundrechtlich-rechtsstaatliche Grundlagen, 2. Auflage, Köln 2000.

Tipke, Klaus: Die Steuerrechtsordnung, Bd. 2, Steuerrechtfertigungstheorie, Anwendung auf alle Steuerarten, sachgerechtes Steuersystem, 2. Auflage, Köln 2003.

Tipke, Klaus; Lang, Joachim (Begr.): Steuerrecht, 22. Auflage, Köln 2015.

Tipke, Klaus; Lang, Joachim (Begr.): Steuerrecht, 20. Auflage, Köln 2010.

Treuberg, Hubert Graf von; Scharpf, Paul: DTB-Aktienoptionen und deren Abbildung im Jahresabschluß von Industrieunternehmen, Der Betrieb 1991, Seite 661–668.

Uhlenbruck, Wilhelm; Hirte, Heribert; Vallender, Heinz (Hrsg.): Insolvenzordnung Kommentar, 14. Auflage, München 2015.

Uszczapowski, Igor: Optionen und Futures verstehen, Grundlagen und neue Entwicklungen, 7. Auflage, München 2012.

Voss, Achim: Zur einkommensteuerlichen Behandlung von Ankaufs- (Options-) und ähnlichen Rechten – Eine Darstellung an Hand der vorliegenden Rechtsprechung –, Deutsches Steuerrecht 1964, Seite 576–579.

Wagner, Siegfried: Das Verlustausgleichs- und -abzugsverbot nach § 15 Abs. 4 EStG, insbesondere bei Termingeschäften und bei stillen Gesellschaften, Deutsche Steuer-Zeitung, Seite 798–803.

Wagner, Siegfried: Die verwirrende Rechtsprechung des BFH zur steuerlichen Beurteilung der Veräußerung von Bezugsrechten auch vor dem Hintergrund der Abgeltungsteuer, Deutsches Steuerrecht 2009, Seite 626–629.

Wagner, Siegfried: Die Besteuerung von Stillhalterprämien – Lösung bislang bestehender steuerlicher Probleme durch die Abgeltungsteuer?, Deutsche Steuer-Zeitung 2007, Seite 748–752.

Walter, Karl Maria: Die Rechtsnatur des Börsenoptionsgeschäfts unter besonderer Berücksichtigung des inländischen Wertpapierhandels, Frankfurt am Main 1990, zugleich Dissertation.

Wassermeyer, Franz: Aktuelle Rechtsprechung des I. Senats des BFH – Inhalt und Auswirkungen, Die Wirtschaftsprüfung 2002, Seite 10–16.

Weber, Martin: Der Optionsvertrag, Juristische Schulung 1990, Seite 249–256.

Weber-Grellet, Heinrich: Realisationsprinzip und Rückstellungen unter der Berücksichtigung der neueren Rechtsprechung, Deutsches Steuerrecht 1996, Seite 896–908.

Weber-Grellet, Heinrich: Realisationsprinzip und Belastungsprinzip – Zum zeitlichen Ausweis von Ertrag und Aufwand, Der Betrieb 2002, Seite 2180–2184.

Weber-Grellet, Heinrich: Kommentar zu BFH-Urteil vom 18.12.2002 - I R 17/02, Finanzrundschau 2003, Seite 514–515.

Weber-Grellet, Heinrich: Rechtsprechung des BFH zum Bilanzsteuerrecht im Jahr 2002, Betriebs-Berater, 2003, Seite 37–42.

Weber-Grellet, Heinrich: Rechtsprechung des BFH zum Bilanzsteuerrecht im Jahr 2003, Betriebs-Berater 2004, Seite 35–41.

Weber-Grellet, Heinrich: Der Maßgeblichkeitsgrundsatz im Lichte aktueller Entwicklungen, Betriebs-Berater 1999, Seite 2659–2666.

Wehrheim, Michael; Fross, Ingo: Plädoyer für eine Stärkung des Maßgeblichkeitsprinzips, Deutsches Steuerrecht 2010, Seite 1348–1353.

Wehrheim, Michael; Krause, Haiko: Steuerbilanzielle Erfassung erhaltener Optionsprämien vor und nach dem BFH-Urteil vom 18.12.2002, Betriebs-Berater 2003, Seite 1552–1556.

Wernsmann, Rainer: Verhaltenslenkung in einem rationalen Steuersystem, Tübingen 2005, zugleich Habilitation.

Werth, Franceska: Aufhebung der umgekehrten Maßgeblichkeit durch das BilMoG – Alle Klarheiten beseitigt?, Deutsche Steuer-Zeitung 2009, Seite 508–510.

Windmöller, Rolf; Breker, Norbert: Bilanzierung von Optionsgeschäften, Die Wirtschaftsprüfung 1995, Seite 389–401.

Winter, Oliver: Aktivierungsfähigkeit von Finanzderivaten, Betriebs-Berater 1996, Seite 2083–2089.

Winter, Oliver: Zur Rückstellungsdotierung bei OTC-Zinsoptionen, Betriebs-Berater 1995, Seite 1631–1638.

Wirth, Oliver: Die Bilanzierung von Mehrkomponentengeschäften nach HGB, IFRS und US-GAAP, Wiesbaden 2009, zugleich Dissertation.

Woerner, Lothar: Grundsatzfragen zur Bilanzierung schwebender Geschäfte, Finanzrundschau 1984, Seite 489–498.

Woerner, Lothar: Die Gewinnrealisierung bei schwebenden Geschäften – Vollständigkeitsgebot, Vorsichts- und Realisationsprinzip, Betriebs-Berater 1988, Seite 769–777.

Wolf, Hans-Dieter; Beckenhaub, Claus: Überlegungen zur steuerbilanziellen Erfassung von Optionsgeschäften beim Stillhalter, Der Betrieb 2002, Seite 1617–1623.

Wolf, Manfred: Rechtsgeschäfte im Vorfeld von Grundstücksübertragungen und ihre eingeschränkte Beurkundungsbedürftigkeit, Deutsche Notarzeitschrift 1995, Seite 179–203.

Wolf, Manfred; Neuner, Jörg: Allgemeiner Teil des Bürgerlichen Rechts, 11. Auflage, München 2016.

Wotschofsky, Stefan; Thomas, Michael: Termingeschäfte in der Unternehmensfinanzierung, Betrieb und Wirtschaft 2002, Seite 950–958.

Wotschofsky, Stefan; Thomas, Michael: Besteuerung von Termingeschäften, Finanz Betrieb 2003, Seite 31–37.

Woywode, Uwe: Die abkommensrechtliche Einordnung von Einkünften aus Forward-/Future- und Optionsverträgen, Internationales Steuerrecht 2006, Seite 325–333.

Wunner, Sven Erik: Die Rechtsnatur der Rückgewährpflichten bei Rücktritt und auflösender Bedingung mit Rückwirkungsklausel, Archiv für die civilistische Praxis 1968, Seite 425–449.

Wüstemann, Jens; Kierzek, Sonja: Normative Bilanztheorie und Grundsätze ordnungsmäßiger Gewinnrealisierung für Mehrkomponentenverträge, Zeitschrift für betriebswirtschaftliche Forschung 2007; Seite 882–913.

Zanzinger, Dieter: Besteuerung des nicht gewerblichen Stillhalters bei Optionsgeschäften FG München lässt beschränkte Verlustverrechnung zu, Deutsches Steuerrecht 2010, Seite 149–151.

Zerey, Jean-Claude (Hrsg.): Finanzderivate Rechtshandbuch, 4. Auflage, Baden-Baden 2016.

Zwirner, Christian: Neues BMF-Schreiben unterstreicht die Bedeutung einer eigenständigen Steuerbilanzpolitik - BMF-Schreiben vom 12. 3. 2010 zur Maßgeblichkeit der handelsrechtlichen GoB für die steuerliche Gewinnermittlung, Deutsches Steuerrecht 2010, Seite 591–593.

Forum Unternehmens-, Steuer- und Bilanzrecht
Deutsche, europäische und internationale Rechtsfragen
Herausgegeben von Oliver Fehrenbacher / Michael Stöber

Band 1 Patrick Hoor: Verdeckte Gewinnausschüttung und freigebige Zuwendung einer GmbH. 2016.

Band 2 Stephan Kappes: Ertragsteuerliche Behandlung von Sanierungsgewinnen. 2016.

Band 3 Franziska Stahmann: Sonstige Sonderbetriebseinnahmen im Abkommensrecht. Kapitalgesellschaftsbeteiligungen im notwendigen Sonderbetriebsvermögen II. 2017.

Band 4 Suzanne Wagner: Spekulative Optionsgeschäfte aus vertragsrechtlicher, handelsbilanzrechtlicher und steuerrechtlicher Sicht. 2018.

www.peterlang.com

www.ingramcontent.com/pod-product-compliance
Ingram Content Group UK Ltd.
Pitfield, Milton Keynes, MK11 3LW, UK
UKHW022102051026
15623UKWH00003B/636

9 783631 73982